HISTÓRIA DA LEITURA

FUNDAÇÃO EDITORA DA UNESP

Presidente do Conselho Curador
Mário Sérgio Vasconcelos

Diretor-Presidente
Jézio Hernani Bomfim Gutierre

Superintendente Administrativo e Financeiro
William de Souza Agostinho

Conselho Editorial Acadêmico
Danilo Rothberg
João Luís Cardoso Tápias Ceccantini
Luiz Fernando Ayerbe
Marcelo Takeshi Yamashita
Maria Cristina Pereira Lima
Milton Terumitsu Sogabe
Newton La Scala Júnior
Pedro Angelo Pagni
Renata Junqueira de Souza
Rosa Maria Feiteiro Cavalari

Editores-Adjuntos
Anderson Nobara
Leandro Rodrigues

Steven Roger Fischer

HISTÓRIA DA LEITURA

Tradução
Claudia Freire

Título original *A History of Reading*.

© 2005 da tradução brasileira:
Direitos de publicação reservados à:
Fundação Editora da Unesp (FEU)
Praça da Sé, 108
01001-900 – São Paulo – SP
Tel.: (0xx11) 3242-7171
Fax: (0xx11) 3242-7172
www.editoraunesp.com.br
www.livrariaunesp.com.br
feu@editora.unesp.br

CIP – Brasil. Catalogação na fonte
Sindicato Nacional dos Editores de Livros, RJ

F562h

Fischer, Steven R.
    História da leitura / Steven Roger Fischer; tradução Claudia Freire. - São Paulo: Editora UNESP, 2006
    384p.:il.

Tradução de: *A History of Reading*
Inclui bibliografia
ISBN 85-7139-655-8

    1. Leitura - História.   2. Livros e leitura - História.   3. Livros - História. I. Título.

06-3951.   CDD 028.9
                                                                                 CDU 028

Editora afiliada:

Sumário

Prefácio 7

1. A Testemunha Imortal 9
2. A Fala do Papiro 41
3. Um Mundo de Leitura 91
4. A Visão do Pergaminho 129
5. A Página Impressa 187
6. A "Consciência Universal" 231
7. Lendo o Futuro 279

Bibliografia selecionada 317
Índice remissivo 325

Prefácio

Todos – jovens e velhos, no passado e no presente – admitiram sua primazia. Para um oficial egípcio antigo, era um "barco sobre a água". Para um aluno nigeriano, quatro mil anos mais tarde, "um raio de luz incidindo em um poço escuro e profundo". Para a maioria de nós, será sempre a voz da própria civilização... Estamos falando da *leitura*.

Hoje, um funcionário de escritório, por exemplo, passa mais tempo lendo que comendo, bebendo, arrumando-se, viajando, participando de eventos sociais ou de algum tipo de diversão e de atividade esportiva – ou seja, cinco a oito horas de cada dia de trabalho. (Apenas o sono exige tanto tempo assim.) Computadores e *internet*? Ambos são revoluções no campo da leitura.

Contudo, a leitura envolve muito mais que trabalho e navegação na rede. A leitura é para a mente o que a música é para o espírito. A leitura desafia, capacita, encanta e enriquece. Pequenas marcas pretas sobre a folha branca ou caracteres na tela do computador pessoal são capazes de nos levar ao pranto, abrir nossa mente a novas ideias e entendimentos, inspirar, organizar nossa existência e nos conectar ao universo.

Sem dúvida, não há maravilha mais formidável.

Uma história da leitura narra a história dessa maravilha. Descreve o ato da leitura, seus praticantes e os ambientes sociais em que estão inseridos, além das diversas manifestações da leitura em pedras, ossos, cascas de árvore, muros, monumentos, tabuletas, rolos de papiro, códices, livros, telas e papel eletrônico. Embora este volume se concentre na história da leitura ocidental, ele também descreve o desenvolvimento da leitura na China, na Coreia, no Japão, nas Américas e na Índia. A ideia é que, por meio dessa história, você possa compreender melhor não só o que foi a leitura no passado e o que ela é hoje, mas também como continuará inspirando e capacitando o mundo no futuro.

Apesar de a leitura e a escrita estarem plenamente relacionadas, a leitura é, na verdade, a antítese da escrita. Na realidade, cada uma ativa regiões distintas do cérebro. A escrita é uma habilidade, a leitura, uma aptidão natural. A escrita originou-se de uma elaboração; a leitura desenvolveu-se com a compreensão mais profunda pela humanidade dos recursos latentes da palavra escrita. A história da escrita foi marcada por uma série de influências e refinamentos, ao passo que a história da leitura envolveu estágios sucessivos de amadurecimento social. Escrita é expressão, leitura é impressão. A escrita é pública; a leitura, privada. A escrita é limitada; a leitura, infinita. A escrita congela o momento. A leitura é para sempre.

Agradeço em especial a Jeremy Black, titular da cadeira de História da Universidade de Exeter e editor-geral das publicações Globalities, pelo excepcional incentivo desde 1988. Meus sinceros agradecimentos também a Michael Leaman, da Reaktion Books, quem sugeriu o tema e manteve seu apoio durante todo o desenvolvimento deste trabalho. A meu brilhante revisor, David Rose, manifesto meu agradecimento e minha admiração.

À minha esposa, Taki, meu amor eterno.

Dedico esta obra a meu querido amigo Joan Seaver Kurze, parceiro admirador da palavra escrita.

Steven Roger Fischer
Waiheke Island, Nova Zelândia
Outubro de 2002

Capítulo 1
A testemunha imortal

Seja um escriba! Entalhe isso em seu coração
Para que seu nome perdure assim como os deles!
O rolo de papiro é melhor que a pedra entalhada.
Um homem morreu e seu corpo se transformou em pó,
E seu povo partiu de sua terra.
É o livro que o torna inesquecível
Na voz daquele que o lê.[1]

"Na voz daquele que o lê", entoava o escriba egípcio que, em cerca de 1300 a.C., entendia que "ler" significava "declamar". Durante a maior parte da história escrita, ler denotava falar. As pessoas já haviam percebido que instruções, cálculos e acordos verbais podiam, com facilidade, ser adulterados, contestados ou esquecidos. Uma testemunha especial tornou-se necessária, uma "testemunha imortal", capaz de recordar, em voz alta, os valores e as mercadorias com exatidão, que pudesse ser consultada sempre que necessário a fim de confirmar fatos oralmente e cessar contendas. Assim nasceu a escrita, transformando, em seus primórdios, a palavra humana em pedra. Quando as cidades-Estado ampliaram seus domínios, as necessidades da escrita aumentaram de modo exponencial, exigindo formas cada vez mais complexas de documentação escrita – todas com a finalidade da leitura oral.

A leitura sempre foi diferente da escrita. A escrita prioriza o som, uma vez que a palavra falada deve ser transformada ou desmembrada em sinais representativos. A leitura, no entanto, prioriza o significado.[2] A aptidão para ler, na verdade, pouco tem a ver com a habilidade de escrever.

---

1 LICHTHEIM, M. *Ancient Egyptian Literature*. Berkeley, 1973. v.1.
2 FRITH, U. Reading by Eye and Writing by Ear. In: KOLERS, P. A.; WROLSTAD, M. E.; BOUMA, H. (Eds.). *Processing of Visible Language*. Nova York, 1979. p.379-90.

Figura 1 Amenotep, filho de Hapu, ilustre escriba egípcio, lê um rolo de papiro parcialmente aberto. A estátua data do século XIV a.C. Museu Egípcio, Cairo.

HISTÓRIA DA LEITURA

Mas, então, o que é a leitura? A resposta não é simples, pois o ato de ler é variável, não absoluto. Em sua definição moderna mais ampla, a leitura é, como se sabe, "a capacidade de extrair sentido de símbolos escritos ou impressos". O leitor "emprega os símbolos para orientar a recuperação de informações de sua memória e, em seguida, cria, com essas informações, uma interpretação plausível da mensagem do escritor".[3] Entretanto, nem sempre a leitura foi definida desse modo. No início, ela consistia na mera capacidade de obtenção de informações visuais com base em algum sistema codificado, bem como na compreensão de seu significado. Mais tarde, passou a significar, quase de modo exclusivo, a compreensão de um texto contínuo com sinais escritos sobre uma superfície gravada. Mais recentemente, incluiu também a extração de informações codificadas de uma tela eletrônica. E a definição de leitura continuará, por certo, a se expandir no futuro porque, assim como qualquer outra aptidão, ela também é um indicador do avanço da própria humanidade.

Tal como os nossos cinco sentidos, a leitura envolve algo maravilhosamente ímpar, conforme ilustra este paradoxo.[4] Jonas aprendeu, sozinho, a ler letras gregas, sem ter ainda aprendido o idioma grego. Andrópolis cresceu falando grego, mas não foi alfabetizado nesse idioma. Um dia Andrópolis recebe uma carta da Grécia e pede que Jonas a leia. Jonas é capaz de pronunciar as letras, mas não consegue compreender o que lê; Andrópolis consegue entender, mas é incapaz de pronunciar as letras. Qual deles está, de fato, lendo? Resposta: os dois juntos.

A leitura não é apenas a união do som ao grafema, o que ocorre apenas no nível mais básico. O significado está envolvido, e de modo fundamental. Em um nível mais avançado de percepção, a leitura pode, até mesmo, exprimir significado isoladamente, sem recorrer ao som.

Nisso reside a mágica do significado na leitura.

Os vários processos de leitura, de acordo com o célebre linguista inglês Roy Harris, "devem inevitavelmente se relacionar a finalidades culturais específicas e dependem dos modos contrastantes de interpretação oral institucionalizados por determinada cultura".[5] Por conseguinte, o que julgamos ser "leitura" no passado é, em geral, uma comparação arbitrária baseada no que é a leitura atualmente. Esse julgamento retrospectivo não é válido, pois, ao longo da história, a leitura teve muitos significados diferentes para vários povos.

Sua origem é antiga.

---

3 MITCHELL, D. C. *The Process of Reading*: A Cognitive Analysis of Fluent Reading and Learning to Read. Chichester e Nova York, 1982.

4 Adaptado de CRYSTAL, D. *The Cambridge Encyclopedia of Language*. 2. ed. Cambridge, 1997.

5 HARRIS, R. *The Origin of Writing*. Londres, 1986.

Aparentemente, a leitura ocorre de modo superficial e parasitário, associada a processos de observação cognitivos primitivos, como orientação, gesticulação, fabricação de ferramentas, colheita de grãos, reconhecimento de fisionomias e sexo etc., por meio dos quais uma infinidade de informações visuais – formas, unidades, padrões, orientações, sequências – é interpretada em um piscar de olhos. Os especialistas em comunicação reconhecem cinco fases de intercâmbio de informações: produção, transmissão, recepção, armazenagem e repetição. Quando a escrita faz parte de uma sociedade, essas cinco fases ocorrem, seja no âmbito auditivo (alguém escuta o que é lido), como no discurso verbal, seja no visual, incorporando o sentido da visão (ou, no caso dos cegos, pelo tato). A leitura é quase sempre um processo sinestésico: isto é, combina, em geral, os dois sentidos – a audição e a visão. Entretanto, muito significativamente, a audição é amiúde ignorada, deixando-se a leitura a cargo apenas da visão (ou do tato).

Em consequência, persistem duas teorias conflitantes sobre a leitura. A primeira – defendida pelos que acreditam que ela é um processo exclusivamente linguístico – analisa-a como um processo linear fonológico (relacionado ao sistema sonoro de um idioma) que se dá letra a letra, conectando elementos da linguagem em unidades compreensíveis crescentes, até que a elocução e, em seguida, a compreensão sejam obtidas. A segunda teoria, apoiada pelos que sustentam que a leitura é um processo semântico-visual, afirma que o grafema ou a forma gráfica – seja um logograma (sinal representante da palavra), seja um silabograma (sinal representante da sílaba), ou ainda uma combinação de letras (sinais de um sistema alfabético) – produzem significado sem necessariamente recorrerem à linguagem. Palavras e frases inteiras, até mesmo sentenças curtas, podem ser lidas "de uma só vez", afirmam os autores dessa teoria; não é necessário desmembrá-las em letras pronunciadas individualmente.

Não obstante, ambas as teorias estão corretas, pois cada uma opera em um nível diferente da capacidade e/ou da atividade de leitura. Em outras palavras, a leitura elementar é, de fato, um processo linear fonológico, ao passo que a leitura fluente é um processo semântico-visual.

Outros teóricos têm defendido que a leitura, nos primórdios da história, era, em especial, "uma questão de *ouvir* a escrita cuneiforme, ou seja, imaginar o discurso pela observação desses símbolos pictóricos, em vez da leitura visual das sílabas na forma como a concebemos".[6] Essa teoria da "imaginação auditiva", porém, desafia tanto as provas laboratoriais quanto a conhecida história da escrita: "ouvido" e "olhos" exigem igual reconhecimento em qualquer teoria respeitável sobre a leitura no passado. Isso se explica pelo fato de que o ato em si é, na

---

6 JAYNES, J. *The Origin of Consciousness in the Breakdown of the Bicameral Mind*. Princeton, 1976.

verdade, extremamente complexo, multinivelado e cerebral, exigindo, ao mesmo tempo, conceitos básicos e avançados. Aprender a ler revela-se, decerto, uma atividade distinta da leitura fluente. Mas, assim como esta exige, em geral, que se recorra a estratégias de aprendizagem – quando se lê uma palavra desconhecida ou em idioma estrangeiro, uma caligrafia, uma fonte, uma grafia ou mesmo um método de escrita diferentes –, aprender a ler, por sua vez, exige que se recorra a estratégias visuais avançadas, para que os padrões sejam internalizados.

Dessa forma, há indícios de que dois tipos diferentes de leitura sempre existiram: a leitura literal ou mediata (aprendizado) e a leitura visual ou imediata (fluente). Todos partem da leitura mediata, atribuindo som ao sinal. Depois dela, a maioria dos iniciantes passa para a leitura imediata, atribuindo sentido diretamente ao sinal e, em seguida, avança para agrupamentos maiores de sinais (frases ou até sentenças curtas). Após diversos contatos com uma palavra ou combinação de sinais, o leitor começa a estabelecer um caminho direto entre sinal e sentido, ignorando o som por completo. Apenas isso explica a maior parte do que observamos na leitura fluente na vida adulta.

Leitores frequentes sempre se tornam leitores fluentes, os quais passam a minimizar o som e a maximizar o significado.

Em virtude da falta de textos mais longos e de público-leitor, a leitura na forma como a conhecemos atualmente não existia até a Antiguidade Clássica. Os leitores do passado observavam a madeira entalhada ou ditavam cálculos, e o verbal tornava-se visível. Pouquíssimas pessoas tinham motivos para aprender a ler: apenas os que desejassem conferir uma conta, verificar um rótulo ou identificar uma chancela de propriedade. Os escribas declamadores entoavam extratos, cartas, documentos jurídicos, peãs e homenagens. Os grandes acervos de argila e papiro da Antiguidade acabaram aparecendo, embora com a principal finalidade de supervisionar e validar contas e contratos, bem como de estimular a memória daqueles que lembravam a extensa história oral.

Durante seus primeiros três milênios, a "testemunha imortal" foi a palavra falada materializada.

Os primeiros leitores

Quanto mais remoto for o passado observado, mais difícil se percebe a leitura.[7] Os métodos de registro primitivos continham códigos conhecidos apenas por um seleto grupo. Na maioria das vezes, a "literatura" antiga expressava somen-

---

7 CHAUNU, P. Foreword. In: MARTIN, H.-J. *The History and Power of Writing*. Trad. Lydia G. Cochrane. Chicago e Londres, 1994. p.vii-xiv.

te o que podia ser decorado. Leitura e escrita não existiam como domínios autônomos de atividade. Eram meros complementos ao discurso oral. A ambiguidade era abundante.

A decodificação da mnemônica (auxílios à memória) e de imagens (figuras pictóricas) também pode ser considerada "leitura", ainda que no sentido primitivo.[8] O homem de Neandertal e os primeiros *Homo sapiens sapiens* liam entalhes em ossos sinalizando algo que lhes fosse significativo – pontuação de um jogo, marcações de dias ou de ciclos lunares. A arte rupestre também era "lida" como histórias visuais dotadas de informações com significado. Tribos primitivas liam extensas mensagens imagéticas em cascas de árvores ou em couro, ricas em detalhes. Em diversas sociedades antigas, varetas eram lidas para a contagem de quantidades. A sinalização permitia que mensagens simbólicas fossem lidas a distância: bandeiras, fumaça, fogo, reflexos em metais polidos e outros dispositivos. Os incas liam os nós de quipo codificados por cores para monitorar transações comerciais complexas. Os polinésios antigos liam registros em cordas e entalhes para embalar suas gerações. Todas essas "leituras" envolviam códigos predeterminados. Transmitiam um significado conhecido – uma ação (como na arte rupestre), valores numéricos (como em varetas e nós) ou nome falado (como em entalhes e cordas) – sem cumprir, no entanto, os critérios da escrita completa.

Em seu sentido mais amplo, a escrita é a "sequência de símbolos padronizados (caracteres, sinais ou componentes de sinais) com a finalidade de reproduzir graficamente a fala e o pensamento humanos, entre outras coisas, no todo ou em parte".[9] Uma vez que essa é uma definição limitada daquilo que desafia a limitação, ou seja, o fenômeno da escrita, talvez seja preferível utilizar "escrita completa" como modelo, compreendendo-a como algo que deve satisfazer a três critérios específicos:

– ter por objetivo a comunicação;
– consistir em sinais gráficos artificiais realizados sobre uma superfície durável ou eletrônica; e
– empregar sinais que se relacionem convencionalmente ao discurso articulado (a organização sistemática de sons vocais significativos) ou a programação eletrônica de modo que efetive a comunicação.

A escrita completa demorou a surgir.

Durante milhares de anos, as pessoas usaram símbolos em forma de índice para registrar quantidades: cinco pedras de cristal representando cinco ovelhas,

---

8 FISCHER, S. R. *A History of Writing*. Londres, 2001.
9 Ibidem.

por exemplo, sendo cada pedra "lida" como uma ovelha. Há dez mil anos, o povo aziliano da França pintava cruzes, listas e outras imagens em pedras para que fossem lidas como um código de algo cujo significado, atualmente, é desconhecido. Pequenas fichas ou moedas de argila de diversos formatos geométricos, contendo linhas, cruzes, círculos e outras figuras, foram lidas por cerca de oito mil anos, no Oriente Médio, em um rudimentar sistema de registro contábil, em que cada ficha representava determinada mercadoria, e a sua forma identificava o tipo de produto.

Tais moedas equivalentes a fichas eram organizadas, na Mesopotâmia, em "envelopes" de argila especial denominados *bullæ*, cuja parte externa exibia o mesmo selo que identificava, em um passar de olhos, qual era a mercadoria; além disso, possuíam uma sequência de pontos ou linhas que indicava o seu valor. Finalmente, placas de argila eram usadas para contabilidade semelhante, valendo-se também de símbolos gráficos identificáveis para representar essas e outras coisas. Com o passar do tempo, os pictogramas tornaram-se padronizados e abstratos, mas mantiveram seu valor fonético. Uma mudança de paradigma ocorreu quando os escribas sumérios começaram a empregar o foneticismo sistêmico, isto é, passaram a coordenar de modo sistemático sons e símbolos (incluindo-se pictogramas) a fim de criar "sinais" de um sistema de escrita. Uma figura deixava de representar uma mercadoria real, como uma ovelha, mas, em vez disso, passava a indicar um valor sonoro específico.

Foi a utilização intencional, pelos sumérios, do aspecto fonográfico na pictografia que transformou a escrita incompleta em escrita completa. A leitura em sua forma verdadeira surgiu quando se começou a interpretar um sinal pelo seu valor sonoro isoladamente em um sistema padronizado de sinais limitados. Textos completos, e não apenas palavras isoladas, podiam, nessas circunstâncias, ser transmitidos, o que significava que a leitura deixava de ser uma transferência um a um (objeto para palavra), para se tornar uma sequência lógica de sons que recriasse uma linguagem natural humana. Em vez de se lerem imagens, lia-se, desse modo, linguagem.

Enfim, os três critérios exigidos pela escrita completa foram satisfeitos.

O sinal tornou-se som – libertado de seu referencial externo – na Mesopotâmia entre 6 mil e 5.700 anos atrás. A ideia logo foi disseminada a oeste do Nilo e a leste do Platô iraniano, chegando até o Indo, onde idiomas diferentes e necessidades sociais distintas exigiam outras expressões gráficas. Em todas as partes, a escrita era reconhecida como uma ferramenta inestimável para o acúmulo e armazenamento de informações: facilitava a contabilidade, a guarda de materiais e o transporte, bem como conservava nomes, datas e lugares com mais eficiência que a memória humana. Toda a "leitura" antiga envolvia um reconhecimento muito simples de códigos e estava invariavelmente centrada na execução de tarefas.

Mesopotâmia

A leitura manteve-se, por muito tempo, como uma ferramenta primitiva na Mesopotâmia. Os primeiros leitores ativos do mundo apenas visualizavam um esqueleto exposto de texto (nome, mercadoria, valor), cujo controle servia para dar poderes à oligarquia. A escrita suméria desenvolveu-se "não para reproduzir um discurso oral preexistente, mas para reter na memória informações concretas".[10] Isso logo possibilitou a classificação da realidade em úteis listas de nomes (nomes próprios e mercadorias), adjetivos (qualidades), verbos (ações) e números organizados em colunas de clara compreensão, as quais eram dotadas de significado por meio de sua organização. A "leitura" envolvia a união lógica de fragmentos de informação, sem a reconstituição do discurso articulado. Embora as leituras mais antigas fossem talvez de escrita incompleta, eram todavia "leituras completas". Ao contrário da escrita, a leitura não pressupõe linguagem: a leitura é antes de mais nada visual (não oral) e conceitual (não linguística).

Enquanto o Egito codificou seus sinais hieróglifos e hieráticos em um estágio inicial, fossilizando assim seu método de escrita, a Suméria manteve, durante muitos séculos, um acervo vago e ambíguo de cerca de 18 mil pictogramas e símbolos.[11] Houve simplificação e padronização e, por volta de 2700-2350 a.C., com as tábuas de Shurupak, o acervo foi reduzido a mais ou menos oitocentos, com mais utilização da linearidade (escrita em linhas de texto). Por volta de 2500 a.C., quase todos os elementos gráficos no método de escrita dos sumérios haviam se tornado unidades sonoras. E, em torno de 2000 a.C., cerca de apenas 570 logogramas faziam parte do dia-a-dia.[12]

Os sinais, em forma de cunha, haviam substituído os primeiros pictogramas, nesse momento impressos por meio de estiletes feitos de cana (instrumento pontiagudo para escrever) sobre a argila. Esses sinais foram convencionados, acabando por perder a capacidade de identificação. A maior parte da leitura na Mesopotâmia ocorria por meio dessa escrita cuneiforme ou de sinais em forma de cunha sobre a argila amolecida, embora as inscrições também fossem entalhadas em pedra e gravadas em cera, marfim, metal e, até mesmo, em vidro. Raramente, porém, os sinais em cunha eram escritos com tinta em papiro, como os escribas costumavam fazer no Egito. Os habitantes da Mesopotâmia liam, então, sobretudo uma "literatura de argila". Por causa disso, o ato físico da leitura era, muitas vezes, problemático: para que fossem manuseadas com facilidade, as tabuletas de argila precisavam ter o tamanho da palma da mão, forçando a confecção de textos em miniatura.

---

10 MARTIN. *The History and Power of Writing.*
11 FISCHER. *A History of Writing.*
12 POWELL, M. A. Three Problems in the History of Cuneiform Writing: Origins, Direction of Script, Literacy. *Visible Language*, XV/4, p.419-40, 1981.

"Ler" era *ita* (*it, id, ed*) em sumério, que também significava "contar, calcular, ponderar, memorizar, declamar, ler em voz alta". Pouquíssimos na Mesopotâmia podiam alcançar essa aptidão. Por volta de 2000 a.C., em Ur, a maior metrópole da região com uma população de aproximadamente 12 mil pessoas, apenas uma pequena parcela – talvez uma em cada cem ou cerca de 120 pessoas, no máximo – era capaz de ler e escrever. De 1850 a 1550 a.C., a cidade-estado babilônia de Sippar, com cerca de dez mil habitantes, abrigava apenas 185 chamados "escribas" (ou seja, escritores oficiais em tabuletas), dos quais dez eram mulheres.[13] Esses dados e outras estatísticas semelhantes referentes a outros locais sugerem que o número de alfabetizados vivos nas cidades-estado da Mesopotâmia era extremamente restrito em qualquer época.

Com exceção das raras edições literárias que cabiam na palma da mão com textos em miniatura, a tabuleta de argila era um objeto grande e pesado, um tanto desconfortável para uma leitura como atividade de lazer. Com base nesse fracasso quase generalizado dos escribas da Mesopotâmia em elaborar uma literatura mais convidativa, poderíamos deduzir que a leitura estava relacionada sobretudo ao trabalho. Isto é, não se tratava de uma atividade solitária, aprazível e silenciosa, mas sim pública, exigente e audível. Em geral, a palavra escrita servia apenas para motivar a recuperação de um texto anteriormente decorado. Toda a literatura da Mesopotâmia, até mesmo a literatura escrita, era pública e oral. A escrita ainda era um meio para um fim, a apresentação pública – tradição que remontava a dezenas de milhares de anos –, e ainda não se havia tornado um fim em si mesma: o confronto solitário com a palavra escrita.

As tabuletas "falavam" por aqueles cujas chancelas nelas estavam impressas. Os juízes na Babilônia, por exemplo, poderiam falar sobre o conteúdo da tabuleta como sua "boca", afirmar publicamente ter "ouvido" a tabuleta (de modo muito semelhante ao dos juízes de hoje, quando estes se referem às declarações juramentadas).[14] Não havia discussões, nenhum questionamento pelas testemunhas presentes; a dúvida posta sobre a chancela de alguém implicava punição rigorosa. A voz escrita era a voz verdadeira.

Com efeito, a literatura oral e a escrita eram uma só.

Em 2500 a.C., aproximadamente, ou cerca de trezentos anos após os sumérios-acádios, povo semita oriental, invadirem a Suméria e alcançarem a preeminência, a escrita cuneiforme estava completa e era capaz de transmitir qualquer pensamento no idioma sumério, o qual continuou a ser usado pelos acádios (o que nos remete aos europeus que, mais tarde, preservariam o grego e o latim clássicos). O

---

13 CLAIBORNE, R.*The Birth of Writing.* Nova York, 1974.
14 CHARPIN, D. Le geste, la parole et l'écrit dans la vie juridique en Babylonie ancienne. In: *Ecritures, système idéographique et pratique expressive.* Paris, 1982. p.65-74.

essencial, nesse processo, foi o estabelecimento, por convenção, de um silabário. Trata-se de um acervo de sinais sistemáticos usados puramente para seus valores sonoros silábicos: *ti, mu, sa* e assim por diante.[15] Nesse sistema decodificável, o leitor-declamador sumério-acádio recitava o tesouro de sua literatura "nativa".

Toda a tradição babilônica é transmitida nesses dois idiomas: sumério e acádio. Muitos textos englobam compilações léxicas e gramaticais, demonstrando o quanto a sociedade estava envolvida na fusão das duas tradições a fim de preservar seu legado e assegurar a contínua compreensão dos textos antigos. O acádio, escrito até cerca de 100 d.C., em seus últimos séculos, era essencialmente empregado como um idioma literário, não falado. (Como língua falada, competia com o babilônio e o assírio – considerados por alguns estudiosos estágios linguisticamente distintos do acádio evoluído – e acabou absorvido por ambos os idiomas.) O grande Império Assírio, que, entre 721 e 633 a.C., expandiu-se do Egito até o Golfo Pérsico, utilizava a escrita cuneiforme sumério-acádia para perpetuar as mesmas tradições, as quais foram emprestadas e adaptadas pelos habitantes vizinhos.

Entre aproximadamente 550 e 350 a.C., os escribas persas antigos também empregavam a escrita cuneiforme, mas com o intuito de transmitir o idioma indo-europeu com cerca de quarenta sinais de valores silábicos (*ka*) e fonêmicos (/k/).[16] O manuscrito persa antigo é encontrado em um pequeno número de inscrições reais, e a mais longa e importante está exposta no monumento trilíngue de Dario I (550-486 a.C.) em Behistun, Irã ocidental:

> O rei Dario diz: Se olhar para esta inscrição ou para estas esculturas, (e) não destruí-las (mas), enquanto houver força dentro de você, protegê-las, e que Ahura Mazda lhe seja benévolo.[17]

Desde o princípio, a forma física do material de leitura foi imposta por uma finalidade imediata. A extensão de um texto mesopotâmico antigo dependia do tamanho, do formato, das dimensões e dos *cártulas* (figuras ovais que emolduravam informações significativas, como nomes) da tabuleta de argila. As divisões da tabuleta antiga passaram posteriormente a linhas horizontais, com a escrita ocupando ambos os lados da tabuleta.

A primeira literatura (sem ser a de registros contábeis) era formada por tabuletas de argila quadradas ou retangulares medindo em torno de um palmo, criadas para caber confortavelmente na mão do leitor. Um "livro" era composto

---

15 FISCHER, *A History of Writing*.
16 KENT, R. G. Old Persian: Grammar, Texts, Lexicon. *American Oriental Series*, 33. New Haven, CT, 1953.
17 SCHMITT, R. *The Bisitun Inscription of Darius the Great*: Old Persian Text. Londres, 1991.

por várias dessas tabuletas, possivelmente armazenadas em caixas de madeira ou malas de couro, em determinada ordem, a fim de permitir a leitura sequencial. Proclamações públicas, leis e propaganda enaltecedora, como inscrições funerárias da realeza, eram, em geral, textos em pedra ou argila de imponentes proporções, muitas para servir como referência (do mesmo modo como utilizamos uma biblioteca pública ou privada atualmente). No século XII a.C., em Assur, sobre o rio Tibre, por exemplo, o Código de Leis da Média Assíria, inscrito em colunas em ambos os lados, era exposto indistintamente em pedra com um tamanho superior a seis metros quadrados, com sua proeminência pública indicando autoridade, e seu texto sendo mais temido que lido.[18]

Mas, afinal, quem lia? Os escribas, sobretudo. Entretanto, as tabuletas escolares têm emergido das ruínas da maioria das residências mais abastadas de Ur. Ao que tudo indica, a capacidade de ler também havia alcançado a esfera doméstica mesopotâmica, embora não se saiba ao certo até que ponto isso tenha ocorrido.[19] É possível que a capacidade de ler e escrever, já no terceiro milênio a.C., tenha sido uma das qualidades destacadas da aristocracia. Talvez essa capacidade tenha ajudado a defini-la como uma classe distinta. Se esse for o caso, ler e escrever devem ter sido objetos de considerável emulação.

Um escriba sumério, sem dúvida, tinha um grande senso de responsabilidade por possuir essa capacidade de extremo valor, sabendo que sua interpretação de um texto escrito encerraria uma discussão sobre contas ou um artigo de uma lei. A deusa dos escribas, Nisaba, tinha como símbolo o estilete pontiagudo, pois era o ato de registrar que personificava a função primordial do escriba, não o ato de ler-declamar. Isso nos revela que o escriba era essencialmente o tabelião de seu tempo, o estenógrafo notarial da maioria das atividades importantes da sociedade, o secretário-executivo, o burocrata do governo.

É claro que a leitura como a conhecemos hoje não desempenhou papel algum nessa atividade vital de governo. De embarques de grãos a homenagens em templos, de mensagens simples a cerimônias extensas, a complexidade cotidiana da vida na cidade foi viabilizada por esses escribas declamadores – e em todos os lugares a comunicação oral teve prioridade. A palavra escrita ainda não constituía uma voz com existência própria. (Esse fenômeno surgiu no século IV a.C., na Grécia; ver Capítulo 2.) Durante milhares de anos, a leitura foi um meio; ainda não era um canal. É por essa razão que escutamos as instruções precisas de um autor ao escriba na maioria das cartas mesopotâmicas: "Ao meu Senhor, diga que: assim fala seu vil servo".[20] O escriba não podia separar, como fazemos atualmente, a instrução

---

18 DIRINGER, D. *The Hand-Produced Book.* Londres, 1953.
19 MICHALOWSKI, P. Writing and Literacy in Early States: A Mesopotamianist Perspective. In: KELLER-COHEN, D. (Ed.). *Literacy:* Interdisciplinary Conversations. Cresskill, NJ, 1993. p.49-70.
20 ROUX, G. *Ancient Iraq.* Londres, 1964.

oral da mensagem oral. A tarefa do escriba, na verdade, vedava essa separação, já que ela o protegia de potencial discussão judicial.

Mas os escribas não eram exclusivamente tabeliães, estenógrafos, contadores, arquivistas, secretários e burocratas. Eram também leitores ativos cujos superiores ou senhores iletrados – arquitetos, astrônomos, comerciantes ou padres – pediam, com frequência, que fizessem a leitura em voz alta, como parte das tarefas usuais ou por uma pequena taxa. Se fosse hipermetrope (tivesse dificuldade para enxergar de perto, como a maioria das pessoas acima de 45 anos), o escriba poderia usar um par de "lentes", seguras em uma das mãos, para ajudar a focar os olhos e decifrar os penosos cuneiformes minúsculos na pequena tabuleta apoiada na palma da outra mão. Um copo transparente cheio de água também deve ter servido de auxílio, com a pequena tabuleta posicionada por trás dele para aumentar os miúdos sinais.

Hoje, ao lermos as correspondências antigas dos escribas, em tradução, temos contato com um mundo exótico e impenetrável, apesar de surpreendentemente repleto de emoções e fraquezas humanas que conhecemos tão bem. Como a carta ditada pelo comerciante Nani a seu sócio Ea-nasir, em Ur, por volta de 1700 a.C.:

> Você não cumpriu o que havia prometido. Colocou as barras falsas diante de meu mensageiro e disse: — Se quiser levá-las, leve; se não quiser, vá embora! Quem você pensa que eu sou para me tratar dessa maneira? Enviei mensageiros, homens como nós, para reivindicar meu dinheiro, mas você me tratou com desprezo mandando-os de volta de mãos vazias diversas vezes ... Pois saiba que de agora em diante não aceitarei mais cobre algum de você que não seja de excelente qualidade. Passarei a selecionar as barras uma a uma em meu próprio depósito e exercerei meu direito de recusar, pois você me tratou com desprezo.[21]

Para se tornar um escriba profissional na Babilônia, em 1700 a.C., os garotos tinham de frequentar, dos seis aos 18 anos, a escola de formação de escribas, desde o início do período matutino até o final do vespertino durante 24 dias de cada trinta.[22] Lá aprendiam a ler e a escrever o extinto sumério e o nativo acádio, além de aprender história, matemática, religião e contratos, uma das principais atividades da profissão que haviam escolhido.[23] Embora leitura e escrita compusessem a maior parte do currículo, a maioria do material permanecia oral, não era nem escrito, nem lido. De fato, a vasta maioria do conhecimento social da Babilônia era transmitida oralmente e nunca se vinculou à argila.

---

21 CLAIBORNE, *The Birth of Writing.*
22 Ibidem.
23 GADD, C. J. *Teachers and Students in the Oldest Schools.* Londres, 1956.

Graças à descoberta das tabuletas, foi possível reconstruir o método de ensino da leitura nas escolas de escribas. A leitura era aprendida pelo ato de escrever. Primeiro, o professor cobria um lado de uma pequena tabuleta com um sinal, depois o aluno escrevia o mesmo sinal repetidas vezes no verso. Em seguida, dois sinais eram colocados juntos para formar uma palavra inteira, reproduzida de maneira similar pelo aluno. Em uma escola acádia, por exemplo, a palavra *ana* ("para") era dividida em duas sílabas usando-se os sinais *a* e *na*. (O sistema de escrita, uma silabografia, permitia apenas essa junção convencional; ou seja, não havia sinais separados para *ana* ou *an*.) Na terceira etapa, o aluno estudava um provérbio, uma frase curta ou uma lista de nomes, depois virava a tabuleta e também os reproduzia.

Ao virar a tabuleta, o aluno era forçado a visualizar o texto para que pudesse reescrevê-lo. Acima de tudo, a visualização, transcendendo a imitação mecânica, permitia que o aluno se tornasse um leitor e escritor independente − gravava os sinais e suas combinações possíveis na memória. Mas era preciso manter um acervo visual não apenas de sinais individuais, mas também de palavras, nomes e frases inteiros, até mesmo de sentenças completas. (Esse era, de fato, um modelo do mesmo método de ensino de leitura denominado "palavra inteira", redescoberto pelos educadores ocidentais no século XVIII d.C.)

Depois de se tornar um profissional, o escriba esperava ansiosamente para ingressar em uma vida voltada à documentação de transações. Isso envolvia negociações financeiras, o que exigia a transcrição exata do acordo oral e do testemunho oficial (a "certificação") feita pelo próprio escriba. Outros recém-graduados bem-sucedidos tornavam-se escriturários e contadores de comerciantes, de expedidores ou de templos reais (nos quais os visitantes, muitas vezes, recebiam recibos referentes às suas doações). Os graduandos dotados de talentos excepcionais, aqueles que dominavam complexos cálculos matemáticos, tornavam-se inspetores muito respeitados. Mesmo os que desistiam ou eram reprovados ainda podiam se tornar respeitáveis escritores e leitores de cartas, os quais sempre eram requisitados em suas tendas, em quase toda a cidade e no mercado do vilarejo. Ao contrário de hoje, os escribas raramente eram os escritores criativos de sua sociedade: toda a literatura criativa permanecia oral. Contudo, esses trabalhos compostos oralmente eram, às vezes, preservados em argila por um escriba, em cumprimento de uma ordem ou solicitação.

Quase todos os alunos mesopotâmicos eram meninos, que supostamente assumiriam as responsabilidades da família ou receberiam permissão para se tornarem escribas profissionais. Contudo, havia raras exceções (como o caso citado de Sippar). Curiosamente, a primeira pessoa da história a assinar a autoria de um trabalho foi uma mulher: a princesa Enheduanna, filha do rei Sargão I de Acad. Nascida por volta de 2300 a.C., ela compôs, como sacerdotisa de Nanna, deus da Lua, uma série de canções em louvor à deusa do amor e da guerra, Inanna, registrando devidamente seu próprio nome como escriba-autora no final das tabuletas.[24] Isso, porém, foi algo excepcional.

Na Mesopotâmia antiga, era costume do escriba registrar em um colofão – uma inscrição de conclusão oferecendo informações adicionais – seu nome (ou, algumas vezes, o nome dela), local e data de escrita, e tal fato oficialmente certificava a transmissão oral. Isso porque os leitores ainda não estavam "lendo um texto", mas ouvindo a voz de um colega escriba que precisava de identificação. A maioria dos colofões mesopotâmicos termina com a máxima "Que o aprendiz instrua outro aprendiz, pois aquele que não aprendeu não é capaz de ver",[25] o que significa que, como poucas pessoas controlavam a leitura e a escrita, sua responsabilidade perante a sociedade era profunda e não devia ser esquecida ou desconsiderada.

Descobertas arqueológicas raras de arquivos antigos fornecem talvez a melhor prova do que as pessoas liam na Mesopotâmia.[26] Durante escavações realizadas de 1973 a 1976 na acrópole de Tell Mardikh, por exemplo, a sessenta quilômetros de Alepo, na Síria setentrional, os arqueólogos descobriram o palácio real de Ebla (2400-2250 a.C.), que incluía cerca de 17 mil tabuletas deixadas no setor administrativo, na corte e nos arquivos reais de Ebla. As tabuletas apresentam enorme variedade de assuntos: história, literatura, agricultura, idiomas, mas, acima de tudo, finanças e economia. Na realidade, a maioria aborda impostos, tributos, correspondência interna, relatos de caravanas, missões comerciais e relatórios. Era, sobretudo, a leitura de burocratas, contadores e escreventes; apenas uma pequena porcentagem tratava de assuntos não administrativos. Podemos supor, considerando-se a importância de Ebla, que isso tenha simbolizado o material de leitura das maiores cidades daquela época.

O terceiro período sumério de Uruk (c. 3000 a.C.) – ou seja, antes da escrita de textos contínuos – produziu as leituras mais antigas: listas "lexicais".[27] Os textos que podemos chamar de literários permaneceram desconhecidos até cerca de 2500 a.C., sob o domínio dos acádios que, inicialmente, escreviam apenas em sumério. Os textos literários no próprio acádio antigo apenas começaram a surgir depois de 2334 a.C., sob o reinado de Sargão I.[28] Eram sobretudo cânticos aos deuses, canções com pedidos ao rei, hinos fúnebres de rituais religiosos e exorcismos de espíritos malignos. Um importante mito sumério memorizou a jornada da

---

24 HALLO, W. W., VAN DIJK, J. J. A. *The Exaltation of Inanna*. New Haven, CT, 1968.

25 Reescrito com base no trecho de MANGUEL, Alberto. *A History of Reading*. Londres, 1996, substituindo "sábio ... ignorante" por "instruído ... não instruído".

26 MARTIN. *The History and Power of Writing*.

27 GREEN, M. W. The Construction and Implementation of the Cuneiform Writing System. *Visible Language*, XV/4, p.345-72, 1981.

28 COOPER, J. S. Sumerian and Akkadian. In: DANIELS, P. T., BRIGHT, W. (Eds.). *The World's Writing Systems*. Oxford e Nova York, 1996. p.37-57. Ver também CIVIL, M., BIGGS, R. Notes sur des textes sumériens archaïques. *Revue d'Assyriologie*, LX, p.1-16, 1966.

deusa Inanna ao submundo. Os escribas acádios também preservaram a ordem divina suméria do mundo. As lendas dos reis de Uruk – Enmerkar, Lugalbanda e, sobretudo, Gilgamesh – dominavam o gênero épico.[29]

O sistema de escrita sumério-acádio tornava conhecida uma profusão de gêneros orais: épico, jurídico, médico, culinária, astronomia, matemática, história, religião, poemas amorosos e muitos outros.[30] A poesia didática era, em especial, "popular" (sempre um termo relativo) na Babilônia antiga, como o épico acádio da criação do mundo da era do rei Hamurábi (c. século XVIII a.C.), glorificando o deus Marduk. Essas obras combinam o épico e o cântico em um híbrido literário um tanto contraditório. Mais do que tudo, a literatura acádia se sobressaía em preces e conjurações. Por volta de 1000 a.C., um caráter pessimista invadiu essa literatura, como no salmo de celebração "Louvarei o Senhor da Sabedoria", que lamenta a injustiça com os honestos sofredores.

Havia também a escrita que deveria ser lida apenas por seres sobrenaturais. Durante o primeiro milênio a.C. na cidade de Nippur (atual Iraque), por exemplo, as pessoas que compravam tigelas de argila com inscrições de palavras de feitiçaria em aramaico acreditavam que, lendo-as, os espíritos malignos ficariam presos sob as tigelas. Isto é, a escrita em si detinha poderes mágicos. Não necessitava de um público humano.

Poucos textos da região do Oriente Médio anteriores aos primeiros séculos do segundo milênio a.C. sobreviveram. As provas sugerem, por exemplo, que a maioria dos poemas de Gilgamesh – o grande rei de Uruk que, em vão, buscou a imortalidade – não foi efetivamente escrita até cerca de 1200 a.C. Sua última revisão ocorreu na biblioteca do rei Assurbanipal (reinado entre 669-633 a.C.), o último grande rei do Império Assírio.

A maior parte da leitura, obviamente, envolvia dados da economia cotidiana, que os escribas da época realizavam com a facilidade e a eficiência de um funcionário de escritório de nossos dias. Mais de 75% das 150 mil inscrições cuneiformes escavadas até hoje na Mesopotâmia são registros contábeis e administrativos, e os mais antigos são essencialmente listas de produtos, pessoas, pagamentos etc.[31]

Assim como em Ebla, todos os grandes centros antigos na Mesopotâmia possuíam "bibliotecas", ou seja, arquivos, nada semelhantes às modernas bibliotecas que conhecemos hoje. Esses depósitos de informações prontamente acessíveis eram mantidos porque se mostravam essenciais à administração adequada das cidades-estado que floresciam. No final do segundo milênio a.C., esses acervos de tabuletas de argila, papiro, placas de madeira, varetas de bambu, seda ou couro

---

29 WILSON, E. *Babylonian and Assyrian Literature*. Miami, 2002; MEISSNER, B. *Die babylonische--assyrische Literatur*. Leipzig, 1927.

30 WALKER, C. B. F. *Cuneiform*, Reading the Past. Londres, 1987.

31 COULMAS, F. *The Writing Systems of the World*. Oxford e Nova York, 1989.

concediam poderes às sociedades da Mesopotâmia, Egito, Platô iraniano, mar Egeu, vale do rio Indo, Usbequistão/Tajiquistão e China central. Como toda a leitura na época era feita em voz alta, a analogia "barulhento como uma biblioteca" seria apropriada em qualquer parte.

Os sumérios chamavam os que catalogavam as bibliotecas de "organizadores do universo".[32] A catalogação de uma biblioteca significa a fragmentação da experiência humana. Qualquer catalogação é subjetiva e arbitrária, uma ofensa à obra escrita, ou seja, a algo intrinsecamente universal e indivisível. Essa ofensa ocorreu em todas as épocas, em geral em nome da praticidade. Uma vez que a vida em si não pode ser catalogada, a leitura não deveria ser catalogada. Mas isso não é prático. O acesso mais útil à informação é obtido apenas por meio da limitação do que é ilimitado, conforme as sociedades letradas mais antigas já haviam descoberto.

Em sua capital, Nínive, Assurbanipal da Assíria tinha uma biblioteca cuneiforme que, até onde se tem notícia, revelou cerca de 25 mil tabuletas de argila gravadas. Assurbanipal tinha devoção pela escrita. Ele mesmo era um homem letrado, uma raridade para um rei naquela época. Vangloriava-se dizendo que seria capaz de "ler as tabuletas escritas antes do Dilúvio", ou seja, textos antigos que evidentemente haviam sido preservados durante séculos.[33] Sua adoração declarada pela leitura demonstra a veneração que a capacidade de ler e escrever recebia naquele tempo. Assurbanipal chegava a designar agentes a todos os cantos da Mesopotâmia à procura de tabuletas para a biblioteca do palácio. Sua carta pessoal a um oficial chamado Xadanu é reveladora nesse contexto:

> Procure e traga-me as preciosas tabuletas das quais não há reprodução na Assíria. Acabo de escrever para o supervisor do templo e o prefeito de Borsipa informando que você, Xadanu, deverá manter as tabuletas sob sua guarda e ninguém deve se recusar a entregá-las a você. Se souber de alguma tabuleta ou texto cerimonial que sejam adequados ao palácio, procure-os, guarde-os e envie-os para cá.[34]

Assim Assurbanipal montou uma biblioteca excepcionalmente grande para a época. Continha uma porcentagem elevada, fora do comum, de escritos cerimoniais, além de astrologia, presságios e palavras de feitiçaria – ou seja, recursos para compreender, apaziguar e coagir os deuses. Em sua carta, Assurbanipal faz uma distinção significativa entre "tabuleta" e "texto cerimonial", revelando a importância alcançada pela leitura religiosa. Mas as obras de temas como matemática, medicina, astronomia, poesia épica, canções, cânticos, dicionários bilíngues sumério-babilônio e muitos outros assuntos também foram contemplados. Nesse caso, a

---

32 THOMPSON, J. W. *Ancient Libraries.* Hamden, CT, 1940.
33 CLAIBORNE, *The Birth of Writing.*
34 Ibidem.

leitura é inconfundivelmente valorizada como uma fonte de conhecimento geral e meio de contatar e se dirigir ao divino. (Atualmente, a biblioteca de Assurbanipal constitui a fonte mais rica de leitura sobre culturas antigas da Suméria, Babilônia e Assíria.)

Foi encontrada em determinada tabuleta médica, quase totalmente destruída, uma revelação:

> Palácio de Assurbanipal, rei da totalidade, para quem [os deuses] Nabu e Tashmetum concederam grande sabedoria, e aquele que adquiriu olhos aguçados: o melhor da arte escriba, como as obras das quais nenhum rei que me antecedeu jamais teve conhecimento, remédios que tratam desde o couro cabeludo até a ponta dos dedos dos pés, seleções não-canônicas, sábios ensinamentos, tudo que pertence ao domínio da medicina de [deuses] Ninurta e Gula, escrevi nas tabuletas, verifiquei e conferi e depositei em meu palácio para que sejam lidas e examinadas minuciosamente.[35]

Isto é, o próprio Assurbanipal escreveu essas palavras, revelando o propósito principal de sua extraordinária coleção: que fossem "lidas e examinadas minuciosamente".

Em virtude dessa preeminência, Assurbanipal também recebia correspondência de toda a Assíria e de além desse território. No final de uma carta dessas, o secretário real, aquele que costumava fazer a triagem da correspondência destinada a Assurbanipal, encontrou o inspirador apelo: "Quem quer que seja, escriba, que lerá esta carta, não esconda nada do rei, meu senhor, para que os deuses Bel e Nabu falem com bondade de você para o rei".[36] Novamente, "ler" é entendido como "ler em voz alta, declamar". Nessas sociedades antigas, em que a palavra escrita era a palavra falada, exigia-se a mais elevada integridade de cada secretário escriba. Era por um bom motivo que uma das leis do rei babilônio Hamurábi condenava à morte aquele que prestasse falso testemunho, uma lei primordialmente destinada aos escribas, as principais testemunhas da sociedade.

Houve casos frequentes de censura. Isso envolvia, sobretudo, apagar o que havia sido escrito em monumentos públicos e nas paredes de templos e palácios a fim de fazer desaparecer a memória erudita, a principal forma de desgraça pública. Mas os textos também eram alterados: diretamente, sendo riscados e reescritos (o que era impossível em tabuletas de argila muito duras, necessitando muitas vezes de falsificações), ou indiretamente, sendo editado um texto totalmente novo, ou seja, "reescrevendo a história". Isso ocorria com uma frequência surpreendente,

---

35 HUNGER, H. Babylonische und assyrische Kolophone, *Alter Orient und Altes Testament*, 2. Kevelaer, 1968.
36 CLAIBORNE. *The Birth of Writing.*

por vários motivos: ódio filial ou fraternal, rivalidade entre clãs, mudança de ética ou religião, invasão, entre outras coisas. Os leitores, é claro, liam apenas o que o novo regime queria que lessem, o que estava tão distante da "objetividade factual" (uma ideia moderna) quanto a propaganda apagada havia sido.

A leitura antiga, muitas vezes, revela a aflição do homem. O filho de um dos altos oficiais de Hamurábi escreveu o seguinte trecho para sua mãe:

> Que meu pai e os deuses a mantenham bem. As roupas dos senhores melhoraram a cada ano. O filho de Adadiddinã, cujo pai não passa de um subordinado de meu pai, recebeu duas roupas novas, mas a senhora se incomoda com apenas uma roupa para mim. A senhora me deu à luz, mas a mãe dele o adotou; enquanto a mãe dele o ama, você não me ama.[37]

Por meio dessa e de outras passagens semelhantes, comoventes e esclarecedoras, conseguimos avaliar o quanto a leitura mesopotâmica já englobava todo um universo de experiências humanas, e sua pungência tornou tudo mais imediato à nossa consciência de que, no local do nascimento da escrita, voz e sinal ainda eram uma coisa só.

Egito

A palavra egípcia mais comum designando leitura, *dj*, também significava "declamar" e foi, por esse motivo, que o escriba egípcio cujas palavras deram início a este capítulo escreveu sobre um livro estando "na voz daquele que o lê". A leitura no Egito antigo também era duplamente oral: não só a escrita era entendida como discurso visível, mas toda a leitura era fisicamente realizada em voz alta por meio de um escriba-testemunha.

Liam-se as letras de tabuletas cuneiformes, portanto, enviadas ao Egito pelos hurrianos (importante povo do Oriente Próximo, em meados do segundo milênio a.C.): "E Kelia, meu mensageiro, proferiu esta palavra: dizendo assim, 'Seu irmão, Ninmoria, senhor do Egito, fez um grande presente'".[38] Assim como na Mesopotâmia, a correspondência escrita no Egito não tratava da leitura como a conhecemos hoje, mas era o testemunho oficial de um meio oral. Todas as cartas, em geral, começavam com as frases, "Diga a fulano, o rei de tal lugar, meu irmão etc...", incluindo-se as instruções orais de quem ditava o texto ao escriba. Nesse caso, também a palavra escrita não era um fim em si mesma, mas um meio para

---

37 Ibidem.
38 SCHROEDER, O. Die Tontafeln von El-Amarna. *Vorderasiatische Schriftdenkmäller*, 12. Leipzig, 1915.

um fim, um meio socialmente aprovado (ainda não era um canal autônomo) por intermédio do qual o escriba era autorizado a falar em nome daquele que ditou a mensagem. A mensagem "verdadeira" não está na tabuleta cuneiforme ou na carta em papiro, mas na transmissão oral final: ou seja, ela reside no escriba que lê a mensagem em voz alta para o destinatário.

Já por volta de 3300 a.C., o Egito usava algumas centenas de "hieróglifos" logográficos (palavra inteira), escritos sobretudo com tinta em papiros. A era do papiro presenciou a rápida ascensão das federações urbanas no Egito, que resistiriam por mais de três milênios. Leitura e escrita não são critérios de civilização; na verdade, a atividade urbana existia na Síria setentrional já em 4000 a.C., um pouco antes de a escrita completa surgir. Contudo, os reinos do Alto e do Baixo Egito e as cidades-estado mesopotâmicas progrediram e prosperaram, transformando-se em grandes impérios, apenas depois do surgimento da leitura e da escrita. Não houve uma relação causal direta, é claro, mas poucos contestariam o papel da leitura e da escrita como incentivadores da expansão econômica que possibilitou esses acontecimentos.[39]

Portanto, parece que os antigos egípcios eram sensíveis às vantagens da leitura para o acesso e o controle de informações mais do que os sumérios, que haviam inovado a escrita completa. Isso se explica pelo fato de que os egípcios, depois de terem emprestado dos sumérios os conceitos de logografia, fonografia e linearidade com sequência de sinais, desenvolveram e exploraram a leitura e a escrita com muito mais rapidez. Uma das mais importantes inovações genuinamente egípcias (houve diversas) foi a acrofonia – o uso de um sinal para representar apenas a consoante inicial de uma palavra: o sinal $\wedge\wedge\wedge\wedge\wedge\wedge$ representava n, por exemplo. (Por sua vez, os escribas sumérios usavam sinais que representavam sílabas inteiras, mas não consoantes individuais.) Toda a escrita em hieróglifos egípcios apresentava os "esqueletos" da palavra, aos quais o leitor precisava acrescentar apenas as vogais apropriadas, óbvias aos falantes nativos pelo contexto.[40]

No quarto milênio a.C., os egípcios já liam hieróglifos na superfície de pedras, paletas de ardósia, estelas funerárias (placas verticais de pedra com inscrições), selos cilíndricos, objetos decorativos, cerâmicas, tabuletas de marfim, armas de pedra, entre outros. Presume-se que o uso frequente de tinta em papiro já date desse período. Entretanto, a maior parte da leitura no Egito antigo não era de hieróglifos, que levavam muito tempo para ser entalhados, gravados ou pintados, mas de escrita cursiva (somente depois de muito tempo denominada "hierática"). Essa escrita foi desenvolvida como uma ferramenta prática para registrar documentos cotidianos, como cartas, contas, lista de decisões de julgamentos e, mais tarde,

---

39 FISCHER, *A History of Writing.*
40 RITNER, R. K. Egyptian Writing. In: DANIELS & BRIGHT (Eds.). *The World's Writing Systems,* p.73-84.

a partir do segundo milênio a.C., textos literários. A escrita hierática, uma simplificação da escrita hieroglífica que empregava o mesmo sistema, era lida quase exclusivamente em papiros, embora os textos hieráticos também aparecessem em pedra, gesso, couro, tecidos de linho, óstraco (lascas de calcário ou fragmentos de cerâmica inscritos) e outras superfícies.

Os leitores egípcios liam da direita para a esquerda ou da esquerda para a direita; alguns textos possuem a sequência de cima para baixo. A leitura da direita para a esquerda tornou-se a "direção-padrão", já que não havia um motivo claro para a escolha contrária. Depois de formalizados entre cerca de 3300 e 2500 a.C., os hieróglifos, a escrita hierática e suas leituras permaneceram sem sofrer quase nenhuma alteração por mais de dois mil anos. (A maioria dos leitores na África setentrional e no Oriente Médio manteve a direção de leitura da direita para a esquerda desse período.)

Uma vez que o aluno concluía vários anos de ensinamentos intensivos em uma escola própria para escribas, a leitura de hieróglifos egípcios e textos hieráticos tornava-se tarefa relativamente fácil, com a qualidade da capacidade de escrever e ler, é claro, variando bastante (sendo sobretudo orientada por tarefas). Talvez um aspecto ainda mais importante era o fato de o papiro ser fino, leve, flexível e de fácil manuseio e armazenagem. Era possível até juntar folhas de papiro e enrolá-las em um longo rolo, bastando-se um simples desenrolar para a leitura de um texto mais extenso. (Essa facilidade de leitura era desconhecida na Mesopotâmia, com suas desajeitadas tabuletas de argila.) O "livro mais antigo do mundo" é o *Pruss Papyrus*, cujos textos da Quinta Dinastia (c. 2500-2350 a.C.) foram copiados, em escrita hierática, cerca de quatrocentos anos depois desse período.

Durante a Terceira ou a Quarta Dinastia, no entanto, passou-se a escrever textos contínuos no Egito. Embora, em princípio, o sistema de escrita pudesse nesse período ser usado para quase qualquer finalidade, os escribas egípcios ainda não haviam explorado todos os seus recursos. Em torno de 2150 a.C., no final do Antigo Império, diversas categorias de textos já eram comuns: contratos particulares, decretos e procedimentos jurídicos, cartas, textos extensos sobre religião e magia, além de inscrições "biográficas".[41] Talvez também houvesse textos técnicos, mas, ao que tudo indica, nenhum intrinsecamente "literário" era confiado em papiro, madeira ou couro: a tradição oral prevalecia em todos os gêneros, mantendo a escrita limitada à documentação, sem expandir-se à expressão criativa.

Poucos egípcios chegaram a aprender a ler. Na maior parte da história antiga, talvez no máximo um em cada cem tenha sido alfabetizado em qualquer época. Considerando-se que a população do Egito cresceu da estimativa de um milhão no Antigo Império para 4,5 milhões na era greco-romana (quando os residentes

---

41 BAINES, J. Literacy and Ancient Egyptian Society. *Man*, n.s. XVIII, p.572-99, 1983.

gregos compunham a maioria alfabetizada), talvez não mais do que dez a 50 mil pessoas soubessem ler em todo o império.[42] Os letrados, em especial destacados na sociedade, abrangiam a elite, mas não exclusivamente (pois a maioria usava escravos escribas), pela capacidade de ler e escrever. Estes e a subelite de escribas ocupavam quase em maioria todos os cargos administrativos. Ao contrário da Mesopotâmia, não há evidências de que os escribas do Egito desfrutassem de carreiras importantes dissociadas do ofício público. Os escribas de povoados, porém, eram respeitados profissionais, responsáveis por oferecer acesso cotidiano à leitura e à escrita aos 99% de iletrados.

Todos os egípcios poderiam, por certo, "ler" as inscrições com realces pictóricos como as das paredes do Templo de Luxor, na Tebas antiga, as quais anunciavam a história da triunfante missão dos arqueiros conduzidos por bigas sob o comando do faraó Ramsés II contra os hititas em 1300 a.C. O próprio letrado mediano talvez conseguisse ler um pouco mais que simples palavras em pontos espalhados na inscrição, talvez até alguns nomes familiares em combinações reconhecíveis de hieróglifos.[43] Os nomes mais conhecidos seriam agrupamentos ou volutas de sinais de ocorrência frequente como os de Menkheperre, o prenome de Tutmés III (1479-1425 a.C.), que sobreviveu a milhares de escaravelhos. Contudo, apenas pouquíssimos egípcios, talvez um em cada quinhentos ou até menos, eram, de fato, capazes de ler uma inscrição em um monumento em sua totalidade.

Uma vez que o número de egípcios antigos capazes de ler e escrever era bastante reduzido, e os que eram capazes compunham sem exceção a elite (ou seus escravos), a habilidade era muitíssimo respeitada. Aqui os escribas ocupavam verdadeiramente uma posição social muito mais elevada que a de seus correspondentes mesopotâmicos. Como disse o burocrata egípcio Dua-Queti a seu filho Pepy há quatro milênios, enquanto navegavam na direção sul pelo Nilo para uma escola de escribas:

> Fixe o pensamento apenas nos escritos, pois já vi pessoas serem salvas por seu trabalho. Entenda, não há nada mais genial que os escritos. São como um barco sobre a água. Deixe-me fazê-lo amar a escrita mais que à sua mãe. Permita-me introduzir sua beleza a seus olhos. Pois ela é mais importante que qualquer outro trabalho. Não há o que a ela se compare em todo o mundo.[44]

A profissão de escriba egípcio poderia ser uma "profissão suntuosa", segundo continuava Dua-Queti: "Seus materiais de escrita e os rolos de livros trazem

---

42 BAINES, J., EYRE, C. J. Four Notes on Literacy. *Göttinger Miszellen*, LXI, p.65-96, 1983.
43 BAINES. Literacy and Ancient Egyptian Society.
44 HELCK, W. *Die Lebre des Dw3-Htjj*. Wiesbaden, 1970.

prazer e riqueza". Muitos escribas tornaram-se oficiais e ministros de palácios, entre os homens mais ricos e poderosos do império. A maioria dos escribas, todavia, permanecia como subordinados que realizavam o trabalho formal do reino. A capacidade de ler e escrever era necessária para manter o *status* elevado, mas o ato físico da escrita era, em seguida, delegado com mais frequência por aqueles poucos que realmente alcançavam esse *status*. Por exemplo, podemos citar a forma educada de dizer "você" nas correspondências escritas egípcias: "seu escriba", ou seja, o subordinado responsável por ler a carta em voz alta a seu letrado superior.[45]

Assim como na Mesopotâmia, os leitores hipermetropes também tinham recursos que ajudavam a leitura. Há pouco tempo, surgiu uma teoria de que os egípcios talvez já conhecessem as propriedades especiais das lentes de vidro no início do segundo milênio a.C., quando a produção de vidro se tornou comum ao longo do Nilo. De fato, é possível que os leitores com hipermetropia compensassem a deficiência usando discos de vidro polido ou pedras transparentes. Um rolo de papiro mantido atrás de um copo de vidro cheio de água ampliar-se-ia, tornando-se perfeitamente legível a qualquer um que sofresse de hipermetropia: isso teria sido um conhecimento difundido em épocas antigas. Muitos dos recipientes de vidro preservados da Antiguidade podem realmente ter sido usados para leitura com tanta frequência quanto para bebida; os leitores da sociedade – a elite (ou seus escravos) – possuíam a maior parte dos recipientes de vidro.

Pode-se dizer que, desde o início, a escrita no Egito servia a dois propósitos principais: administração e exibição de monumentos.[46] Mas, pelo que podemos observar, durante a primeira metade do milênio, após a introdução da escrita no Egito, os textos contínuos eram desconhecidos. As palavras escritas mais antigas, na verdade o início da própria "história", continham apenas os nomes simples de anos dos reinos. Porque a elite desde muito cedo deteve o poder social da escrita – o maior volume da leitura egípcia era administrativa, e os seus praticantes eram os privilegiados da sociedade – o *status* da elite era totalmente identificado à capacidade de ler e escrever.[47] (Evidências sugerem que os próprios faraós posteriores eram letrados, algo que raramente acontecia na Mesopotâmia.)[48] Porém, uma parte muito pequena da riqueza da literatura egípcia foi mantida. O que conseguiu resistir ao milênio, basicamente inscrições em obras arquitetônicas ou monumentos, representa apenas uma fração do que um dia se escreveu. De modo algum representa a maior parte da leitura antiga.

---

45 SMITHER, P. C. An Old Kingdom Letter Concerning the Crimes of Count Sabni. *Journal of Egyptian Archaeology*, XXVIII, p.16-9, 1942.

46 BAINES. Literacy and Ancient Egyptian Society.

47 JANSEN, J. J. The Early State in Egypt. In: CLAESSEN, H. J. M., SKALNÍK, Peter (Eds.). *The Early State*. The Hague, 1978. p.213-34.

48 BAINES & EYRE. Four Notes on Literacy.

HISTÓRIA DA LEITURA

Sem dúvida, uma das maiores ironias da história é o fato de que essa gloriosa sociedade, tão identificada com a escrita (ou seja, com os hieróglifos), com templos, tumbas, monumentos e estátuas repletos de inscrições, tenha contado com tão poucos leitores. Mas os textos públicos serviam para registrar, e não para informar. Os contemporâneos que realmente conseguiam lê-los eram os próprios entalhadores. As inscrições eram feitas para os séculos, sendo os supostos "leitores" a futura multidão de anônimos veneradores – ou, pelo menos, era o que imaginavam os ilustres autores das inscrições.

Isso significa que os hieróglifos egípcios remanescentes, nos sarcófagos das múmias, nas paredes de túmulos, em colunas e estátuas monumentais, eram raramente, ou nunca, lidos durante o período de vida do destinatário. Eram, em sua maioria, propaganda ostentosa para as entidades divinas e para os vivos, bem como mensagens funerárias aos deuses da vida após a morte e aos mortos, invocando as palavras mágicas para o despertar do espírito. O que se lia, na verdade, eram montanhas de papiros administrativos, os quais desapareceram quase por completo.

Os textos literários egípcios mais antigos, em oposição aos textos administrativos, são os das pirâmides, ocultos nas divisões de sepultamento real.[49] Tais textos englobam a literatura funerária inscrita nas câmaras de sepultamento das pirâmides da Quarta e da Quinta Dinastias. As inscrições do final do século XXV a.C. que ocupam parede a parede preenchendo a antecâmara da pirâmide de Unas, em Sacara, por exemplo, descrevem a arriscada jornada do governante pelo submundo até seu legítimo lugar entre os deuses. O letrado criador dos túmulos reais do século XIII a.C., Peshdu, cobriu o teto de sua própria sepultura com a Litania de Rá, texto sagrado que celebra a passagem eterna do deus Sol entre o céu e o submundo. Estatuetas representando as classes mais baixas – trabalhadores rurais, operários e outros – eram entalhadas com os nomes dos mortos e colocadas nas sepulturas dos ricos para que os servissem após a morte. Todas essas "Elocuções" consagradas, preservando as crenças religiosas mais antigas registradas no Egito, homenageiam a vida futura, em um feitiço contra o mal e/ou realizam a tarefa sagrada para os mortos, a ser lida apenas pelos deuses, aos quais o morto pretendia se juntar. Abrangendo o "passaporte para a eternidade" de um faraó ou aristocrata, elas se dirigiam a um destinatário e não permitiam nenhum outro leitor. Era a escola mais exclusiva do mundo.

Em um texto preservado extraído da sepultura de um nobre, lemos:

Vós que vagais pelo céu, Rá e Tot, levai-o consigo, para que ele possa comer daquilo que comeis; que ele possa beber daquilo que bebeis; que ele possa viver

---

49 FAULKNER, R. O. *The Ancient Egyptian Pyramid Texts*. Oxford, 1969.

daquilo que viveis; que ele possa habitar onde habitais; para que ele seja forte naquilo em que sois fortes; que ele possa viajar onde viajais.[50]

Outra leitura sobrenatural similar incluía dezenas de milhares de inscrições em sarcófagos e o onipresente Livro dos Mortos, um rolo de papiro oferecido ao morto para que o levasse consigo para a vida após a morte. Paredes de templos, colunas e estátuas também eram ricas em inscrições destinadas à leitura imortal. O Templo de Ísis, em Filae, por exemplo, onde toda a superfície interna havia sido coberta com escritos e alguns desenhos, descrevia presentes reais às "testemunhas imortais" de uma classe igual.

Informações biográficas mais ricas que meras tiras e legendas começaram a surgir nos monumentos reais apenas após o período do Antigo Império e incluíam preceitos éticos, indicações de generosidade real, declarações de normas sociais, e assim por diante.[51] Durante o Médio Império, os escribas incorporaram eventos extraordinários. Autênticos textos literários também começaram a aparecer: literatura de "sabedoria", narrativas, hinos, textos abordando temas como medicina, magia, matemática, astronomia e referentes a calendários. Claro que nenhum deles era "popular", no sentido moderno, uma vez que a leitura era incipiente e restrita a determinadas classes sociais. Uma característica notável desses textos egípcios antigos é que a maioria foi escrita em uma forma especial de métrica, isto é, seus padrões de linguagem foram formalizados em unidades individuais de duas ou três ênfases cada uma.

O Novo Império introduziu os gêneros literários para um público maior. Muitos papiros dessa época contêm poemas de amor e histórias simples de caráter folclórico.[52] Os textos religiosos descreviam rituais de devoção diária e eventos sobrenaturais. Havia rolos de papiros de hinos, mitos e fórmulas mágicas. Estudos de medicina (incluindo ginecologia e ciência veterinária), matemática, história e lexicografia (extensas listas de animais, plantas, partes do corpo e nomes geográficos como auxiliares da memória) sobreviveram ao milênio.

Assim como na Mesopotâmia, os textos didáticos predominavam, sobretudo os que ofereciam instruções sobre a vida prática, como o *Ensinamento do rei Amenemet* ou o posterior *Livro da Sabedoria de Amenemope*, exaltando a modéstia e o autocontrole. Uma obra famosa, nesse contexto, é a *Conversa de um ser melancólico com sua alma*, talvez a herança literária mais completa do Egito antigo. Diversos textos também descrevem ou elogiam, às vezes com ironia, a vida em uma escola de escribas. Lendas factuais como a *História de Sinue*, que mesclava

---

50 CLAIBORNE. *The Birth of Writing.*
51 BAINES. Literacy and Ancient Egyptian Society.
52 LICHTHEIM. Ancient Egyptian Literature. In: SIMPSON, W. K. (Ed.). *The Literature of Ancient Egypt.* New Haven, CT, 1973.

aventura e sabedoria universal, eram muito comuns. No final da era grega, a ficção, em particular, assumiu um lugar de destaque entre os leitores egípcios. Textos comoventes para festivais religiosos apareceram. E, em toda parte, textos poéticos, de rígida estrutura métrica, tornaram-se abundantes, incluindo desde composições até peãs aos deuses ou ao faraó. (Duas coleções significativas de músicas românticas egípcias, por exemplo, sobreviveram.)

Em todos os níveis da sociedade, as cartas sempre foram um material de leitura de enorme importância. Em cerca de 1500 a.C., as epístolas internacionais abrangiam tabuletas cuneiformes de argila pequenas o suficiente para ser carregadas em uma das mãos, como o convite do rei babilônio Kadasman-Enlil a Akhenaton (Amenhotep IV), faraó do Egito:

> Farei uma reunião em minha casa. Você está convidado a vir comer e beber comigo. Estarão presentes vinte e cinco mulheres e vinte e cinco homens.[53]

O trecho citado pertence à coleção de cerca de 380 cartas, abrangendo por volta de três décadas, descoberta no final do século XIX, em Tell El-Amarna (antiga Akhenaton). O período das Cartas de Amarna, como viriam a ser denominadas, inclui o reinado completo de Akhenaton (1353-1336 a.C.), quando a cultura e o poder político do Egito estavam em pleno auge, destacando o reino mais poderoso que o mundo já havia conhecido. As cartas consistem em correspondências diplomáticas entre o faraó e seus contemporâneos em terras vizinhas, bem como seus súditos governando cidades e vilas sob a administração egípcia. Toda carta segue um rígido protocolo de retórica diplomática. Geralmente começam com saudações amáveis como:

> Diga a Nimmureya [Akhenaton], o rei do Egito meu irmão, meu genro, a quem amo e quem me ama:
> Assim, Tushratta, rei de Mitanni, seu sogro, que o ama, seu irmão [parente]. Comigo vai tudo bem. Que tudo vá bem com você. Para seu lar, suas esposas, seus filhos, seus ricos, suas bigas, seus cavalos, seus guerreiros, para o seu país e tudo o mais que a ti pertencer, que tudo vá muito, muito bem.[54]

Depois disso, o remetente, em geral, dava continuidade à carta solicitando tropas, dinheiro, presentes e outras coisas do gênero. Ou, em casos mais raros, fazia exatamente o oposto. Nesta carta, Tushratta anunciava seu próprio presente a Akhenaton, uma concubina:

---

53 MORAN, W. L. (Trad. e ed.) *The amarna letters.* Baltimore, 1992.
54 Ibidem.

Ela amadureceu muito e foi moldada de acordo com o desejo de meu irmão [seu]. E, além disso, meu irmão poderá perceber que o presente que lhe ofereço é melhor que qualquer outro oferecido antes.

A maioria das Cartas de Amarna, escritas totalmente no método cuneiforme, era transmitida em babilônio antigo, o idioma da diplomacia e do comércio naquela época, a língua franca do Oriente Próximo antigo. Para responder, porém, o faraó ditava em egípcio a um escriba que escrevia sinais hieráticos com tinta sobre o papiro. O escriba, então, levava esse texto a um tradutor real que criava uma versão em babilônio antigo, por sua vez, inscrevendo isso em método cuneiforme em uma tabuleta de argila a ser enviada pelo mensageiro do palácio. O mensageiro apressava-se ao local do destinatário, esperava autorização para entrar, entregava a tabuleta à devida autoridade que, em seguida, levava a tabuleta até o destinatário, juntamente com um tradutor, se necessário, e, enfim, o texto da carta seria lido em voz alta.

Uma das mais pungentes cartas do período de Amarna foi enviada ao rei Supiluliumaxe dos hititas por Ankesenpaaton, a jovem viúva de Tutancâmon, pressionada a se casar com Ay, o sucessor designado, trinta anos mais velho:

Meu marido morreu e não tenho filhos. Dizem que o senhor possui muitos filhos. Talvez pudesse me conceder um de seus filhos para que se torne meu marido. Não gostaria de me casar com um de meus servos (isto é, Ay). Eu reluto em torná-lo meu marido.

O rei hitita consentiu. Mas seu jovem filho foi assassinado no caminho para o Egito e, logo, Ankesenpaton, por certo temendo pela própria vida, cedeu e se casou com Ay.

A leitura egípcia antiga era muito mais que transmissão de informações: o próprio espírito de um texto era transmitido também. Ao contrário das cunhas cuneiformes utilitárias da Mesopotâmia, acreditava-se que os hieróglifos egípcios, em particular, detinham poderes mágicos. Sua leitura em paredes e tetos de sarcófagos e sepulturas era uma elocução divina, que ajudava a concretizar uma mensagem. Pelo mesmo motivo, sua frequente desfiguração pretendia impedir que a vida, as ações e o poder socioespiritual de seus detentores fossem ressuscitados pela leitura em voz alta. A leitura desse tipo de textos era um próprio ato de criação.

Assim como na Mesopotâmia, porém, o Egito tinha sua coleção de bibliotecas: em palácios, templos, centros administrativos e até residências particulares de letrados abastados. De Edfu, surgiu um catálogo de catálogos, datado de 2000 a.C., aproximadamente, revelando como as antigas bibliotecas egípcias também tentavam definir seu mundo de experiências em categorias como "A Lista de Todos os

Escritos Entalhados em Madeira", "O Livro de Lugares e das Coisas que Neles Existem", "O Livro do que Deverá ser Encontrado no Templo" e muitas outras.[55]

Ao longo do milênio, o Egito conseguiu transmitir textos escritos dignos de nota em cópias quase sempre precisas. As de mais prestígio talvez fossem as narrativas e os escritos didáticos; estes mantiveram uma estrutura bem definida em estilo inconfundivelmente "não oral" (em geral, aquelas de breves epítetos, a serem lidos em voz alta em uma forma de métrica). De importância análoga, havia os textos mágicos egípcios: eram lidos com muita frequência, e a eficácia do feitiço dependia da precisão de seus copistas. Entretanto, os egípcios antigos jamais obtiveram uma história discursiva ou analítica, nunca fizeram vigorar cânones ou exegeses religiosos (como o judaísmo, o cristianismo ou o islamismo implementariam pela leitura). Não houve também a criação de uma epopeia oral própria nem de escrituras sagradas. Os egípcios permaneceram em uma posição intermediária comum, com sua sociedade sendo "auxiliada pela capacidade de ler e escrever, mas não transformada por ela".[56]

A difusão da palavra escrita

A ideia, assim como diversas convenções, da escrita mesopotâmia foi difundida na direção do Oriente. Para o povo protoelamita do Platô iraniano, em cerca de 3000 a.C., a leitura era atuarial: o texto remanescente mais longo desse povo, formado por apenas sete linhas, trata de ovelhas entregues como pagamento de impostos à administração central em Susa. Mas, quinhentos anos antes, povos tão distantes quanto os do vale do rio Indo usavam marcas feitas por oleiros para escrever nomes e/ou lugares; isso, então, aparentemente se desenvolveu para o (suposto) sistema de escrita logossilábica da civilização do vale do Indo, que prosperou entre 2500 e 1900 a.C. É provável que o povo do Indo tenha escrito predominantemente em objetos perecíveis, como couro ou madeira, que se estragaram sem deixar vestígios. Embora nenhuma literatura tivesse sobrevivido dessa rica cultura (nem tabuleta, papiro ou inscrições em monumentos), a onipresença das diversas inscrições em selos, tabuletas pequenas de argila e faiança, ferramentas e utensílios de bronze, varetas de ossos e marfim, entre outras coisas – em geral, contendo dois ou três sinais em uma linha e cinco sinais ao todo –, sugerem uma "alfabetização" limitada e primitiva. Em uma sala lateral da entrada norte do antigo centro de Dolavira, foi encontrada uma inscrição composta de sinais com mais de 30 cm de altura: talvez fosse algum tipo de "comunicado público". Usadas sobretu-

---

55 THOMPSON. *Ancient Libraries.*
56 BAINES. Literacy and Ancient Egyptian Society.

do para validar e solidificar a autoridade econômica, a escrita e a leitura no antigo vale do Indo também parecem ter sido estreitamente associadas à elite governante de centros de controle, particularmente Harappa e Mohenjo-Daro.[57]

Por volta de 2000 a.C., a leitura silábica – isto é, sílabas in-di-vi-du-ais – enriquecia os semitas de Biblos no Levante, os luvianos de Anatólia (atual Turquia) e os gregos antigos do Egeu. Na verdade, os gregos foram os primeiros leitores da Europa. Suas diversas escritas – a "hieroglífica" e a linear A, dos gregos minoicos, a posterior linear B, dos gregos micênicos, a dos minoico-cíprios e, finalmente, a "Escrita Silábica Cipriota" – essencialmente se concentravam na contabilidade. No entanto, havia leituras mais extensas, como dedicatórias, contratos e até proclamações reais.

Esse uso posterior da escrita do Egeu é evidenciado pelo famoso Disco de Festo de Creta, a literatura mais antiga da Europa. Escavado em 1908 e datado de cerca de 1600 a.C., esse disco de argila cozida, com 16 cm de diâmetro e 241 sinais silábicos em hieróglifos inscritos em ambos os lados, expressa, ao que tudo indica, em grego minoico, uma "proclamação à mobilização".[58] O texto escrito no Disco de Festo é curto demais para ser entendido como referência: um nativo no idioma conseguiria memorizar a mensagem sem dificuldade alguma. Na qualidade de um disco de proclamação real, porém, ele ratifica o desempenho oral de uma maneira semelhante às apresentações de leitura de hebreus, cristãos e islamitas, que surgiriam muito tempo depois e enfatizam a autoridade se expressando por meio da palavra escrita. (Atualmente, embora o papa saiba todos os textos de cor, por exemplo, ainda faz a celebração diante de um livro aberto.) Com o Disco de Festo, o proclamador não estava "lendo" como se estivesse realizando um ato de realeza: ele se tornava (possivelmente) a voz do próprio Minos de Creta.

Havia um conjunto "literário" para se ler em algum dos diversos documentos do Egeu da pré-história? Até hoje, nenhum foi descoberto. É possível que essa literatura – hinos, canções, histórias épicas imitando aquelas dos influentes parceiros comerciais dos gregos, os cananeus e egípcios – tenha, de fato, sido expressa pela escrita, mas em couro e papiro perecíveis. Por certo, apenas um pequeno grupo de pessoas nessa antiga sociedade europeia era capaz de ler e escrever. E as primitivas bibliotecas de Cnossos, Festos, Micenas, Atenas e outros locais apenas em raras exceções teriam ido além das exigências imediatas de arquivamento. Aqui também a "literatura" ainda era considerada algo intrinsecamente oral.

Nos séculos XIV a XIII a.C. em Ugarit (atual Ras Shamra), no Levante setentrional, porém, os escribas mantinham uma regularidade no registro de mitos,

---

57 PARPOLA, A. *Deciphering the Indus Script*. Cambridge, 1994.
58 FISCHER, *A History of Writing*. Ver também FISCHER, S. R. In: BERNE et al. *Evidence for Hellenic Dialect in the Phaistos Disk*, 1988; e *Glyphbreaker*, Nova York, 1997.

lendas, rituais, contratos e milhares de registros contábeis em manuscritos em alfabeto local, escritos em cunhas cuneiformes. E, no intervalo de trezentos anos, a grande era de inscrições teve início na Fenícia, empregando-se a escrita alfabética consonântica plenamente desenvolvida. Mas quem eram os leitores de centenas de estelas e outros monumentos em pedras construídos em Biblos, Tiro, Sidon, Beirute, Ashkelon e outros centros litorâneos? Sim, porque neles também apenas pouquíssimas pessoas sabiam ler, talvez no máximo uma em cada cem. Na realidade, esses monumentos inscritos visavam mais à exibição que à prática da leitura. A atitude de um governante em deixar um manifesto por escrito era suficiente; não era necessário escutar sua voz.

Poder e prestígio faziam-se presentes.

A escrita aramaica desenvolveu-se com os fenícios por volta do século X a.C. e, nos séculos VIII ou VII a.C., o aramaico havia-se tornado o principal idioma e escrita do Oriente Próximo, a língua franca de toda a região. Finalmente, tornou-se a língua oficial do Império Persa (550-330 a.C.). No século VI a.C., por exemplo, o rei Dario da Pérsia, que também deixou diversos monumentos inscritos, colocou no saguão do auditório em Persépolis duas placas de ouro trilíngues (as quais receberam réplicas em prata) pedindo ao deus Auramazdã, em aramaico, que protegesse Dario e guardasse seu lar. Assim como nas inscrições de templos e sepulturas no Egito, essa leitura era destinada apenas aos deuses, mas agora em uma pequena peça valiosa e fácil de transportar.

A escrita aramaica também substituiu a escrita cuneiforme assíria: tinta em couro ou papiro agora era preferida no lugar de cunhas em argila mole. A Era da Argila estava, definitivamente, chegando ao fim. A literatura aramaica, em essência, também abrangia documentos oficiais, administração geral, contas, registros contábeis, inscrições em monumentos, entre outros. De importância crucial, foi a inspiração aramaica do sistema de escrita do subcontinente indiano, os primeiros documentos mais longos entre os quais estão os famosos decretos do rei Asoca, de cerca de 253-250 a.C., entalhados em pilares de pedra ou rochas em toda a região do Industão.

Religião e leitura

À medida que aumentava a quantidade de leitura e escrita, o talento visual substituía o oral em toda parte. (No Oriente, Oriente Médio e na China, esse processo foi basicamente concluído durante a Antiguidade Clássica.) A religião exerceu um papel extraordinário nessa transformação. Ao longo da história, a religião foi um dos principais motores da alfabetização. Os escribas-padres figurariam entre os primeiros leitores da sociedade. Depois deles, vieram os eruditos da elite e, a seguir, os celebrantes seculares que, por sua vez, expandiram e diversificaram o material de leitura, acabando por indicar um conceito de educação geral. É fato esclarecedor na história da leitura que a difusão de sistemas de escrita e escrita no mundo hoje "reflete com muito mais clareza a difusão das religiões do mundo que a difusão de famílias de idiomas".[59]

Como a escrita é um meio tão eficaz de apreender, preservar e transmitir a sabedoria sagrada, capaz de proteger, literalmente, os amplos ensinamentos de personalidades veneradas sem a mediação oral humana, a leitura e a escrita da literatura religiosa passaram a assumir um papel cada vez mais destacado na sociedade. Na Europa ocidental, a literatura religiosa chegou a dominar a leitura durante mais de mil anos. (Em outras regiões do mundo, sobretudo nas nações islâmicas, ela ainda é preponderante na leitura.)

No primeiro milênio a.C., os leitores de literatura religiosa eram na maioria padres que haviam sido treinados como escribas. Eles anotavam as tradições orais que lhes eram ditadas, as quais depois liam em voz alta em cerimônias sagradas. Constituindo uma elite especial, eram capazes de influenciar, controlar e dirigir a sociedade por causa de sua distinta posição. Foi nesse período que a frase "assim estava escrito" assumiu um significado peremptório, de fato divino, que ainda persiste entre nós. Os leitores literários da sociedade – ou seja, os mesmos escribas-padres – também se tornaram comentadores. Com o tempo, em virtude da autoridade de seus autores, os próprios comentários tornaram-se escrituras: isto é, sagradas escrituras.

Uma parcela significativa da leitura religiosa do mundo surgiu na última metade do primeiro milênio a.C. O cânone páli budista, por exemplo, originário da tradição oral e contendo os ensinamentos de Buda (c. 563-483 a.C.), foi escrito em páli, o idioma canônico dos budistas em diversos países. À medida que o budismo se desenvolvia, floresciam textos comparáveis em outros idiomas, sobretudo no Extremo Oriente, com os chineses, coreanos e japoneses. Ao mesmo tempo, o hinduísmo era transmitido por meio de diversos textos conhecidos como Vedas, escritos em sânscrito. Esses textos foram preservados pela tradição estritamente oral com forte ênfase na exatidão da pronúncia. Na verdade, a maioria dos escritos religiosos não foi submetida à veneração direta. Apenas a tradição oral era realmente venerada. No Ocidente, porém, surgiu a veneração dos próprios textos escritos (ver Capítulo 2). Esse hábito foi institucionalizado pelos judeus que, muitos séculos depois, influenciaram os primeiros cristãos a adotar a mesma prática.

Até o século V a.C., a leitura permaneceu essencialmente passiva. Abrangia na maior parte contas, registros de contas, embarques de mercadorias, conhecimentos de carga e documentos jurídicos e apenas uma quantidade muito limitada

---

59 CRYSTAL, *The Cambridge Encyclopedia of Language.*

de textos literários. Nenhum desses escritos fazia do leitor um analista-intérprete ativo, mas serviam para ajudar as pessoas a recordar contas simples, informações ou algo que tivesse ficado a cargo da memória.

Lendas, mitos, feitiços, cânticos e ordens religiosas eram, poucas vezes, transformados em escrita, sendo sua veneração reservada à tradição "verdadeira", oral. Pré-alfabetizados e analfabetos ainda demonstravam extraordinárias façanhas orais de memória. Essa habilidade era inata, é claro, considerada excepcional apenas pelos letrados que deixavam de exercitar diariamente os talentos orais inerentes ao homem. A habilidade oral enfraquece diante do acesso à capacidade de ler e escrever. Os primeiros leitores da Antiguidade, contadores e escriturários, começavam a descobrir novas forças que substituiriam os dotes orais. Favorecendo a memorização visual, a leitura possibilitou a memorização de estruturas de ordem mais elevada e tornou possível o surgimento de recursos ou técnicas inovadores de classificação (como listas alfabéticas e referências de acrofonia) que estimulavam a recuperação mental de informações.

Com a difusão da escrita alfabética consonântica do Egito, do Sinai e de Canaã, porém, a leitura transcendeu o monopólio dos escribas de registros contábeis a serviço dos ricos e dos poderosos. Sem haver mais a necessidade de longos anos de estudos intensivos em uma escola para escribas, a leitura poderia, desse modo, ser praticada por todos após alguns meses de ensinamentos de um alfabeto simples. Sua simplicidade também convidava a influência de idiomas estrangeiros, o que em geral exigia apenas uma mínima conversão para expressar sons nativos. Em muitos países diferentes, pessoas de todas as classes e posições aprendiam, nesse momento, a fazer seu próprio registro contábil e a ler tudo que desejassem.

A sede de conhecimento da humanidade e o amor pela aprendizagem eram a centelha da leitura principiante. Talvez essa necessidade, não só de saber mas de saber mais, tenha estimulado desde muito cedo a paixão e o respeito pela leitura que viria, com o tempo, a ocupar todos os cantos do mundo. A vantagem da espécie humana em relação aos outros seres é nossa capacidade de buscar e organizar informações. Isso ocorreu, primeiro, por meio do discurso articulado, em seguida, pela escrita, depois por formas e maneiras cada vez mais avançadas de leitura. De todo modo, a capacidade de ler e escrever é uma resposta; não um estímulo.[60] A alfabetização não acarreta mudanças sociais e cognitivas (embora provavelmente seja uma precondição necessária para algumas mudanças). Quando sociedades complexas maiores surgem, a alfabetização é capaz de aprimorar uma organização complexa, sobretudo auxiliando a memória e oferecendo acesso ao conhecimento (por meio de arquivos, documentos e bibliotecas) em um nível que jamais poderia ser alcançado pela mente humana sem a ajuda dessa ferramen-

---

60 BAINES. Literacy and Ancient Egyptian Society.

ta. Os leitores conseguem ampliar sua comunicação no tempo e no espaço; podem também expandir sua memória em extensão e duração.

Apesar de os escribas antigos terem feito tudo isso a partir do momento em que mantiveram registros, trocaram cartas, identificaram mercadorias e até exaltaram governantes em inscrições em monumentos, eles pouco distinguiam essa aptidão do desempenho oral: isto é, as habilidades dos contadores, mensageiros e proclamadores. O reconhecimento do verdadeiro potencial da leitura teve início tardiamente no seu desenvolvimento – na realidade, cerca de três mil anos após a elaboração da escrita na Mesopotâmia.

A palavra escrita, com sua dádiva, trouxe também sua tirania. Por consequência de uma metamorfose voluntária, os letrados perderam a memória, a cultura e a liberdade orais. Uma autoridade disfarçada, a palavra escrita, impôs-se a todos os letrados: uma tirana, criada pelo homem, a qual escravizava seus devotados súditos. Hoje, porque perdemos completamente o nosso patrimônio oral, não temos muita noção da onipresente imposição da tirana na medida em que vivemos, pensamos, cremos e veneramos por meio da palavra escrita, tornando-nos incapazes de enxergar outras possibilidades. Todos nós, sem exceção, somos súditos inconscientes da leitura.

Contudo, muitos reconheceriam que esse é um pequeno preço a ser pago por uma das mais notáveis maravilhas da vida: o controle individual sobre o tempo e o espaço. Todos os idiomas e culturas conhecidos da história são preservados por meio da leitura. Dessa forma, eles continuam a fazer parte da narrativa humana, visto que testemunham a glória e os conflitos de nosso passado em comum: sumério, egípcio, acádio, persa, sânscrito, chinês clássico, grego, hebraico, latim, árabe clássico e centenas de outros.

Assim, terminado o milênio, a "testemunha imortal" finalmente tornou-se a voz da própria humanidade.

Capítulo 2
A fala do papiro

Durante o jantar, na presença de minha esposa ou de alguns amigos, escutamos a leitura de um livro; após o jantar uma comédia ou o som da lira; em seguida, um passeio com o grupo, o qual inclui indivíduos eruditos. Assim a noite passa com conversas sobre vários assuntos, e até mesmo o dia mais enfadonho logo se torna interessante.[1]

O escritor e administrador Plínio, o Jovem (c. 62-c.-113 d.C.), conhecido por sua enorme quantidade de cartas, reconhecia muito bem o lugar da leitura na Roma antiga, pelo menos entre a elite patrícia. Isso porque a maior parte da leitura não essencial, durante quase toda a Antiguidade Clássica, era entretenimento e anúncios, lidos em voz alta por servos e escravos treinados nessa arte. Quando o imperador Augusto (63 a.C.-14 d.C.) não conseguia dormir, por exemplo, convocava leitores e contadores de histórias, segundo relatos de seu biógrafo, Suetônio (c. 75-150 d.C.).

Todo o ensino clássico tinha como objetivo máximo não a aquisição de conhecimento, mas a perfeição da eloquência. Gregos e romanos, após seus respectivos períodos arcaicos, empregavam, decerto, a escrita de forma generalizada. Mas seu cotidiano ainda permanecia dominado pela palavra *falada*. Eles ditavam cartas, escutavam declamações, ouviam notícias, participavam das leituras de literatura e cartas de seus escravos. Era a oralidade, e não a leitura e a escrita, que regia a sociedade mediterrânea antiga. A mudança foi que, com a repentina proliferação da escrita, gregos e romanos de diversas posições e classes passaram a ler em voz alta rolos de papiro (e tabuletas de cera) fáceis de manusear.

Isto é, até os mestres declamavam, nesse momento, com a fala do papiro.

---

1 *Plinius der Jüngere*, Briefe [Plínio, o Jovem]. Berlim: Helmut Kasten, 1982. IX:36.

Figura 2 Friso em sarcófago esculpido pouco depois de 270 d.C., representando um filósofo, talvez Plotino, lendo um rolo de papiro, educado em Alexandria c. 205-70 d.C., Museu do Vaticano, Roma.

Claro que a grande maioria dos povos da Grécia e de Roma viveu e morreu fazendo pouco ou nenhum uso, mesmo indireto, da leitura e da escrita.[2] Os patrícios que, com frequência, empregavam a leitura e a escrita preferiam usar outros para a tarefa; sem incentivo para agir de outro modo, eles raramente progrediam além de um nível primitivo de capacidade de leitura. Desde os primórdios da história grega e romana, a intimidade diária com a leitura e a escrita, sem dúvida, se aproximava da universalidade entre essa elite governante, que buscava apenas "os mais nobres dos objetivos" em suas leituras, como nos ensinou o historiador grego Diôdoros Sículo (após 21 a.C.). Mas a "leitura e a escrita difundidas" existiam apenas de segunda mão e entre uma minoria muito restrita – ou seja, os escravos alfabetizados que liam para seus senhores e senhoras e os patrícios semi alfabetizados.

Três milênios após a elaboração completa da escrita na Mesopotâmia, a leitura passou a contar com uma diversidade de materiais. Os Manuscritos do Mar Morto revelam que a maioria da escrita em partes isoladas do Oriente Médio se dava em couros, embora ouro, prata, cobre e bronze também fossem empregados em documentos especiais. As inscrições em monumentos – tão famosas hoje, mas

---

2 HARRIS, W. V. *Ancient Literacy.* Cambridge, MA, e Londres, 1989.

raras exceções na Antiguidade – eram aplicadas em pedra. A maior parte da leitura cotidiana ocorria, certamente, por meio de tabuletas de cera. Quase todas as cartas e trivialidades cotidianas eram registradas em superfícies fáceis de apagar – com bordas em relevo e capas duras protegendo o conteúdo – e lidas em voz alta. Até obras literárias completas eram feitas em formato de tabuleta de cera. Mas o soberano em matéria de superfícies foi o papiro, importado do Egito.

Os gregos talvez já tivessem usado o papiro egípcio em Cnossos, Micenas e outros centros antigos do Egeu, durante o segundo milênio a.C. Depois o hábito esvaiu-se. Apenas por volta do século VII a.C., numerosos mercadores e mercenários gregos, que estavam transformando Náucratis, no Egito, em um próspero centro comercial grego, redescobriram o papiro em seu uso diário. Mas somente após a obra *Anábasis*, do historiador e general grego Xenofonte (c. 431-355 a.C.), o papiro foi citado por um historiador grego. Até meados do século IV a.C., os gregos, na própria Hélade, até onde sabemos, "eram desprovidos de um material para escrita que fosse comum, barato e acessível a todos".[3] Os gregos antigos escreviam em qualquer material que estivesse disponível: fragmentos de cerâmica, tabuletas de cera, peles de todo tipo, até placas de ouro e prata, além de chapas de chumbo. (O chumbo era, na verdade, prescrito para feitiços.) Como esses materiais não contribuíam para uma leitura fácil e concisa, poucos trabalhos mais extensos foram escritos. Contava-se sobretudo com a memória humana, como sempre.

Quando o papiro se tornou um material de escrita mais conhecido, ainda que extremamente caro, seu comércio teve súbito crescimento, o que promoveu a leitura e a escrita no litoral mediterrâneo. O Egito, por consequência, passou a produzir enormes quantidades de papiro para os gregos e, mais tarde, para os mercados romanos. A demanda manteve constante atividade ao longo do Nilo, sustentando milhares de pessoas. Como resultado, o comércio de livros confeccionados em rolos de papiros se desenvolveu em Roma, com grande número de publicadores que, por sua vez, empregavam centenas de escribas e ilustradores. Contudo, poucos tinham recursos para comprar um livro (rolo). Se as bibliotecas não garantissem algumas vendas, todos os exemplares iriam para os senhores abastados. O gasto principal era o papiro propriamente dito: cada um dos diversos intermediários envolvidos com sua importação do Egito exigia uma porcentagem. Entretanto, uma vez que o papiro se transformara em mercadoria de extrema importância, os livros e a leitura passaram a ser corriqueiros ao longo do Mediterrâneo e até além.[4]

---

3 DAIN, A. L'écriture grecque du VIII siècle avant notre ère à la fin de la civilisation byzantine. In: *L'écriture et la psychologie des peuples*. Paris, 1963. p.167-80.

4 LOGAN, R. K. *The Alphabet Effect: The Impact of the Phonetic Alphabet on the Development of Western Civilization*. Nova York, 1986.

As folhas de papiro eram unidas para formar um rolo, o qual precisava ser desenrolado para ser lido. Por esse motivo, a publicação de obras extensas era um tanto "desajeitada", pelo menos para os nossos padrões. Na Antiguidade, a *Ilíada*, de Homero, por exemplo, abrangia 24 rolos separados, pois a obra contém 24 livros individuais; apenas muito tempo depois, com o surgimento de códices de páginas individuais, esses livros foram reunidos em um, sendo reinterpretados como "capítulos" individuais. Tão estranha quanto isso era a visualização de um rolo de papiro, e cada quadro sequencial era visto separadamente, de modo semelhante ao que fazemos hoje quando "rolamos" as páginas na tela do computador. Em virtude do formato do livro antigo, o leitor entendia a leitura como algo sequencial por natureza.

Isso se ajustava de modo extraordinário à leitura oral, que também era, por natureza, sequencial. O texto contíguo (sem separação entre palavras, sem pontuação ou distinção entre maiúsculas e minúsculas) segue, em geral, o fluxo natural da oratória. O ato físico da leitura em voz alta desmembra o texto em suas características básicas, concedendo significado para a língua, enquanto não há um significado evidente para os olhos. Embora a pontuação tivesse sido criada cedo (por Aristófanes de Bizâncio, cerca de 200 a.C.), ela era usada sobretudo em casos de ambiguidade, a fim de distinguir a pronúncia e a entonação desejadas na apresentação pública do texto. A pontuação universal e padronizada, usada em um texto inteiro de forma consistente, passou a ser estilística quase 2 mil anos depois, após a introdução da impressão na Europa ocidental. A pontuação, que atualmente expressa significado em vez de som, tornou-se algo definitivo nos últimos trezentos anos.

Em uma forma primitiva de separação de textos, os escribas escreviam *per cola et commata* ("por orações e frases"). São Jerônimo (c. 347-420 d.C.) foi o primeiro a descrever esse método de segmentação de texto, identificando-o em exemplares antigos de Demóstenes e Cícero, observando que ele "transmite um sentido mais óbvio aos leitores".[5] Com isso, o texto é dividido em linha individuais de significado coerente, para o reconhecimento visual mais fácil. Tal método indicava ao leitor quando elevar ou abaixar a voz, a fim de atribuir sentido por meio da entonação adequada. Como vantagem adicional, ele permitia a recuperação de dados mais facilmente na hora de pesquisar um texto, algo que era prejudicado pela escrita, com frequência, muito condensada da Antiguidade.

Os rolos de papiro eram armazenados de duas maneiras: em caixas redondas individuais – cada rolo exibia um rótulo separado (os egípcios empregavam

---

5 PARKES, M. B. *Pause and Effect: An Introduction to the History of Punctuation in the West.* Berkeley e Los Angeles, 1993; WINGO, E. O. *Latin Punctuation in the Classical Age.* Janua Linguarum, Series Practica. The Hague, 1972. v.133.

rótulos de argila; os romanos preferiam rótulos de papiro, os quais mais tarde seriam confeccionados em pergaminho), e as caixas separadas continham autores ou assuntos diferentes – ou em prateleiras abertas, com etiquetas de identificação no final de cada rolo. Quando o pergaminho se popularizou, em aproximadamente 400 d.C., com códices ou livros encadernados substituindo os rolos de papiro, esses livros eram armazenados na horizontal sobre a prateleira, e não na vertical, deixando-se a lombada dos livros à mostra, como fazemos hoje.

Uma vez que a aprendizagem da leitura é definitiva – não se pode desaprendê-la –, durante toda a Antiguidade, os governantes tirânicos que não conseguiam evitar que se aprendesse a escrever e ler atacavam aquilo que opositores ou supostos inimigos estavam lendo: os próprios livros. Desde os dias mais remotos da leitura na Europa, assim como na Mesopotâmia e no Egito, as obras literárias críticas ou subversivas, mas também as introspectivas ou meramente filosóficas, avivavam as chamas do medo. Em 411 a.C., os atenienses queimaram as obras do então já falecido filósofo e matemático grego Pitágoras (c. 580-c. 500 a.C.). O imperador Augusto proibiu as obras do político e poeta Galo (c. 69-26 a.C.) e as do poeta Ovídio (43 a.C.-c. 15 d.C.): o primeiro, fundador da elegia de amor romana, suicidou-se para não ter de deixar Roma; o segundo, poeta romano mais célebre depois da morte de Horácio, jamais recebeu perdão de seu exílio em Tomi (atual Constanta, na Romênia). Furioso pelo fato de a fama de tais autores ser superior à sua, o imperador Calígula (12-41 d.C.; imperador de 37-41) decretou a queima de todas as cópias das obras de Homero (a *Ilíada* e a *Odisseia* foram os livros mais copiados do Ocidente), bem como de todas as cópias das obras dos dois mitos literários já falecidos de sua época – o poeta romano Virgílio (70-19 a.C.) e Tito Lívio (59 a.C.-12 d.C.), o historiador de Roma. (Desnecessário dizer que o decreto foi ignorado.) O imperador Diocleciano (245- -313 d.C.) ordenou a incineração de todos os livros cristãos em 303, tal era seu temor pela ameaça à sua supremacia.

Como a religião local precedeu a aquisição da capacidade de leitura, e esta permaneceu, desse modo, alheia à celebração dos ofícios religiosos, a leitura não fazia parte das diversas formas das liturgias grega e latina, as quais se mantinham exclusivamente orais. As divindades nunca são citadas ou representadas como leitores. Como não havia "escrituras sagradas" gregas ou romanas, então, da mesma forma, não havia mito ou representações de Zeus ou Júpiter ditando textos sagrados, como os encontrados na Judeia naquela época. (Contudo, os etruscos em sua arte representaram vários de seus deuses como escribas ou leitores, depois de terem emprestado a escrita dos gregos.)[6]

---

6 MESSERSCHMID, T, F. *Archiv für religionswissenschaft.* Berlim, 1931.

Ainda assim, os livros estavam entre as posses mais estimadas de gregos e romanos instruídos, sendo objetos de uma paixão outrora dedicada apenas à família, ao cônjuge ou aos amantes.

Para muitos, os livros eram ainda mais íntimos e estimados.

Os gregos

Os gregos leem desde cerca de 2000 a.C., quando a ideia de escrita silábica chegava ao Egeu da cosmopolita Canaã. Mil anos mais tarde, um alfabeto consonântico foi emprestado dos descendentes cananeus, os fenícios, e permitiu aos escribas gregos de Chipre a elaboração de um alfabeto completo com consoante e vogal (como escrevemos hoje).[7] No início, o novo sistema de escrita da Europa apenas substituiu a escrita silábica mais difícil e ambígua para registrar contas, extratos e correspondências curtas, sobretudo em peles. Mas logo se passou a escrever em vasos, metais, fragmentos de cerâmicas e outros objetos, com os textos tornando-se mais extensos. Uma das mais antigas inscrições em letras gregas encontra-se nas ânforas de Dípilon (cerca de 730 a.C.), descobertas perto de uma antiga porta na parte oeste de Atenas: "àquele que dança com a maior brandura". É certo que textos mais extensos como a *Ilíada* e a *Odisseia*, de Homero, também foram escritos nessa época, provavelmente em peles, embora os fragmentos preservados mais antigos, em papiro, datem do século III a.C.

Em grego, *anagignóskó* significava "Eu leio", assim como "Eu reconheço", "Eu leio em voz alta" e, em grego jônico, "Eu convenço, eu falo (para que alguém faça algo)". Por conseguinte, a própria definição de leitura em grego denotava, nesse período, a comunicação falada, a oratória e a retórica persuasiva. No século VII a.C., a escrita no Ocidente tomou um rumo decisivo quando a legislação grega começou a surgir em inscrições em monumentos, dotando a escrita de um novo *status* social. Sobrepondo-se à leitura, as leis escritas tornaram-se visíveis na arquitetura pública para que todos os letrados lessem em voz alta e compartilhassem o que liam com outras pessoas. Contudo, assim como nos monumentos com inscrições da Mesopotâmia e do Egito, a principal finalidade da inscrição pública era tornar-se visível, não necessariamente ser lida. A simples presença indicava autoridade.

Até 600 a.C., pouquíssimos gregos sabiam ler. A capacidade de ler e escrever propagou-se no século VI a.C., quando a escrita passou a ser usada de forma mais generalizada na vida pública e semipública: com o hábito cada vez mais

---

7 FISCHER, S. R. *A History of Writing.* Londres, 2001; WOODARD, R. D. *Greek Writing from Knossos to Homer. A Linguistic Interpretation of the Origin of the Greek Alphabet and the Continuity of Ancient Greek Literacy.* Oxford, 1997.

frequente de fazer inscrições e exibir leis públicas, cunhagem de moedas, inscrição em vasos com figuras pintadas de preto e outras inovações afins.[8] Embora tenha sido alegado que, por volta de 500 a.C., a maioria dos atenienses, por exemplo, conseguia ler as leis publicadas em toda parte da cidade,[9] é pouco provável que isso seja verdade: a sociedade grega arcaica *não* era letrada. Por certo, as leis que regiam o ostracismo ateniense – ou seja, a punição por exílio temporário, resultante da eleição realizada com óstracos ou fragmentos de cerâmica nos quais se inscrevia o nome do cidadão a ser banido – sugerem que cerca de 15% da população masculina adulta de Atenas, pelo menos em cerca de 480 a.C. em diante, haviam alcançado níveis de semi alfabetização ou até um nível pouco mais avançado, pois muitos deles tinham nítida aptidão para escrever sem ajuda de ninguém. Levando--se em conta esse fato, talvez aproximadamente 5%, ou um pouco mais, de toda a população adulta de Atenas, incluindo-se mulheres e escravos, fossem letrados. Em outras palavras, é possível que um em cada vinte atenienses fosse capaz de "ler" em diversos níveis de competência.

Foi nessa época, também em razão da escrita e da leitura, que a épica mítica grega se dividiu na consciência pública entre a narrativa histórica, de um lado, e a obra de "ficção" (conceito totalmente novo), de outro.[10] Já por volta de 700 a.C., o poeta Hesíodo tentava organizar os mitos tradicionais em algum tipo de ordem cronológica racional, que ajustasse um novo reconhecimento de tempo e espaço, assim como de seu papel na ordem das percepções humanas. No século V a.C., a leitura deixava de ser monopólio de uma oligarquia que dela se aproveitava para validar seu poder: rapidamente passava a ser uma ferramenta "popular" de acesso a informações. O historiador e político Tucídides (c. 460-395 a.C.) chegava a confiar mais em documentos escritos que nas tradições orais para compilar uma cronologia e avaliar eventos passados, estabelecendo nesse processo a disciplina da historiografia.[11]

Era o sinal de uma mudança de paradigma no reconhecimento, pela humanidade, do poder inato da leitura. Percebia-se, nesse momento, que a escrita permitia a complementação e a retenção de textos em um grau que a oralidade jamais conseguiria alcançar. Por meio da leitura, uma pessoa poderia visualmente "se tornar" um texto e, com mais leitura, até uma "biblioteca ambulante" de diversas obras. Até o final do século V a.C., os poetas permaneceram, de modo exclusivo, discípulos das musas. Mas, depois, os *grammatikós* ou "gramáticos" comandaram

---

8 HARRIS. *Ancient Literacy.*
9 STUBBS, M. *Language and Literacy: The Sociolinguistics of Reading and Writing.* Londres, 1980.
10 THOMAS, R. *Literacy and Orality in Ancient Greece.* Cambridge, 1992; e *Oral Tradition and Written Record in Classical Athens.* Cambridge, 1989.
11 ROMILLY, J. de. *Histoire et raison chez Thucydide.* 2. ed. Paris, 1967.

o idioma grego, sabendo como ler e interpretar um texto escrito. Foi durante a vida do filósofo Platão (c. 427-c. 347 a.C.) – discípulo de Sócrates (c. 470-399 a.C.) e mestre de Aristóteles (384-322 a.C.) – que o idioma grego avançou a ponto de tornar possível abordar conceitos abstratos adequadamente pela primeira vez.[12] Platão, ciente do que acontecia na sociedade ateniense, documentou essas transformações revolucionárias em seu célebre diálogo Fedro.

Essa era a fascinante história do jovem Fedro, no final do século V a.C., que demonstrava a Sócrates a nova habilidade de como alguém "se tornava" uma obra de literatura escrita. Depois de ter memorizado uma obra escrita por Lísias sobre os deveres de um amante (à época, o tema favorito), Fedro desejava impressionar Sócrates com sua declamação. Mas Sócrates, erroneamente acreditando que Fedro havia escondido o texto escrito sob suas vestes, solicitou ao jovem que lesse o original, protestando: "Não vou permitir que você pratique sua oratória diante de mim quando o próprio Lísias está aqui presente!".[13] A obra de Lísias não tratava apenas do amor, mas também da arte da escrita, levando Sócrates à seguinte explanação:

> O uso da escrita, Fedro, tem um inconveniente que se assemelha à pintura. Também as figuras pintadas têm a atitude de pessoas vivas, mas se alguém as interrogar conservar-se-ão gravemente caladas. O mesmo sucede com os discursos. Falam das cousas como se as conhecessem, mas quando alguém quer informar-se sobre qualquer ponto do assunto exposto, eles se limitam a repetir sempre a mesma coisa. Uma vez escrito, um discurso sai a vagar por toda parte, não só entre os conhecedores mas também entre os que não o entendem, e nunca se pode dizer para quem serve e para quem não serve. Quando é desprezado ou injustamente censurado, necessita do auxílio do pai, pois não é capaz de defender-se nem de se proteger por si.[14]

Sócrates acreditava que os livros – os objetos em si, não seu conteúdo – eram, na verdade, um obstáculo à aprendizagem. Segundo ele, havia apenas uma interpretação "apropriada" de um texto, uma interpretação compartilhada por pessoas treinadas no âmbito intelectual e comunicada apenas de modo oral. Perde-se muito na escrita. Só a voz transmite "a interpretação correta". Sócrates exigia do texto o caráter unidimensional da oralidade que, nas duas gerações seguintes, viria a ser transformado pelo leitor interpretativo em multidimensional. Em vez de reco-

---

12 HAVELOCK, E. A. The Muse Learns to Write: Reflections on Orality and Literacy from Antiquity to the Present. New Haven, CT, 1986.
13 PLATÃO. Fedro. In: HAMILTON, E.; CAIRNS, H. (Eds.). The Collected Dialogues. Princeton, 1961.
14 Platão. Diálogos. Ménon, Banquete, Fedro. Rio de Janeiro, Ediouro, s.d. Trad. Jorge Paleikat.

nhecer essa revolução na leitura, Sócrates, insistindo na tradição herdada, repudiou por completo a escrita como um todo.

A atitude de Sócrates não era uma acusação da leitura, nem uma última defesa em favor da sociedade oral, como alguns chegaram a afirmar. Foi sobretudo uma crítica à inadequação da escrita grega da época como reprodutora do discurso grego, em particular da entonação característica da oratória grega. Sócrates estava certo: as práticas primitivas de escrita de sua época realmente davam margem a muita ambiguidade, o que prejudicava a comunicação.

Desde o começo do discurso escrito, os leitores precisavam interpretar, quer para recuperar o significado pretendido pelo autor quer para compreender algo novo. Na verdade, essa infinitude criativa não existia na sociedade oral, na qual o significado era imediato. Sócrates queria manter a clareza autoral da oralidade: esta auxiliava na definição da verdade, que era, ele insistia, "gravada na alma do ouvinte para permitir que aprendesse o certo, belo e bom". As pessoas escutavam a verdade; não a liam. Mas manter a oralidade era negar a multidimensionalidade potencial da leitura que, em breve, transformaria a sociedade ocidental.

Platão, discípulo e biógrafo de Sócrates, apoiava a opinião de seu mestre. Platão rejeitou a filosofia escrita, chegando a defender a legislação civil para controlar a poesia oral. Mas, como muitas gerações ressaltaram, Platão usou a escrita para lutar por sua causa. Isso levou a que muitos acreditassem que Platão estava apenas fazendo um apelo hermenêutico ou interpretativo do uso "adequado" da escrita.[15] As suas diversas obras comprovam um uso consciente da escrita como meio para afiar e modelar o próprio pensamento, fato inédito no Ocidente: algo que transcende, por completo, a capacidade do desempenho oral. Se Sócrates tivesse vivido apenas no mundo oral, seu discípulo Platão seria, em grande parte, um leitor e um escritor, apesar da máscara pública.

Ainda assim, Platão teria banido o poeta de sua república ideal. Isso refletiu uma descrença geral quanto à ficção no Ocidente, que perdura até hoje. A ficção é algo que deve ser temido, pois representa a mente desimpedida, capaz de qualquer coisa. O conhecimento é, sem dúvida, algo a ser direcionado para o bem comum. Mas a ficção, sendo uma energia sem direção certa, sempre levantou suspeita e provocou a censura.

Na realidade, havia pouquíssimos textos escritos na Atenas de Sócrates e Platão. O potencial total da escrita como ferramenta social ainda estava por se concretizar. Um comércio primitivo de livros floresceu em Atenas, no século V a.C. Mas a leitura privada de livros (rolos de papiro) parece ter-se tornado relativamente "comum" apenas no século IV a.C., era do discípulo de Platão, Aristóteles,

---

15 MARTIN, H.-J. *The History and Power of Writing*. Trans. Lydia G. Cochrane. Chicago e Londres, 1994.

nascido 15 anos após a morte de Sócrates. Ao contrário de Sócrates e sua geração, Aristóteles tornou-se um leitor contumaz, chegando, até mesmo, a reunir uma biblioteca particular da qual usufruía para sua erudição.

A passagem do século V ao IV a.C. marcou a transição da tradição oral para a escrita (mas não da sociedade oral para a letrada – esse é um fenômeno muito recente). Como discípulos de Sócrates, Platão e Xenofonte usaram a escrita para preservar os ensinamentos orais de seu mestre – até seu repúdio à escrita – da mesma forma que a nova geração de filósofos e médicos, como Hipócrates (c. 460-c. 377 a.C.), usou a escrita para difundir novos conhecimentos de uma maneira jamais concretizada pela tradição oral. Oportunamente, isso resultou na interpretação criativa dos textos escritos, expandindo as aptidões do conhecimento herdado. O médico, anatomista e fisiologista grego Galeno (c. 130 d.C.-c. 200), por exemplo, finalmente escreveu em relação a Hipócrates: "Deverei interpretar [suas] observações que são demasiadamente obscuras e acrescentar as minhas próprias, as quais foram obtidas pelos métodos que ele anotou".[16] Isso, claro, tornou-se o puro sentido da leitura: compreender, obter conhecimento e, depois, criar algo com base no texto escrito.

No século IV a.C., leitura e escrita começavam a ser vistas por um prisma totalmente novo no Ocidente. O dramaturgo ateniense Menandro (c. 342-c. 292 a.C.) chegou a afirmar: "Aqueles que sabem ler conseguem enxergar duas vezes mais".[17] Nessa época, a palavra escrita era, muitas vezes, percebida não apenas de modo equivalente, mas como superior à palavra falada. No início do século IV a.C., "havia um determinado número de homens nas cidades gregas que gastavam bastante tempo com textos escritos, e muitas vidas foram influenciadas pelas atividades realizadas na escrita".[18]

A escrita na Hélade surgiu, sobretudo, em virtude do papiro, uma vez que os Ptolomeu, dinastia macedônia que regeu o Egito desde a morte de Alexandre, o Grande (323 a.C.) até a morte de Cleópatra (30 a.C.), tinham tomado posse do Egito e incentivado o comércio com as cidades-Estado gregas. Antes do papiro, grandes obras literárias haviam sido conservadas, com frequência, apenas em um exemplar feito de pele. As obras de Aristóteles, por exemplo, foram armazenadas como rolos em uma caverna e, por certo, estariam perdidas para sempre se não houvessem sido compradas por um astuto bibliófilo que as resgatou para a posteridade. Somente após o século IV a.C., depois que a importação de papiro em grande escala foi autorizada pelos Ptolomeus em Alexandria, a literatura prospe-

---

16 GALEN, *De usu partium*, 1:8, citado em HARRIS, *Ancient Literacy*.
17 MENANDER, *Sententiae*, 657. In: ARNOTT, W. G. (Ed.). *Works*. Cambridge, MA, e Londres, 1969.
18 HARRIS. *Ancient Literacy*.

rou na Grécia, permitindo a confecção de diversas cópias de uma obra, coleções particulares, bibliotecas públicas – de fato, uma cultura da palavra escrita. O incipiente comércio de livros, iniciado em Atenas, no século V a.C., apresentou um súbito crescimento no século III a.C., depois de o papiro se tornar mais disponível. Em outras palavras, a tomada do Egito por Alexandre, o Grande, e a imposição de uma administração grega macedônia não só abriram os mercados norte-africanos para o comércio europeu mas, graças ao papiro, resultaram na ascensão da palavra escrita ao poder, bem como no nascimento da cultura escrita no Ocidente, com todas as repercussões concomitantes.[19]

No final do século IV a.C., a transmissão oral do conhecimento social decididamente havia-se tornado a transmissão escrita. Acima de tudo, a escrita tinha deixado de apenas documentar e preservar, passando a legitimar e validar o conhecimento. Em especial, escrevia-se, nessa época, para preservar um poema ou algum ensinamento. A escrita alcançava uma grande difusão e assegurava a autoridade. A leitura não era mais um simples recurso de memória, mas um canal autônomo para a transmissão de informação, interpretação e criação. Os gregos não usavam a escrita com a naturalidade e a eficiência dos egípcios, levantinos, persas e outros povos até o final do século IV a.C. Naquela época (e mais tarde com os romanos) as declarações orais eram consideradas equivalentes à escrita na maioria das questões processuais.

Por consequência, os gregos helenísticos, sobretudo os que governavam o Egito, elaboraram usos burocráticos de leitura e escrita que excederam de modo significativo o que havia ocorrido nos séculos anteriores.[20] A palavra escrita mantinha inteiros unidos estados. Mais importante ainda, o ensino fundamental capacitava, nesse momento, a sociedade, pois pelo menos algumas cidades-estado se beneficiavam de mecenas que financiavam a participação de todos os meninos não escravos (e, em alguns locais, meninas não escravas) em escolas públicas cujo foco estava na leitura e na escrita gregas.

O ensino obrigatório para meninos e meninas figurava como uma parte da república ideal de Platão.[21] Entretanto, o filósofo Teofrasto (c. 372-c. 287 a.C.) se opunha, afirmando que as mulheres deviam aprender apenas as responsabilidades domésticas, já que conhecimentos mais avançados "transformam as mulheres em tagarelas briguentas e indolentes". Embora cortesãs gregas e muitas escravas tivessem sido letradas,[22] a típica mulher patrícia, que escutava a leitura em voz alta de suas escravas, não o era. O arquétipo de escola helenística sempre ensinava um número muito maior de meninos que de meninas.

---

19 MARTIN, *The History and Power of Writing.*
20 HARRIS, *Ancient Literacy.*
21 PLATÃO, *A República.* Trad. B. Jowett. Nova York, 1960.
22 HARRIS, *Ancient Literacy.*

Os alunos iniciavam os estudos aos setes anos e graduavam-se aos 14.[23] O ensino de leitura seguia um método analítico que rendia lento progresso. Em primeiro lugar, ensinava-se o alfabeto grego, do alfa ao ômega. Depois, de trás para a frente. Em seguida, partia-se simultaneamente de ambos os extremos: alfa-ômega, beta-psi, terminando em mi-ni. Com base nisso, praticavam-se sílabas mais complexas. Depois, ensinavam-se palavras inteiras, de uma, duas e, por fim, de três sílabas. Posteriormente, acrescentava-se vocabulário, incluindo palavras raras (como termos técnicos e médicos) escolhidas por critérios de dificuldade de leitura e pronúncia. Passados alguns anos, os alunos já liam textos contínuos (primeiro memorizados), os quais constituíam antologias especiais de passagens famosas selecionadas também de acordo com o conteúdo moral: em geral Homero, Eurípides e alguns outros. A declamação tinha importância equivalente à leitura, pois ler sempre significou a leitura em voz alta. A retórica formal abrangia um estudo avançado que era desenvolvido sobre o alicerce da leitura. A pedagogia grega antiga era rígida, severa e repressora. A inspiração verdadeira estava em outros lugares: em um rolo de papiro emprestado por um gentil tutor, um papiro especial de um amigo ou um discurso comovente de um respeitado ancião.

Tutores particulares ensinavam os filhos de ricos e poderosos. Por meio da tutela de Aristóteles, por exemplo, Alexandre, o Grande, tornou-se "um grande adorador de todos os tipos de ensino e leitura", segundo seu biógrafo, o filósofo grego Plutarco (c. 46-c. 120 d.C.).[24] Para onde quer que viajasse, Alexandre carregava consigo os rolos da *Ilíada* e da *Odisseia* de Homero e, quando morreu, na Babilônia em 323 a.C., ele estava segurando um de seus rolos da *Ilíada* (assim como, em gerações posteriores, pessoas expirariam com uma cópia da Bíblia ou do Alcorão presa nas mãos). Esses relatos dos ricos e poderosos são comprovações da crescente veneração à palavra escrita, que passou a ser pessoal e profunda. As obras de Homero, acima de tudo, tornaram-se "um campo de treinamento onde uma geração de gregos formava o caráter da próxima, até o final da Antiguidade".[25] (De modo semelhante, a *Eneida* de Virgílio, em sua época, adquiriu valor para os romanos.) É difícil para nós, hoje, calcular o grau de veneração que se concedia, na Antiguidade, sobretudo aos escritos de Homero.

As leituras públicas mais antigas de que se tem notícia ocorreram entre os gregos. Já no século V a.C., Heródoto (c. 485-c. 425 a.C.), o "Pai da História", em vez de viajar de cidade em cidade para ler suas obras, como era costume na época, apresentava-as a todos os homens gregos reunidos nos festivais olímpicos. É necessário ter em mente que as primeiras leituras públicas, na Grécia e em Roma,

---

23 MARROU, H.-I. *História da educação na Antiguidade*. Paris, 1981. 2v.
24 PLUTARCO. A vida de Alexandre. In: PERRIN, B. (Ed.). *The Parallel Lives*. Cambridge, MA, e Londres, 1970.
25 HARRIS. *Ancient Literacy*.

ainda mantinham íntima ligação entre a literatura oral e a escrita, pois os autores apresentavam suas próprias obras para uma pequena parcela da sociedade, e eram conhecidos pessoalmente. Cada leitor-declamador registrava determinada interpretação – por meio de entonação, ritmo, emoção, gestual e outros componentes – com uma chancela de autoridade, privando ao mesmo tempo o texto escrito de sua riqueza de significados possíveis.

O entretenimento, a imagem e o som de um texto sempre dominaram as leituras públicas. A essência do texto não era imediata, e o público, em geral, não era crítico em relação a nada exceto ao próprio declamador: voz, paixão, aparência, carisma. Era o mundo da oratória, do desempenho oral, com critérios completamente diferentes dos da "leitura" como a conhecemos hoje. Era o leitor-autor quem incorporava o texto, quem pensava *pelo* público passivo.

Os médicos da Antiguidade até prescreviam a leitura aos seus pacientes como um exercício mental. Isso significava, é claro, na maioria das vezes, "escutar a leitura feita por alguém". Muitos gregos (e mais tarde romanos) mantinham por perto um escravo, mulheres ou homens libertos treinados, cuja única responsabilidade era a de ler para eles em voz alta. Essas pessoas recebiam instruções específicas sobre escansão, pronúncia e declamação corretas de prosa e poesia (duas esferas separadas), pois tais elementos eram tão importantes quanto o próprio conteúdo.

No século III a.C., a escrita estava presente em todas as tarefas concebíveis na sociedade de Alexandria (extremamente burocrática e, assim, bem organizada e ordenada) dominada pelos gregos: venda de cerveja, manutenção de casas de banhos, autorização de um serviço de pintura, comércio de lentilhas torradas.[26] Em um intervalo de 33 dias, por exemplo, o ministro das finanças Apolônio recebeu 434 rolos de papiros escritos para serem examinados. Não nos causaria surpresa, então, o fato de ter sido exatamente nessa cidade onde o comércio de papiro fortaleceu, pela primeira vez, a palavra escrita que o maior santuário à escrita do mundo antigo foi erguido: a Biblioteca de Alexandria.[27] Ela viria a se tornar tão famosa que, 150 anos depois de sua destruição, Ateneu de Náucratis ainda escreveria, antecipando-se ao conhecimento geral de seus leitores: "E quanto ao número de livros, a formação de bibliotecas e a coleção na Galeria das Musas, por que eu devo me pronunciar, já que tudo isso está vivo na memória de todos os homens?".[28]

A Biblioteca de Alexandria começou a ser formada no governo do sucessor de Alexandre, o grego macedônio Ptolomeu I Sóter (que reinou de 323 a 285 a.C.), talvez como um anexo do museu municipal. No início, os rolos de papiro eram

---

26 Ibidem.
27 PARSONS, H. A. *The Alexandrian Library: Glory of the Hellenic World*. Nova York, 1967.
28 ATHENAEUS. *Deipnosophistai*. GULICK, C. B. (Ed.). Cambridge, MA, e Londres, 1969. v.1

apenas armazenados em prateleiras colocadas em nicho que seguiam a extensão de uma ampla e coberta galeria. Presume-se que cada nicho classificasse determinada categoria de autores, indicada por um título marcado com nitidez. Cada prateleira, por sua vez, era classificada por subtítulos. O objetivo da biblioteca, resultante da assimilação da antiguidade egípcia pela cultura grega, era englobar a totalidade do conhecimento humano: representaria a memória daquele mundo. Mesmo a coleção de livros pertencente a Aristóteles, com o tempo, chegou com segurança até Alexandria.

Supõe-se que, na época do reinado de Ptolomeu III Euergetes (reinado de 246 a 221 a.C.), ninguém era capaz de ler todo o conteúdo da biblioteca. Durante um século e meio, a coleção expandiu-se, chegando a contar com cerca de quinhentos mil rolos de papiro; outros quarenta mil foram armazenados em um depósito separado, anexo ao vizinho Templo de Serápis. Ela abrigava o maior volume físico de literatura que a região jamais havia visto.

Como a Biblioteca de Alexandria cresceu tão rapidamente? Recebia apoio real, como um ativo nacional institucionalizado. Todo navio que aportava em Alexandria, um dos maiores portos do mundo, era obrigado a entregar os rolos que estivessem em sua posse para que fossem copiados. Os emissários greco-egípcios tomavam emprestados rolos de outras bibliotecas gregas para cópia do material. Bibliotecas inteiras eram compradas, outras doadas. Muitos gregos doaram rolos à biblioteca, enquanto outros os emprestavam para serem copiados. Alguns falsários chegaram a vender tratados supostamente oficiais de Aristóteles (o que apenas séculos mais tarde tiveram falsificação comprovada).

Uma desvantagem de uma coleção tão imensa era a impossibilidade de se encontrar qualquer coisa, a não ser por uma extraordinária memória, já que ainda não havia um sistema eficiente de catalogação dos livros. O norte-africano Calímaco de Cirene (c. 305-c. 240 a.C.), professor, escritor, poeta e autor de epigramas, finalmente criou um dos mais antigos sistemas de catalogação lógicos de que se tem notícia exatamente na Biblioteca de Alexandria, onde acabou indo trabalhar. Defensor da escrita clara e concisa, Calímaco, subordinado ao chefe da biblioteca, Apolônio de Rodes (seu oponente e adversário), assumiu a tarefa empregando um conceito inovador: a biblioteca como um modelo do mundo inteiro, conforme concebido pelos eruditos gregos da época.

Concluída a tarefa, apenas o catálogo da biblioteca somava 120 rolos (Calímaco não viveu até a conclusão de sua tarefa). A coleção foi dividida em oito seções, de acordo com o tema: drama, oratória, poesia lírica, legislação, medicina, história, filosofia e "diversos" (significativo o fato de não haver uma categoria separada para teologia, a mais importante da Idade Média). Textos extensos eram copiados em diversos "livros" mais curtos, proporcionando ao leitor a praticidade de manusear rolos de papiro individuais e menores. A novidade eram os livros listados em ordem alfabética grega (alfa, beta, gama, delta, e assim por diante);

embora conhecida anteriormente, a lista alfabética jamais havia sido usada para catalogar livros em tamanha escala.

Nesse momento, pela primeira vez no mundo, uma biblioteca era mais que um depósito de rolos de papiro: tratava-se de um centro de informações sistematizadas, uma vez que o acesso passou a ser reconhecido como algo de importância equivalente aos dados propriamente ditos – na verdade, ambos em conjunto eram considerados algo de extremo benefício. Assim, a Biblioteca de Alexandria tornou-se o principal centro de aprendizado do Mediterrâneo fundamentado na palavra escrita. Todas as bibliotecas que a sucederam passaram a seguir o modelo alexandrino. (Até hoje temos a Biblioteca de Alexandria como modelo, ainda que adaptado aos novos tempos.)

Foi então que surgiu um gênero literário inédito, o qual, no decorrer do milênio, conquistaria o mundo: o romance. Um dos primeiros romances que sobreviveram em sua totalidade, talvez datado do século II d.C., começa assim: "Meu nome é Cariton de Afrodísias e sou funcionário do advogado Atenagoras. Vou contar-lhes uma história de amor que aconteceu em Siracusa"... Foi a primeira grande era de histórias de amor, o tipo de narrativa que só muito tempo depois ficaria conhecido como *romance* (palavra derivada do francês arcaico *romanz*, que significa "uma obra escrita na língua vernácula"). Assim como muitas obras populares de hoje, o romance grego antigo era recheado de aventuras e amor. Dois amantes nascidos em berço de ouro (os personagens mais comuns na época), sofrendo a separação e o infortúnio, mas sempre confiando nos deuses e em si mesmos, e preservando suas juras recíprocas de amor, enfim conseguem se reencontrar e viver felizes para sempre.[29] *Dáfnis e Cloé*, de Longos, por exemplo, da primeira metade do século III d.C., emocionou leitores durante séculos com sua narrativa bucólica sobre dois jovens amantes que lutam para concretizar o verdadeiro amor que sentiam um pelo outro. (Os patrícios romanos também amavam romances, sobretudo em grego). Os primeiros romances gregos – nunca um gênero literário de extrema popularidade, haja vista os poucos fragmentos que sobreviveram – eram compostos por uma leitura mais leve, destinada sobretudo ao entretenimento, com um requinte de linguagem indicando uma leitura feminina culta. (Os homens, por sua vez, parecem ter dado preferência à épica e ao drama: guerras e lendas de herois.) Esses romances perderam popularidade entre os séculos VI e VIII d.C., mas eruditos bizantinos os recuperaram nos séculos IX ao XI – e conseguiram influenciar muito os públicos árabe, espanhol e, por fim, leitores da Europa como um todo.

Ao contrário do que alguns historiadores têm afirmado, a leitura não ofereceu a democracia, a ciência teórica ou a lógica formal aos gregos. Isto é, a leitura *per se* não modificou o modo de pensar das pessoas. Na realidade, o que ela fez foi

---

29 ANDERSON, G. *Ancient Fiction: The Novel in the Greco-Roman World*. Londres, 1984; HÄGG, T. *The Novel in Antiquity*. Oxford, 1983.

incentivar mais pessoas a escrever sobre o que pensavam. E forneceu a oportunidade para que essas e outras predisposições similares criassem raiz e florescessem.[30]

Os judeus

Seguindo o exemplo dos gregos, os judeus do Oriente Médio figuram entre os primeiros que prezam as evidentes vantagens da leitura cultural, talvez já no século VII a.C. Ao contrário dos gregos, porém, eles preservaram o ato em si como algo sagrado.

Babilônios e assírios tinham profundo respeito por textos mágicos. Mas isso decorreu das úteis instruções contidas nesses textos acerca da compreensão do sobrenatural e da exploração de suas forças visando à saúde, à riqueza e ao poder pessoais. O respeito jamais implicou a veneração da palavra escrita em si, ou seja, a santificação da escrita e de sua matéria física. Os judeus levantinos introduziram essa santificação, conferindo à leitura uma dimensão totalmente nova.[31]

A palavra escrita, na realidade, tornou-se fundamental para a identidade judaica. O aprendizado (a leitura e interpretação dos textos "sagrados"), depois da devoção a Deus, seria o próximo dever dos judeus em sua fé. (As mulheres judias foram desaconselhadas, ou, na verdade, quase sempre proibidas de ler e escrever, até recentemente.) A leitura e o debate são tidos como os meios para a compreensão do divino. O ofício de cantor, comum no Oriente Médio antigo, tornou-se uma liturgia totalmente baseada em textos escritos. O próprio ato de leitura desses textos converteu-se em parte da cerimônia sagrada, a transmissão direta da aliança divina. Esse conceito novo, originado na liturgia hebraica, acabou por inspirar gregos e romanos cristãos, cujas liturgias difundiram a prática, bem como a nova dimensão da palavra escrita, por todo o mundo ocidental. O cristianismo firmou-se na exaltação judaica da palavra escrita e, por meio dela, foi rapidamente difundido. Nesse momento, a leitura transcendeu até mesmo a autoridade eclesiástica.

Havia-se tornado a "Palavra de Deus".

Propôs-se recentemente que a ramificação levantina específica da escrita, muito bem adaptável ao hebraico e do aramaico, dataria da redação do relato bíblico sobre a "origem e história" de Israel ao reinado do rei Josias, que governou de 639 a 609 a.C.[32] A corte de Josias reinstituiu a adoração exclusiva do deus dos

---

30 PATTISON, R. On Literacy: *The Politics of the World from Homer to the Age of Rock*. Oxford, 1982.

31 MARTIN, H.-J. Pour une histoire de la lecture. *Revue française d'histoire du livre*, XLVII, p.583-608, 1977.

32 FINKELSTEIN, I., SILBERMAN, N. A. *The Bible Unearthed: Archaeology's New Vision of Ancient Israel and the Origin of its Sacred Texts*. Nova York, 2001.

israelitas, centralizada no Templo de Jerusalém. O principal objetivo de Josias, porém, era expandir seu reinado por toda a Judá e pelo antigo reino setentrional. Essa conquista exigia a criação *literária* de uma narrativa coerente da história israelita como um instrumento evidente da vontade divina.

Se essa explicação estiver correta, significa que o Pentateuco ou Torá (os primeiros cinco livros do Antigo Testamento) e todos os livros históricos das Escrituras hebraicas são, na realidade, ficção política, escritos muito depois dos eventos que parecem documentar. Essas histórias tinham o intuito de suprir os temas presentes e futuros de Josias com um passado mítico a fim de criar uma consciência nacional de "ser judeu", com sua própria teologia singular. Uma consciência nacional completamente desenvolvida formou-se, enfim, durante o exílio babilônio (597/586-538 a.C.), quando a escrita aramaica foi emprestada para transmitir o idioma hebraico de modo inédito para o momento, ou mesmo mais tarde, durante o período helenístico (332-63 a.C.), depois de o reino de Judá ter--se tornado Judeia.

A ideia de a escrita ser a "Palavra de Deus" deve ter sido um fenômeno mais tardio, uma vez que os registros contábeis e administrativos dos gregos e fenícios eram quase tudo o que os escribas hebreus antigos jamais haviam compreendido com base na prática primitiva. Parece provável que, pelo menos na maior parte de sua história antiga como uma "nação" incipiente, os judeus não se valiam da escrita de forma alguma. Só por volta do século IX a.C., as primeiras inscrições em monumentos em hebraico arcaico começaram a surgir, escritas em letras fenícias. Depois disso, os judeus começaram a usar a escrita com cada vez mais frequência, mas para registros contábeis, administração, impostos e raras inscrições funerárias e em monumentos: todas as funções da escrita conhecidas de seus contemporâneos. Não obstante, as leis nunca eram escritas, pois a legislação hebraica era consuetudinária e aprovada, apenas oralmente, pelos anciões da cidade.

No caso do hebraico, assim como em todas as outras línguas da Antiguidade, "ler" (*qará*) era um verbo polivalente, com outros significados como "chamar, evocar, declamar, proclamar", mais uma vez enfatizando o sentido fundamental da leitura: "falar em voz alta com base em um texto escrito". Não havia uma palavra única, como "ler" em português, que captasse a especificidade do ato porque, como vimos, essa singularidade demoraria séculos para se concretizar.

Das prestações de contas dos escribas às "tabuletas escritas por Deus" não houve uma transformação abrupta, mas uma transcendência genuína da imaginação humana. Os mandamentos de Javé aos hebreus para a construção da Arca da Aliança a fim de conservar as Tábuas da Lei miraculosamente inscritas estão no livro de Deuteronômio que, ao que tudo indica, foi escrito no final do século VII a.C., quando os judeus estavam criando sua identidade e, ao mesmo tempo, organizando uma biblioteca completa de tradições orais que continham muitos gêneros de diversas épocas, em geral conflitantes.

É essa confusão inspirada que informa o Antigo Testamento ou as Escrituras hebraicas, revelando diversas revisões e edições. Os mais antigos de todos são os poemas orais. O "Cântico dos Cânticos", por exemplo, reproduz o poema secular típico em forma de canção de caráter romântico ou erótico do final do segundo milênio a.C. Alguns eventos históricos de antiguidade similar, que talvez tenham sido escritos pela primeira vez em fenício (e mais tarde em hebraico arcaico), tinham como objetivo registrar a ascensão da antiga monarquia hebraica.

Muitas versões escritas das tradições hebraicas competiam entre si: há provas de vigorosos conflitos literários que teriam ocorrido na Antiguidade. Nenhum escrito era de fato "sagrado". Quando todo o poder secular desmoronou no século VI a.C., o poder religioso preencheu a lacuna social, reproduzindo as tradições, os costumes, os hábitos e até a escrita dos babilônios dominantes, cujo idioma era o aramaico. Foi nessa época, no Exílio Babilônio, que os ritos do culto de Jerusalém foram escritos e as revisões oficiais do código sacerdotal foram asseguradas. Isso permaneceu após tal exílio, até que, no século V a.C., o Pentateuco ou Torá manteve-se em uma edição absolutamente "oficial".

Pouco antes do exílio babilônio, o rei Josias parece, então, ter sido a fonte inicial da primeira veneração da escrita entre os judeus, introduzindo um novo uso da escrita tradicional para obter, sobretudo, maior controle político. Ele promulgou a legislação na tentativa de nomear o Templo de Jerusalém como o único santuário de Javé. Durante esse mesmo processo, um dos secretários de Josias sem querer "descobriu" (c. 622 a.C.) os rolos do Livro de Deuteronômio dentro do templo, os quais até então eram rolos desconhecidos que apenas integravam a Torá na qual as leis que definiam o povo judeu, bem como seus deveres e responsabilidades, estão declaradas. Também nesse caso, alega-se que Moisés teria dito (IV:2): "Não acrescentareis, nem tirareis nada à palavra que vos digo; guardai os mandamentos do Senhor vosso Deus, que eu vos intimo".

Josias reuniu seus súditos para ler essa obra "recém-descoberta" em voz alta, e os convenceu a estabelecer uma nova aliança com Deus. Esse foi o início de um prolongado processo que envolveu a santificação da escrita em si, algo que jamais havia acontecido antes e apenas era possível agora em razão da recente comercialização da escrita, de um público mais letrado e de uma nova consideração da expansão das possibilidades culturais da palavra escrita no Levante e no Egeu.

Conforme sugerido recentemente por estudiosos "minimalistas", essa consolidação bastante tardia dos hebreus por certo também traz um sentido mais econômico para a história do surgimento de uma sociedade de "alfabetização" elementar na região. Claro que a história tradicional dos hebreus, baseada na Torá, colocaria a veneração da escrita no final do segundo milênio a.C., quando Moisés supostamente recebeu os Dez Mandamentos no Monte Sinai, as Tábuas da Lei (Êxodo XIX-XX) inscritas graças a um milagre. Isso é implausível, no entanto, pois

HISTÓRIA DA LEITURA

os judeus talvez ainda não empregassem a escrita nessa época. Faria mais sentido imaginar que essa veneração tenha surgido no mesmo momento em que começava a surgir uma sociedade mediterrânea semi alfabetizada. Isso só ocorreu por volta de meados do primeiro milênio a.C.

Com a santificação da escrita, o livro também se tornou um símbolo. Com efeito, foi nesse ímpeto de criação de uma nova história e de uma identidade judaicas por meio da veneração da palavra escrita que, em 593 a.C., apenas três anos depois do primeiro ataque de Nabucodonosor a Jerusalém, Ezequiel, o Profeta, olhou para Javé em sua carruagem, recebendo instrução dele (Ezequiel II: 8-10): "'Abre a tua boca, e come tudo o que eu te dou'. / E olhei, e eis que uma mão estava estendida para mim, na qual se achava um livro enrolado; e o abriu diante de mim, e estava escrito por dentro e por fora, e viam-se escritas nele lamentações, canções lúgubres e maldições". Originado de uma tribo sacerdotal, Ezequiel estava muito familiarizado com a literatura fenícia e aramaica. Por meio de profecias quase sempre contendo artigos da legislação judaica, ele acabou descrevendo sua visão do Templo de Jerusalém restaurado e a recém-proposta fé "tradicional" do monoteísmo preponderante. Na verdade, Jerusalém foi destruída sete anos depois, em 586 a.C., quando todos os judeus foram exilados na Babilônia.

Após o exílio, tendo sofrido a influência da Babilônia cosmopolita, os judeus passaram a ter uma nova compreensão da palavra escrita em aramaico, assim como respeito por ela. Os escribas logo assumiram um novo significado na sociedade judaica à medida que redigiam antigas tradições e escritos hebraicos em aramaico, nessa época falado por todos os judeus, tornando-se a língua franca do poderoso Império Persa (550-330 a.C.). Nas sinagogas, os escribas começaram a ler e fazer comentários sobre o que só então se transformaria na Torá (ainda era apenas o Pentateuco, os cinco primeiros livros da Bíblia), a qual posteriormente seria todo o alicerce do ensino tradicional judaico. Os escribas eram os principais intérpretes da lei, os editores das escrituras, dos comentários e das traduções, os próprios porta-vozes de Javé. Eram também os primeiros leitores do judaísmo.

Foi após retornarem do exílio babilônio para Judá que os judeus constituíram a palavra sagrada. Tratava-se essencialmente de um processo de influência helênica em uma região que estava se transformando na Judeia, quando a língua, a cultura e os costumes gregos repercutiram em todos os aspectos da nova fé. Os nomes tradicionais dos livros "mais antigos" da Torá – Gênesis, xodo, Levítico, Números e Deuteronômio – são basicamente de origem greco-latina, o que testemunha seu ingresso tardio na redação e na organização de informações.

Quase todos os judeus, porém, eram analfabetos na Antiguidade, pelo menos em hebraico e aramaico. (Por motivos comerciais, muitos deles, contudo, liam e escreviam em grego.) Quanto aos textos sagrados, a maioria contava com os escribas do templo ou com sua própria memória extraordinária. Foi apenas durante a época do imperador romano Vespasiano (69-79 d.C.) que o cânone da Bíblia, a lista de escritos sagrados reconhecidos como "genuínos", finalmente passou a ser assunto encerrado. Pouco tempo depois, quando a Judeia romana havia se transformado na Palestina romana, a Michná ou comentário aprovado sobre a Torá foi determinada por escrito. Naquela época, a leitura concentrava-se sobretudo nesses cinco primeiros livros das Escrituras Hebraicas. Os comentários orais e escritos conhecidos como Talmude foram escritos em variações posteriores do hebraico (e em aramaico). Nos séculos IV e V d.C., o Talmude oriental e ocidental (principal fonte de lei religiosa judaica, formado pela Michná e pela *Gemara*) foram colocados em uma forma oficial, com a codificação escrita da lei que ocorria ao mesmo tempo por todo o Império Romano.

Os talmudistas achavam que as Escrituras hebraicas codificavam uma multiplicidade de significados, e tomaram como propósito de vida o estudo incessante de seus textos. O *Midrash*, coleção de artigos de eruditos que aborda o significado mais profundo dos textos sagrados, alegava que a Torá entregue a Moisés por Deus no Monte Sinai foi escrita e oral ao mesmo tempo; ali Moisés teria estudado sozinho durante quarenta dias, lendo o texto durante o dia e refletindo sobre o comentário à noite. O mito étnico conferiu à Torá não só uma perfeição monolítica (como os cristãos medievais pensavam a respeito da Bíblia Sagrada e os muçulmanos em relação ao Qur'an), mas também uma revelação infinita: algo a ser sempre aprendido à medida que a sociedade se transformasse. Em outras palavras, um texto podia ser duas coisas ao mesmo tempo: o original (oficial) e sua interpretação (criativo), e este infinitamente complementa e perpetua aquele.

O conceito também foi introduzido na Europa ocidental, mas não antes da Renascença.

A veneração judaica pela palavra escrita foi levada a extremos nos séculos seguintes. O *Sefer Yezirah* do século VI d.C. – o mais antigo texto judaico conservado, referente ao pensamento sistemático e contemplativo – declarava, por exemplo, que Deus criara o mundo com 32 "caminhos de sabedoria" secretos, o composto por dez números e 22 letras.[33] O mundo físico, o tempo e o corpo humano que constituíam as três camadas do cosmo eram seu produto direto. Toda a criação poderia ser considerada um autêntico livro de números e letras. Se nós mortais pudéssemos fazer a leitura "adequada" dos números e das letras, "desvendando" sua combinação numa imitação de Deus, poderíamos, da mesma forma, originar a vida. Na realidade, após estudarem o *Sefer Yezirah*, os eruditos talmudistas Hanani e Hoshaiah foram capazes de criar, como narra uma lenda medieval judaica, seu jantar semanal de um bezerro de três anos![34]

---

33 SCHOLEM, G. *Kabbalah*. Jerusalém, 1974.
34 MANGUEL, A. *A History of Reading*. Londres, 1996.

Os romanos

Os etruscos da Itália, influenciados a escrever seu próprio idioma, pela primeira vez, usando a escrita alfabética de seus novos vizinhos, os gregos coloniais, jamais desenvolveram uma sociedade sequer rudimentarmente letrada. Na realidade, eles restringiram sua escrita a inscrições funerárias, contratos jurídicos, rotulagem de produtos, além de, talvez, algumas tarefas administrativas e contábeis. No primeiro milênio a.C., esse uso restrito parece ter caracterizado todos os escritos subsequentes de origem etrusca na península itálica, como os dos lígures, lepôncios, réticos, galicianos, venezianos e oscos, entre outros. Apenas uma ramificação da escrita etrusca progrediu para uma capacidade mais avançada de leitura e escrita – e enfim para a imortalidade:

O latim escrito e falado pelos habitantes de Roma.

As primeiras leituras em latim consistiam em nomes de proprietários em vasos e objetos de metal, algumas dedicatórias religiosas e alguns textos curtos. Poderíamos supor que os primeiros reis e comerciantes de Roma faziam uso frequente de tabuletas de cera para correspondência e contabilidade. Durante o século IV a.C., porém, inscrições mais significativas começam a surgir. Nessa época, a escrita também havia-se tornado "vital para a eficácia do poderio militar e político de Roma".[35] As funções da escrita foram ampliadas durante a República. Ao final desse período, o uso da escrita aumentou exponencialmente, tanto em características quanto em relação à área geográfica que pôde atingir, com a romanização das províncias ocorrida nos séculos II e I a.C.

Alguns historiadores recentes alegaram que os romanos antigos chegariam a apreciar a erudição "moderna". Mas isso é por certo um exagero. O que se pode afirmar com segurança é que a abrangência da escrita no Império Romano era muito grande:

> Os romanos usavam receitas escritas e mantinham registros contábeis escritos, escreviam *slogans* políticos, organizavam as forças armadas por meio de um grande número de documentação, registravam quem se tornara cidadão, circulavam textos sobre feitiços mágicos e livros defendendo crenças religiosas, insultavam-se e declaravam amor entre si em grafitos, escreviam cartas e, com muita frequência, homenageavam os mortos.[36]

Apesar disso, a sociedade romana permaneceu fundamentalmente oral, ainda percebendo a leitura como uma habilidade acessória, mas não uma aptidão

---

35 HARRIS. *Ancient Literacy.*
36 MARTIN. *The History and Power of Writing.*

fundamental. O latim, como vimos em outros casos, não possuía uma palavra singular que distinguisse um ato único. *Lego* ("leio") também designava "reúno, coleciono; escolho, seleciono; examino, analiso; declamo, leio em voz alta, recito". Igualmente, era possível dizer *evolvo* ("leio"), que ainda incluía os significados de "desenrolo, desdobro; examino, estudo", originado do ato de desenrolar os rolos de papiro. Até 100 a.C., é possível que menos de um em cada dez habitantes da própria cidade de Roma era capaz de ler e escrever, e durante todo o Império, menos de uma em cada vinte ou trinta mulheres. Não era uma sociedade letrada.

O *volumen* ou rolo romano, como seu correspondente grego, media cerca de 25 centímetros de largura por seis a dez metros de comprimento e, por isso, conseguia conter textos mais extensos. (Em geral, um *volumen* continha quase a mesma quantidade de texto que um dos nossos livros finos em brochura.) Essa era a vantagem do papiro, que permitia que textos mais extensos fossem escritos em primeiro lugar; até então, peles, madeira, cera, cerâmica, marfim, metal, pedra e casca de árvore permitiam apenas inscrições mais curtas. Ao contrário do rolo grego, no entanto, o qual se direcionava, em geral, para baixo em linhas contínuas (como a tela dos computadores de hoje), o *volumen* romano era escrito em padrão perpendicular ao comprimento, de modo que as "páginas" individuais da escrita pareciam uma página desenrolada. Durante a leitura, os gregos costumavam segurar os rolos de papiro com uma mão em cima da outra, enquanto os romanos com ambas as mãos em posições contrárias entre si.

Uma "página" de um *volumen* (cada segmento de rolo aberto) tinha duas colunas paralelas de 15 a trinta letras cada em 25 a 45 linhas, totalizando entre 750 e 2.700 letras por página.[37] (O texto de uma página digitada hoje com espaço duplo contém cerca de 1.700 letras). Em geral, as linhas continham um número específico de letras. Os papiros mais antigos *volumina* eram escritos em letras nítidas, legíveis e até rebuscadas, na maioria das vezes, e o seu tamanho correspondia à taxa cobrada pelo escriba. Cada linha de poesia continha um hexâmetro épico, um trímetro iâmbico ou um verso declamatório dramático, ao passo que qualquer linha de prosa possuía trinta letras. Essas linhas curtas ajudavam os olhos a identificar as palavras, facilitando a compreensão.

Até os séculos II ou III d.C., os escritores de latim separavam as palavras usando dois ou três pontos; depois desse período, a *scriptura continua* (texto contínuo) tornou-se tradicional. Embora fosse conhecida, a pontuação nunca recebeu muita importância. As pausas, sobretudo usadas para a oratória, eram quase sempre marcadas por um mero espaço em branco no meio de uma linha. Conforme já mencionamos, os gramáticos gregos introduziram as marcas diacríticas – sinais colocados sobre ou sob a letra – a princípio para auxiliar a pronúncia e a

---

37 Ibidem.

ênfase (como as deixas dos atores e apresentadores de telejornais de hoje) e, mais tarde, para distinguir palavras inteiras, sentenças e parágrafos. A base de toda a pontuação antiga era a retórica, e não a análise lógica. (Atualmente, a pontuação é vinculada sobretudo ao significado e não ao som, o que demonstra o resultado da transformação da leitura oral em silenciosa.)

A leitura do rolo de papiro não era uma tarefa simples, pois era necessário desenrolá-lo seguidas vezes. Retornar, ir adiante no texto ou procurar determinada passagem nele era difícil. Não havia sumários ou índices. Para fechar o rolo de papiro e armazená-lo de modo adequado, era preciso enrolá-lo novamente até o início. (Deixá-lo aberto em um segmento poderia causar danos.) Além disso, era um objeto caríssimo e, por isso, precioso, o qual sempre exigia uma armazenagem segura, longe de crianças, cães, roedores, ladrões e, acima de tudo, chuva ou vinho derramado. Se houvesse um incêndio na casa, os *volumina* eram, sem dúvida, as primeiras coisas a serem salvas depois das crianças.

Em todo o Império, da Caledônia (Escócia) à Capadócia (Turquia oriental), lia-se quase na mesma caligrafia, prova de um enorme volume de correspondência pessoal mantendo os padrões na amplitude do Império. A letra manuscrita romana, fácil de ser reconhecida, ficou sendo o formato comum das letras. Em um curto período, apenas um ou dois riscos eram suficientes para formar cada letra em uma rápida sucessão, indicando uma escrita bastante frequente. Se a escrita, no início, servia como instrumento de poder empunhado por uma pequena oligarquia, com o tempo, por meio das incessantes conquistas romanas, ela passou a ser trivial na administração e na correspondência diária de um Império cada vez mais vasto.

Embora o próprio Cícero (106-43 a.C.), o grande orador, achasse que, para a memória, ver um texto era muito melhor que apenas ouvi-lo,[38] reconhecendo assim a exclusiva vantagem da leitura na sociedade oral romana, a maioria dos romanos acreditava que o discurso prevalecia como mais importante. As declarações orais eram equivalentes, se não superiores, à escrita na maioria das questões processuais. Na realidade, os romanos, muito mais que os gregos, conferiam ao discurso oral uma importância vital nas questões civis, assemelhando-se mais aos alemães setentrionais que a seus parceiros comerciais e súditos no Levante, em especial os judeus.[39]

Apesar de hoje as inscrições latinas em monumentos serem a mostra mais evidente da leitura romana, esse engrandecimento da autoridade representou apenas uma fração de segundos em termos de leitura para os romanos antigos. Pelo menos no que de refere a literatura e ensino; a leitura romana calcava-se na grega,

---

38 CÍCERO. *De oratore*. SUTTON, E. W., RACKHAM, H. (Eds.). Cambridge, MA, e Londres, 1967. v.1.

39 LEVY-BRUHL, H. L'écriture et le droit. In: COHEN, M. (Ed.). *L'écriture et la psychologie des peuples* Paris, 1963. p.329.

bem como a aprendizagem romana seguia a grega.[40] Apenas séculos mais tarde os autores latinos, sobretudo Virgílio, alcançaram a veneração clássica. Para todos os alunos romanos, porém, aprender a ler e escrever, na maioria dos casos, consistia em aprender a ler e escrever em grego. A sua própria educação queria dizer a educação grega.

Mas, ao contrário da Grécia, onde apenas uma minoria privilegiada participava da vida civil, que exigia um nível considerável de erudição, Roma, a partir do final da República (séculos II e I a.C.), tinha uma representação maior de cidadãos participando de modo ativo de atividades da vida pública que exigiam a leitura: textos enviados propondo leis e nomes de candidatos a cargos, registros de declarações ao censor, tabuletas de votação obrigando os eleitores a escrever um nome e outras manifestações civis. Roma era comandada por escriturários e sustentada por, pelo menos, um grupo de cidadãos com alguma instrução. De fato, esse foi talvez o primeiro "Império da Leitura", uma vez que os patrícios, assim como grande número de homens, mulheres, libertos e escravos – em Roma, no restante da Itália romanizada e em muitas outras províncias –, liam e escreviam todos os dias.

Ao contrário de qualquer outro lugar no restante do mundo conhecido até então, incluindo-se a Grécia, a escrita aparecia em quase toda parte do Império: moedas, monumentos, lápides funerárias, altares em encruzilhadas, pedras de divisas, marcadores de aquedutos, marcos miliários, sem contar as onipresentes tabuletas de lojas, pôsteres, cartazes (presos em postes durante cortejos) e grafitos. Em Pompeia, por exemplo, cartazes eleitorais eram divulgados nas paredes públicas. (Na subsequente Idade Média, ao contrário, esse tipo de escrita pública foi quase inexistente.) A maioria das famílias era responsável pela própria contabilidade. E as tropas romanas "tinham quase tanta burocracia quanto os exércitos modernos".[41]

Tal é a lição a ser aprendida com Vindolanda, antiga base militar romana no norte da Grã-Bretanha, próxima à Muralha de Adriano.[42] A partir de 1973, cerca de duas mil cartas e documentos em tabuletas de madeira foram encontrados nesse local, o que comprovou a difusão da escrita na sociedade romana antiga. Contendo o maior arquivo de escritos romanos antigos jamais descobertos em nenhum outro local, a literatura vindolanda data do período compreendido entre 85 e 130 d.C. Todas as inscrições foram realizadas com tinta ou entalhadas com buril em cera e expressam os pensamentos de homens e mulheres comuns se correspondendo entre si na própria base e com pessoas mais afastadas.

---

40 MARROU. *História da educação na Antiguidade.*
41 MARTIN. *The History and Power of Writing.*
42 BOWMAN, A. K. *Life and Letters on the Roman Frontier: Vindolanda and its People.* Londres, 1994. E também BOWMAN, A., THOMAS, J. *The Vindolanda Writing-Tables,* Tabulae Vindolandenses, II. Londres, 1994.

O fato de existir um tesouro como esse, em um local tão isolado, definitiva-mente comprova a grande quantidade de correspondências que devem ter ocorrido entre os romanos em todo o Império. Nessa época, a escrita mantinha o contato pessoal, em última instância, preservando a rede social e a cultura romana mesmo em regiões primitivas externas.[43] Essas correspondências também garantiam os suprimentos militares e sancionavam pedidos, além de transmitir as informações secretas essenciais. Em outras palavras, a leitura e a escrita mantiveram o funcio-namento do Império. Mais recentemente, outros locais romanos na Grã-Bretanha – Carlisle, Ribchester e Caerleon, no País de Gales, citando apenas três – revelaram esconderijos semelhantes de tabuletas de madeira. Ao que tudo indica, durante os primeiros séculos d.C., a maioria dos romanos letrados lia em voz alta para si mesma e escrevia sua própria correspondência, já que a aptidão e a habilidade haviam-se expandido para além da classe e do ambiente dos patrícios. Escravos especialmente treinados, escribas profissionais e secretários deixavam de dominar a classe de leitores.

A enorme demanda de rolos de papiro e, mais tarde, de volumes de perga-minho constituía o comércio de livros. Os mais significativos, levando-se em conta a demanda, eram Homero e Virgílio, é claro. A partir do século IV d.C., a Bíblia tomou a dianteira ainda em um formato fragmentado, "não concluído". (Uma regra geral referente à leitura foi decretada no século II d.C., segundo a qual a edição mais recente de um texto deveria ser considerada para substituir a sua edição anterior. Em outras palavras, somente a edição mais recente de uma obra passou a conter a versão "autorizada").[44] Não obstante, mesmo no apogeu da paixão romana pela literatura escrita, os livros (rolos de papiro) permaneciam raros. Os papiros egíp-cios importados continham sobretudo contas e registros, documentos autenticados e minutas finais de atos oficiais. Apenas os verdadeiramente abastados podiam possuir, e reunir, livros inteiros em papiro. A maioria das residências mais ricas de Pompeia e Herculano, por exemplo, revelou ter uma pequena quantidade de rolos de papiro. Isso porque o papiro continuava muito caro.

Os livros comercializados no final da República e no alto Império eram, muitas vezes, escandalosamente rotos. Na verdade, apenas os senadores e seu círculo de relacionamentos da alta sociedade conseguiam pagar pela qualidade exigida por um colecionador, a preços exorbitantes. O Novo Testamento (Atos XIX: 19) narra que, na época em que um denário era o salário diário comum da população, os livros mágicos de Éfeso valiam cinquenta mil denários. Onde uma dracma valia um denário, o escritor grego Luciano (c. 120-após 180 d.C.) cita um livro raro no valor de 30.750 dracmas![45]

---

43 FISCHER. *A History of Writing.*
44 MARTIN. *The History and Power of Writing.*
45 HARRIS. *Ancient Literacy.*

Roma era, sem dúvida, o centro de publicação, comercialização e distribuição de livros do Império. Ático, correspondente de Cícero, por exemplo, era também o vendedor de livros de Cícero; Ático mantinha uma equipe de escravos cuja tarefa, quase exclusiva, era copiar livros em grego para venda. (Em alguns casos, livros em latim também eram copiados.) Um corretor, antiga representação do editor de hoje, era convocado para fazer a revisão dos textos. Os "lotes de impressão" podiam chegar a volumes consideráveis. No século I d.C., o rico, poderoso e vaidoso Marcos Régulo Aquílio, quando da morte de seu jovem filho, não só encomendou imagens do falecido para que fossem representadas em tinta, cera, prata, ouro, marfim e mármore, mas também leu em voz alta, para um grande público, uma biografia do garoto e, então, pediu que os escribas fizessem mil cópias dessa biografia a serem distribuídas em toda a Itália e nas províncias. Em seguida, Régulo escreveu para os oficiais locais a fim de que selecionassem um talentoso orador entre eles para ler a obra em voz alta diante das pessoas da cidade – e foi o que fizeram.[46]

Assim como hoje, as livrarias eram lugares "populares" em Roma, com prateleiras de madeira exibindo as edições mais recentes dos rolos de papiro. Os homens de letras faziam contato com os vendedores de livros à noite e, muitas vezes, visitavam seu estabelecimento durante o dia. Os vendedores penduravam cartazes anunciando novas obras; folhetos eram colocados em circulação em endereços proeminentes; às vezes, excertos das obras eram distribuídos de graça para despertar o interesse do público. À medida que os povoados provincianos de Roma se tornavam cidades independentes, os vendedores também lá se estabeleciam, longe de Roma.[47] O poeta e satírico Horácio (65-8 a.C.), contemporâneo do imperador Augusto, vangloriava-se de que sua obra *Arte Poética* era vendida em Bósforo, na Espanha, Gália e África: um autêntico "*best-seller* internacional". O poeta elegíaco Propércio (c. 50-c. 15 a.C.), contemporâneo de Horácio, ficou satisfeitíssimo ao saber que seus textos eram lidos nas regiões setentrionais. O autor de epigramas e poeta Marcial (c. 40-c. 104 d.C.), natural da Espanha, orgulhava-se em saber que, entre seus leitores, estavam os jovens e as senhoras de Viena, na Gália centro ocidental. Seu amigo Plínio, o Jovem escreveu para o amigo em comum Gemino: "Eu não tinha a menor ideia de que havia vendedores de livros em Lugdunum [Lyon, França] e assim soube com o maior prazer, por sua carta, que meus livros estão encontrando compradores por lá; fico feliz que a mesma popularidade obtida na Cidade [Roma] seja mantida no exterior" (*Cartas* IX: II).

As escolas romanas seguiam o modelo das gregas em quase tudo: eram igualmente rígidas, severas e repressoras. Prognosticando o que muitos educadores defendem hoje, o advogado e educador espanhol Quintiliano (c. 30-c. 96 d.C.),

---

46 *Plinius der Jüngere*, Briefe [Plínio, o Jovem], IV:7.
47 KENYON, F. G. *Books and Readers in Ancient Greece and Rome*. 2. ed.. Oxford, 1951. 4v.

HISTÓRIA DA LEITURA

mestre dos sobrinhos-netos do imperador Domiciano e autor da célebre *Institutio oratoria*, incentivava o início da leitura o mais cedo possível na vida de uma criança, aconselhando:

> Alguns defendem que os meninos não devem aprender a ler antes dos sete anos, pois essa seria a idade mais precoce em que são capazes de obter proveito do ensino e suportar a extenuação do aprendizado. Aqueles, porém, que defendem que a mente de uma criança não deve ser mantida incultivável são os mais sábios. Crísipos [c-280 a.C.-c. 205 a.C.], por exemplo, embora conceda às babás o predomínio do ensino às crianças com até três anos, defende, não obstante, que a formação da mente da criança quanto aos melhores princípios deva ser parte de suas responsabilidades. Por que, novamente, já que as crianças [pequenas] são capazes de receber ensinamentos morais, não seriam capazes de receber instrução?[48]

Círculos de leitura semelhantes aos da Grécia antiga apareceram em Roma no início do século II a.C. O mais antigo de que se tem notícia era formado em torno do famoso general Públio Cornélio Scipio Africano (c. 235-183 a.C.), que havia comandado a invasão romana de Cartago, na Segunda Guerra Púnica, e vencido Aníbal em Zama, no Norte da África, em 202 a.C. Esse círculo também acolhia e promovia autores que não pertenciam à classe de patrícios, promovia o idioma e a cultura gregos, praticava correspondências frequentes e floreadas com colegas membros do grupo e, quando se reuniam, às vezes trocavam *nugae* ou poemas curtos. Grupos literários como esse eram, em geral, a área de domínio de dominantes. Na época do imperador Augusto, no final do século I a.C., as principais eram Précia e Lésbia, que divertiam, promoviam e incentivavam autores com boas perspectivas de sucesso, "administrando" suas carreiras na alta sociedade e os encaminhando para a fama e a fortuna.

Mais uma vez, como na Grécia, as leituras públicas também estavam na moda em todo o Império Romano. O próprio Augusto frequentava essas leituras "com boa vontade e paciência".[49] Os autores apresentavam seus versos, histórias e lendas mais recentes, e seus amigos literatos, companheiros eruditos ou poetas, bem como sua família, mecenas e o público em geral participavam gritando em sinal de aprovação, batendo palmas em intervalos regulares e levantando-se e aclamando em passagens particularmente excitantes. Essa reação do público não era apenas um gesto respeitoso em relação a um membro da família ou colega; era, na verdade, parte da etiqueta tradicional, um protocolo a ser seguido. (Na

---

48 QUINTILIAN. *The Institutio Oratoria of Quintilian*. Trans. H. E. Butler. Oxford, 1920-22, I:I:12.
49 SUETÔNIO. Augusto. In: ROLFE, J. C. (Ed.). *Lives of the Twelve Caeseres*, Cambridge, MA, e Londres, 1948, LXXXIX:3.

realidade, a ausência de uma resposta manifesta de qualquer parte poderia ser tomada como grave ofensa.) Todos os bons escritores esperavam críticas construtivas em uma leitura pública. Após escutarem essas críticas, refinavam então sua obra para que esta se adequasse ao gosto do público. Esperava-se que o público chegasse pontualmente e permanecesse no local durante toda a leitura. Porém, muitas vezes, abusava-se do decoro, o que causava a ira de tradicionalistas como Plínio, o Jovem.

De certo modo, as leituras eram tão populares porque muitos patrícios ricos, que construíam auditórios em suas residências especificamente para esse fim, acreditavam ser poetas e escritores de raro talento, os quais eram dignos de grandes públicos em vez de merecedores de meros convivas. Quase todos faziam a leitura apenas de suas próprias obras e negavam aos outros a habitual palavra no palanque.

Mais importante que o conteúdo de uma obra era, muitas vezes, a habilidade do autor em oratória, já que, assim como hoje, a diversão é, em geral, mais valorizada do que a inspiração. Plínio, o Jovem, nossa principal fonte dessa informação no século I d.C., elogiava o jovem Calpúrnio Piso, por exemplo, por sua magnífica leitura do grego "Transposições entre as Constelações".

> um ensaio erudito e inspirador. Escrito em dísticos fluentes, sensíveis, suaves e até sublimes ... Ele elevava e diminuía sua entonação de maneira apropriada e com variação, alternava a altivez com simplicidade, era reservado com a melodia, moderado com o cômico, em todos os casos com igual talento. Tudo isso era louvado por sua voz extremamente agradável, e sua voz por sua personalidade modesta. Seu semblante ansioso expressava nítida excitação, o que acrescentava um charme especial ao declamador. De alguma maneira, a circunspeção se ajusta melhor ao homem literato que a autoconfiança ... Após a declamação, beijei o jovem rapaz prolongada e carinhosamente e – o estímulo mais contundente de toda admoestação – o incentivei com uma avaliação sincera para que continuasse como havia começado.[50]

Existiam alguns artifícios a que se podia recorrer quando houvesse dúvida durante a leitura de prosa, mas certeza na de poesia, ou dúvida na de poesia e certeza na de prosa (ambas exigiam técnicas distintas). Conforme Plínio escreveu ao historiador e biógrafo romano Suetônio, quando aquele planejava fazer uma leitura informal diante de alguns amigos convidados:

> Tire-me dessa encrenca! Parece que deixo a desejar pelo menos como declamador de versos; as frases vão bem, mas os versos nem tanto. Estou pensando em

---

50 *Plinius der Jüngere*, Briefe [Plínio, o Jovem], V:17.

fazer um teste com um de meus homens libertos na próxima declamação com meus amigos mais íntimos. Isso serve também para o círculo íntimo do qual eu selecionei alguém que não se sairá bem, mas pelo menos será melhor que eu na declamação, desde que ele não fique constrangido. Ele é, portanto, como leitor, tão principiante quanto eu como poeta. Mas agora não sei como me comportar enquanto ele faz a leitura, se devo ficar ali parado e calado como se tudo aquilo não me dissesse respeito ou, como é costume de muitos, acompanhar a declamação com sussurros, olhares e gestos. Mas creio que sou igualmente ruim em pantomima e em leitura. Repito: tire-me dessa encrenca! E escreva-me imediatamente dizendo se é melhor fazer uma declamação lastimável a lançar mão desses artifícios. *Vale*.[51]

Plínio, o Jovem, também lembrou (*Cartas* I:13) como o imperador Cláudio uma vez, caminhando pelo Monte Palatino, escutou um barulho e perguntou de que se tratava; informado que Noniano estava fazendo uma leitura pública, Cláudio repentina e inesperadamente foi até lá ouvir. Mas, na época de Plínio, só aqueles com muito tempo livre compareciam às leituras e, mesmo assim, após diversos convites e lembretes, enquanto a maioria jamais chegava a aparecer. "Eu, de minha parte", ele escreveu a um amigo, "quase nunca deixo alguém na mão. Entretanto, esses são na maioria meus amigos".

A escolha do texto a ser lido em público exigia bastante sensibilidade, e era determinada por categoria, posição, influência, situação política, senso de decoro público e diversos outros fatores. A leitura em voz alta era sempre um ato muito revelador. O conteúdo deveria ter aceitação na sociedade. A palavra falada era, nesse período, inextricavelmente vinculada ao texto literário. Ainda não havia o domínio independente da "literatura silenciosa" ou da "literatura não oral". Essa delimitação fica muito clara no mordaz epigrama de Marcial:

> O verso é meu; mas meu amigo, quando você o recita,
> Ele parece seu, tão dolorosamente você o desfigura.[52]

A distinção também se destacava na famosa frase *scripta manet, verba volat*, cujo significado original era "a escrita dorme, a fala repercute". (Somente depois de séculos, a frase assumiu o significado de "a fala é levada pelo vento, a escrita permanece", como uma reinterpretação conceitual.) Isso porque na Antiguidade era tarefa tácita do leitor exaltar e demarcar o argumento autoral em público, mas não disseminar uma mensagem multifária. Toda literatura escrita era, sobretudo, embora não exclusivamente, destinada ao compartilhamento público, para salientar e, portanto, restringir o significado proposto pelo autor.

---

51 Ibidem, IX:34.
52 MARCIAL. *Epigrams*. Trans. J. A. Pott e F. A. Wright. Londres, 1924, I:38.

O "leitor" era um transmissor, e não um receptor.

As leituras públicas duravam, em geral, poucas horas. Não obstante, algumas chegavam a durar uma semana, sendo o seu público garantido de acordo com a fama ou o poder do autor. Plínio, o Jovem, participou de uma que durou três dias, mas provavelmente apenas porque o autor, Sêncio Augurino, fez a introdução anunciando:

Entoo canções com versos curtos

Como fizeram Catulo e Calvo

E todos aqueles de um passado remoto.

Mas o que isso significa para mim?

Plínio, sozinho, está em primeiro lugar...

Quantos Catões são necessários para formar um Plínio![53]

Plínio escutou "com o maior prazer, de fato com admiração... Creio que durante alguns anos nada mais consumado nessa forma jamais tenha sido escrito".

Essas leituras, muitas vezes, se tornavam "testes" para aspirantes e bajuladores que disputavam vantagens, cargos mais influentes, uma cadeira no senado ou vendas "em massa" de seu mais recente poema ou história. As leituras proliferaram em Roma, mas nem todos os autores estavam contentes com essa expansão. Muitos se ressentiam do fato de que as leituras públicas eram a única maneira de se tornarem conhecidos. E os escritores já estabelecidos se queixavam de que essa corrupção das leituras rebaixava a função edificante da prática na sociedade. De fato, Marcial, contemporâneo de Plínio, ficou tão ofendido pelos supostos poetas que o abordavam de todos os lados que escreveu alguns insultos em um de seus próprios poemas:

Pergunto a vocês, quem consegue tolerar tal zelo?

Vocês leem para mim quando fico de pé,

Vocês leem para mim quando me sento,

Vocês leem para mim quando estou correndo,

Vocês leem para mim quando estou defecando![54]

Até que ponto os escritores eram "populares"? Virgílio, por exemplo, recebeu aplausos da plateia que ficou em pé, por um dia, quando adentrou o anfiteatro romano. Nos grafitos encontrados nas paredes de Pompeia, há frases reconhecida-

---

53 *Plinius der Jüngere*, Briefe [Plínio, o Jovem], IV:27.
54 MARCIAL. *Epigrammata*. In: KER, W. C. (Ed.). *Works*. Cambridge, MA, e Londres, 1919-20, III:44.

mente adulteradas de Ovídio. Sem dúvida, havia um público culto de leitores que conhecia os livros e os lia com frequência, apesar de seu custo e raridade.

A maior parte da leitura, até as leituras públicas, ocorria no período diurno, por causa dos problemas de visão, tão comuns quanto nos dias de hoje, e da iluminação precária das casas, o que dificultava a leitura noturna. Diversas velas, feitas com pavio de junco, e lamparinas a óleo forneciam luz suficiente para a leitura, mas a maioria desses recursos era cara demais para todos, com exceção das residências mais ricas. Se fosse possível, lia-se sob a luz solar direta: em geral, no átrio aberto ou pátio. Poucos, no entanto, tinham esse tempo livre à disposição durante o dia. Leitores com problemas de visão pediam que suas obras literárias ou livros de registros fossem lidos em voz alta para eles por familiares, amigos, empregados ou escravos. Assim como os antigos egípcios e gregos que os antecederam, alguns romanos hipermetropes por certo usavam pedras polidas para aumentar as letras, ao passo que outros usavam meros copos de vidro cheios de água.

Era difícil para os gregos ler na *kliné*, a antiga cama. Embora também fosse usada para recostar nas horas de descanso, a *kliné* tornava desajeitado o ato de desenrolar o rolo de papiro para cima com a mão direita enquanto a mão esquerda escorava o corpo; na verdade, jamais se encontrou alguma ilustração ou escultura antiga mostrando alguém recostado em uma *kliné* com ambas as mãos livres, como fazemos ao ler na cama hoje. O *lectus* romano, porém, possuía diversas variantes, uma das quais foi especialmente criada para ler e escrever à ofuscada luz do *lucubrum* – vela de tecido embebido de cera. No *Satiricon*, de Petrônio (morte em 66 d.C.), por exemplo, Trimalquião redige sobre sua pilha de almofadas em miniatura no alto de seu *lectus* multifuncional, em que ele também fazia sua leitura.

Ao que tudo indica, os romanos liam sempre que possível – muitas vezes, para o desapontamento dos médicos: Antilo (século II d.C.) alertava que as pessoas que nunca haviam aprendido versos de cor, mas que recorriam à sua leitura em livros, podiam sofrer dores de movimentos peristálticos do intestino por causa da excessiva transpiração; as pessoas com uma boa memória para versos falados, ele acrescentava, deviam eliminar esses fluidos insalubres de modo simples, por meio da respiração normal.[55] O político, filósofo e dramaturgo Sêneca (c. 4 a.C.-65 d.C.), tutor e conselheiro do imperador Nero, em cuja tentativa de assassinato estava envolvido, queixava-se de ter de estudar em seu barulhento aposento particular. Marcial narra como alguns iam caçar carregando consigo um rolo de papiro em uma sacola feita de cordas. Horácio visitou sua casa no campo carregando consigo a literatura, assim como fazia o poeta lírico Catulo (c. 84-c. 54 a.C.) quando visitava Verona. Os vendedores romanos de livros chegaram até a fazer rolos de papiro especiais para viagens já que, assim como hoje, muitas pessoas gostavam de ler

---

55 ROUSELLE, A. *Porneia*. Paris, 1983, citado em MANGUEL, A. *A History of Reading.*

enquanto estavam em trânsito. É provável que os rolos de papiro contivessem obras já confiadas à memória; de qualquer modo, a sua leitura atenta permitiria que se reinterpretasse a apresentação pública em substituição à de outra pessoa.

Como a Grécia, o Império Romano também tinha suas bibliotecas. As primeiras bibliotecas romanas continham sobretudo rolos de papiro gregos, pois a leitura "adequada" para qualquer romano letrado era, é claro, o grego, e não o latim. Entre as famosas bibliotecas gregas pilhadas pelos romanos, havia a Biblioteca Real Macedônia; a biblioteca de Apelicão de Téos (a qual Cícero usaria posteriormente em Roma); e a biblioteca de Mitridates, rei de Ponto, que havia sido derrotado pelo general romano Pompeio e cometera suicídio em 63 a.C. Muitas bibliotecas ocupavam o espaço de residências particulares. O sogro de Júlio César, por exemplo, o poderoso Lúcio Calpúrnio Pisone, mantinha uma enorme biblioteca em sua luxuosa casa no litoral de Herculana, na baía de Nápoles. Soterrada pela erupção do Vesúvio em 79 d.C. e redescoberta em 1752, a biblioteca, cujas obras predominantemente estavam escritas em grego, é a maior que sobreviveu da Antiguidade, tendo até o momento apresentado mais de 1.800 rolos de papiro, incluindo-se centenas de obras até então perdidas sobre filosofia grega e uma pequena coleção de poesia romana. Atualmente, os arqueólogos suspeitam de que existe uma segunda biblioteca, em um nível inferior à casa de vários andares de Pisone, aguardando uma iminente descoberta.

No século I d.C., Sêneca censurava o modismo de exibir de forma ostentosa a coleção residencial de rolos de papiro: "Muitas pessoas sem o ensino escolar usam os livros não como ferramentas para o estudo mas como objetos de decoração para a sala de jantar".[56] E dava continuidade às fervorosas críticas ao colecionador de rolos de papiro "que obtinha prazer com capas de livros e etiquetas". Nos lares desses colecionadores, ele se enfurecia, "podemos ver obras completas de oradores e historiadores em prateleiras que sobem até o teto porque, como os banheiros, as bibliotecas se tornaram um ornamento essencial de uma casa abastada". O presunçoso Trimalquião, em *Satyricon* de Petrônio, chegou até a se vangloriar por possuir "duas bibliotecas" – uma em grego e outra em latim!

Já na época do historiador Tácito (c. 56-c. 120 d.C.), muitos leitores deixavam de buscar a eloquência de alguém como Tito Lívio ou Cícero, nos quais a oratória pública vicejava, mas a concisão, a brevidade e a objetividade do erudito acostumado mais ao estudo que ao palanque. Apesar disso, o novo estilo explorava as técnicas do discurso formal qualificado, modificando-as para agradar a um público-alvo de eruditos com o mesmo tipo de pensamento. Isso gerou divisão entre os leitores romanos. Havia aqueles na elite que apreciavam e incentivavam, em parti-

---

56 SÊNECA. De tranquillitate. In: GUMMERE, R. M. (Ed.). *Moral Essays*. Cambridge, MA, e Londres, 1955.

cular, essa nova brevidade de estilo. E havia a esmagadora maioria de leitores que preferiam a retórica convencional e compravam os gêneros populares que a aplicavam e perpetuavam. Algumas casas de campo no século V d.C. possuíam clássicos em latim para os homens e obras religiosas para as mulheres.

A distinção de gêneros é significativa. Eram raros os casos em que as mulheres eram enaltecidas como bibliófilas. Uma das mais conhecidas foi Melânia, a Jovem (c. 383-439 d.C.), que viveu em Roma e no Norte da África e morreu em Bethlehem. Santo Agostinho (354-430 d.C.) dedicou uma de suas obras à avó da jovem, também chamada Melânia (c. 342-c. 410 d.C.), a qual ele elogiou em uma de suas cartas como escriba formidável, fazendo alusão ao seu talento como escritora. O erudito romano Gerôncio também recordava com satisfação o modo pelo qual Melânia, a Jovem, "passava do começo ao fim pelas *Vidas* dos Padres [Igreja] como se nem estivesse lendo". De fato, ele exaltava a paixão da jovem pela leitura:

> Ela lê livros comprados, ou outros com os quais se deparou sem querer, com tanta diligência que nenhuma palavra ou pensamento permanece-lhe desconhecido. Seu amor pela leitura era tão avassalador que quando lia em latim, todos pensavam que não sabia grego, ao passo que, quando lia em grego, pensava-se que não sabia latim.[57]

Entre as obras mais valorizadas da Antiguidade estavam os três volumes, em grego, dos Livros Sibilinos. Estes eram guardados em uma arca posta em uma cripta de pedra existente sob o Templo de Júpiter Capitolino, em Roma. Profetas mulheres que faziam previsões em enigmas, as dez sibilas – Cumas, Cime, Delfos, Eritreia, Helesponto, Líbia, Pérsia, Frígia, Samos e Tibur – eram "imortais" cujas palavras, segundo acreditavam os gregos e romanos, eram dotadas de profundo significado para os mortais. A princípio, havia nove rolos de profecias. A sibila de Cumas os ofereceu ao sétimo e último rei lendário de Roma, Tarquínio Prisco (616-579 a.C.). Este se recusou a comprá-los duas vezes, e, a cada recusa, a sibila queimava três rolos. Finalmente, Tarquínio comprou os três restantes pelo preço dos nove. Foram mantidos em Roma durante séculos como "textos sagrados", assim como os recém-criados escritos "antigos" dos judeus em Judá, mas com a importante diferença de que os Livros Sibilinos eram inacessíveis porque eram considerados sagrados demais para serem expostos. Assim como os textos das sepulturas egípcias, eles se constituíam, de fato, escritos sem leitores. Mas esse era exatamente o objetivo. Sua inacessibilidade imbuía seus detentores, a elite governante, do halo da profecia, reforçando o alicerce de poder. Os três últimos

---

57 GERÔNCIO. *Vita Melaniae Junioris*. Trad. Elizabeth A. Clark (Ed.). Nova York e Toronto, 1984.

rolos de papiro foram perdidos em um grande incêndio, em 83 a.C. (12 textos, os quais se julgou serem os Livros Sibilinos, foram descobertos em Bizâncio, muitos séculos depois, e então compilados em um manuscrito em pergaminho, em parte publicado em 1545.)

Os romanos também conheciam os presságios por intermédio de textos: um leitor poderia transformar a palavra escrita em algo que nem o autor, nem a sociedade em geral nela enxergava. O texto veio a ser um código privado; em outras palavras, o símbolo secreto de um duplo destino: corporificava o desgosto ou o bem, dependendo da interpretação, das necessidades ou do estado de espírito do leitor. Esse tipo de "leitura" tinha excepcional popularidade na Antiguidade. Tratava-se de uma leitura que não se destinava à informação, à erudição, à explicação ou à diversão, mas sim à leitura da sorte das pessoas. Havia uma forte crença na adivinhação por meio do texto na Antiguidade. De fato, alguns acreditavam que a principal função da leitura estava nesse tipo de magia. Cícero acusou o áugure (autoridade religiosa que observava e interpretava presságios e sinais) Tibério Semprônio Graco de ter causado, em 162 a.C., "a demissão dos cônsules cuja eleição ele havia presidido no ano anterior, fundamentando sua decisão em um engano nos auspícios [augúrios das aves], de que tomou conhecimento 'lendo os livros'".[58] Na Roma pós-República, os leitores preferiam usar os poemas de Virgílio para prever o futuro, consultando de modo aleatório os rolos de papiro das obras de Virgílio disponíveis em templos dedicados à deusa Fortuna. Essa prática, conhecida como *sortes Vergilianae*, foi descrita pela primeira vez quando o jovem Adriano, ávido por conhecer a opinião do imperador Trajano sobre ele, abriu a *Eneida* de Virgílio, em uma parte qualquer, para ler que Enéas viu "o rei romano cujas leis devem estabelecer Roma de uma forma inédita". Adriano considerou isso um sinal positivo e agiu de acordo.

Mas o Império Romano nunca chegou a experimentar algo como uma "literatura popular", obras lidas por dezenas ou centenas de milhares de pessoas. Devemos, até mesmo, reconhecer que os dois autores favoritos da Antiguidade, Homero e Virgílio, eram, na maioria dos casos, estudados por meio de ditados e declamações, e não pela leitura individual. E aquelas inscrições funerárias romanas em monumentos que ainda encontramos das Ilhas Britânicas ao Oriente Médio? Poucas dessas inscrições eram de fato lidas por alguém; em vez disso, elas eram *vistas*, ajudando os membros da família do falecido a "manter ou pretender uma certa posição ou respeitabilidade".[59] Os próprios membros da família não precisavam ser totalmente letrados. Nos séculos seguintes, sobretudo, a maioria não o era.

---

58 CÍCERO. *De natura deorum*. RACKHAM, H. (Ed.). Cambridge, MA, e Londres, 1933, II:2.
59 HARRIS. *Ancient Literacy*.

O domínio da palavra escrita nunca teve maior respeito que entre os imperadores romanos posteriores, os quais conferiam aos professores eruditos a mais alta autoridade. Isso foi feito de propósito para defender, diante das incursões bárbaras, a cultura literária que a própria Roma representaria, embora sem a realizar. Valentiniano I (321-75 d.C.), por exemplo, imperador do Império Romano ocidental, contratou o poeta e retórico nascido em Bordeaux, Décimo Magno Ausônio (morto em c. 393 d.C.) como tutor de seu filho Graciano (359-83) que, por sua vez, quando se tornou imperador, nomeou Ausônio como prefeito pretoriano ou chefe de gabinete. Nessa época, a administração civil estava alicerçada, com solidez, na leitura e escrita. A legislação grega havia fornecido a autenticação de contratos inicialmente anotando-os em rolos e, em seguida, publicando-os em repartições oficiais para que todos os letrados pudessem ler. Cerca de quinhentos anos depois, Roma obteve algo semelhante a escrivães e tabeliães profissionais que, ao longo dos três séculos seguintes, ficariam sob a supervisão de autoridades públicas. Entretanto, no momento em que os contratos escritos se tornaram comuns no Império Romano, os godos e outras tribos germânicas começaram a invasão. Mas o sistema que havia sido implantado funcionava tão bem que os novos governantes o tomaram emprestado e o empregaram. (Na realidade, essa se tornou a base do sistema notarial medieval, o qual respondia pela maior frequência de leitura e escrita na Idade Média.)

O hábito de fazer a leitura pública de obras seculares foi interrompido no século VI. Isso decorreu de vários fatores: patrícios que abandonaram os grandes centros, declínio do ensino, enfraquecimento do comércio de livros, invasões germânicas e outras mudanças.[60] A vernaculização ou "fragmentação" da língua latina foi a principal causa. O poeta cristão Sidônio Apolináris (c. 433-79 d.C.), bispo de Clermont que ofereceu uma das últimas descrições de leitura pública em Roma de que se tem notícia, queixava-se do fato de o latim ter-se tornado exclusivamente "a língua da liturgia [cristã], de chanceleres e de poucos eruditos".[61] As leituras gregas há muito tempo tinham sido perdidas. As leituras públicas latinas resistiram apenas no ofício divino da Igreja cristã. Mas, nesse período, o latim patrístico – a língua escrita adotada pela Igreja – começava a tornar-se ininteligível para a maioria dos cristãos. Tinha de ser interpretada por leitores especialmente ordenados que, por sua vez, transformaram-se em uma casta separada: o *presbítero* ou "padre". Apesar disso, por volta do século VIII, mesmo uma grande parte desses presbíteros já não entendia a Bíblia Latina, preces ou hinos que declamavam no ofício divino.

---

60 CARCOPINO, J. *Daily Life in Ancient Rome: The People and the City at the Height of the Empire.* Trad. E. O. Lorimer. ROWELL, H. T. (Ed.). New Haven, CT, 1940.

61 AUERBACH, E. *Literatursprache und Publikum in der lateinischen Spätantike und inn Mittelalter.* Berne, 1958, citado em MANGUEL, A. *A History of Reading.*

Final da Antiguidade e início do cristianismo

As tabuletas de argila cabiam na palma da mão. As folhas de papiro podiam ser unidas formando rolos portáteis. Ambos os materiais atenderam às necessidades dos leitores durante milhares de anos – quase perfeitamente ajustados, de fato, às respectivas exigências da sociedade. Então algo revolucionário aconteceu, impulsionado por uma nova necessidade. Plínio, o Velho (23-79 d.C.), narra como Eumenes II (governou entre 197-158 a.C.) de Pérgamo, na Grécia, na Ásia Menor, ansiando fundar uma biblioteca para concorrer com a Biblioteca de Alexandria, encomendou uma remessa de papiros do Nilo.[62] Mas o rei Ptolomeu do Egito proibiu essa exportação, com a intenção de assegurar a proeminência da Biblioteca de Alexandria como o repositório mundial do conhecimento. Forçado a encontrar uma alternativa, Eumenes ordenou que seus especialistas criassem, para sua biblioteca, um novo material para a escrita. Com isso, os gregos orientais logo aprimoraram uma técnica que envolvia o estiramento e secagem da pele de ovelhas e cabritos, deixando-a extremamente fina. O produto final desse processo tornava-se, enfim, o principal veículo da fé em um novo mundo, bem como o suporte de toda uma época – o *pergaminho*.

Já no século I a.C., Julio César havia dobrado uma folha de papiro em "páginas" individuais para enviá-las a suas tropas no campo de batalha. Esse costume acabou levando à criação do *códice* – texto com páginas escritas em ambos os lados para que fossem viradas, não enroladas. Sua primeira aparição foi próxima ao final do século I d.C., em Roma, permanecendo até hoje desconhecido o seu criador. Marcial, o primeiro a citar o códice, elogia sua concisão e ressalta o quanto ele libera espaço na biblioteca. Comenta ainda sobre sua utilidade em viagens, pois, ao contrário do rolo, pode ser lido sendo segurado em apenas uma das mãos:

> Homero em páginas de pergaminho!
> A *Ilíada* e todas as aventuras
> De Ulisses, inimigo do reino de Príamo,
> Todos encerrados em um pedaço de pele
> Dobrado em diversas folhas pequenas![63]

O códice completo ou volume encadernado mais conhecido, descoberto em meados da década de 1980 nas ruínas de uma casa do século IV no Oásis de Dakhleh, no Saara, é um registro de transações financeiras de quatro anos de um

---

62 VELHO, P. *Naturalis Historia*. JONES, W. H. S. (Ed.). Cambridge, MA, e Londres, 1968, XIII:II.
63 MARCIAL. *Epigrammata*, XIV:184.

administrador de espólio.[64] Escrito em grego, é composto por oito folhas com quatro furos (dois em cima e dois embaixo) do lado esquerdo para amarrar os cordões. Altamente viável, ele por certo servia ao administrador como um "livro de bolso" durável e portátil. Poderíamos supor que tipifica o formato do códice dos primeiros séculos da era cristã.

No início, o códice, ainda de papiro, não passava de uma novidade, um objeto curioso. As obras tradicionais supostamente deveriam estar em rolos. Mas, à medida que o pergaminho ganhava popularidade – sobretudo quando os cristãos passaram a favorecer textos em pergaminhos e os médicos a preferir o formato de códice, dada a facilidade de consulta – o códice de páginas encadernadas ficou mais popular.[65] O códice grego mais antigo em velino (pergaminho fino preparado com pele de bezerro, cabrito ou cordeiro) é uma cópia da *Ilíada* de Homero datada do século III d.C., hoje na Biblioteca Ambrosiana de Milão; a *Ilíada* caberia em um códice de pergaminho, em vez de em 24 rolos de papiro separados. A partir do século I a.C., milhares de códices semelhantes surgiriam. Ajustando-se de modo perfeito ao formato de códice, o pergaminho não só era muito mais barato que o papiro, mas também muito mais durável e resistente à umidade e à ação de insetos.

De qualquer maneira, até mesmo o pergaminho era muito caro para os fins mais comuns, por isso a maior parte da leitura e escrita ainda era feita em tabuletas de cera; registravam-se e liam-se quase toda a correspondência e minutas diárias nessas superfícies facilmente apagáveis. Entretanto, reunia-se e encadernava-se um número cada vez maior de folhas de pergaminho que, depois, eram vendidas, permitindo que se tomasse nota ou se registrassem os cálculos em blocos ou livros contábeis primitivos. No século III d.C., esses blocos exibiam capas elaboradas, até em marfim decorado, que eram apresentadas a oficiais indicados a cargos públicos. Como presentes refinados, incluíam, em geral, uma dedicatória ou mesmo um poema na parte interna, simbolizando uma ocasião especial. Os fabricantes de rolos de papiro começaram a dar preferência a esses blocos pré-escritos com poemas populares ou pequenas coleções de escritos, a serem oferecidos como presentes, de forma muito semelhante à indústria de cartões de hoje, valendo mais pelo gesto que pelo texto.

Com o tempo, os códices de pergaminhos encadernados tornaram-se cada vez mais populares, revelando-se uma fonte de ganhos comerciais consideráveis. O pergaminho não tardou a concorrer com o rolo de papiro por oferecer custo relativamente baixo, facilidade de produção, maior retorno sobre o investimento, concisão e facilitação da leitura. O pergaminho começou a ameaçar seriamente o papiro durante o século I d.C. e, por volta do século IV, já o havia substituído

---

64 MILLS, A. J. A Penguin in the Sahara. *Archeological Newsletter of the Royal Ontario Museum*, II, p.37, março 1990.

65 ROBERTS, C. H. The Codex. *Proceedings of the British Academy*, XV, p.169-204, 1954.

quase por completo.[66] (A substituição total do papiro ocorreu, enfim, no início da Idade Média, quando as rotas comerciais para o Egito foram interrompidas pela expansão muçulmana, de modo que a sua exportação cessou.)

Mas o pergaminho estava longe de ser um material de escrita perfeito. Continuava caro, e necessitava do dispendio de peles de carneiro, cordeiro, cabra e bezerro. Transcorrido o século IV d.C., o códice de pergaminho – ou *book*, em inglês (derivado do germânico *bóká* ou *beech*, em razão do mais antigo material de tabuletas de runas) – perpetuou-se como a forma literária preferida na Europa. Ao longo da Era do Pergaminho, como a Idade Média também é muitas vezes denominada, ele era suficiente como material de escrita apenas porque a demanda pela escrita permaneceu baixa. (Quando o processo de impressão resultou em enormes lotes de produção, mil anos mais tarde, o dispendioso pergaminho foi substituído por papel mais barato.)

Os mais antigos livros em velino tinham, em geral, o formato *in quarto*, ou seja, uma folha de pergaminho dobrada duas vezes em quatro folhas ou oito páginas. Seu nome *quaternio* mais tarde originaria a palavra inglesa *quire*, que significa 24 folhas de papel. O formato de caderno foi o predileto em toda a Idade Média. Ao reunir as folhas do livro, os fabricantes, em geral, tomavam o cuidado de colocá-las de modo que o lado do pelo ficasse diante do lado do pelo e o lado da pele ficasse diante do lado da pele, uma vez que os dois lados do pergaminho podem ser totalmente diferentes. Dessa forma, duas páginas de aparência uniforme eram expostas: fosse o amarelo-amarelo (lado do pelo) ou o claro-claro (lado da pele). Os livros em grego costumavam começar com o lado da pele (mais claro), ao passo que os em latim iniciavam com o lado do pelo (mais amarelado).[67]

O uso crescente do pergaminho acompanhou o desenvolvimento do cristianismo: as primeiras cópias da Bíblia eram códices em velino – prática que se tornou tradicional. O cristianismo assegurou o triunfo do códice de pergaminho e, na verdade, criou o livro moderno. Com uma chegada relativamente tardia, a leitura cristã foi uma descendente híbrida das tradições grega, hebraica e latina, já descritas. O livro mais onipresente da história do mundo, traduzido para mais idiomas que qualquer outro, a Bíblia cristã consiste em 39 livros do Antigo Testamento (cujo idioma original era o hebraico) e 27 livros do Novo Testamento (em grego); os apócrifos, uma coleção de outros escritos cristãos antigos, também sobreviveram em hebraico e grego. (A situação dos apócrifos é controversa desde a Reforma, quando a Vulgata foi traduzida para idiomas vernáculos.) A Vulgata, tradução latina da Bíblia com base no original em hebraico e grego, confirma a tradição católica romana da Idade Média.

---

66 REED, R. *Ancient Skins, Parchments, and Leathers.* Londres e Nova York, 1972.
67 THOMPSON, E. M. *Handbook of Greek and Latin Paleography.* Londres, 1906.

Já no século V d.C., Bíblias volumosas e outros livros sagrados – missais (preces, ritos etc. para as missas de um ano completo), coros (hinos métricos cantados em uníssono) e antifonários (enorme coleção de salmos, hinos e afins, entoados ou cantados em trechos alternados) – eram exibidos nos pedestais de apoio da igreja para vários leitores que ficavam em pé a certa distância. Alguns eram tão grandes que os pedestais precisavam ser ajustados em rolos. O objetivo era a leitura pública em voz alta, sobretudo para os coros, incluindo-se o maior número de leitores possível na celebração da missa. (Esse costume de exibir livros enormes com letras grandes para a celebração dos coros é mantida na Igreja Católica até hoje.) Por meio dele, o leitor é absorvido na *persona* pública, em que o ato da leitura se torna um ritual de grupo. Algo completamente diferente da leitura silenciosa, particular e individual dos posteriores livros de horas (a partir do século XII d.C.).

O códice de pergaminho não só tornou disponível Homero em práticos volumes, mas também expandiu o potencial autoral muito além daquilo que a tabuleta de argila ou o rolo de papiro conseguiram abranger. Os autores do final da Antiguidade, como Agostinho com suas obras *A cidade de Deus* e *As confissões* ou Isidoro de Sevilha (c. 560-636 d.C.) com *Etimologia*, podiam se dedicar a obras volumosas sabendo que elas ficariam contidas em apenas uma capa, ou seja, seriam recebidas e compreendidas como uma unidade intrínseca maior. O novo formato determinava a natureza da escrita criativa propriamente dita; em outras palavras, revelava uma nova dimensão de expressão cultural no Ocidente.

Não sendo um rolo, o códice permitia fácil acesso a qualquer trecho do texto para consulta. Tinha também quatro margens (em cima, embaixo, à esquerda e à direita), nas quais o leitor podia inserir glossários, anotações e comentários, de modo que aproximasse o leitor do material escrito. O formato do códice também estimulou inovações na organização da literatura: os capítulos passaram a conter subdivisões de uma obra, e coleções de textos denominadas antologias eram compostas por diversas obras dentro de uma só capa. A obra completa era um corpo compacto de informações, deixando para trás o desfazer sequencial de rolos de papiro conectados entre si. O leitor dispunha assim de uma totalidade imediatamente acessível. Desde então, essa percepção modificada da literatura foi preponderante. (Somente hoje o "enrolar" retorna, ao modo grego – de cima para baixo –, uma vez que a tela do computador altera as percepções modernas referentes à leitura.)

No final do século IV d.C., o prestígio da palavra escrita começou a ofuscar as adivinhações orais e as declarações oraculares. A partir desse momento, as previsões eram feitas empregando-se Virgílio e a Bíblia, sendo esta uma prática que acabou se tornando "cleromancia evangélica", ainda observada em alguns locais hoje. Os patrícios continuavam colecionando livros para causar boa impressão, fraqueza que foi alvo do sarcasmo de Ausônio:

Comprastes livros e enchestes as prateleiras,
Oh Amante das Musas.
Isso significa que agora és um erudito?
Se comprares instrumentos de corda, palheta e lira hoje:
Achas que amanhã o reino da música a ti pertencerás?[68]

Até mesmo os "bárbaros" germânicos se inclinavam para a leitura e a escrita. Empregando o alfabeto grego do século IV d.C., o bispo Wulfila (c. 311--83 d.C.) criou as "letras góticas" a fim de traduzir a Bíblia para seu idioma visigodo. Outros godos adaptaram os escritos de Wulfila e escreveram textos religiosos, além de outros como contratos (*actae*), até o século VIII. Apenas um pequeno número de godos, no entanto, de fato lia. E essa minoria era sobretudo formada por religiosos. A leitura jamais permeou a sociedade gótica.

A leitura sofreu um declínio ao longo do Império Romano em todos os domínios sociais, exceto na prática religiosa. O cristianismo obteve êxito sobretudo porque, tendo sido parasitário do ensino greco-latino, defendeu a literatura como seu próprio veículo e, assim, interessou aos letrados eruditos. Os Padres da Igreja dos primeiros séculos d.C. eram todos treinados em retórica; dominavam os clássicos e usavam seu conhecimento literário para persuadir, convencer e converter a serviço da Igreja. Platão e os estoicos (que ensinavam que a submissão ao destino e à lei natural trazia virtude e felicidade) ofereceram os conceitos e argumentos mais úteis para esses homens do conhecimento que concluíram o "triunfo" do cristianismo sobre o paganismo no século IV d.C., quando o primeiro se tornou a religião oficial do Império Romano.

Fundamental ao cristianismo – uma fé da leitura – foi o conjunto de escritos a ser mais tarde denominado Novo Testamento. O "livro" de data mais antiga do Novo Testamento é a epístola de Paulo aos tessalonicenses, de 50 d.C. Cerca de quatro a sete anos mais tarde, a Primeira Epístola aos Coríntios foi feita, época em que, durante o reinado do imperador Nero (54-68 d.C.), o cristianismo já era praticado como fé em pequenos eremitérios por todo o Mediterrâneo. Um século depois, o grego Irineu, bispo de Lyon, escreveu sobre a elaboração dos quatro Evangelhos (Mateus, Marcos, Lucas e João).

Assim Mateus publicou entre os hebreus e em seu próprio idioma [isto é, aramaico] uma forma escrita do Evangelho na época em que Pedro e Paulo faziam a evangelização de Roma e fundavam a Igreja lá. Após sua morte, Marcos, discípulo e intérprete de Pedro, também nos transmitiu por escrito o que Pedro havia dito em sua prédica. Lucas, companheiro de Paulo, registrou em um livro o Evangelho que

---

68 AUSÔNIO. *Opuscules*, 113, citado em MANGUEL, A. *A History of Reading*.

este havia pregado. Também João, discípulo do Senhor, o único que havia repousa-do em seu peito, também publicou o Evangelho durante sua passagem por Éfeso na Ásia.[69]

Portanto, podemos dizer que, durante um intervalo de cerca de trinta anos, as tradições orais que rodearam a vida e os ensinamentos de Jesus, bem como as atividades subsequentes de seus discípulos e outros seguidores, tornaram-se uma coleção codificada de textos que circularam entre os grupos de fiéis, difundindo a fé por meio da leitura e da escrita. Não obstante, a maior parte permaneceu oral e jamais foi escrita. Quanto ao fato de que os Evangelhos continham apenas um fragmento de uma literatura oral muito maior circulando acerca de Jesus, João afirmou: "Muitas outras coisas há que fez Jesus, as quais, se escrevessem uma por uma, creio que nem no mundo todo poderiam caber os livros que seria preciso escrever" (João XXI: 25). Não havia *necessidade* de escrevê-los, uma vez que o público-alvo exigia qualidade, não quantidade: a essência da fé, para inspirar e converter. Nessa linha e com esse plano em mente, o Novo Testamento foi com-pilado. O Antigo Testamento permanecia como as verdadeiras "escrituras" para todos os cristãos antigos. A veneração ao Novo Testamento, ainda aguardando o *status* de sagrado, só viria a acontecer muito tempo depois.

Até mesmo os primeiros cristãos praticavam a censura. Quando Paulo foi a Éfeso e lá pregou por mais de dois anos, os judeus e os gregos se entusiasma-ram, sobretudo pelas curas de Paulo, e por fim: "Muitos também daqueles que se tinham entregado a práticas supersticiosas, trouxeram seus livros e queimaram-nos diante de todos; e, calculando seu valor, acharam que montava a 50 mil moedas de prata. Desse modo, crescia fortemente e firmava-se a palavra de Deus" (Atos dos Apóstolos XIX: 19-20). Uma fortuna em livros raros (já que uma moeda de prata equivalia ao salário de um dia) foi queimada graças à convicção religiosa, numa forma de exibição pública de fé: queimava-se o livro – a crença pagã – como se fosse um inimigo, para destruir a concorrência e apagar seu conhecimento da memória. Logo os romanos impuseram a censura contra os cristãos. Mas depois que o cristianismo se tornou a religião de Estado, o imperador Constantino, após a condenação de Ário e de sua doutrina pelo Concílio de Niceia, em 325 d.C., ordenou, por sua vez, que todos os livros da doutrina ariana fossem queimados.

Ao contrário da tradição greco-romana, os cristãos antigos entregaram o livro ao Pai, ao Filho e ao Espírito Santo. Mesmo os escritos de Paulo eram consi-derados autoridade, capazes de ser muito úteis no tribunal. Quando o governador da África romana testava alguns cristãos, por exemplo, ele perguntava o que ti-nham para usar em sua defesa. "Textos de Paulo", eles respondiam, "um homem

---

69 IRENEU, S. *Contra hereses.* In: MANNUCCI, U. (Ed.). *Opera.* Roma, 1907-8, III:I. 2v.

justo".[70] O fato de que o "impedimento ao ensino", à escrita, pudesse ter substituído a própria retórica legal teria deixado Sócrates estupefato.

Os padres eram leitores insaciáveis e escritores prolíficos. Santo Epifânio (morte em 403 d.C.) conferiu dois mil títulos originais à Origem de Alexandria (c. 185-c. 254 d.C.), enquanto são Jerônimo listava os próprios oitocentos títulos de Epifânio. Benfeitores abastados dotavam esses supereruditos com uma renda garantida, residência e um pequeno exército de secretários e escribas. Seus velozes ditados eram lendários. Por exemplo, dizia-se que são Jerônimo traduzira o Livro de Tobias em um dia e o Livro de Ester, em uma noite.

Uma das maiores influências sobre a palavra escrita no Ocidente foi a de santo Agostinho de Hipona. Leitor apaixonado quando jovem, maravilhara-se com as habilidades mnemônicas de um colega de escola que era capaz de citar o penúltimo verso de cada livro de Virgílio "rapidamente, na ordem e de cor ... Se então pedíssemos que ele recitasse o verso antes de cada um desses, ele o fazia. E acreditávamos que ele conseguiria recitar Virgílio de trás para a frente ... Se quiséssemos até os trechos em prosa de qualquer discurso de Cícero que lhe viesse à mente, disso também ele era capaz". De fato, Agostinho afirmava, citando uma das melhores frases de Cícero, que esse jovem erudito era capaz de imprimir um texto que havia lido "nas tabuletas de cera da memória".[71] Agostinho sustentava que as letras do alfabeto constituíam "símbolos de sons" que eram, por sua vez, "símbolos de coisas em que pensamos". Para ele, tais letras haviam sido "inventadas para que pudéssemos conversar até com o ausente".[72] A leitura, portanto, constituía uma conversa com o ausente: por meio dela, escutava-se a palavra proferida por alguém que não estava presente.

Escutar é o conceito fundamental aqui. Com efeito, em Agostinho encontramos, pela primeira vez, uma nítida distinção entre leitura em voz alta e leitura silenciosa: entre a palavra escrita como voz humana e a palavra escrita como meio em si. Aos trinta anos, em 384 d.C., Agostinho deparou com seu professor santo Ambrósio (c. 340-97), bispo de Milão, lendo sozinho em silêncio:

> quando ele estava lendo, seus olhos atentamente corriam as páginas e seu coração buscava o sentido, mas sua voz permanecia em silêncio. Muitas vezes, quando estávamos presentes ... ainda o víamos lendo sozinho, nunca de outra forma ... Mas qualquer que fosse seu propósito naquele ato, aquele homem certamente tinha uma boa intenção.[73]

---

70 FOX, R. L. *Pagans and Christians*. Nova York, 1986.

71 HIPONA, A. de. Of the Origin and Nature of the Soul. In: OATES, W. J. (Ed.). *Basic Writings of Saint Augustine*. Londres, 1948, IV:7:9.

72 Ibidem, Concerning the Trinity. *Basic Writings of Saint Augustine*, XV:10:19.

73 *St. Augustine's Confessions, with an English Translation by William Watts*, 1631. Cambridge, MA, e Londres, 1989, VI:3. 2v.

Ao que tudo indica, a leitura silenciosa era algo surpreendentemente raro na época, do contrário, Agostinho jamais teria feito tal comentário. Alguns estudiosos defendem que "os livros antigos normalmente eram lidos em voz alta, mas nada comprova que a leitura silenciosa deles fosse algo extraordinário".[74] Contudo, poucas narrativas da Antiguidade testemunham a leitura silenciosa.[75]

Por exemplo, em *Hipólito*, de Eurípides (século V a.C.), Teseu lê em silêncio uma carta que sua esposa morta segura nas mãos. Em *Os cavaleiros*, de Aristófanes (século V a.C.), Demóstenes analisa em silêncio uma tabuleta enviada por um oráculo e demonstra surpresa em relação ao seu conteúdo. Plutarco descreve, em sua obra *Vidas paralelas*, como, no século IV a.C., Alexandre, o Grande, lê em silêncio uma carta de sua mãe enquanto suas tropas, observando, ficam pasmas com tal habilidade. Em seu livro *Obras morais*, Plutarco mais uma vez escreve sobre Alexandre quebrando o selo de uma carta confidencial de sua mãe e começando a lê-la, sozinho, em silêncio, e, em seguida, seu amigo íntimo Heféstion se aproxima para ler a carta também em silêncio com ele.[76] Plutarco registra ainda como Júlio César, ao lado de seu rival Catão, no Senado, em 63 a.C., lia em silêncio uma pequena carta de amor da irmã de Catão.[77] (Aqui, o ato pomposo da leitura silenciosa, que era o ardil de César, levantou a suspeita de Catão, o qual anunciou uma conspiração; por isso, César viu-se "forçado" a revelar o conteúdo da carta de amor da irmã de Catão, humilhando, desse modo, seu adversário duplamente – o objetivo de César, afinal.)

Oferecendo consolo aos deficientes auditivos em um de seus ensaios, Cícero, contemporâneo de César, aconselhou: "Se acaso gostarem das declamações, devem, em primeiro lugar, lembrar que, antes de os poemas serem criados, muitos homens sábios viviam felizes; e, em segundo, ler esses poemas é muito mais prazeroso que escutá-los".[78] No século II d.C., o grande astrônomo, matemático e geógrafo grego Ptolomeu observou que as pessoas leem às vezes sozinhas, em silêncio, quando se concentram em algum assunto, uma vez que atribuir voz às palavras pode distraí-las do pensamento.[79]

Em uma palestra, realizada talvez durante a Quaresma, em 349 d.C., são Cirilo de Jerusalém (c. 315-86) suplicou às paroquianas que, enquanto estivessem servindo durante as cerimônias, lessem "porém em silêncio, para que, embora

---

74 KNOX, B. M. W. Silent Reading in Antiquity. *Greek, Roman and Byzantine Studies*, IX/4, p.421-35, 1968.

75 BALOGH, J. Voces Paginarum: Beiträge zur Geschichte des lauten Lesens und Schreibens. *Philologus*, LXXXII p.84-109, p.202-40, 1927.

76 PLUTARCO. On the Fortune of Alexander. In: BABBITT, F. C. (Ed.). *Obras Morais*. Cambridge, MA, e Londres, 1972, fragmento 34ºa. v.4.

77 Ibidem, Brutus. In: *The Parallel Lives*.

78 CÍCERO. *Tusculan Disputations*. KING, J. E. (Ed.). Cambridge, MA, e Londres, 1952, V.

79 PTOLOMEU. On the Criterion. In: HUBY, P., NEAL, G. (Eds.). *The Criterion of Truth*. Oxford, 1952.

seus lábios falem, nenhum outro ouvido possa escutar o que dizem".[80] Essa passagem é digna de nota por três motivos. Em primeiro lugar, descreve o movimento silencioso da boca durante a leitura; até hoje, quando as pessoas leem um texto complicado, muitas vezes movimentam os lábios, como se a fonologia fosse necessária para ajudar a compreensão. No século IV, essa movimentação silenciosa da boca pode ter sido necessária para analisar gramaticalmente ou segmentar as palavras truncadas em sequência na página. (A separação normal das palavras só passou a ser usual novamente no século IX d.C.; pouco depois de essa leitura silenciosa se tornar comum, possibilitada sobretudo pela separação das palavras). Em segundo, toda paroquiana sabia ler, o que revela um nível surpreendente de erudição entre as mulheres cristãs de Jerusalém. E em terceiro, cada uma, em princípio, possuía um livro de preces ou hinos: uma paroquiana verdadeiramente rica disporia de recursos para comprar seus próprios livros.

Agostinho refletiu sobre a leitura silenciosa de Ambrósio: "Talvez ele temesse que, se fizesse a leitura em voz alta, um trecho mais complexo escrito pelo autor do texto em questão despertasse uma dúvida em um atento ouvinte e ele, então, tivesse que explicar o que aquilo significava ou até discutir sobre alguns pontos mais confusos".[81] Em outras palavras, a leitura silenciosa protegia Ambrósio de interrupções, permitindo-se assim uma relação pessoal mais profunda com o texto escrito. A análise de Agostinho sugere sua própria estima pelo potencial individual da leitura, o qual só viria a se tornar universal durante a Idade Média.

O próprio Agostinho, apesar de sua surpresa em relação à habilidade do professor, por vezes lia em silêncio. Em um momento de grande inquietação pessoal, Agostinho, que lia em voz alta as epístolas de Paulo para o amigo Alípio em seu jardim de verão, afastou-se para chorar sozinho e escutou, por acaso, uma criança entoando o refrão *tolle, lege* ("recomponha-se e leia").[82] Inspirado, Agostinho voltou até Alípio para apanhar o livro e ler sozinho, em silêncio – e a "sombra da dúvida" se dissipou. Quando Alípio questionou o amigo sobre o que o comovera, Agostinho, que havia fechado o livro marcando-o com um dedo, abriu na página e Alípio leu, dessa vez em voz alta, não o trecho escolhido por Agostinho, mas uma passagem mais adiante, a qual comoveu Alípio com igual intensidade.

Agostinho amava o latim, seu idioma nativo, mas se ressentia em relação ao grego. Em razão da influência de Agostinho sobre o cristianismo, foi dele a principal contribuição para a mudança da leitura do grego para o latim no Ocidente, estabelecendo as bases do que foi rotulado como a "Idade Média latina". Sem dúvida, o grego manteve-se próspero após Agostinho, notadamente graças ao Império Bizan-

---

80 JERUSALÉM, São Cirilo de. The Works of Saint Cyril of Jerusalem. Trans. L. P. McCauley e A. A. Stephenson. Washington, DC, 1968, I.
81 *Saint Augustine's Confessions*, VI:3.
82 Ibidem, VIII:12.

tino e seu impacto na erudição árabe. Mas o grego permaneceria para sempre, pelo menos na Europa ocidental, em posição secundária em relação ao latim.

A biblioteca do cristianismo mais antiga de que se tem notícia surgiu na igreja romana de São Lorenzo, fundada pelo papa Dâmaso I em algum período dos anos 380. Armazenava diversos livros da Bíblia, comentários bíblicos, obras de apologistas gregos (que defendiam por argumentos escritos a fé cristã contra o sistema romano anterior de crença), além de um conjunto de clássicos gregos e latinos. A posição da literatura pré-cristã nos primórdios da Igreja era, muitas vezes, apenas uma questão de gosto. Sidônio chegou a repreender um amigo por ter separado sua biblioteca entre autores clássicos e cristãos – aqueles colocados próximos aos assentos para homens, ao passo que estes próximos aos das mulheres![83] A maioria dos padres antigos da Igreja considerava que os clássicos gregos e latinos poderiam ser lidos de modo sério, visto que suas obras pareciam antecipar os ensinamentos cristãos. De fato, em *De doctrina christiana*, Agostinho alegava que autores como Aristóteles e Virgílio haviam "injustamente se apossado da verdade".

Todo o legado da Antiguidade clássica passou a ser direcionado pela nova Igreja cristã. A partir do século V d.C., torna-se missionário e monástico. A leitura se destaca com proeminência, já que todo frade cristão deveria dedicar diversas horas do dia, se possível, à leitura das Escrituras. Um grande colaborador na institucionalização emergente da leitura foi são Benedito de Núrsia ou são Bento (c. 480-c. 547), que fundou um monastério em Monte Cassino (c. 529), em uma montanha entre Nápoles e Roma. Entre as muitas regras decretadas por Benedito a serem seguidas pelos "beneditinos" – o código escrito pretendia impedir a preeminência de qualquer abade – havia a da devoção à leitura:

> Durante as refeições dos irmãos, sempre deverá haver leitura; ninguém deve se atrever a apanhar o livro aleatoriamente e lá começar a ler; mas ele que deverá fazer a leitura durante a semana toda deve iniciar suas obrigações no domingo. E, iniciando sua tarefa após a Missa e a Comunhão, ele deve pedir a todos que rezem por ele, para que Deus o desvie do espírito de júbilo. E esse verso deve ser repetido três vezes por todos, sendo porém que ele deve iniciar: "Oh! Deus, abra meus lábios e minha boca irá exprimir o vosso louvor". E assim, tendo recebido a bênção, ele deverá dar início às suas obrigações como leitor. E deverá ser feito silêncio absoluto à mesa, de modo que nenhum sussurro ou voz, exceto a do leitor, sejam ouvidos. E tudo o que for necessário, quanto a alimentos, deverá ser passado entre os irmãos, para que ninguém precise pedir nada.[84]

---

83 SIDÔNIO APOLINÁRIS. *Epistole*. In: ANDERSON, W. B. *Poems and Letters*. Cambridge, MA, e Londres, 1936, II:9:4.2v.
84 BETTENSON, H. *Documents of the Christian Church*. Oxford, 1963.

A *Regula monachorum* de Benedito tornar-se-ia a regra-padrão de todas as ordens monásticas da cristandade ocidental. Benedito estipulou três horas de leitura diária no verão e duas no inverno. Durante a Quaresma, os quarenta dias de celebração do jejum de Jesus no deserto, todo monge era obrigado a ler um volume completo. Em qualquer viagem, o monge deveria carregar consigo um pequeno livro. E durante todas as refeições e antes da completa (a última das sete horas canônicas, logo antes de se recolher), os monges deveriam escutar alguma leitura: um estilo de leitura rítmica e do tipo entoada destinada ao exercício da mente e à fixação dos textos sagrados na memória. Benedito também instruiu seus monges a segurar, se possível, os livros que estivessem lendo "com a mão esquerda envolta na manga de suas túnicas e apoiando-os no joelho; a mão direita deve ficar descoberta para segurar e virar as páginas".

A leitura de Benedito no Monte Cassino e em todos os locais subsequentes que seguiram sua regra transformou as práticas comuns da leitura secular. Tratava-se de uma leitura especial, pois era composta de títulos limitados e destinava-se a um público restrito e distinto. Era exclusivamente sagrada, impositiva e involuntária, desprovida de emoções e senso crítico. Algumas eram particulares e silenciosas: *tacite legere* ou *legere sibi*, citando as próprias frases de Benedito. Contudo, a maior parte era pública e em voz alta: não para aprender e crescer, nem sequer para se divertir, mas para se imergir na doutrinação. Não era liberação individual, mas submissão comunal, não muito diferente da doutrinação de textos lidos em megafones nos campos de trabalhos forçados do século XX. Não causa surpresa, então, o fato de encontrarmos a repetida mastigação da nutrição divina como uma frequente metáfora aos escritos cristãos da época.[85]

O político romano Cassiodoro (c. 490-c. 585) aposentou-se aos sessenta e poucos anos para fundar um monastério em Vivarium, na Calábria, onde, ao contrário de Benedito, incentivava os companheiros monges a lerem igualmente os clássicos e as Escrituras. Não obstante, Cassiodoro enfatizava que os clássicos deveriam ser lidos apenas como um meio de compreender melhor a Bíblia e os Santos Padres. Com esse objetivo, ele importou livros do Norte da África, na época um grande centro da Igreja, os quais armazenou em seu monastério em nove grandes salas.[86]

Muitas vezes, na Antiguidade e no início do cristianismo, "liam-se" também imagens como se fossem símbolos. A imagem de um atributo de uma divindade corresponderia à própria divindade. Assim, o coração era Vesta; o caduceu do mensageiro e o chapéu alado, Mercúrio; o relâmpago, Júpiter, e assim por diante. Animais também simbolizavam deuses, como a águia para Júpiter. Cenas da litera-

---

85 LECLERCQ, J. *The Love of Learning and the Desire for God: A Study of Monastic Culture.* 3. ed. Trans. Catharine Misrahi. Nova York, 1982.

86 COURCELLE, P. P. *Late Latin Writers and their Greek Sources.* Trans. Harry E. Wedeck. Cambridge, MA, 1969.

tura decoravam as paredes dos patrícios abastados, lembrando-os das passagens favoritas quase sempre de Homero e Virgílio. Por meio dessas cenas, o não leitor – um ouvinte instruído que era, em geral, tão versado quanto qualquer erudito – lembraria da linha e do verso no momento em que seus olhos com elas deparassem. Essa também era uma forma frequente de "leitura", uma vez que evocava a linguagem falada, embora não por meio de símbolos escritos.

Nos séculos I ou II d.C., cenas representando episódios da vida de Jesus seguramente também decoravam as antigas paredes cristãs. A Igreja primitiva adotou práticas iconográficas romanas, usando símbolos para representações, com os evangelistas João, Marcos e Lucas como águia, leão e touro, respectivamente, ou a pomba para o Espírito Santo e o cordeiro para Cristo. As substituições foram atribuídas, mais tarde, às qualidades individuais: o cordeiro não representaria apenas Cristo, mas, em especial, a sua qualidade sacrifical; a pomba não seria apenas o Espírito Santo, mas, notadamente, a qualidade da salvação eterna.[87] O número de imagens aumentou ao longo dos séculos, de modo que um vasto "léxico" de conceitos cristãos foi expresso por meio delas. O Antigo Testamento pôde assim ser relacionado e vinculado ao Novo Testamento, dando continuidade à política de conexão espiritual que a Igreja primitiva havia seguido textualmente. Conforme santo Agostinho afirmou: "O Novo Testamento se oculta no Antigo, enquanto o Antigo é revelado no Novo".

Um dos exemplos mais antigos da iconografia cristã vinculando cenas do Antigo e do Novo Testamentos a serem "lidas" simultaneamente aparece em dois painéis de portas na igreja de Santa Sabina, em Roma, esculpidos em cerca de 430. Qualquer pessoa que conhecesse a Bíblia iria imediatamente reconhecer ali os milagres de Cristo em oposição aos de Moisés. Os que não a conhecessem teriam que inventar uma história ou pedir que alguém explicasse o que aquilo poderia significar. Ao longo dos séculos, a curiosidade atraiu inúmeros conversos. Por esse motivo, quando solicitado a opinar sobre a decoração de uma igreja, são Nilo de Ancira (c. 430 d.C.) sugeriu cenas bíblicas em ambos os lados da Cruz Sagrada, as quais "serviriam de livros para os iletrados, ensinar-lhes-ia a história das Escrituras e os marcaria com o selo da compaixão de Deus".[88]

Esse costume se mantém até hoje.

A cultura escrita na Antiguidade era, em geral, restrita a um pequeno número de pessoas privilegiadas. Entretanto, em cidades populosas (como Roma, com cerca de meio milhão de habitantes), havia milhares que liam, escreviam, escutavam e participavam ativamente da linguagem escrita, beneficiando-se dela. No

---

87 GRABAR, A. *Christian Iconography: A Study of its Origins*. Princeton, NJ, 1968.
88 PIPER, F. Über den christlichen Bilderkreis. Berlim, 1852, citado em MANGUEL, A. *A History of Reading*.

decorrer da Antiguidade, a leitura e a escrita coexistiram com todos os aspectos da cultura oral tradicional. Aqueles que sabiam ler e escrever ampliaram as diferenças de classes preexistentes, à medida que participavam e contribuíam na administração civil, no comando militar e na expansão do Império.

Após os períodos arcaicos de Grécia e Roma, a classe privilegiada passou a depender da leitura e da escrita. Todos na sociedade sentiram, por certo, o efeito disso. Não obstante, o ditame oral prevaleceu, pois a leitura era, de modo universal, considerada nada mais que um discurso escrito, uma forma refinada de escutar. O verdadeiro potencial da leitura, em grande parte, permanecia sem reconhecimento. Dedicava-se mais ativamente à memória, bem como confiava-se mais nela. Além disso, ter livros na Antiguidade era muito caro – e difícil, se a pessoa não vivesse em uma metrópole. Mesmo os gregos e romanos mais eruditos quase não possuíam rolos de papiro ou códices de pergaminho e, assim, o conhecimento mais amplo do mundo ou o pensamento inovador, exceto em casos raros, eram adquiridos por meio da leitura individual. Quase todos os gregos e romanos letrados usavam a habilidade de ler e escrever para registrar contas, acompanhar eleições locais, trocar correspondências e diversas outras coisas que, salvo exceções, nada tinham a ver com literatura. Por causa dessas circunstâncias, não se pode falar em leitura e escrita em massa na Antiguidade. A sociedade letrada ainda demoraria quase dois mil anos para se formar.

Contudo, muitos reconheciam a primazia da capacidade de ler e escrever. Um contemporâneo do imperador Augusto, o historiador grego Diôdoros Sículo, por exemplo, teve que admitir que:

> É por meio dela [leitura e escrita] que a parte mais importante e útil dos negócios da vida é concluída – votos, cartas, testamentos, leis e tudo o mais que orienta a vida. Afinal, quem poderia compor um valioso encômio do conhecimento das letras? É somente por meio da escrita que os mortos são trazidos à mente dos vivos e é pela palavra escrita que pessoas separadas fisicamente por grandes distâncias podem se comunicar como se fossem vizinhas. E quanto aos tratados feitos em épocas de guerra entre povos e reinos, a segurança proporcionada pela palavra escrita é a melhor garantia da sobrevivência daquele acordo. Em geral, é ela sozinha que preserva as mais belas citações de sábios e os oráculos dos deuses, além da filosofia e toda a cultura, e entrega tudo isso às gerações vindouras, à posteridade. Portanto, embora saibamos que a natureza é a origem da vida, a origem da boa vida é o ensino fundamentado na palavra escrita.[89]

As produções literárias mais elaboradas registradas nos escritos mais sofisticados ficaram a cargo de Homero, em grego, e Virgílio, em latim, durante muitos

---

89 DIÔDOROS SÍCULO, XII:13, citado em HARRIS, *Ancient Literacy*.

séculos em rolos de papiros. A *Bíblia Sagrada*, a Bíblia latina, em um códice de velino, os substituiu durante os primeiros séculos da Igreja cristã. Essas publicações foram mais valorizadas e mais protegidas que outras, e grande número de seus exemplares foram produzidos.[90]

Testemunhando a crescente sofisticação da palavra escrita e da sociedade na qual ela cumpria suas funções, a poesia oral se transformou em poesia literária já na Antiguidade. A *Ilíada* e a *Odisseia*, de Homero, por exemplo, são épicos "primários" ou orais: seu objetivo original é a declamação, e seus principais atributos eram a composição, o apelo narrativo e a apresentação da história. A *Eneida*, de Virgílio, por sua vez, é um épico "secundário" ou literário: seus principais atributos residem na individualidade e na grandeza do estilo e da expressão literária. Isso foi, por certo, consequência da leitura e da escrita em grande escala, experimentada por milhares de letrados na Roma antiga. Essa composição literária, em oposição à oral, também influenciou o Novo Testamento, o produto híbrido das tradições grega e judaica. O Novo Testamento acabou sendo, entre os cristãos, o foco de uma veneração semelhante àquela dos judeus em relação ao Antigo Testamento, as Escrituras Hebraicas. Levada à península itálica, e lá transformada, essa veneração pela escritura sagrada estabeleceu a base da Idade Média latina.

Os textos clássicos parecem um tanto prolixos para nós hoje, e isso tem uma boa explicação. São, de acordo com todos os padrões modernos, empolados, presunçosos, desorganizados, repetitivos, até dispersos, repletos de divagações e dados insignificantes. Isso porque se trata da literatura de uma sociedade apoiada no discurso oral, e não no texto. Os autores oradores priorizavam outros elementos, já que seu público era composto mais por ouvintes que por leitores. Para apreciarmos esses textos hoje, devemos, na verdade, lê-los em voz alta, gesticulando, talvez imaginando diante de nós um átrio cheio de parentes sorridentes vestindo togas, admiradores balançando a cabeça em sinal de aprovação e bajuladores aclamando a apresentação.

E *ecce*: o texto repentinamente floresce para a vida.

Foi apenas nos últimos séculos da Antiguidade – quando as culturas grega, judaica e latina inspiraram a "cultura cristã" que incutiria, na Idade Média, outros valores, prioridades e práticas – que a leitura se tornou mais introspectiva e silenciosa, mais voltada para a procura pessoal, a busca interna. Assim como os gregos e romanos antigos experimentaram a "fala do papiro", que transformou a leitura em uma popular ferramenta oral para o acesso à informação, seus descendentes conheceriam a "visão do pergaminho", que divulgou a própria fé em um solitário silêncio.

De qualquer modo, além do domínio mediterrâneo, há um mundo inteiro de leitura.

---

90 FISCHER, *A History of Writing*.

Capítulo 3
Um mundo de leitura

Durante a maior parte de sua história, a leitura ocidental permaneceu como um pequeno capítulo de um tomo muito maior. Argumentou-se que até metade do século XVIII d.C., por exemplo, mais livros haviam sido publicados em chinês que em todos os outros idiomas do mundo juntos.[1] China, Coreia, Japão, Américas e Índia: todas essas e muitas outras regiões adotaram a leitura porque o milagre da escrita havia sido concretizado e adaptado para atender às necessidades locais. A leitura do chinês se transformou no "latim" da Ásia oriental, inspirando culturas inteiras em um grau muito mais avançado que sua contraparte ocidental. Os coreanos começaram lendo chinês, depois buscaram seu próprio caminho, chegando a desenvolver um novo sistema de escrita para transmitir sua própria língua. Os japoneses, em um primeiro momento, seguiram o modelo chinês dos coreanos, depois complementaram a leitura do chinês com invenções próprias a fim de criar não só a voz japonesa, mas sua própria cultura histórica – produto da leitura. Os mesoamericanos pré-colombianos restringiram a leitura a uma elite muito pequena que, pelo menos nas inscrições em monumentos, proclamava a própria eminência para governar e manter-se no poder. E, até os dois últimos séculos, os indianos mantiveram rígida hierarquia de castas de leitura, cuja enorme amplitude de materiais, em centenas de idiomas e escritos, superou em muito qualquer coisa comparável

---

1 CREEL, H. G. *Chinese Writing*. Washington, DC, 1943.

Figura 3 Cortesãs do período Heian no Japão (794-1192), da obra *Genji Monogatari* de Yamamoto Shunsho (Kyoto, 1650).

no Ocidente. Embora o último século, em particular, tivesse permitido que a cultura de leitura ocidental mudasse (e depois dominasse) os hábitos de leitura do mundo, durante a maior parte da história literária, a leitura internacional foi precisamente isto, "um mundo de leitura", tão rico e diversificado quanto os diversos sistemas de escritas no quais prosperava.

China

Como a escrita chinesa surgiu desenvolvida quase por completo – na região centro-norte da China, em cerca de 1400 a.C. – isso sugere uma influência do

Ocidente, onde a escrita completa já existia há mais de dois mil anos. Os artefatos mais antigos nos quais se aplicara a escrita chinesa – *ox scapulae* (ossos da omoplata de animais) e plastrões (escudo ósseo ventral dos quelônios) de tartaruga – eram usados para pressagiar oráculos revelados por um sacerdote ou uma sacerdotisa, muitas vezes até pelo próprio governante, no santuário de um deus. As omoplatas e os plastrões eram preparados entalhando-se cavidades em sua superfície, na qual se aplicava calor. Uma rachadura aparecia do nada na forma *f* ou + e era interpretada pelo adivinho como a resposta sobrenatural de ancestrais de reis mortos a dúvidas específicas expostas a eles pelo governante em voz alta. Essas inscrições chinesas antigas consistem, na maioria das vezes, em um presságio (resposta) e uma verificação (resultado) escritos em momentos distintos. Desde o princípio, deu-se ênfase especial à veracidade factual. A leitura mais antiga da China era formada, então, pela documentação histórica.

Se os ancestrais de reis mortos foram as primeiras vozes da China, os governantes e os xamãs da dinastia Shang do século XVIII ao XII a.C. foram os primeiros leitores da China. Por exemplo, durante o domínio do rei Wu Ding (no poder de c. 1200-1180 a.C.), um presságio sobre o nascimento de uma criança dizia mais ou menos assim: "O rei [Wu Ding], lendo as rachaduras, diz: 'Se o parto for em um dia *ding*, será bom. Se o parto for em um dia *geng*, será extremamente afortunado'". Também exibida no artefato temos a posterior verificação: "No trigésimo primeiro dia, *jia-yin*, ela deu à luz. Não foi bom. Era uma menina".[2]

As primeiras vozes da China, ao contrário das mensagens sobrenaturais dos judeus cerca de oitocentos anos mais tarde, não eram divinas nem sagradas: sua escrita nunca motivou a adoração de objetos como artefatos religiosos. Tratava-se apenas de simples registros, como anais, que seriam guardados em depósitos régios, bem como recuperados mais tarde para a obtenção de informações e para comparação. Era um armazenamento de dados.

A leitura oracular teve continuidade na sucessora dinastia Zhou (1028--771 a.C.), mas também, nessa época, a escrita começou a fazer o papel de legenda em vasos de bronze. Estes eram modelados em argila usando-se a técnica da cera perdida, que fez os antigos personagens Shang longilíneos mudarem de formato, tornando-se mais arredondados. Nesse período, a maioria da escrita chinesa era formada por inscrições, como acontecia por volta do mesmo período no Egeu, na Ásia Menor e no Oriente Médio. Mas, na China, incluía chancelas de proprietários, ditados e preces curtas, entre outros, em pequenos objetos portáteis de bronze de enorme valor.

Exatamente na mesma época em que as vantagens da escrita na composição criativa e no ensino estavam sendo descobertas na Grécia antiga, a China começa-

---

2 ROBINSON, A. *The Story of Writing*. Londres, 1995.

va a usar a escrita para coisas muito mais importantes que meras inscrições. Pincel e tinta começavam a transmitir longos textos históricos e filosóficos em cascas de árvore, bambus e lascas de madeira. Sobretudo, após o século V a.C., um número crescente de chineses, na maioria homens eruditos budistas, aprendia a ler e escrever durante a súbita difusão da religião, que se apoderou da escrita como importante meio de propagação. Apesar disso, prevalecia o conhecimento na forma oral, pois o ensino era mantido assim. Como ocorreu no Ocidente, a palavra escrita foi criada à imagem da palavra falada. A leitura ainda não constituía uma aptidão autônoma mas, sim, uma habilidade a serviço da grandiosa tradição oral que deveria continuar a imperar na China durante muitos séculos.

Kong Fuzi ou Confúcio (551-479 a.C.), o principal filósofo e mestre da China, defendia a primazia da oralidade, fazendo pouca alusão ao insignificante ato da leitura – assim como Sócrates, que nasceria cerca de uma década após a sua morte. Na época, cada corte dos diversos reinos rivais da China abrigava escribas que eram responsáveis, por meio da leitura e da escrita, pelos registros contábeis diários e pela administração do reino, o que de fato passou a ser o principal objetivo da leitura na China. A prática estimulava a formação de escolas de escribas profissionais, como aconteceu na Mesopotâmia e no Egito, cujos formandos levavam sua habilidade para outros lugares, disseminando o uso da escrita por todos os estados rivais. Foram esses mesmos escribas que, nessa época, começaram a documentar e fundar as tradições literárias da China, uma das mais ricas e prolíficas do mundo.[3]

Duas das mais antigas obras chinesas que sobreviveram, escritas pela primeira vez nessa época, são o *Shujing* (Tratado das histórias) e o *Shijing* (Tratado das canções). No século V a.C., o especialista militar Sun Tsu escreveu a *Arte da guerra*, enquanto fiéis seguidores começavam a registrar os ensinamentos orais de Confúcio na compilação conhecida como *Lun yü* (Analecto), cerca de duas gerações antes de Platão, na Grécia antiga, usar a escrita para registrar os ensinamentos orais do mestre Sócrates. O taoísmo inspirou antigos textos influentes também, como o *Laozi* e o *Zhuangzi*. E no século III a.C. os ensinamentos de Confúcio foram reformulados por Meng Zi no famoso *Mêncio*, coleção dos ensinamentos orais do próprio Meng Zi. O chanceler do imperador posterior Qin Shi Huang (até 237 a.C.), Lü Buwei, era um patrono das artes que encomendou a escrita de uma importante compilação literária, a *Lü shi chun jiu*; esta resumiu o conhecimento como um todo em uma ampla gama de tópicos, um tipo de "protoenciclopédia" chinesa. Foi ainda nessa época que um cânon da literatura confuciana começou a ser definido.[4]

Os clássicos chineses basicamente eram compostos por cinco livros:

---

3 WATSON, B. *Early Chinese Literature*. Berkeley e Los Angeles, 1972.
4 LEVY, A. *Chinese Literature, Ancient and Classical*. Bloomington, IN, 2000.

– o *I Ching* (Livro das mutações), livro de adivinhações;

– o *Shu Ching* (Livro das histórias), coletânea de escritos supostamente da dinastia Shang ou do início da Zhou (1122-256 a.C.);

– o *Shi Ching* (Livro das canções), antologia de poesias e músicas folclóricas;

– os *Anais de primaveras e outonos*;

– e o *Liji* (Manual dos rituais), uma compilação referente a rituais e condutas.

Com o tempo, porém, apenas uma pequena coleção de escritos essencialmente confucianos (denominados os Quatro Livros) tornou-se a base de toda a educação fundamental chinesa: os *Analectos* de Confúcio, o *Livro de Mêncio* e duas seções do *Liji* (Manual dos rituais) denominadas "O Grande Ensinamento" e a "Doutrina do Meio".

Na época da unificação da China sob o poder do renomado imperador Qin Shi Huangdi (no poder absoluto de 221-206 a.C.), que até então havia comandado apenas o Reino de Qin, origem do nome ocidental "China", uma vasta e profunda literatura alimentava centenas de milhares de leitores chineses.

Era o maior público-leitor do mundo.

A leitura em chinês era um processo completamente diferente da leitura em grego, hebraico ou latim. Até hoje, os símbolos chineses são morfossilabogramas, ou seja, sílabas que reproduzem morfemas (palavras inteiras ou pedaços de palavras que não podem ser mais subdivididas). Quase todo símbolo – que é um "caractere", pois é, em geral, uma combinação de dois ou mais sinais – consiste em um *fonograma* (sinal sonoro) combinado com um *logograma* (sinal do sentido). Tanto o fonograma quanto o logograma são, pelo que observamos, lidos simultaneamente por um adulto chinês instruído. Os leitores menos hábeis, como os iniciantes, procuram o fonético ou o significado em cada caractere para terem um ponto de partida para a leitura monossilábica do caractere.

Por isso, existem duas maneiras de ler o chinês: a leitura instantânea da "palavra inteira" e a combinação semântico-fonética indutiva. A maioria dos chineses, no final das contas, acaba aprendendo a ler na forma da "palavra inteira", assim como fazemos no alfabeto latino logo que dominamos os fundamentos e internalizamos as exceções.[5] Cada sinal de significado ou sentido do caractere parece exercer apenas um papel limitado no processo de decodificação (sugestão visual); o fonético como sinal sonoro é um elemento muito mais evidente durante

---

5 FISCHER, S. R. *A History of Writing.* Londres, 2001.

a leitura. Isso porque, como regra, "o 'elemento fonético' é muito superior em prever a pronúncia que o elemento semântico o é para prever o significado".[6] Mas o fonograma e o logograma juntos também formam uma exclusiva "decifração visual" para desvendar o som e o sentido memorizados.

Ao contrário de um sistema de escrita alfabética, que requer o aprendizado de cerca de vinte a trinta sinais básicos denominados "letras" para que seja possível ler qualquer palavra (em letras minúsculas) no idioma, cada caractere chinês já é, sozinho, uma palavra completa. Ou seja, o leitor de chinês precisa aprender um novo caractere para cada palavra do idioma. Diversas pistas sugerem a pronúncia e o significado: não só o fonograma e o logograma, mas também o contexto, a combinação constante de caracteres, a sintaxe (a organização sistemática de palavras e morfemas no discurso) e outras coisas. Contudo, ao contrário de um alfabeto que transmite sons com relativa consistência (embora com diversas exceções e variações no dialeto), não existe previsibilidade no reconhecimento dos caracteres chineses. Enquanto um alfabeto em si desvenda um léxico completo, cada sílaba-morfema chinesa é "codificada" no sistema de escrita e exige uma decodificação individual todas as vezes em que aparece. O processo, na verdade, ativa regiões do cérebro humano diferentes daquelas usadas pelos leitores que empregam o alfabeto.

A leitura na China continuou forte, embora enfrentando dificuldades. Li Si, o segundo chanceler do imperador Qin, encabeçou uma grande reforma da escrita chinesa; um século após esse acontecimento, uma obra histórica, o famoso *Shiji*, registrava que Li Si "igualou os caracteres escritos e fez que isso se tornasse universal por todo o império".[7] Quando os eruditos chineses citavam os anais históricos para criticar o imperador Qin por ter adotado a severa política de Li Si nos feudos, este sugeriu a Qin que todos os eruditos da China que *não* pertencessem à corte real deviam ser forçados a entregar todos os registros históricos que não fossem de Qin para incineração. O resultado foram dezenas de milhares, talvez centenas de milhares, de cópias em ripas de bambu de obras como o *Livro das canções* e o *Livro das histórias* confiscados e incendiados em 213 a.C. No entanto, muitas outras obras sobreviveram, sobretudo tratados sobre assuntos técnicos e literários. E os eruditos do próprio reino de Qin, é claro, mantiveram suas bibliotecas inteiras. Não foi bem uma "queima de livros" generalizada, como os historiadores afirmam, mas sim a recusa de admissão, ou seja, algo completamente diferente.

Os chineses continuavam lendo, nesse período, os caracteres pintados em cascas de árvore, bambu e madeira; entalhados em pedra, osso ou, agora raramente, cascos de tartaruga; ou moldados em bronze. Durante o início da dinastia Han (25-220 d.C.), entretanto, a seda tornou-se um material de escrita comum, usado para correspondências, documentos oficiais e composições. Mas, assim como o

---

6 DEFRANCIS, J. *The Chinese Language: Fact and Fantasy*. Honolulu, 1984.

7 ROBERTS, J. A. G. *A History of China*. Londres, 1999.

HISTÓRIA DA LEITURA

papiro no Ocidente, a seda era caríssima. Isso levou a que se procurasse por um material mais barato, a fim de atender à crescente necessidade de mais textos. Durante o século I d.C., extraía-se a polpa da seda antiga, e o extrato gelatinoso era espalhado em uma camada fina sobre blocos emoldurados para secagem, produzindo-se uma útil superfície para escrita. Descrito pela primeira vez pelo eunuco Cai Lun, na corte Wu Di do imperador Han, em 105 d.C., o processo produziu o que veio a ser, no final das contas, o mais útil e comum dos materiais empregados para escrita no mundo: o *papel*.

O papel, cuja composição original era de farrapos e fibras naturais (louro, amora e grama chinesa), foi mantido como um monopólio de produção do governo até o século VIII, sendo sua técnica de fabricação um segredo guardado a sete chaves. (Contudo, nessa época, sua utilização havia sido disseminada para a Coreia e o Japão, no Oriente, e para o Turquestão, no Ocidente.) Já por volta de 100 d.C., os soldados que serviam em Gobi, na China ocidental, correspondiam-se com regiões remotas do Império (como os soldados romanos fizeram em Vindolana, na Muralha de Adriano) só que, nesse momento, usando papel. Em pouco tempo, o papel tornou-se o principal material empregado para a escrita na China e, em virtude de seu custo relativamente baixo, impulsionou enorme expansão da leitura por toda a Ásia oriental.

A história da literatura chinesa é rica e extensa demais para ser resumida em poucas palavras aqui. (O leitor que se interessar deve procurar se aprofundar com os muitos estudos já publicados.)[8] Cada grande centro, em sua época, sediou uma abundância de expressões literárias, mais embasadas e variadas que qualquer outro movimento que surgisse ao mesmo tempo no Ocidente, graças à numerosa população metropolitana e à disponibilidade do papel. Os escritores chineses estavam interessados, sobretudo, em manter relações sociais adequadas, e os leitores procuravam apenas as obras que os ajudassem a viver seguindo padrões comportamentais aceitáveis. Essas eram também as obras promovidas por monarcas seculares e burocratas letrados.[9]

Na época do Império Han, os leitores tinham acesso a pesquisa histórica confiável e documentos cronológicos precisos, os quais eram muito mais organizados e fidedignos que as histórias gregas, judaicas e romanas do mesmo período. Os leitores chineses na Antiguidade interessavam-se pela precisão e pela compreensão histórica assim como fazemos atualmente. Durante os primeiros séculos da era cristã, centenas de historiadores mantinham os mais altos padrões no registro de uma documentação confiável. De fato, "os povos chineses têm uma das

---

8 Por exemplo, MAIR, V. H. *The Columbia History of Chinese Literature*. Berkeley e Los Angeles, 2002; e IDEMA, W. L. *A Guide to Chinese Literature*. Ann Arbor, 1997.

9 GOUGH, K. Implications of Literacy in Traditional China and India. In: GOODY, J. (Ed.). *Literacy in Traditional Societies*. Cambridge, 1968. p.70-84.

tradições historiográficas mais respeitáveis do mundo",[10] e ainda demoraria séculos para que essa noção surgisse no Ocidente.

E mais que isso. No início do período Han (ocidental) dos primeiros dois séculos a.C., o Tesouro Imperial proporcionava estudo a uma pequena porcentagem de camponeses, em escolas locais, que frequentavam as aulas em uma duração mais curta que os escribas e eruditos treinados para atividades burocráticas. O objetivo – maior difusão da alfabetização – revela um reconhecimento da leitura e da escrita, estimulando-as como ferramentas sociais para o fortalecimento e a autonomia da vontade coletiva. (Nessa época, na América Central, os maias incentivavam exatamente o oposto.) A leitura era entendida, então, como algo benéfico a todos, e o ensino das camadas mais baixas da sociedade era reconhecido como sustentação à classe governante, pois esta se beneficiaria do bem-estar comum. As bibliotecas públicas do período Han continham centenas de "livros" escritos em ripas de bambu e de madeira (mais tarde também em rolos de papel) disponíveis para consulta a todos os devidamente instruídos. Em 145 a.C., o governo Han chegou a instituir cadeiras na universidade para cada área fundamental do aprendizado.[11]

Em resposta à crescente demanda por textos, os escribas chineses do século VI d.C. começaram a produzir impressões em papel de alta qualidade, com fidelidade completa de reprodução, utilizando pedra, argila queimada, moldes de madeira e até metal, contendo uma página inteira de texto. A gravação em blocos de madeira permaneceu como a técnica favorita dos impressores da China. Isso porque os cerca de seis mil caracteres usados com mais frequência (cada um simbolizando uma palavra separada) no sistema de escrita da China eram muito difíceis de armazenar e de usar como tipo móvel – também uma invenção chinesa. Assim, páginas inteiras eram impressas de uma só vez, utilizando-se a madeira (mais barata), técnica esta que, com o tempo, revelou-se a mais bem-sucedida.

Grandes lotes de impressões de uma obra não alcançavam necessariamente um enorme público-leitor. Isso se explica pela existência de outros valores culturais. Em 839, o monge japonês Enin descobriu na montanha sagrada Wu Tai-Shan, na China, por exemplo, mil exemplares impressos de um sutra budista (parte das coleções de diálogos e discursos do budismo maaiana clássico datadas dos séculos II a VI d.C.); é verdade que não se tratava de uma biblioteca, mas, sim, de um santuário repleto de oferendas impressas para serem lidas apenas pelos deuses, como a parte interna das sepulturas egípcias antigas. O "livro" remanescente mais antigo, completo e datado da época da impressão por blocos – neste caso um rolo de papel – é o Sutra Diamante, hoje parte do acervo da Biblioteca Britânica, im-

---

10 NEEDHAM, J. *Science and Civilization in China.* Cambridge, 1954.
11 GOUGH. Implications.

presso em 868 d.C. A impressão estava bastante difundida em 980 e, graças a isso, houve um pico no ensino chinês durante a dinastia Sung (960-1279). A impressão com blocos de madeira manteve-se como o principal método de impressão na China, na Coreia e no Japão até o século XIX.[12] Fornecia dezenas de milhões de páginas para o maior público-leitor do mundo.

Quem eram esses leitores? No início, homens que haviam sido treinados como nobres, burocratas ou sacerdotes budistas. Não obstante, as inscrições de artesãos provam que muitos chineses não pertencentes à classe governante também eram letrados nos primeiros séculos a.C.[13] Os manuscritos de Dunhuang, dos séculos V a X d.C., revelam "todos os níveis de erudição, desde o perfeito erudito até o que mal conseguia rabiscar os caracteres do nome".[14] Incluíam até um documento do século X de uma comunidade de 15 mulheres dedicadas ao "incentivo da amizade entre as mulheres", sugerindo a alfabetização da população feminina. Os manuscritos também revelam exercícios de escrita e livros elementares. Nessa época, os eruditos chineses, de Pequim a Bagdá, empregavam a escrita cursiva rápida, que se assemelhava à estenografia.

De qualquer modo, sobretudo após o século XIII, os grandes volumes de impressões – não de feitiços ou preces, mas de textos para simples leitura – serviram de impulso à disseminação da leitura e da escrita. Durante a dinastia Ming (1368-1644), redes de escolas elementares se propagaram pela China, mantidas por um governo que pretendia, assim, oferecer uma alternativa às tradicionais escolas particulares para os ricos, as quais, até então, eram a única e principal base da alfabetização. A coletânea de contos *Gujin xiaoshuo* (Histórias de ontem e de hoje), de Feng Menglong, tornou-se tão popular entre os leitores que as autoridades a incluíram numa lista especial de livros proibidos, a fim de garantir que a concentração dos alunos e eruditos se voltasse às obras de Confúcio.[15]

Entretanto, a verdadeira "indústria da impressão" surgiu apenas no século XVI, indicando um volume crescente e uma difusão mais abrangente da leitura nesse período. Em 1644, quando os manchus assumiram o controle de Pequim, o alto grau de alfabetização popular na China era atestado pela "impressão em grande escala, a próspera produção comercial de livros e o desenvolvimento de tipos especiais de materiais destinados a um vasto público".[16] Foi também um pouco depois disso que os chineses talvez tenham sido responsáveis por uma publicação de livros maior que a de todos os outros idiomas do mundo juntos.[17]

---

12 CHIBBETT, D. G. *The History of Japanese Printing and Book Illustration*. Tóquio, 1977.
13 RAWSKI, E. S. *Education and Popular Literacy in Ch'ing China*. Ann Arbor, 1979.
14 Ibidem.
15 MANGUEL, A. *A History of Reading*. Londres, 1996.
16 RAWSKI. *Education and Popular Literacy in Ch'ing China*.
17 CREEL. *Chinese Writing*.

De modo geral, a China setentrional deu ênfase aos gêneros tradicionais durante a dinastia Qing (1644-1911), ao passo que a China meridional tornou-se famosa pela impressão de obras populares, distribuídas por uma extensa e complexa rede de vendedores locais. Os avanços tecnológicos na impressão por blocos de madeira, no século XVI, abriram caminho para a enorme popularidade dos romances chineses do Setecentos. Assim como no Ocidente, havia nessa época grande demanda por poesias, lendas e baladas locais. A peculiaridade da China, no entanto, eram as animadas lendas que retratavam a residência imperial. Livros com teor educativo também eram lidos com muita frequência: livros escolares de matemática, artigos sobre moral, enciclopédias populares, almanaques de diferentes tipos, manuais de caligrafia, modelos de documentos etc.

No século XVIII, vendiam-se e liam-se, em toda parte, "tiras de quadrinhos" coloridos. No início do século XIX, cartazes eram impressos por meio de blocos de cera ou argila e, depois, vendidos a preços baixos nas esquinas das cidades maiores, para serem lidos em voz alta diante das multidões que se aglomeravam – "jornais populares" do dia com notas sobre acontecimentos recentes, anúncios e opiniões do governo, os quais serviam como passatempo e fonte de informações gerais valiosas.

Um europeu em visita ao Cantão (Guangzhou) no início do século XIX observou:

> Tenho tido notícias, com frequência, de "bibliotecas circulantes"; entretanto, antes de eu chegar a este país, jamais havia visto bibliotecas transportadas pelas ruas para atender as pessoas em sua própria porta ... Algumas das bibliotecas circulantes aqui são fixas, e os clientes devem dirigir-se até elas ou enviar a solicitação dos livros que desejam adquirir. Muitas vezes, porém, eles são poupados desse trabalho. O bibliotecário, com uma seleção de livros distribuída em duas caixas ... inicia o circuito, passando de rua em rua, de porta em porta. Dessa forma, gasta todo seu tempo e ganha seu sustento. Empresta os livros, em geral, por um período bem curto de tempo e por uma pequena taxa; volumes pequenos, na maioria, e apenas alguns exemplares. Os livros em circulação são, sobretudo, romances, às vezes de péssima reputação ... O bibliotecário, o qual conheci na porta da *hong* [série de fábricas estrangeiras cantonesas], nesta tarde, emprestando livros aos empregados e cules das fábricas, disse que todo seu estoque somava mais de dois mil volumes. Consigo, no entanto, carregava, no máximo, trezentos volumes: os demais estavam em posse dos clientes.[18]

---

18 *Chinese Repository*, IV (1835-1836), p.190, citado em RAWSKI, *Education and Popular Literacy in Ch'ing China.*

O mercado tradicional de impressões agora era dominado por três tipos de impressos: publicações oficiais de escritórios administrativos imperiais ou locais, publicações particulares de colecionadores de livros e publicações comerciais de vendedores de livros profissionais. Na produção dos livros em si, houve poucas mudanças da dinastia Sung até meados do século XIX. A impressão com tipos móveis ainda era conhecida, mas seu uso, raro, por causa da inviabilidade da escrita chinesa; a maioria dos impressores preferia a produção com blocos de madeira. Porém, quando os europeus reintroduziram a tipografia – a arte, a técnica e o processo de compor o tipo e usá-lo como base para a impressão – na Ásia oriental, no século XIX, esta logo substituiu a impressão por blocos quase por completo.

À medida que os chineses tentavam competir, em especial, com a influência estrangeira da segunda metade do século XIX, quando a modernização e a industrialização na China se tornaram inadiáveis, os métodos de impressão ocidentais não tardaram em ser imitados. Em pouco tempo, cresceu a demanda por novos livros técnicos e educativos. Estes eram produzidos por escritórios de tradução e oficinas de impressão inspiradas no Ocidente, especializadas em publicar e disseminar notadamente a tecnologia e a informação europeias. Enorme quantidade de textos surgiu nessa época, o que comprova um nível de erudição geral equiparável aos níveis europeus contemporâneos. Estimou-se que, no final do século XIX, entre 30 e 45% de todos os homens chineses fossem letrados.[19] Missionários protestantes eram mais atuantes em programas de alfabetização em zonas rurais, usando a tipografia chinesa com sucesso, pela primeira vez, em cartilhas e em diversos folhetos religiosos. No início do século XX, essas mudanças tecnológicas e educacionais tornaram viável o estabelecimento de editoras modernas que se transformariam na principal fonte de materiais impressos na China durante o restante do século.

A alfabetização feminina era um caso à parte. Antes do século XX, as mulheres chinesas não contavam com a aprovação nem com o fornecimento sistemático de nenhuma forma de ensino oficial. Havia raras exceções, é claro; entretanto, estas apenas confirmavam a tendência quase universal da exclusão feminina de toda atividade de leitura e escrita na China. Assim como na Europa, durante o século XVIII, cada vez mais livros eram escritos com o foco principal no público-leitor feminino, como o *Female's Analects* e o *Women's Classic of Filial Piety* – na realidade, versões reescritas de livros masculinos. Os grupos sociais que liam essas obras formavam, às vezes, sociedades de poesia. As mulheres, em virtude da convivência em casa com homens letrados, tinham, em geral, acesso mais livre à educação e a materiais de leitura. Mas, por serem consideradas seres inferiores, não tinham per-

---

19 RAWSKI. *Education and Popular Literacy in Ch'ing China.*

missão para ler os clássicos confucianos no original, apenas as "versões femininas". Um pequeno grupo de cortesãs escrevia poesias; algumas artistas profissionais ficaram conhecidas por suas narrativas originais, sugerindo certo grau de erudição. No entanto, jamais houve na China um ambiente social, muito menos um gênero, de literatura feminina como o que surgiu no Japão medieval. No início do século XX, apenas entre 1 e 10% das mulheres chinesas sabiam ler, dependendo do local. No final do século, porém, esse número se elevou, em quase toda parte, para cerca de 90%, como consequência de programas literários intensivos e do ensino geral implementados pela República Popular. (Durante essa mesma época, a alfabetização masculina deu um salto de 30 para mais de 90%, aproximadamente.)[20]

Assim como em todas as outras partes do mundo, os gêneros e as práticas ocidentais caracterizaram a leitura moderna na China, sobretudo a partir do início do século XX. O primeiro grande abalo na leitura tradicional ocorreu com o fim da cultura antiga e a introdução de valores estrangeiros, modelo de governo, produção e capital, com a substituição da dinastia Manchu pela Sun Yat-sen. Uma mudança muito mais revolucionária aconteceu, no entanto, com o estabelecimento da República Popular, em 1949, que restringiu e direcionou a leitura de acordo com o novo ditame ideológico. A camisa de força intelectual foi bastante afrouxada nos últimos anos, com a República da China, pela primeira vez, permitindo diversidade muito maior no campo da leitura. De fato, a leitura na China, cada vez mais, equipara-se àquela da maioria das nações livres do mundo, embora a leitura na internet ainda seja controlada com rigor.

Atualmente, a leitura em inglês tem invadido mais e mais o mercado do idioma chinês. A escrita *pin-yin* chinesa (os oito principais idiomas chineses escritos no alfabeto latino) também vem ganhando espaço, modificando assim os hábitos de leitura naquele país. De toda sorte, o antigo "latim" do Extremo Oriente, durante os próximos séculos, continuará, por certo, inspirando e liderando a lista dos maiores e mais importantes veículos culturais do mundo.

Coreia

Depois que Wu Di, imperador chinês de Han, em cujo reinado registrou-se pela primeira vez a produção de papel, conquistou a maior parte da Coreia, em 108 d.C., a cultura, a religião, a língua e a escrita chinesas logo tomaram conta do país de maneira semelhante à influência de Roma na Grã-Bretanha, no mesmo período.[21] A China perdeu depressa a Coreia setentrional, mas a cultura chinesa no

---

20 Ibidem.
21 FISCHER. *A History of Writing.*

HISTÓRIA DA LEITURA

sudoeste coreano resistiu e prosperou. Os leitores coreanos liam, primeiro, somente em chinês e, assim, todo o ensino coreano era o ensino chinês (como nas Ilhas Britânicas todo o ensino celta era o ensino latino).[22] A primeira prova de escrita em coreano – empregando-se caracteres chineses – é uma inscrição em pedra datada de 414 d.C. Apenas no final do século VII d.C., os escribas coreanos usaram um manuscrito de chancelaria oficial, o *itwu* ou "leituras administrativas", escrito em sílabas para transmitir as tarefas cotidianas oficiais no estilo e na sintaxe do coreano antigo.

É claro que, antes de os coreanos terem tomado emprestada a escrita dos chineses, eles cultivaram uma literatura oral que retratava a poesia em cantos e danças coletivos.[23] Uma vez que a literatura escrita trouxe novas formas de expressão, o reino setentrional passou a dar preferência a lendas heroicas, ao passo que os dois reinos rivais do sudoeste e sudeste liam, em geral, lendas e canções líricas. O chinês clássico dominava, sem dúvida, todas as formas de ensino, sobretudo quando o Reino de Silla, no sudeste, absorveu os dois outros reinos no século VII e levou a que a cultura chinesa e o budismo determinassem todos os aspectos da criatividade artística coreana. Durante a era unificada de Silla (668-935 d.C.), os poemas *hyangga* da nobreza, compostos, de modo geral, por sacerdotes budistas ou jovens nobres, expressavam o desejo espiritual da casta budista, escrito e posto em circulação no manuscrito *itwu* coreano. Uma enorme quantidade de literatura épica coreana, no entanto, continuou a ser registrada em chinês, empregando-se caracteres chineses. (Isso aconteceu quando o latim, nas Ilhas Britânicas, documentava as lendas e histórias épicas de anglo-saxões, galeses, escoceses, irlandeses e habitantes da Cúmbria e da Cornualha, entre outros.)

A dinastia Koryo (935-1392), que sucedeu a Silla Unificada, deu continuidade à tradição hyangga, a qual, com o tempo, tornou-se hino cerimonioso. Então, os poetas de Koryo criaram a pyolgok ou "canção especial", a forma literária típica do período, para atuações no palco, seguidas pelo poema lírico sijo, além de grandes obras épicas em coreano: folclore, lendas, mitos, a história do budismo e seus venerados templos.[24]

Na alta Idade Média, novas pressões sociais na Coreia forçaram uma revisão das exigências de leitura no país. Foi nesse período, no século XIII, que os impressores coreanos empregaram, pela primeira vez na história, a invenção chinesa de impressão com tipos móveis.[25] Já em 1403 – uma geração anterior a Gutenberg na Alemanha –, os impressores coreanos empregavam o tipo móvel de metal. Tais

---

22 MCCANN, D. R. *Early Korean Literature*. Berkeley e Los Angeles, 2000.
23 LEE, P. H. *Korean Literature: Topics and Themes*. Nova York, 1968.
24 KIM, K. *An Introduction to Classical Korean Literature: From Hyangga to P'Ansori*. Nova York, 1996.
25 SAMPSON, G. *Writing Systems*. Londres, 1985.

inovação e invenção resultaram da tentativa de descobrir modos melhores de transmitir o coreano por meio do complexo chinês ou da escrita baseada nesta língua, a qual se ajustava com dificuldade àquela.[26] De toda sorte, com a elaboração do alfabeto coreano *Hangul*, durante o domínio do rei Sejong, em 1446, surgia o primeiro meio de transmitir, de forma adequada, as obras literárias no idioma coreano, exatamente no período em que os eruditos da Renascença, na Europa, começavam a adotar as próprias línguas vernáculas em detrimento do latim.

Nessa época, os leitores aspiravam a uma ampla gama de literatura impressa. Na fase inicial da era Choson (1392-1598), lia-se poesia com avidez. Embora importantes e extensos poemas também tivessem sido impressos no novo alfabeto Hangul, demonstrando sua viabilidade como meio de expressão literária, ele foi alvo de ferrenha oposição dos eruditos, obtendo aceitação total apenas no século XX. Na fase final da era Choson (1598-1894), marcada pela invasão japonesa da Coreia em 1597, a poesia submeteu-se mais e mais à prosa, refletindo mudanças de prioridades e suscetibilidades: distante de uma aceitação incondicional da autoridade e partindo para um idealismo pragmático que incluía, pela primeira vez, também o povo comum da Coreia.[27] Romances tradicionais eram direcionados às mulheres. Os escritores também começaram a compilar antologias e narrativas, estudando o passado de modo analítico a fim de elaborar uma nova avaliação da singular identidade coreana.

Com as reformas de 1894, a Coreia passou por uma prolongada transição da leitura tradicional (o sino-coreano nativo) à leitura "moderna" (ocidental).[28] Até os gêneros literários inéditos, como o sinsosol ou "novo romance", eram criados para apoiar essa mudança revolucionária. A prosa começava a ofuscar completamente a poesia. No final dos anos 1930, a literatura coreana não só se assemelhava à literatura internacional baseada no Ocidente – sobretudo espelhando-se na poesia internacional, nos contos e nos romances em todos os estilos e temas contemporâneos –, mas alcançava a mais alta qualidade nesse território fictício e suscetível a influências.

No auge da Segunda Guerra Mundial, os japoneses, que haviam anexado a Coreia em 1910, baniram o idioma coreano. Toda leitura em coreano era feita clandestinamente, "o que colocaria em risco a vida de quem a praticava". Após a guerra, a imposta divisão da Coreia entre o Norte comunista e o Sul capitalista separou a leitura do país entre as duas respectivas ideologias. Atualmente, o Sul desfruta de leitura irrestrita, em estilo internacional, limitada apenas por forças capitalistas de mercado. Mas o Norte, onde todas as publicações são, até hoje, controladas com rigor, permite o acesso apenas a assuntos autorizados, e alguns

---

26 FISCHER, *A History of Writing*.
27 KIM, *An Introduction to Classical Korean Literature*.
28 LEE, P. H. *Modern Korean Literature*. Honolulu, 1990.

temas, como ciência e tecnologia, são liberados apenas para um restrito círculo social de especialistas. Sem dúvida, uma Coreia reunificada concederia a todos os coreanos o direito da leitura livre.

Há uma importante lição a ser aprendida com as leituras chinesa e coreana. Em contraste com o que aconteceu na Europa no final da era medieval, em nenhum dos dois países surgiram mercado comercial, associações de impressores, sinergia entre comércio e produção nem enriquecimento financeiro ou avanço da sociedade em razão da leitura. As iniciativas de impressão em grande escala permaneceram como atividade característica do Estado ou de patronos abastados, situação que prevaleceu até um período relativamente recente (e ainda predomina na Coreia do Norte). Na Coreia do século XV, o rei Sejong chegara até a proibir a venda dos livros impressos no alfabeto *Hangul* no palácio real, distribuindo as diversas centenas de cópias de uma edição somente entre altos dignitários e mestres eruditos, os quais eram considerados merecedores de compartilhar essas informações. O potencial superior de impressão com tipos móveis de metal não foi reconhecido por nenhum dos dois países.

Sabemos que a impressão com tipos móveis era inviável e complexa para os caracteres chineses. Mas esse não era o caso do *Hangul*; ao contrário, o novo alfabeto coreano havia sido inventado com o propósito específico de explorar a impressão com tipos móveis de metal. Na Europa, as oficinas de impressão se espalhavam por toda parte, sustentadas por investidores que obtinham retornos lucrativos. Aumentando a produção, reduzindo o preço dos livros e abastecendo a demanda, as gráficas europeias incentivavam cada vez mais a leitura, o que resultou em maior letramento paralelo ao avanço social. Mas, no Extremo Oriente, isso não aconteceu. A produção da literatura manteve-se como monopólio da realeza e da elite feudal. Cerceados por rígidas hierarquias, chineses e coreanos, até mais que os japoneses, não conseguiram mensurar o caráter promissor da leitura. Na Europa, houve uma "revolução na leitura" graças a dois fatores impulsionadores: a impressão com os tipos móveis de metal e a formação da base capitalista para explorá-la. No Extremo Oriente, essa revolução não aconteceu: a tradição falou mais alto, sendo finalmente desconsiderada, embora com relutância, no século XIX e no início do século XX, como consequência da influência, comercialização e industrialização ocidentais.

Mas já era tarde demais para revolucionar a sociedade do Extremo Oriente por meio da palavra escrita, como havia ocorrido séculos antes na Europa. A mudança, quando se efetivou, chegou como imposição estrangeira. Embora a China e a Coreia tivessem inventado, implementado e aprimorado a impressão, foi o Ocidente que tirou proveito disso e pôde, assim, moldar um mundo no qual todos os outros foram forçados a se adaptar, se quisessem competir.

Japão

A literatura mais antiga do Japão era formada pela *uta* ou canções de guerra, amor e bebidas, que originalmente não possuíam expressão escrita. Antes da escrita, é possível que os primeiros leitores da ilha analisassem registros em nós, como os das Ilhas Ryukyu meridional, um dispositivo conhecido da Ásia às Américas.[29] Depois que o chinês Han invadiu a Coreia, em 108 d.C., porém, a escrita em caracteres chineses circulou entre um meio muito restrito de cortesãos japoneses, e os caracteres passaram a aparecer em uma variedade de artefatos emprestados, como metal e espelhos, ao longo dos primeiros séculos da era cristã. Nos séculos posteriores, a cultura e a literatura chinesas, em grande parte impressas, começaram então a influenciar a aristocracia japonesa por meio de uma instrumentalidade coreana, de um modo que ainda não foi esclarecido. Alega-se, até mesmo, que o imperador Ojin (no poder de 380-395 d.C.) fez que o príncipe coroado recebesse ensinamentos de dois eruditos coreanos em escrita e literatura chinesas, entre outros assuntos.

Quando, em meados do século VI d.C., em virtude do incentivo sino-coreano, o budismo tornou-se a religião oficial do Japão, a escrita chinesa penetrou em domínios da sociedade japonesa fora das cortes e começou a influenciar áreas geográficas mais amplas do arquipélago. Para aprofundar seus estudos budistas, os eruditos japoneses faziam, muitas vezes, peregrinações à China. (Foi na mesma época em que os monges celtas e anglo-saxões viajavam a Gália e Itália para estudar os Padres da Igreja.) O Japão estabelecera, finalmente, uma administração central baseada no confucianismo em 645 d.C., a qual prosperou por mais de quinhentos anos. Durante esse período, o Japão institucionalizou a escrita chinesa, adaptando-a para transmitir os sons do japonês antigo.

Com isso, nascia a civilização histórica japonesa.

Yomu em japonês ("ler") também denota "ler em voz alta, declamar, repetir; louvar; compreender, perceber; compor". O conceito original envolvia, sem dúvida, o desempenho oral, em que toda leitura era em voz alta – a palavra falada tornada visível e audível – e o antigo *uta* da tradição oral foi introduzido na prosa japonesa da escrita mais antiga. De qualquer modo, até o final do século VI, a leitura japonesa continuou sendo a leitura chinesa.

Nesse estágio, em uma manifestação nativa, os japoneses começaram a empregar os caracteres chineses para compor descrições do Japão. O *Kojiki* (Anais das coisas antigas, 712 d.C.) registrava, por exemplo, mitos antigos transmitidos pela tradição oral, bem como lendas e acontecimentos históricos factuais; é a base literária do Japão. O *Nihongi* (Crônicas do Japão, 720 d.C.) foi a primeira obra histórica

---

29 BIRKET-SMITH, K. The Circumpacific Distribution of Knot Records. Folk, VIII, p.15-24, 1966.

HISTÓRIA DA LEITURA

do arquipélago, seguindo o modelo chinês em linguagem e estrutura, e relacionando a linhagem imperial em ordem cronológica, da concepção mítica até 697.[30]

Não obstante, os japoneses também valorizaram muito sua própria forma exclusiva de poesia lírica, a qual justapunha uma linha curta de sílabas a uma longa, enfatizando-se o ritmo, e não a rima. Já entre 750 e 800 d.C., o *Manyoshu* [A coleção de dez mil folhas], apresentando cerca de 4.500 *uta*, foi escrito em caracteres chineses. Embora as antigas preces nativas rituais do xintó tivessem sido registradas no *Engishiki* (927), a cultura e o idioma chineses ainda prevaleciam. Dos séculos VI ao IX, os embaixadores japoneses embarcavam a arte e a literatura chinesas de volta ao Japão, onde toda a cultura estava sendo, de modo gradual, moldada em conformidade com o ideal chinês. Foi o budismo de influência estrangeira, e não o xintoísmo nativo, que inspirou e perpetuou a leitura japonesa.

Assim, os textos japoneses dedicavam-se a um público-leitor não humano, como na China, mas divino. Em 764, a imperatriz Koken, por exemplo, derrotou os confucianos e, reocupando o trono com o nome de Shotoku, encomendou a produção de um milhão de dharani ou amuletos budistas em rolos impressos (por blocos de madeira) para serem distribuídos entre os dez principais templos japoneses como ação de graças.[31] Nenhum desses rolos era produzido com o intuito de ser "lido". O próprio ato de oferecer um texto assegurava a generosidade divina. Segundo a crença da época, quanto maior fosse o número de cópias, mais intensa seria a resposta divina. O projeto demorou seis anos para ser concluído. Ironicamente, no final, não havia ninguém para lê-lo. Ainda que fosse o maior projeto de impressão da Antiguidade, ele não exerceu nenhum efeito na impressão, na literatura ou na leitura no Japão. Na realidade, outra obra só seria impressa no arquipélago dois séculos mais tarde.

No século XI, os nobres de Heian-Kyo (atual Kyoto) produziam com regularidade lotes de impressão de uma a mil cópias de preces em louvor aos mortos ou à chuva. Estas também eram oferecidas somente em templos, para serem lidas pelos deuses. Como testemunhou o monge japonês Enin, na montanha sagrada Wu Tai Shan, na China, o enorme volume de impressões no Extremo Oriente não significava necessariamente que houvesse grande público-leitor, apesar do número elevado de divindades letradas.

Contudo, também no século XI, alguns templos, nas proximidades de Nara, imprimiam textos budistas para o ensino dos monges, um tema de leitura cada vez mais comum. A literatura no Japão havia-se expandido de modo considerável nessa época. Em 894, o governo japonês na nova capital, Heian-kyo, encerrava as

---

30 MINER, E., ODAGIRI, H., MORRELL, R. E. *The Princeton Companion to Classical Japanese Literature*. Princeton, NJ, 1992.
31 CHIBBETT, *The History of Japanese Printing and Book Illustration*.

relações oficiais com a China e começava a desenvolver uma identidade japonesa. Composta por uma mistura de elementos de influência chinesa e elementos genuinamente japoneses, formava-se uma nova cultura híbrida que era, em grande parte, resultante da leitura chinesa, alcançando sua maioridade sob o domínio de Fujiwara, no Michinaga, no final do século X. Entretanto, a partir de cerca de 900, o nativo *monogatari* (lendas, histórias e contos japoneses) também estava sendo registrado em narrativas em prosa e distribuído a todas as ilhas japonesas.[32] O fato de ter-se tornado o principal gênero dominante da cena literária durante muitos séculos deve ser creditado, sem dúvida, às mulheres do Japão.

A maioria das mulheres no Japão antigo levava uma vida embrutecida e curta. Como o historiador Ivan Morris escreveu: "A vasta maioria de mulheres [japonesas] ... realizava trabalhos pesados no campo, era submetida a um tratamento estúpido dos maridos, engravidava jovem e não raro morria cedo, sem sequer cogitar independência econômica ou prazer cultural".[33] Mas, nos séculos X e XI d.C., uma porcentagem muito pequena de mulheres japonesas – as que viviam nas cortes – levava vida muito diferente. Não eram apenas "privilegiadas", no sentido grego ou romano da palavra: eram seres *espirituais*. Residiam em habitações restritas, em reclusão semiabsoluta, ocupadas apenas com as mais refinadas atividades, como música e caligrafia. Todos os dias constituíam uma monotonia tranquila de tarefas preestabelecidas. Impedidas de empregar a linguagem dos homens, assim como de usufruir o ensino a eles oferecido, e quase nunca autorizadas a manter conversas, elas se comunicavam, basicamente, por cartas.

No entanto, tais mulheres conseguiram adquirir conhecimento geral e elaborar formas especiais de compartilhá-lo entre si, em geral em segredo. As mulheres da corte não estavam excluídas do ensino; na verdade, tinham permissão para fazer suas vontades com surpreendente liberalidade, desde que com uma aparente indiferença, mantendo a impressão de um "discreto desinteresse", ideal a que todas as mulheres da corte no Japão deviam aspirar. A imagem, e não a realidade, era tudo. Desse modo, as mulheres podiam lançar mão de elaborados disfarces a fim de omitir suas verdadeiras atividades, as quais contrariavam, em geral, a esfera cortês dominada por homens.

Muitas longas e monótonas horas das mulheres nos palácios amplos e escuros do Japão medieval eram despendidas em leituras em voz alta para outras mulheres ou em ouvir a leitura de textos literários. Como a maioria dos gêneros literários era controlada pelos homens, as mulheres eram proibidas de lê-los; os caracteres da escrita chinesa também eram proibidos, sendo outra prerrogativa masculina. Dessa maneira, as cortesãs se apoderaram dos sinais silábicos *kana* –

---

32 KATO, S. *A History of Japanese Literature.* Londres, 1983. 3v.
33 MORRIS, I. *The World of the Shining Prince: Court Life in Ancient Japan.* Oxford, 1964.

usados até então como anotações nas margens dos textos ou entre as colunas para ajudar a compreender os caracteres chineses – os quais se tornaram o sistema de escrita próprio das mulheres. Os gêneros literários que os eruditos confucianos e os ensinamentos budistas menosprezavam (ou seja, entretenimento leve) constituíam aqueles aos quais as mulheres da corte, em seu refinado encarceramento, tinham livre acesso.

Essa separação de gêneros acabou dividindo a leitura japonesa. Passaram a existir dois domínios de leitura irreconciliáveis: o domínio público e substancial da filosofia, da religião, da ciência, da geografia e das lendas heroicas; e o domínio cortês, particular e insubstancial da ficção, das trivialidades domésticas e da espiritualidade de mulheres muito distintas. Cada domínio manteve não só seu idioma separado – aquele empregando as palavras e a gramática dos homens, ao passo que este se valendo das palavras e da gramática das mulheres (peculiaridade da língua japonesa que persiste até hoje, apesar de seu uso ter sido bastante reduzido) –, mas também manteve seu próprio sistema de escrita: os homens permaneceram usando os caracteres chineses, enquanto as mulheres, os "seus" sinais silábicos *kana*. Expressar um assunto de um domínio empregando-se o estilo e o sistema de escrita do outro era não apenas inadmissível na sociedade, como também impossível linguisticamente, tal foi a profundidade da divisão dos gêneros.

Foi nessa conjuntura que as cortesãs começaram a escrever sua própria literatura. Tratava-se de uma literatura em essência feminina brotando desse sistema de escrita silábica usurpado de um gênero, o qual logo passou a ser denominado *onna-de* ou mãos "femininas". Na realidade, os homens tinham imenso respeito pelo *onna-de*: assim como a música, a dança e a cerimônia do chá, ele era visto como uma demonstração de cortesania e submissão femininas – algo que lisonjeava e honrava o homem, mantinha a mulher sob seu controle e favorecia, por isso, o *status quo* e a hierarquia de poderes. De fato, com o tempo, os homens da aristocracia passaram a desejar que suas mulheres, à maneira das cortesãs, dominassem também a composição, a caligrafia, a declamação e a interpretação poética.

Por meio do *onna-de*, as mulheres japonesas criaram enfim não só seu próprio estilo de escrita, o linguajar cortesão que os homens jamais tinham permissão para falar, mas também seu próprio *corpus* literário, sua própria biblioteca. Esse fenômeno social resultou na produção da mais sublime literatura do mundo, a essência ímpar de uma reinterpretação da elite japonesa do que havia de melhor na China. Com a contínua elaboração do *onna-de*, os dois gêneros de diário e escrita de artigos floresceram, agora totalmente nas mãos das mulheres. A obra mais antiga já documentada de uma cortesã do período Heian (794–1192) é o *Diário do final do verão*, no qual a autora, escrevendo na terceira pessoa, narra de modo imparcial uma sucessão de dias melancólicos:

110   STEVEN ROGER FISCHER

À medida que os dias passavam monotonamente, ela lia romances antigos e achava que a maioria deles não passava de um conjunto de invenções grosseiras. Talvez, disse a si mesma, a história de sua existência enfadonha, escrita no formato de diário, possa provocar algum tipo de interesse. Talvez ela seja até capaz de responder à dúvida: será esta uma vida apropriada para uma dama bem-nascida?[34]

Essa era a qualidade terapêutica da literatura feminina do período Heian: a imagem compartilhada como confirmação da existência. Essas prisioneiras dos palácios não mais sofriam em desolado isolamento, pois sua literatura lhes oferecia uma voz coletiva com poder de tranquilizar e confortar, diminuindo a agonia silenciosa com uma pincelada. Essa voz logo ecoou e se unificou, passando a caracterizar todo um segmento da sociedade japonesa.

Outras obras notáveis do período incluíam o *Kagero Nikki* (Diário de uma eféméride, c. 974) e o *Izumi Shikibu Nikki* (Diário da senhora Izumi Shikibu, c. 1010). Por volta de 1000, Sei Shonagon compôs o primeiro zuihitsu, uma das pérolas literárias do Japão, com o Makura no Soshi (*Livro travesseiro*), uma sucessão pitoresca e espirituosa de divertidas observações críticas de todos os aspectos da vida cotidiana japonesa. Eis como Sei Shonagon exaltava o gênero de igual popularidade da escrita de cartas:

> As cartas já são triviais o bastante, porém isso não as torna menos esplêndidas! Quando alguém está em uma província distante e outra pessoa está preocupada com esse alguém e então uma carta de repente chega, o sentimento é de que ambas estão frente a frente. E é muito reconfortante poder expressar sentimentos em uma carta – embora se saiba que ela irá demorar a chegar.[35]

De toda sorte, foi, sem dúvida, o *monogatari* feminino que sinalizou a existência peculiar da corte japonesa do período Heian. O inigualável *Genji monogatari* (*A saga de Genji*), hoje mundialmente conhecido, foi composto por volta de 1010 pela senhora Murasaki Shikibu. Representando, em uma profundidade psicológica sensível, as aventuras do amoroso príncipe Genji e seu refinado, porém infeliz, filho Kaoru, o *Genji monogatari* inspirou muitas imitações – cuja única mudança, porém, parecem ser as próprias estações, à medida que os acontecimentos reduzem-se à irrelevância nesses cenários fantasiosos atemporais. O importante é a psicologia, a hierarquia da corte, a fofoca das mulheres, o que é encantador ou atormentador, prazeroso ou impertinente, a desaprovação transitória, a opinião indelicada: seria como "Jane Austen de quimono", como alguns

---

34 HEMPEL, R. *Japan zur Heian-Zeit: Kunst und Kultur.* Freiburg, 1983.
35 SHONAGON, S. *The Pillow Book of Sei Shonagon.* Trad. Ivan Morris. Oxford e Londres, 1967.

zombariam, embora muito mais sutil e refinado, meramente apresentado à literatura ocidental mas nunca de fato apreendido por ela, em virtude da inexistência do tecido social.

Foi, na verdade, o tipo de literatura "confessional" de Sei Shonagon – e não a análise introspectiva, por Murasaki, de um príncipe e de seu séquito – que, de fato, despertou as cortes Heian: mulheres que escreviam sobre os seus próprios sentimentos e impressões. Emoções era o tema sobre o qual as mulheres mais queriam ler. Algo com que o público-leitor do *onna-de* pudesse se identificar e compreender nas prisões de bambu e seda. Não se tratava de uma leitura visando à erudição, à inspiração, à excitação – como os homens liam. Tratava-se de leitura para a autorreflexão, a essência suprema da existência imaterial. Enquanto estivessem condenadas a um mundo artificial e inacessível, registrando pouco do que acontecia do outro lado da realidade que lhes fora em grande medida negada, elas podiam ao menos tratar do que sucedia internamente. Como observou o romancista e antologista Alberto Manguel: "os leitores cujas identidades são negadas não têm outro lugar para encontrar suas histórias a não ser na literatura que eles mesmos produzem".[36]

Essas obras criaram uma caricatura bizarra do mundo. Escritas por cortesãs para outras cortesãs, em estilo e sistema de escrita das mulheres, os textos confirmaram e legitimaram os próprios preconceitos, generalizações e estereótipos daquela pequena comunidade que os produzia e lia. Criou-se um círculo vicioso de autossatisfação. Sem dúvida, as leitoras revelaram, na extravagância e no capricho dessas sucessões de impressões insubstanciais, o desprezo incutido na crueldade dos homens, a exaltação excessiva à família imperial, a vaidade doméstica e os sutis aprofundamentos psicológicos, apresentando um mundo completamente diferente daquele universo masculino das sagas violentas e impetuosas de herois e batalhas, ou do formalismo rígido das obras filosóficas.

Não obstante, as mesmas mulheres tinham também senso crítico acerca dessa atividade. A senhora Murasaki, por exemplo, aborreceu-se com a aparente frivolidade e superficialidade de Sei Shonagon, sentindo falta da profundidade psicológica que fornecia não só inspiração mas também proteção, escrevendo:

> Ela [Sei Shonagon] é, de certo, uma mulher inteligente. Porém, se alguém permite o controle livre das emoções mesmo sob as mais inadequadas circunstâncias, se alguém precisa fornecer detalhes de cada coisa interessante que acontece, as pessoas tenderão a considerar essa pessoa como um ser frívolo. E como as coisas podem acabar bem para uma mulher como essa?[37]

---

36 MANGUEL. A. *A History or Reading*.
37 MORRIS. *The World of the Shining Prince*.

No período Kamakura (1192-1333) o *monogatari* como gênero assumia características confucianas didáticas e marciais, tornando-se mais sóbrio, masculino, "japonês" (ou seja, menos relacionado à corte chinesa).[38] No mesmo período, surgiam as narrativas de viagens, como o *Kaidoki* (1223) e o *Tokankiko* (1243), tão admiradas quanto os diários que circulavam, os quais ainda eram bastante lidos (como o popular Izayoi Nikki, de 1280). O gênero zuihitsu, idealizado por Sei Shonagon, refletindo atitudes comuns, tornou-se uma instituição nativa no período Kamakura, agora expressando o salto da existência transitória para a paz interior. (O *zuihitsu* estabeleceu-se com tanta força que manteve seu auge até a era Meiji, iniciada em 1868.)

Entre 1350 e 1400, o *otogizoshi* ou "volumes da terra das fadas" adquiriu popularidade, com uma pomposa mistura de amor, ciúme, inveja, aventura e, acima de tudo, maravilhas divinas em cenários quase sempre marcados por fortes traços budistas.[39] Nessa época, diversas formas líricas – épico, de cinco versos e em cadeia – alcançaram a predileção dos leitores, mas depois declinaram. A partir do poema em cadeia, surgiu o haiku de três versos, de 5-7-5 sílabas. Diversos representantes inspirados do haiku, com destaque para Basho (1644-94), Buson (1715-84) e Issa (1763-1826), criaram a primeira forma de uma das mais profundas expressões literárias do mundo. Além disso, os poetas peripatéticos do haiku do xogunato de Tokugawa (1603-1867) valorizavam as narrativas de viagens, em especial Matsuo Basho. O xogunato de Tokugawa também originou o *kanazoshi*: lendas educativas com fundo moral de conteúdo fabuloso, incluindo, em geral, histórias fantasmagóricas e traduções de textos chineses e europeus (como as fábulas de Esopo, em 1664).

A impressão só foi secularizada, e então explorada por completo no Japão, no final do século XVI, a princípio em Edo (atual Tóquio). Assim como na sociedade europeia da mesma época, a classe média mercantil assumia uma posição de domínio, fortalecendo sua base econômica por meio do desenvolvimento de elos comerciais com nações estrangeiras. Missionários cristãos instalaram prensas em Kazusa (1590), Amakusa (1592) e Nagasaki (1597), imprimindo primeiro em latim, depois em japonês no alfabeto latino (romaji), em seguida em escritos *kana* silábicos e, por fim, em caracteres sino-japoneses. Em 1597, o imperador do Japão encomendou a impressão, aplicando-se caracteres móveis de madeira, de diversas obras importantes, um processo copiado pelos xoguns de Tokugawa para imprimir várias obras para a elite de samurais, que os templos budistas também empregavam nas escrituras.

No início do século XVII, estabeleceu-se um comércio de livros japonês, abrangendo diversos tipos de profissão. Começando em Kyoto, logo formou cen-

---

38 MINER, O. e M. *The Princeton Companion to Classical Japanese Literature.*
39 KATO. *A History of Japanese Literature.*

HISTÓRIA DA LEITURA

tros em Osaka e Edo, explorando a impressão com caracteres móveis de madeira. Mas os lotes de impressão tinham de ser pequenos (apenas cem a 150 cópias de uma obra) em virtude dos milhares de caracteres sino-japoneses necessários para o árduo processo. (Os sinais silábicos *kana*, somando um pouco mais que cinquenta em *katakana* ou *hiragana*, ainda eram considerados "indignos" de expressar obras eruditas ou das obras sagradas budistas.) Então, após usar os caracteres móveis de madeira por cerca de cinquenta anos, os impressores japoneses retomaram a técnica de impressão com blocos de madeira e logo passaram a produzir quantias de três mil cópias de determinada obra solicitada, volume ainda raro na Europa nessa época.

As oficinas de impressão proliferaram. O comércio de livros prosperou. À medida que a variedade de obras aumentava, crescia também a vasta clientela letrada. Em 1671, um vendedor de livros tinha 3.874 títulos catalogados. (Não houve nada comparável no Ocidente.) Superando com folga a China e a Coreia, o Japão, por meio dos impressores e vendedores de livros, transformou-se na sociedade da palavra escrita.

A literatura floresceu, estimulando a crescente leitura nos dois gêneros. Por volta do final do século XVII, a prosa nativa do *ukiyozoshi* – obras que representavam a vida cotidiana (*ukiyo*) – ganhou força, atendendo a novas necessidades sociais. Os mais populares eram os romances com fundo moral de Ibara Saikaku (1642-1693), que retratavam em prosa poética as virtudes e os vícios de seu tempo. Próximo ao final do xogunato de Tokugawa, a literatura erudita tornou-se cada vez mais lida, e, em oposição aos *kangakusha* ou intérpretes chineses, havia os *kokugakusha* ou especialistas em cultura japonesa que exerceram significativa influência no cenário cultural com questões e ideologias voltadas ao Japão. Surgiu uma nova forma de prosa, o *yomihon* ou "livro de leitura", que ressaltava os ensinamentos morais confucianos lançando mão de fontes chinesas, ainda que com adaptações. O admirado Takizawa Kyokutai Bakin (1767-1848), por exemplo, compôs 290 *yomihon*. No mesmo período em que a Europa inaugurava uma literatura rica em ilustrações, o *kokkeibon* no Japão ou "histórias cômicas em quadrinhos" de modo geral alcançava qualidade literária, assim como as histórias da casa de banho e do barbeiro de Shikitei Samba (1776-1824).

Durante a inovadora era Meiji (1868-1912), a literatura japonesa tradicional conheceu, de modo radical, uma forte influência ocidental. Em primeiro lugar, Victor Hugo tornou-se extremamente popular na tradução para o japonês, inspirando um novo realismo na escrita japonesa, espelhado no modelo europeu. Os gêneros tradicionais logo saíam de moda, à medida que os protótipos ocidentais iam dominando. Assim como na maior parte do mundo, o Japão, desde essa época, tornou-se totalmente influenciado pela cultura literária ocidental. Hoje, os escritos tradicionais japoneses são considerados, pela maioria dos leitores japoneses, curiosidades raras ou objetos restritos ao estudo acadêmico.

O Japão é, decerto, o exemplo mais extremo da história quando se leva em consideração o efeito da leitura em uma nação. Sem fronteiras com a China, o Japão recebeu poucos visitantes chineses e não foi invadido por aquele país. Apesar disso, mais da metade do atual vocabulário japonês é composto por palavras sino--japonesas emprestadas: isto é, palavras chinesas empregadas na fonologia japonesa. A forte influência da China no idioma japonês, em outras palavras, ocorreu, quase inteiramente, por meio da *leitura* em chinês, não da fala do chinês, fenômeno que não se verificou com mais nenhuma outra língua na história. A cultura japonesa "tradicional" é, na realidade, o produto da leitura chinesa.

A leitura do japonês invoca outros fatores insuperáveis. Por certo, apesar de lidar com a mais difícil escrita do mundo – dois sistemas distintos (um logográfico estrangeiro, outro silábico nativo) com três escritas (um chinês e dois japoneses) – os japoneses podem se orgulhar de ter o maior índice de alfabetização do mundo (maior que o dos Estados Unidos ou o da França, que têm escrita alfabética muito mais "simples") e o maior consumo *per capita* do mundo de textos publicados.

Os japoneses, com uma cultura em grande parte nascida da leitura, são os principais leitores do mundo.

As Américas

Estima-se que tenham surgido quinze tradições de escrita distintas na Mesoamérica pré-colombiana, e várias delas foram conservadas em apenas uma inscrição remanescente.[40] O sistema predominante na escrita, pelo menos nos principais escritos mesoamericanos, era o logossilábico único ou o sistema "sílaba-palavra", com extremos de logografia (escrita da palavra) e fonografia (escrita do som) inseridos nas tradições. A mais antiga escrita logossilábica mesoamericana de que se tem notícia é o zapoteca, a qual, segundo supomos, originou as tradições misteca e asteca posteriores. Compartilhando talvez uma origem protozapoteca com zapoteca, uma suposta tradição pós-olmeca certamente inspirou, por meio de um intermediário miste-zoqueano, as duas conspícuas tradições epiolmeca e maia. É possível que o miste-zoqueano também tenha inspirado o povo paracanã do Peru nos primeiros séculos a.C. a elaborar um tipo especial de escrita completamente fonográfica, a qual foi apropriada e adaptada pelas sociedades andinas posteriores.

O povo protozapoteca foi o primeiro na Mesoamérica a construir monumentos em pedra com imagens iconográficas: tábuas verticais entalhadas ou estelas datadas do primeiro milênio a.C. representando governantes estilizados em poses

---

40 FISCHER, *A History of Writing.*

simbólicas. Antes do esperado, por volta de 700 a.C., a escrita completa também surgia nesses materiais em "pura" sofisticação, detalhando nomes, lugares e sobretudo datas (o calendário assumiu significância sociorreligiosa fundamental nas sociedades mesoamericanas). Contudo, não havia a necessidade de escrita completa nas Américas: registros contábeis e contas, por exemplo, eram gerenciáveis sem dificuldades pelos meios tradicionais, como os registros em nós. Sugerindo uma inspiração do exterior (a China dos séculos IX ou VIII a.C. oferece a explicação mais econômica), a escrita completa, assim que teve seu potencial político reconhecido, satisfez o único objetivo fundamental na Mesoamérica: *anunciar o poder.*

Já por volta de 600 a.C. – no reduto da montanha Monte Albán e em centros vizinhos no vale de Oaxaca, no México – os leitores zapotecas nativos construíam monumentos cujas inscrições proclamavam vitórias e cujas imagens exibiam prisioneiros torturados e sacrificados. Os monumentos costumavam apresentar o nome do oponente derrotado, o do povo e a data em que foram conquistados (e/ou sacrificados).[41] Quem lia esses monumentos? Primeiro, apenas os escribas que os produziam. Assim como a estela mesopotâmica, as sepulturas egípcias e os inúmeros feitiços chineses e japoneses impressos, tais textos não eram feitos para ser lidos. Na Mesoamérica antiga, a escrita era uma prerrogativa régia. Com o tempo, porém, à medida que um número crescente de pessoas se familiarizava com as primeiras noções de compreensão de sinais formais padronizados, os monumentos passaram de fato a ser lidos... e temidos.

A maioria das inscrições zapotecas é muito curta, empregando-se pouquíssima fonografia e bastante logografia, sendo os "sinais de palavras" compreensíveis sobretudo àqueles familiarizados com a escrita fonética. Trata-se, na maioria dos casos, de esculturas identificadas com nome, incluindo o sinal de um verbo, de um nome e de um lugar, com sinais calêndricos complementares. Em séculos subsequentes, os escribas zapotecas escreveriam códices coloridos (livros com páginas, uma invenção romana) em papel produzido com plantas indígenas. Entre os remanescentes, há livros contábeis (talvez com o registro de pagamentos de impostos), livros genealógicos e mapas territoriais dos domínios zapotecas.[42]

Como tudo o que se sabe das inscrições mesoamericanas deve ser atribuído ao pouco que sobreviveu, não temos conhecimento integral da produção da época. As tradições zapotecas, epiolmecas e maias antigas são conhecidas apenas pelos monumentos entalhados em pedra. As inscrições zapotecas, mistecas e astecas tardias surgiram, no início, em códices pintados em tecido, papel feito de córtex ou

---

41 COE, M. D. *Breaking the Maya Code*. Londres, 1992.
42 MARCUS, J. The First Appearance of Zapotec Writing and Calendrics. In: FLANNERY, K. V., MARCUS, J. (Eds.). *The Cloud People: Divergent Evolution of the Zapotec and Mixtec Civilizations*. Nova York, 1983. p.91-6.

couro de animais, sugerindo que essa também pode ter sido uma técnica de produção anterior. No entanto, toda literatura antiga confiada a esses materiais não sobreviveu. Talvez reservando a esses materiais perecíveis os assuntos referentes à administração do reino, os escribas registravam em inscrições em monumentos apenas o que era mais importante para a sociedade: nascimentos, casamentos, falecimentos na realeza, batalhas travadas, prisioneiros capturados e sacrifícios com derramamento de sangue dos governantes, com uma complexa datação de cada evento, usando-se calêndricos de elevado nível de complexidade. Toda a escrita completa (toda a escrita que exclui a pictografia) na Mesoamérica pré-colombiana privilegiava, em geral, um sistema logográfico misto, pelo qual os sinais representavam objetos conhecidos, ideias ou sons (com base nos nomes de objetos conhecidos).

A escrita epiolmeca era praticada na área central mexicana da antiga civilização olmeca, ao que tudo indica entre 150 a.C. e 450 d.C.[43] Tendo-se desenvolvido talvez em âmbito local com base em uma tradição anterior derivada dos olmecas, é conhecida sobretudo graças a duas inscrições encontradas no estado mexicano de Veracruz: a estela La Mojarra, de 156 d.C., e a estatueta Tuxtla, de 163 d.C. A recente decifração da estela La Mojarra revelou que as inscrições monumentais epiolmecas talvez tenham perpetuado uma tradição herdada de autoenaltecimento propagandístico: inscrições representando um rei guerreiro que anunciava, com um texto um tanto prolixo, sua ascensão à realeza após anos de combates bem-sucedidos e atuação ritual. Ao que tudo indica, a tradição epiolmeca estava intimamente relacionada, por motivos que ainda permanecem obscuros, tanto à escrita maia contemporânea quanto à posterior.

O Império Maia constitui "a única civilização verdadeiramente histórica no Novo Mundo, com registros que remontam ao século III depois de Cristo".[44] Os escritos maias, os mais bem compreendidos de todos os escritos mesoamericanos pré-colombianos, eram produzidos com mais frequência em relevos em monumentos, mas também em madeira, jade, murais e cerâmica pintada, e em códices de papel, que surgiram bem depois. É a quintessência da tradição americana. Sabe-se hoje que os primórdios da língua maia clássica datam de entre 200 a.C. e 50 d.C., e o mais antigo texto maia legível, sobre um jade datado de cerca de 50 a.C., foi feito em uma forma já totalmente desenvolvida. Está organizado em colunas duplas características, cuja leitura é feita da esquerda para a direita e de cima para baixo e os "blocos glíficos" de logogramas de sinais principais são anexados a identificadores fonéticos (muito semelhante à composição dos caracteres chineses). Assim como a escrita epiolmeca, a escrita maia é fonética, ou quase toda

---

43 JUSTESON, J. S., KAUFMAN, T. A. Decipherment of Epi-Olmec Hieroglyphic Writing. *Science*, CCLIX, p.1703-11, 1993.
44 COE. *Breaking the Maya Code.*

baseada em sons, o que a distingue da ramificação zapoteca da escrita mesoamericana, que privilegiava a logografia, ou a escrita de palavras.

Como em toda a Mesoamérica, as inscrições públicas maias possuem um conteúdo bastante limitado. Em geral, anunciam nascimentos, nomeações de herdeiros, tomadas de posse, falecimentos, guerras e outros detalhes de enaltecimento régio, sempre acompanhados por elaborados calêndricos. Os textos são bastante redundantes, pois repetem os mesmos acontecimentos em versões com sutis alterações ou com uma ênfase modificada em aspectos diferentes. Quase todas as inscrições maias clássicas que sobreviveram dão conta da esfera pública de alguma forma, narrando em pedra e em arte mural a história da vida – e assim legitimando a autoridade – de um governante local. Em alguns casos, como nos grandes centros maias de Tikal e Palenque, os escritos públicos proclamam a sanção sobrenatural desses governantes que os autorizaram; esse também é o tema predominante das inscrições em templos do Egito antigo. As paredes das sepulturas dos governantes maias eram, de modo similar, adornadas com a escrita de louvação aos mortos e às suas conquistas; como no Egito, destinava-se a um público-leitor divino, não humano, uma literatura para a eternidade fundamentada na ideia de que deuses oniscientes deviam participar da erudição escriba.

As supostas dezenas de milhares de antigos códices em córtex e couro de animais, escritos em maia clássico, contendo histórias e genealogias (como nos posteriores códices mistecas), ficaram, porém, perdidas para sempre; registros de impostos, comércio e negócios; instruções de rituais; e muitos outros temas. Bibliotecas inteiras desses textos devem também ter dado poderes a inúmeros reinos – se é que o código romano, o livro com páginas, de fato chegou ao Novo Mundo em tão precoce data.

Em especial, no caso dos povos zapoteca, maia, asteca e misteca, a escrita era uma ferramenta de propaganda do governo. "Nenhuma dessas sociedades era 'letrada'", afirmou a especialista em Mesoamérica Joyce Marcus.[45] Na realidade, a alfabetização popular jamais foi o desejo de qualquer regime. Isso porque a palavra escrita era considerada poder, resguardada com rigor por um pequeno número de pertencentes à elite governante. Não se desejava que fosse compartilhada com as classes mais baixas. Portanto, "a leitura e a escrita não eram assuntos para todos, mas, sim, para um seleto grupo de pessoas".[46] Apenas uma pequena parcela da sociedade mesoamericana, a de aristocratas por ascendência, educados em escolas régias, chegou a aprender a ler e a escrever. De fato, a própria capacidade de ler e

---

45 MARCUS, J. *Mesoamerican Writing Systems: Propaganda, Myth, and History in Four Ancient Civilizations.* Princeton, 1992.
46 DIBBLE, C. The Aztec Writing System. In: JENNINGS, J. D., HOEBEL, E. A. (Eds.). *Readings in Anthropoly.* 2. ed. Nova York, 1966. p.270-7.

escrever acabou por se constituir em um dos monopólios que distinguiam a classe governante dos cidadãos comuns.[47]

Além disso, os mesoamericanos antigos faziam distinção entre o "discurso nobre" (a verdade) e o "discurso do homem comum" (a mentira), segundo a qual apenas o discurso nobre prevalecia e era digno de ser entalhado em pedra ou pintado em códice.[48] A palavra escrita era a nítida manifestação do discurso nobre: a verdade transformada em pedra e pintura. Nenhum cidadão comum era capaz de pronunciar, e muito menos ler, esse tipo de discurso. Às vezes aquilo que constituía a "verdade" do discurso nobre ultrapassava o bom-senso: um governante de Palenque, por exemplo, declarou que era descendente de uma mulher que dera à luz quando havia ultrapassado os setecentos anos e havia tomado posse quando passava dos oitocentos. (Depois que os judeus tiveram acesso à escrita, passaram a registrar lendas semelhantes de Matusalém e Sara, e outros, assim, de modo conveniente, encurtando distâncias genealógicas "desconfortáveis" de narrativas orais herdadas.)

A leitura na Mesoamérica antiga não fazia distinção entre mito, história e propaganda – divisões de sentido talvez muito significativas nos escritos de outras regiões do mundo na época, mas que, por certo, não funcionava aqui. Os três eram uma coisa só, e os três estavam a serviço do privilégio régio. Por esse motivo, apenas um número pequeno de pessoas tinha permissão para ler e escrever, uma vez que poucas tinham autorização para apoiar, proteger e compartilhar o privilégio régio.

> Os poderes sagrados cabiam aos indivíduos que controlavam o conhecimento da leitura, da escrita e dos livros. Essa informação não deveria ser dividida, mas sim resguardada por sistemas de governo não igualitários. O conhecimento foi transmitido do mundo divino aos nobres que, por sua vez, eram capazes de interpretar e passar aos homens comuns a devida mensagem.[49]

A alfabetização popular era algo a ser execrado para os que controlavam a leitura e a escrita: eles só podiam compartilhar esse poder com aqueles de origem semelhante, os quais manteriam o *status quo*. Todos os documentos e textos consistiam em atividades governamentais e religiosas nas quais os homens comuns não exerciam participação alguma. Portanto, a leitura em si, como uma aptidão adquirida e sancionada pela realeza, manteve a divisão entre os privilegiados e os subservientes.[50]

---

47 MARCUS. *Mesoamerican Writing Systems*.
48 Ibidem.
49 Ibidem.
50 Comparar com MARCUS. *Mesoamerican Writing Systems*: "...a escrita era um recurso usado para manter um abismo entre governantes e governados".

HISTÓRIA DA LEITURA

Entretanto, milhões de pessoas deparavam com a escrita sempre que entravam na Mesoamérica há cerca de 1.500 anos: em estelas, murais, monumentos, cerâmica, urnas funerárias e outros. Até recipientes de chocolate identificavam o conteúdo com a palavra "*cacau*" escrita do lado de fora. Na verdade, a escrita era tão evidente na Mesoamérica antiga quanto o era no Império Romano do outro lado do Atlântico na mesma época. Essas milhões de pessoas certamente não escreviam e liam com a facilidade e com a eficiência da esposa de um oficial romano na guarnição de Vindolana próxima à Muralha de Adriano. A ideia de que havia uma porcentagem extremamente ínfima de maias de fato letrados é plausível pelo fato de que, embora a única palavra maia designando *escrever* (o domínio dos escribas) fosse difundida entre os idiomas maias, uma vez que os escribas mantinham uma identidade particular, *ler* era expresso por meio de diversas palavras maias diferentes, todas elas observadas após a conquista (isto é, após a chegada dos espanhóis).[51] Embora pouquíssimos maias fossem leitores ativos, muitos, porém, deviam ser leitores passivos. Sem dúvida, as notáveis inscrições públicas eram lidas em voz alta e, desse modo, a população local podia saber o que significavam. Rótulos, nomes e aforismos escritos em urnas funerárias e outros recipientes também deviam ser compreendidos por aqueles que os utilizavam. Os homens ou mulheres maias comuns, diante de uma estela pintada com diversas cores em uma praça pública, eram capazes de ler com perfeição pelo menos a data, os acontecimentos e os nomes dos protagonistas, sobretudo se houvesse uma figura acompanhando essas informações.[52]

Todavia, isso ainda estava muito distante do nível de instrução de um romano culto, por exemplo. Tratava-se de uma sociedade em que a alfabetização estava presente, mas não se tratava de uma sociedade alfabetizada. No máximo, a leitura era uma atividade periférica até para a maioria dos nobres maias letrados, os quais compunham uma pequena fração da sociedade. Jamais chegou a fazer parte da vida cotidiana, como ocorreu no Império Romano no mesmo período.

Supondo que a leitura passiva fosse uma atividade comum no território dos maias antigos, então a leitura dos onipresentes monumentos com inscrições teriam exercido um efeito imediato e profundo na população e na língua locais, assim como na opinião pública. Não apenas estelas, mas templos e palácios inteiros – até mesmo suas escadas, padieiras e batentes – bem como outros monumentos públicos em áreas de comícios, também com inscrições e pintados em cores claras, proclamavam as vidas e genealogias gloriosas das poderosas personalidades maias. Isso por certo não era "história factual" no sentido moderno, o que teria sido discrepante com a mente dos maias: era uma ferramenta de propaganda totalmen-

---

51 BROWN, C. H. Hieroglyphic Literacy in Ancient Mayaland: Inferences from Linguistic Data. *Current Anthropology*, XXXII, p.489-96, 1991.
52 COE. *Breaking the Maya Code.*

te uniforme, cujo intuito era proclamar a primazia, sustentar a liderança e justificar os impostos.[53] Assim como os pós-olmecas haviam feito um milênio antes, a elite maia empregava a escrita pública, bem distinta da escrita administrativa e privada, que é muito mais volumosa –, sobretudo para legitimar o poder de sua classe.

Não obstante, a leitura de todos os tipos inspirou a sociedade maia. O melhor indicativo da existência antiga de enormes arquivos e bibliotecas maias é o *status* elevado do *ah dzib*, o escriba maia.[54] Claro que o *ah dzib* devia pertencer à casta real também, e suas obrigações eram, ao que tudo indica, das mais importantes na sociedade maia. Mas pouco se sabe sobre as tarefas diárias ou sobre a hierarquia profissional do *ah dzib*. Talvez pudéssemos compará-las às dos escribas egípcios antigos, que parecem ter exercido responsabilidades semelhantes, enquanto gozavam de elevada consideração. A maior parte do trabalho do *ah dzib*, aparentemente, era feita não em pedra ou gesso, mas em códices de córtex de árvores e pele de cervo. Presume-se, assim, que a maioria da leitura maia tenha ocorrido nesses dois materiais. Nos séculos posteriores, a tradição escriba maia continuou, em um primeiro momento, entre os escribas mistecas e, depois, entre os astecas, os quais, em suas respectivas culturas, devem ter desfrutado de semelhante *status*. De fato, a função tradicional do escriba mesoamericano e sua alta consideração resistiram bem na era colonial, ou seja, na era espanhola.

Os espanhóis tinham uma visão completamente diferente da leitura mesoamericana. Queimaram os códices maias e enforcaram muitos dos sacerdotes e nobres que eram capazes de lê-los. Em relação a esses acontecimentos, o *Livro de Chilam Balam de Chumayel* lamentava:

> Não há um grande ensinamento. Céu e terra foram de fato perdidos para eles; perderam toda a vergonha. Os prefeitos das cidades, os governantes das cidades, os profetas das cidades, os sacerdotes do povo maia estão enforcados. Perdeu-se o conhecimento; perdeu-se a sabedoria.[55]

Pouco ainda se sabe sobre os escritos parcialmente logográficos de outras culturas mesoamericanas da maior parte do primeiro milênio d.C., como as "inscrições" pictográficas/iconográficas da cultura de Teotihuacán (c. 200 a.C.-650 d.C.) ou da cultura de Ñuiñe (c. 400-700 d.C.), com inscrições curtas em urnas e pedras. Ainda se especula como esses textos eram lidos e quem afinal os lia.

Em 1500, os povos mistecas, astecas e zapotecas tardios estavam reproduzindo e compondo códices em papel de mitos e histórias, em cenas pintadas com

---

53 MARCUS. *Mesoamerican Writing Systems.*
54 COE, M. D. *The Maya Scribe and his World.* Nova York, 1973.
55 MACRI, M. J. Maya and Other Mesoamerican Scripts. In: DANIELS, P. T., BRIGHT, W. (Eds.). *The World's Writing Systems.* Oxford e Nova York, 1996. p.172-82.

HISTÓRIA DA LEITURA

diversas cores, combinando-se o máximo de pictografia com um mínimo de logografia: a "leitura" era sobretudo o reconhecimento de imagens sequenciais que faziam lembrar uma atuação oral memorizada. Hoje, esses códices são mais interpretados do que lidos, já que o contexto necessário para a leitura palavra por palavra permanece desconhecido.[56] Assim como também permanece desconhecido o modo como essas obras eram lidas e que tipo de público-leitor as apreciava. Muitas dessas obras pós-maias são, na verdade, cópias de códices hieroglíficos ou pictóricos muito mais antigos, preservados por meio de uma instituição relativa à escrita muito semelhante àquela dos *scriptoria* dos mosteiros, aos colegiados de cônegos em catedrais e às residências reais da Europa do mesmo período.

A leitura misteca era similar à atual leitura dos "balões" nas tiras de quadrinhos: "histórias" genealógicas e dinásticas (mais uma vez a propaganda difundida pela elite governante) compostas sobretudo de um sinal de verbo, de nome e de local inscritos em esculturas pictóricas, papel ou códices em peles de animais.[57] Os textos resumidos dos mistecas forneciam históricas pictóricas com identificadores simples para minimizar a ambiguidade, por assim dizer, ajudando a fazer a distinção entre numerosos governantes ou cidades tomadas. Sem dúvida, essa "literatura de ilustrações" servia também como recurso de memória na declamação de narrativas tradicionais ou recém-compostas. Aqui, a "leitura" abria mão da ordem literária, recuando para sua origem iconográfica: uma simplificação que representava uma significativa reversão da particularização quase universal da leitura. (Antes da invasão espanhola, por muitos séculos, a irregularidade sugere que a escrita completa na Mesoamérica, talvez por causa de sua possível origem estrangeira, era mais um acessório que um elemento essencial.)

Durante muito tempo, acreditou-se que a literatura asteca fosse restrita à escrita de figuras. Mas, há pouco tempo, estudiosos conseguiram provar que os astecas também usavam um sistema de escrita misto que incluía pictografia, fonografia e logografia, assim como componentes ideográficos (como números).[58] É verdade que a leitura asteca pós-conquista contém a maior porcentagem de pictografia de todos os sistemas de escrita e manuscritos mesoamericanos. Entretanto, como os códices pré-conquista são raríssimos, é possível que a maior parte dessas produções mais antigas tenha explorado uma porcentagem maior de fonografia e logografia, talvez no mesmo nível dos códices mistecas. O fato de a maioria dos textos astecas pós-conquista serem, notadamente, histórias pictóricas

---

56 GLASS, J. B. A Survey of Native Middle American Pictorial Manuscripts. In: CLINE, H. F. (Ed.). *Guide to Ethnohistorical Sources*, parte 3, Handbook of Middle American Indians, 14. Austin, TX, 1975. p.3-80.
57 SMITH, M. E. The Mixtec Writing System. In: FLANNERY & MARCUS (Eds.). *The Cloud People*, p.238-45.
58 MARCUS. *Mesoamerican Writing Systems*.

– com raras identificações de nome e lugar – comprova acelerado avanço da prioridade oral, reservando-se à "leitura" um caráter cada vez mais de mera sugestão pictórica. Nesse caso, o texto deixa de conter os dados narrativos em si, atendo-se à forma estrutural. Por certo, não se tratava da leitura como a conhecemos hoje, nem como os maias a conheciam, mas tinha maior proximidade com os elementos mnemônicos pictográficos dos rolos de córtex de bétulas da tribo adnaki do Maine, nos Estados Unidos, ou com as histórias pictóricas arquitetônicas do povo cuña do Panamá. À medida que a "literatura" mesoamericana se tornou pictográfica, as legiões de nobres escribas foram reduzidas a um pequeno número de declamadores comuns que perpetuavam uma tradição quase extinta, cujo passado de glória há muito fora esquecido.

Acredita-se que os mesoamericanos tenham sido o único povo do Novo Mundo a dominar a escrita e praticar a leitura. Todavia, o povo andino do Peru aparentemente usava um sistema de escrita fonográfica, talvez inspirado pela escrita antiga miste-zoqueana, durante mais de 1.500 anos. A primitiva cultura paracan (c. 600-350 a.C.) dos Andes usava "sinais de grãos" para glifos distintos, com formato e padrão semelhantes a feijões, aplicados em tecidos e outros tipos de peças artísticas em colunas verticais. Como não havia evidência de componente pictográfico ou logográfico na escrita, o leitor paracan antigo tinha de decorar o valor sonoro de cada um dos cerca de 303 "sinais de grãos".[59]

É possível que o sistema codifique um silabário paracan antigo (escrito por sílabas: *pa, ra, ca*, e assim por diante), o qual inclui vogais puras e uma ampla coleção de estruturas silábicas mais complexas. Em outras palavras, embora a Mesoamérica tivesse acabado privilegiando a pictografia e rejeitando a fonografia, a América do Sul, repudiando por completo a pictografia, adotou e expandiu de modo precoce a fonografia, que foi o caminho mais comum da escrita em quase toda parte do mundo. Essa incorporação se tornou produtiva nos Andes, inspirando uma extensa sucessão de manuscritos fonográficos similares, usando-se apenas padrões, em geral em colunas verticais.[60]

A sucessora cultura Moche (c. 1-600 d.C.) transmitia mensagens por meio de grãos de verdade pintados com pontos, linhas paralelas ou com uma combinação de ambos. Podemos concluir que cada feijão representava um valor fonético específico, o qual o leitor-receptor deveria identificar e conectar com outros grãos para "reconstruir" a mensagem foneticamente. (Os mesmos grãos marcados também aparecem em cenas na cerâmica mochita, sobretudo nos contextos de escrita na Mesoamérica.)[61] A cultura Moche B usava desenhos curvilíneos e coloridos nos mesmos

---

59 DE LA JARA, V. Vers le déchiffrement des écritures anciennes du Pérou. *Science progrès* – La Nature, XCV, p.241-7, 1967.

60 FISCHER. *A History of Writing.*

61 Ibidem; além de GAUR, A. *A History of Writing.* Ed. rev. Londres, 1992.

contextos, os quais o sucessor Império Inca (1438-1532) transformou em retângulos multicoloridos em diversas formas geométricas com direções variáveis, mantendo-se ainda as colunas verticais de "texto". Assim como em alguns tecidos, essas figuras também apareciam nas tradicionais esculturas em madeira dos incas. Até hoje não se sabe quem lia esses textos e o que eles significavam. Mas, segundo a conclusão do célebre epigrafista francês Marcel Cohen, obtida quando ele analisou os dados peruanos: "Pelo número de sinais, e considerando-se os alinhamentos de certos documentos, parece que temos diante de nós um verdadeiro sistema de escrita ideofonográfico como o encontrado no Egito antigo e na Mesopotâmia".[62]

Em meados do primeiro milênio a.C., na Mesoamérica, a leitura ocorria por meio de um sistema de escrita misto de "blocos de glifos" logossilábicos, organizados, na maioria das vezes, em colunas verticais. A prática expandiu-se e passou a ser empregada com mais frequência. Foi adaptada para se ajustar a outras línguas, culturas e necessidades diversas. Um grande volume de leitura enfim ocorria em sociedades que somavam milhões de pessoas: leitura de registros administrativos e de impostos, histórias, genealogias, cálculos astronômicos e manutenção de calendários, instruções de rituais e muito mais; porém, a maior parte deteriorou-se ao longo da invasão espanhola. A grandiosa literatura da região, inscrições arquitetônicas que agora estão sendo descobertas e desvendadas quase todos os dias, foi, na época, tão onipresente quanto espetacular, exibindo com vivacidade a primazia da elite hereditária, a nítida voz de uma classe agressiva que tanto valorizava a guerra e a competição por *status*.[63] Essas manifestações públicas eram destinadas ao leitor horizontal e vertical (aos competidores das redondezas e aos serviçais locais) de modo que legitimassem e sustentassem a ordem herdada. A toda parte que fossem, os mesoamericanos letrados ou semiletrados – zapotecas, epiolmecas, maias ou outros – liam os nomes e as conquistas dos líderes: os dois temas predominantes nas inscrições de monumentos da Mesoamérica, desde a primeira utilização da escrita até a chegada dos espanhóis mais de dois mil anos depois.

Não obstante, as inscrições em monumentos cessaram, na prática, por volta de 900 d.C. Os sucessores mistecas, astecas e outros liam notadamente códices coloridos em papel ou couro que contavam histórias e genealogias no estilo pictórico, já que textos fonéticos inteiros foram reduzidos a simples "legendas". Na época da invasão dos espanhóis, a era da leitura em Eldorado já tinha se encerrado havia um bom tempo. A conquista apenas deu o golpe final. Desde o século XVI, a história da leitura na Mesoamérica e na América do Sul foi, sem dúvida, influenciada pela história da leitura europeia (na vasta maioria em espanhol e português), em alfabeto latino.

---

62 COHEN, M., citado em DE LA JARA, Vers le déchiffrement des écritures anciennes du Pérou.
63 MARCUS. *Mesoamerican Writing Systems.*

Índia

Atualmente, mais de 50% da população da Índia é iletrada. E centenas de línguas minoritárias nesse país ainda não possuem textos que as transmitam. Em parte, isso pode ser atribuído à defesa da tradição oral. Embora uma contínua tradição de escrita tivesse se iniciado no subcontinente indiano já por volta do século VIII a.C. – com a incorporação do aramaico (a escrita do Vale do Indo tinha sido extinta havia mil anos nessa época, sem deixar descendentes) –, a tradição oral sempre prevaleceu. Como a leitura e a escrita na Índia por muito tempo esperaram a honra e o prestígio que mereceram em quase todas as partes do mundo, a literatura escrita em geral, com algumas exceções, manteve-se restrita a uma porcentagem minúscula da população. Finalmente, porém, um grande volume de excepcional literatura nativa também se desenvolveu por lá. Isso ocorreu em uma abundância de idiomas e manuscritos, e todos usavam o mesmo *abugida* ou sistema de escrita consonantal com adições de vogais. A leitura e a escrita indianas com o tempo capacitaram e inspiraram não só todo o subcontinente, mas, com a expansão do budismo, a maior parte da Ásia central e do Sudeste asiático também, incluindo-se quase toda a populosa indonésia. Hoje, a Índia dispõe de uma das "mais ricas e variadas tradições literárias de todos os tempos".[64]

Ao contrário da China – consciente do valor da história –, a Índia é famosa por sua carência de escrita histórica. Até o final do primeiro milênio d.C., havia pouca diferenciação entre mito e história no subcontinente.[65] Isso estava relacionado, em especial, à filosofia e à influência dos brâmanes – a casta de sacerdotes, legisladores e eruditos – assim como às condutas semelhantes dos budistas e dos jainistas que também rejeitavam o mundo material por considerá-lo irreal. As classes literárias dominantes da Índia sempre leram para transcender o mundo, e não para documentá-lo; foram as invasões muçulmanas, iniciadas no século VIII d.C., que introduziram, pela primeira vez, a documentação factual de eventos. Por consequência, a historiografia indiana antiga é quase inexistente.

Não obstante, o ato da leitura em si também foi, por muito tempo, malogrado pelos brâmanes e por outros que, de modo geral, consideravam a escrita inferior ao discurso oral. Assim como Sócrates, os brâmanes, em particular, julgavam a transmissão escrita do conhecimento, que para eles era artificial e mundana, inferior à oral, que era natural e divina. (Os brâmanes ortodoxos ainda mantêm tal atitude.) Na realidade, os Vedas, os mais antigos escritos sagrados do hinduísmo, só foram editados com regularidade em escrita na segunda metade do século XIV d.C.[66] E a imposição oral perdura: as vilas indianas ainda os transmitem oralmente e

---

64 COULMAS, F. *The Writing Systems of the World.* Oxford e Nova York, 1989.
65 GOUGH. "Implications".
66 KOSAMBI, D. D. *Ancient India.* Nova York, 1966.

memorizam os Vedas sem lançar mão da escrita – fato esse que explica por que os aprendizes, com frequência, não conseguem compreender o significado de muitas palavras arcaicas e são impossibilitados de consultar obras de referência.

O material tradicional de escrita indiana incluía folhas processadas de plantas como a palmeira asiática e a palmeira, além de córtex de bétulas, algodão e seda; os escribas também escreviam em ripas de madeira ou bambu, como os chineses. Os indianos do norte e do centro escreviam com tinta, usando penas. Os indianos do Sul entalhavam as letras com um buril e, em seguida, esfregavam a inscrição com negro de fumo para escurecer as letras.[67]

Até pouco tempo, a maior parte da literatura indiana era quase exclusivamente masculina, restrita a eruditos, bem como escrita em idiomas indianos arcaicos que já não são mais falados, como se os ingleses, por exemplo, escrevessem obras cultas apenas em *beowulf*, em inglês antigo do século VIII. Com a subjugação da Índia ao Rajá (governo britânico instalado no país até 1947), um tipo mais ocidental de literatura começou a florescer nos idiomas de fato usados pelas etnias indianas. Contudo, o abismo entre a leitura "apropriada" e a "inapropriada", tão largo como o Ganges, continuava existindo. A leitura "apropriada" era arcaica e de ensinamentos religiosos, ao passo que a "inapropriada" era contemporânea e popular (revistas, jornais, romances, livros de contos) ou funcional (burocrática, administrativa, comercial, e assim por diante).

Entre os homens das duas classes superiores, os brâmanes e os xátrias (governantes e militares), na região central do Império Mauriano (séculos IV a III a.C.) e na Índia Gupta (séculos IV a V d.C.), a literatura, ao que tudo indica, era universal.[68] O letramento difundido também distinguia a categoria intermediária dos vaixás (comerciantes, artesãos e camponeses). Essas três classes superiores tinham acesso legal à maioria dos escritos do hinduísmo, do budismo e do jainismo. A quarta classe, os sudras ou trabalhadores manuais, era proibida de escutar a declamação dos Vedas em sânscrito. Os sudras e os párias de classes mais baixas eram quase totalmente iletrados no norte da Índia antiga e medieval. A partir do período pós--Mauriano, no entanto, permitiu-se que os sudras estudassem os épicos e também lessem a literatura vernacular religiosa. Não obstante, os primeiros reinos tâmiles no sul da Índia dos séculos I a IV d.C. reverenciavam os poetas sudras e párias, como o fez o reino tâmil de Chola nos séculos X a XII d.C.

Estimou-se ainda que metade de toda a população masculina e talvez um quinto ou um sexto de toda a população feminina soubessem ler e escrever nos períodos de maior prosperidade dos impérios baseados na irrigação do norte e do sul da Índia.[69] Isso representa um índice de alfabetização registrado pela Europa e

---

67 BASHAM, A. L. *The Wonder that was India.* Londres e Nova York, 1954.
68 GOUGH. Implications.
69 Ibidem.

América do Norte apenas no século XIX d.C. E durante os séculos XVI a XVIII, pouco antes da subjugação britânica, os pequenos reinos de Kerala, no extremo Sudoeste do subcontinente, enriquecidos pela agricultura de monções e pelo comércio exterior, podem ter alcançado índices de alfabetização ainda mais altos.

O grupo de escritores em sânscrito da sociedade hindu clássica era composto na maioria por homens "bem integrados ... e com muito poucas das complexas dificuldades psicológicas do escritor moderno; portanto, a angústia espiritual de um Cowper, as buscas emocionais de um Donne e o pessimismo social de um T. S. Eliot são quase totalmente ausentes".[70] Essa autossatisfação uniforme caracteriza grande parte da literatura indiana (pré-ocidental), permitindo que o título genérico "literatura indiana" englobe, na verdade, uma família de diversas literaturas individuais – bengali, gujarati, canaresa, marata, sânscrita, tâmil, védica, assim como a literatura em hindi, hindustani, pali, prácrito, telugu e tantas outras.[71] Os Vedas, por exemplo, são formados pela mais antiga literatura oral religiosa dos indianos de ascendência indo-europeia, compostos entre 1500 e 1200 a.C. e escritos, enfim, em dialetos arcaicos nos primeiros séculos a.C. De acordo com sua utilização na cerimônia divina, os Vedas são divididos em vários agrupamentos, como as coleções de canções e ditados (*Samhitas*), textos em prosa (*Bramanas*), discursos teológicos (*Aranyakas*), ensinamentos secretos (*Upanixades*), manuais de cultos e leis (*Sutras*) e outras categorias. Eles passaram a caracterizar a literatura em sânscrito, o qual, na época, era transmitido em diversos escritos.

Apesar disso, o sânscrito – o idioma sublime da literatura e da ciência conforme declarou o gramático indiano Pãnini nos séculos V ou IV a.C. – incluía não só a literatura védica, mas também comentários em prosa e verso sobre os Vedas, os grandes épicos (*Mahabharata, Ramayana*), ensaios linguísticos, políticos, entre outros gêneros. O gênero dramático em sânscrito começou a se desenvolver a partir do século II a.C., alcançando o apogeu entre os séculos V e VIII d.C. A poesia floresceu entre os séculos XI e XII d.C. As narrativas nesse idioma exerceram enorme influência fora da Índia, ao passo que a literatura erudita em sânscrito, que era numerosa, perdura até os dias atuais.

O sânscrito, porém, é apenas uma entre as diversas famílias literárias da Índia. No idioma bengali, por exemplo, cuja literatura teve início com os ensinamentos budistas no século X d.C., a poesia vishinuíta, exaltando a divindade hindu Vishnu, floresceu no século XIV, e após isso os grandes épicos sânscritos surgiram em versões em bengali. A poesia de Shiva em bengali, louvando o deus hindu Shiva, atingiu o apogeu em 1589 com o épico *Chandi-kavya*, de Mukundaram Kabikankan. Desde o início do século XIX, a literatura bengali, assim como outras

---

70 BASHAM. *The Wonder that was India.*
71 FRAZER, R. W. *Literary History of India.* 4. ed. Londres, 1920.

HISTÓRIA DA LEITURA

tantas literaturas indianas sob o poder de Rajá, transformou-se de acordo com práticas e gostos britânicos e ocidentais.[72]

Com a introdução do ensino básico universal na Índia no século XX, houve um expressivo aumento da alfabetização, impulsionando aquelas manifestações de leitura que a maioria dos europeus já havia experimentado no final do século XVIII. Jornais, revistas, periódicos, romances, livros de não ficção, livros infantis (muitos em inglês) são hoje mercadorias comerciais populares em todo o subcontinente. Isso irá, sem dúvida, estimular a aceleração da alfabetização, da mesma forma como o fizera na Europa e na América do Norte dois séculos antes. O computador pessoal e a *internet* também chegaram e estão transformando, com ainda mais rapidez, os hábitos de leitura indianos, sobretudo nas metrópoles.

No início do terceiro milênio d.C., o subcontinente indiano conserva o maior número de escritas do mundo e, com a África, de analfabetos. Soluções para reparar essa deficiência já estão a caminho, embora de modo desproporcional, em virtude da inércia social solidificada nas áreas rurais da Índia. A crescente globalização e o uso de computadores irão certamente causar uma redução das centenas de escritas da Índia. Recorre-se cada vez mais ao inglês, tanto na fala quanto na escrita, a fim de promover a criação de uma identidade nacional para a República, pressagiando-se um bilinguismo universal que, com certeza, afetará os hábitos de leitura do subcontinente no futuro. Sem dúvida, uma reação comprovada a essa enorme influência estrangeira reside no crescente reconhecimento e na valorização da antiguidade e da riqueza da literatura tradicional por parte dos indianos, bem como na cultura de leitura de extremo refinamento que prosperou antes do domínio britânico.

Importantes lições podem ser aprendidas quando analisamos a história da leitura não ocidental. Por exemplo, a leitura é capaz de assumir aspectos extraordinariamente diferentes. Além disso, existiram culturas de leitura muito mais refinadas que qualquer outro movimento do qual o Ocidente antigo pudesse se vangloriar – colocando nossas declamações gregas, judaicas e romanas, em particular, em sua devida perspectiva, mais modesta. Há também percepções de implicação universal. A alfabetização difundida na China e na Índia, por exemplo, pelo menos nas metrópoles, gerou distinções comuns entre as principais ramificações do conhecimento, distinções, na verdade, bastante semelhantes às do Ocidente.[73] Mas essas distinções comuns também destacaram as características regionais, com ênfases locais muito variáveis.

Uma consideração global da leitura também pode revelar como o cérebro humano processa o ato em si. A leitura evidentemente não é uma função cerebral

---

72 DAS, K. N. *History of Bengali Literature*. Rangoon, 1926.
73 GOUGH. *Implications*.

constante: as conexões têm a ver com o tipo específico de escrita que alguém está lendo. No caso do japonês, por exemplo, danos ao cérebro podem levar a que a pessoa perca a capacidade de ler os caracteres *kanji* sino-japoneses, embora mantenham perfeitamente a capacidade de ler os sinais silábicos *kana* japoneses (o fenômeno contrário também pode ocorrer). Fica claro que o *kanji* e o *kana* são dissociados entre si do ponto de vista neurológico. Igualmente significativo é o fato de não haver evidências de que exista uma ruptura entre os dois tipos de *kana* (o *hiragana* e o *katakana*), os quais cumprem funções distintas na leitura japonesa; apesar de serem duas escritas silábicas separadas (mas não sistemas de escrita separados), eles aparentemente são codificados como uma unidade no cérebro.[74]

Isso sugere importantes diferenças no processamento neuropsicológico de *escritas* e sistemas de escrita em geral. Com base nisso, poderíamos fazer uma generalização afirmando que, no mundo todo, *escritas* diferentes, mas relaciona-das – como as escritas alfabéticas relacionadas do grego, latim, runas germânicas e ogamos celtas –, são processadas de maneira similar no cérebro humano, ao passo que *sistemas de escrita* inteiros (logográfico, silábico, alfabético) são diferenciados entre si e processados de modo distinto. Em especial, na leitura dos caracteres chineses e sino-japoneses, a imagem gráfica da palavra parece ser armazenada na mente separadamente como parte do processo de recuperação léxica. (Ao contrário, os sinais *kana* silábicos baseados no som precisam ser combinados para formar um conceito.) De fato, a leitura desses caracteres parece recorrer à capacidade do cérebro de visualização de imagens em um grau que excede bastante o da recu-peração da "palavra inteira" na leitura silábica e alfabética.

De qualquer maneira, do outro lado do globo, na Europa, a "visão do per-gaminho" enxergou um processo inédito que desafiaria e modificaria, finalmente, o mundo da leitura.

---

74 SASANUMA, S. Impairment of Written Language in Japanese Aphasics: *Kana* versus Kanji Processing. *Journal of Chinese Linguistics*, II, p.141-57, 1974; e *Kana* e Kanji Processing in Japanese Aphasics. *Brain and Language*, II, p.369-83, 1975. Segundo SAENGER, P. *Space Between Words*. Stanford, CA, 1997, "pesquisas recentes indicam que um modelo simples de leitura com o hemisfério direito para a escrita logográfica e leitura com o hemisfério esquerdo para sílabas e escritas alfabéticas pode não ser adequado", referindo-se a HASUI-KE, R., TZENG, O. J. L., HUNG, D. L. Script Effects and Cerebral Lateralization: The Case of Chinese Characters. In: VAID, J. (Ed.). *Language Processing in Bilinguals: Psycholinguistic and Neuropsychological Perspectives*. Hillsdale, NL, 1986. p.275-88.

Capítulo 4
A visão do pergaminho

O heroi do romance francês do século XII, *Yvain*, entra no jardim de um castelo e, em seguida:

Vê vestido numa túnica
um homem rico deitado
sobre um tecido de seda e
diante dele uma donzela
que lê para ele um romance
de cuja autoria desconheço.
E para escutar a história logo
chegou uma dama,
e lá estava sua mãe,
e o lorde era seu pai[1]

Escutar *e* ler. Essa era a essência da leitura medieval. Se os gregos e romanos antigos liam com a fala do papiro, sem dúvida privilegiando a prerrogativa oral, os

---

1 "Voit apoié desor son cote un riche home qui se gisoit sor um drap de soie; et lisoit une pucele devant lui en um romans, ne sai de cui; et por le romans escoter s'i estoit venue acoter une dame; et s'estoit as mere, et li sires estoit ses pere". Troyers, Chétien de. *Le chevalier au lion* (*Yvain*), ed. Mario Roques, *Les romans de Chrétien de Troyers*, v.4, (Paris, 1967), v.5356-64.

Figura 4 O abade Teofrido von Echtermach (d. 1108) segura um vaso de flores enquanto lê sua própria composição, o *Liber florum* (final do século XI); a ilustração data do período em que Teofrido viveu uma ocorrência de extrema raridade – mostrando um autor vivo lendo sua própria obra novecentos anos atrás.

HISTÓRIA DA LEITURA

europeus medievais, até as donzelas adolescentes, liam com a visão do pergaminho. Ou seja, embora ainda reconhecessem o valor da oralidade, eles passaram a conferir a mesma legitimidade à leitura individual na sociedade e "uniam os olhos à língua". Na verdade, o período medieval se "caracteriza pelo choque da oralidade com a escrita, bem como a interpenetração entre ambos",[2] à medida que a alfabetização aos poucos se expandia para incluir, e depois controlar, o domínio até então oral da Europa setentrional.

Com algumas exceções, a leitura medieval ainda era sobretudo uma experiência coletiva. Em jardins ensolarados e saguões repletos de gente, romances e épicos – não mais lidos em voz alta por serviçais e escravos, mas pelos próprios membros da família – entretinham nobres e damas. Passagens da Bíblia eram lidas em voz alta nas cerimônias religiosas e às freiras e aos monges durante as refeições. Preleções em universidades eram apenas uma *lectio*, uma leitura pública. E, como na Roma antiga, um livro "publicado" era aquele que havia sido lido em voz alta em público. Quase todos os públicos leitores na Idade Média eram os que escutavam a leitura.

Isso se explica de várias maneiras. Em primeiro lugar, a vida comunitária de mosteiros e castelos, pequenas cidades e vilarejos impunha que quase todas as horas do dia de uma pessoa fossem passadas em grupos; ficar sozinho era algo raro. Além disso, na maioria das regiões talvez apenas um em cada cem era alfabetizado. Os livros eram raríssimos e raras também eram as pessoas que tinham seus próprios exemplares. E, talvez o mais importante, a tradição nativa desejava histórias e lições (fossem orais, fossem escritas) a serem escutadas em comunidade.

A leitura particular independente jamais foi uma forma habitual de acesso à literatura até o século XIV. Nos cinco principais núcleos nos quais a literatura escrita tinha público assegurado – igrejas, conventos, cortes, universidades e residências –, escutar fazia parte do ato de "ler". Na realidade, até a palavra "ler" na maioria dos idiomas europeus medievais ainda denotava "ler em voz alta, declamar, difundir, anunciar". Os autores populares eram *escutados*. Sem dúvida, a maioria das pessoas ainda tinha contato com a literatura por meio de contadores de histórias populares nos mercados, onde os livros eram escassos.

Ao longo do tempo, isso mudou, é claro, mas apenas em etapas e por diferentes motivações. Hoje, os historiadores compreendem que a transição do modo oral para o letrado "foi gradual, ou seja, em vez da eliminação total da oralidade de uma só vez, houve por algum tempo uma adaptação à prática oral, e essa prolongada convivência tornou possível a transição do oral para o escrito".[3]

---

2 GREEN, D. H. *Medieval Listening and Reading: The Primary Reception of German Literature* 800-1300. Cambridge, 1994.
3 CLANCHY, M. T. *From Memory to Written Word: England, 1066-1307.* Londres e Cambridge, MA, 1979, citado em GREEN, D. H., *Medieval Listening and Reading*, p.232.

A Europa ocidental iniciou a transição de uma sociedade oral para uma letrada no início da Idade Média, começando pelas camadas mais altas da sociedade – aristocracia e clero – e, por fim, incluindo todos os demais, cerca de 1.200 anos mais tarde. No entanto, a "transição psicológica" da oralidade para a escrita, isto é, a ampla aceitação da primazia da escrita na sociedade, ocorreu entre os séculos XI e XV. Durante o mais longo período, as duas etapas desse processo coexistiram: a tradição greco-romana da literatura escrita (Igreja, clássicos) e as tradições vernáculas orais que enfim passaram a ser escritas para que fossem lidas em voz alta. A tensão entre clerezia erudita e secularidade oral caracterizou todo o período, com a tradição oral nativa da Europa ocidental complementando e aperfeiçoando o hábito mediterrâneo incorporado da escrita.

O início da Idade Média

A cultura grega passou por um renascimento quando o imperador Constantino I transferiu a capital da Roma "pagã" para a Bizâncio cristã, renomeando-a *a posteriori* Constantinopla, em 330 d.C. Desse modo, o subsequente Império Bizantino preservou e disseminou os ensinamentos da Grécia antiga e, durante muitos séculos, Constantinopla representou a vanguarda da ciência e das humanidades no mundo ocidental. Além disso, a produção literária de Constantinopla inspirou diretamente os eruditos e cientistas árabes, cujos próprios ensinamentos e traduções das obras gregas foram difundidos para a Espanha muçulmana e para outros centros de educação. (Após o declínio de Constantinopla, os árabes – sucessores das tradições grega e persa – carregaram a chama do aprendizado durante muitos séculos.) Essas transmissões introduziram a filosofia e a ciência gregas antigas na Europa ocidental. Assim como a Grécia havia inspirado Roma, a Grécia bizantina também inspirou o mundo medieval, sobretudo por meio dos livros e da leitura.[4] Constantinopla fervilhava com editores que incentivavam a produção de livros em uma enorme variedade de áreas: clássicos, ciências, astrologia, medicina, história e até ficção popular. A demanda era muito grande.

Após o século VI, no entanto, os antigos centros literários de Roma – na Itália, Alemanha, França, Grã-Bretanha e Norte da África – haviam-se rendido aos copistas de mosteiros e abadias e a uma considerável uniformidade de assuntos: quase todos os volumes eram de cunho religioso. Em toda parte, na Europa setentrional, a leitura se difundira no início por meio do Império Romano e, apenas no segundo momento, embora de modo muito mais universal e duradouro, por meio do cristianismo. O cristianismo medieval era a religião do livro, uma herança direta

---

4 FISCHER, S. R. *A History of Writing*. Londres, 2001.

da veneração judaica à palavra escrita. Os ensinamentos cristãos eram divulgados pela leitura, e era por meio das diversas escolas administradas pela Igreja que se aprendia a ler. Ricas iluminuras em pergaminho mostrando Cristo (que um dia pode ter segurado nas mãos um rolo de papiro, mas nunca um códice) segurando justamente um códice, um livro encadernado, em uma mão – incorporando a Palavra de Deus: "E o Verbo se fez carne e habitou entre nós" (João 1:14) – reforçavam o conceito da leitura como um ato sagrado em si. De fato, a expansão da nova religião "trouxe um novo ímpeto à prática da leitura, transcendendo de modo significativo seu uso pragmático na sociedade romana até então".[5]

Analisando a "Idade das Trevas" como um mito moderno, hoje sabemos que os "bárbaros" (sobretudo as tribos germânicas) desejavam, em geral, manter, preservar e promover o refinamento cultural do Império Romano. Mas isso nem sempre aconteceu, visto que muitas tradições foram arruinadas ao serem reproduzidas de modo precário e transmitidas de forma inadequada de uma geração para a outra. As tradições baseadas na escrita de Roma também foram afetadas. Os costumes da leitura de Roma foram mantidos até bem depois da deposição do último imperador romano ocidental pelo germânico Odoacer, em 476 d.C. Na verdade, a maioria dos costumes romanos, muitos deles – ainda romanos na prática – agora imitados por germânicos, góticos, celtas e outros, continuou a existir e se desenvolver no século VII e mesmo depois. O princípio da leitura "medieval" foi, então, mera continuação da leitura mediterrânea. Mas, em um curto intervalo de tempo, aspectos inovadores e característicos da leitura na Europa setentrional tornaram-se proeminentes.

Ainda mais notável foi o fato de que muitos povos incorporaram a escrita em grego ou latim para produzir sua própria escrita, em diferentes línguas, introduzindo modificações locais a fim de sanar uma fonologia (sistema sonoro) contraditória. Ou inventavam sua própria escrita, assimilando apenas o conceito alfabético. Dessa forma, as tribos eslavas, celtas e germânicas, para citar apenas três, começaram a ler e escrever em seus próprios idiomas pela primeira vez. A maioria das escritas nativas secundárias que surgiram, porém, como o ogamo celta e as runas germânicas, acabou sucumbindo à supremacia do alfabeto latino, o veículo de comunicação da toda-poderosa Igreja romana.

Muitos anglos, saxões e jutos do início da era medieval liam em runas, embora alguns deles dominassem a língua e a escrita latinas. A palavra arcaica inglesa *raedan* (cujo significado original era "considerar, interpretar, discernir" etc.) passou a significar não só "ler", mas também "aconselhar, planejar, inventar, explicar". Ainda no continente, essas tribos germânicas depararam com a escrita romana e perceberam que ela precisava ser "decifrada". Portanto, por meio da transfe-

---

5 GREEN, D. H. Op. cit..

rência e da figuração, *raedan* passou a significar também "interpretar sinais ou símbolos", e depois, por fim, "ler atentamente e articular no discurso".

É provável que as runas alfabéticas germânicas tenham sido elaboradas no início do século I d.C., assim como tenham sido mais empregadas em inscrições em pedras monumentais, anéis, broches, fivelas, armas, recipientes de marfim e outros valiosos objetos. Enfim, difundindo-se e tornando-se o alfabeto nativo de todos os povos germânicos ocidentais e setentrionais desde a Islândia até o Mar Negro, as runas caracterizaram-se, em especial, pelas inscrições. Nunca inspiraram uma copiosa literatura. A verdade é que o alfabeto latino da Igreja, o instrumento de toda a educação ocidental, era poderoso demais. Durante muitos séculos a escrita latina ofuscou o poder das runas até que, no século XIII, a maior parte da leitura rúnica havia sido substituída pela leitura latina em todas as regiões. Muitos escandinavos, porém, mesmo depois de muito tempo, ainda realizavam boa parte da leitura de materiais seculares em runas, incluindo-se códigos jurídicos e textos literários.

Do mesmo modo, os celtas da Irlanda e das Ilhas Britânicas tinham sua própria escrita: o ogamo alfabético. Este talvez tenha sido inspirado pelo contato com os anglos, os saxões e os jutos, que usavam a escrita em runas por volta do século V d.C. A princípio adotada em inscrições em pedra e, mais tarde, em manuscritos eruditos na alta Idade Média, a escrita em ogamo, inaugurada pelos irlandeses, também sucumbiu à primazia da escrita e da língua latinas da Igreja. Poucos a praticavam, já que a maioria dos eruditos celtas preferia as vantagens da internacionalidade e do caráter oficial do latim. Contudo, durante muitos séculos (do V ao XIII), ambas as tradições de escrita conviveram entre os leitores celtas da Irlanda e das Ilhas Britânicas.

É óbvio que a Igreja não levou a leitura às Ilhas Britânicas. A leitura era praticada lá desde a ocupação do sudeste da Inglaterra, em 55 a.C., por Júlio César. (Não há comprovações de que os bretões já empregassem a escrita antes da chegada dos romanos.) De qualquer modo, a Igreja levou a continuidade da leitura, além de introduzir a educação formal, a qual fundou e perpetuou uma tradição literária local. A leitura só teve seu valor reconhecido na Grã-Bretanha e na Irlanda por meio da intervenção da Igreja romana. Quando as Ilhas Britânicas unificaram-se sob o poder eclesiástico de Roma, em 663, a Igreja inglesa tornou-se oficialmente uma Igreja latina.

Não obstante, ao contrário de italianos, franceses, espanhóis e outros europeus, o latim desde esse período era considerado um idioma estrangeiro entre os bretões: a maioria dos romanos falantes de latim havia partido mais de duzentos anos antes, e os idiomas predominantes nas Ilhas agora eram o celta e o germânico. Os bretões tiveram de adotar uma língua sagrada que era bem diferente de suas línguas seculares. Toda a educação, incluindo-se a leitura, passava a ser realizada nesse latim eclesiástico especial, que para a população era uma língua artificial e estranha. Entretanto, no início do século VIII, o venerável Bede (c. 673-735) de Jarrow, por exemplo, produzia obras – histórias, comentários bíblicos, tratados e até uma enciclopédia – comparáveis àquelas da nata de países de fala latina nativa, obras que foram muito lidas e acolhidas com imenso respeito.

Nesse período, nos séculos VII e VIII, a pena na Irlanda pelo assassinato de um escriba era igual à pena pelo assassinato de um bispo, tão elevada era a consideração pela leitura e pela escrita naquele país.[6] E no ilustre *Exeter Book*, uma coleção de textos originados do século VIII, propunha-se a seguinte charada: "Qual é meu nome: aos homens sou útil; meu nome é famoso, estou a serviço dos homens, sou sagrado em essência". A resposta era *livro*.

No restante da Europa ocidental, as mudanças nos hábitos de leitura ocorreram com lentidão, com perceptível diminuição dos antigos costumes sólidos e diversificados que caracterizaram a Roma da Antiguidade. Naquela região, a leitura e a escrita sofreram uma derrocada em virtude das invasões bárbaras, da fragmentação da sociedade latina, da interrupção das práticas de ensino romanas, da degradação do comércio de livros, da incapacidade de manter o refinamento literário, da ascensão das sociedades e da influência dos falantes de germânico, entre outros fatores. Os governantes merovíngios francos falantes de germânico, por exemplo, deram continuidade a muitas funções administrativas romanas da escrita – documentos, registros, proclamações, correspondências – mas em um estilo cada vez mais empobrecido, direcionando-se para uma crescente dependência da transmissão oral como um todo. Foi então que, no final do século VIII, uma nova dinâmica transformou, de repente, a leitura na Europa.

O "renascimento carolíngio", termo que designa o reflorescimento político, eclesiástico, educacional e cultural da maior parte da Europa ocidental sob o comando de Carlos Magno (Karl der Grosse governou entre 718-814), rei dos francos falante da língua germânica, introduziu medidas destinadas a elevar o nível de atividade culta geral entre o clero, em todo o reino franco (que excluía as Ilhas Britânicas e a Escandinávia).[7] Seguindo as sugestões dos conselheiros, que reconheceram a necessidade de manter a coesão e a hegemonia francas, Carlos Magno, na *Admonitio generalis* de 789, decretou melhorias direcionadas à educação, à leitura e à escrita. Por exemplo, cada igreja e cada mosteiro no reino deveria abrigar apenas cópias corretas de livros e assegurar que os copistas, ao copiar ou fazer uma leitura em voz alta, evitassem adulterar um texto. O principal objetivo da *Admonitio* não era político, tampouco cultural, mas sim eclesiástico: era preciso formar padres eruditos com urgência a fim de evitar a iminente dissolução da Igreja franca.

---

6 THOMAS, A. G. *Great Books and Book Collectors*. Londres, 1975.
7 RICHÉ, P. *Daily Life in the World of Charlemagne*. Trad. Jo Anne McNamara. Filadélfia, 1978.

Isso porque, nessa época, a maioria dos clérigos era itinerante e analfabeta. Viajando entre mosteiros ou escolas episcopais, eles escutavam as explanações dos mestres sobre as Escrituras, os padres ou, em casos excepcionais, obtinham ensinamentos básicos de filosofia. De qualquer modo, os livros eram raros e pouquíssimos clérigos tinham a oportunidade de ler; quase toda a educação estava relacionada à atuação oral. E esses raros livros copiados acabavam vítimas do péssimo treinamento recebido pelos copistas, que acrescentavam muitos erros às obras. Apesar disso, resistia um senso comum sobre os elementos de uma educação respeitável e, assim, a ausência de edições não deturpadas e de copistas competentes que as transmitissem influenciou a sociedade como um todo. Entretanto, havia ainda a prática ativa de correspondências entre as abadias dos mosteiros maiores do reino franco e os bispos das principais cidades do reino; estas muitas vezes incluíam extensos diálogos teológicos e a troca de livros manuscritos para estimular comentários eruditos. Por conseguinte, uma série contínua de ensinamentos fidedignos e de pensamento abstrato foi preservada e estimulada, e novas obras passaram a surgir. Ideias eram compartilhadas com frequência, livros trocados, títulos conhecidos, lidos e comentados.

A *Admonitio generalis* alcançava o efeito desejado. Daí em diante, toda obra literária concebível era copiada em diversos manuscritos por copistas devidamente treinados visando à distinção "legitimada". Quase de um dia para outro as bibliotecas do reino franco se expandiram com mais volumes fidedignos, servindo de modelo às gerações subsequentes. Não só os padres da Igreja, mas também homens ilustres (e seus seguidores) de Roma eram transcritos à mão em edições minúsculas, agora com raras variações de letras de uma cópia para outra. O fragmento de um catálogo escrito em 790 da biblioteca de Aachen de Carlos Magno indica a presença das obras clássicas que também encantavam as prateleiras dos maiores mosteiros do reino franco, o que comprova a propagação institucionalizada da palavra escrita.[8] De fato, um grande número de obras clássicas sobreviveu apenas por intermédio de uma edição carolíngia (para só depois serem impressas).

Os copistas carolíngios foram os salvadores anônimos da cultura escrita ocidental.

Como na Antiguidade, as ilustrações desempenhavam importante papel na "leitura". Expressavam não só temas literários, mas também cenas completas, além do simbolismo da fé cristã. Gregório, o Grande (c. 540-604), o papa que fortaleceu a autoridade papal e designou o monge romano santo Agostinho (não o padre da Igreja) para converter os anglo-saxões, expressou a importância dessa comunicação visual:

---

8 BISCHOFF, B. Panorama der Handschriften – Überlieferung aus der Zeit Karls des Großen. In: *Karl der Große: Lebenswerk und Nachleben*, 5v. Düsseldorf, 1966-8. v.2, p.233-54.

Uma coisa é venerar uma imagem, outra coisa é aprender uma história venerável em profundidade, por meio de imagens. Aquilo que a escrita apresenta para o leitor, as imagens apresentam para o analfabeto, para aqueles que possuem apenas uma percepção visual, pois nas figuras os ignorantes visualizam a história que devem seguir, e aqueles que não conhecem as letras descobrem que são capazes de arranhar uma leitura. Portanto, sobretudo para o cidadão comum, as ilustrações equivalem à leitura.[9]

Mas, ao longo dos séculos, a iconografia foi negligenciada. Pintores tomavam liberdades maiores com imagens ortodoxas e seus respectivos significados. Quando se levantaram protestos e os iconoclastas ("destruidores de ícones") mais uma vez começaram a destruir imagens esculpidas e pintadas, o sétimo Concílio da Igreja decretou, em 787, em Niceia (atual Iznik, na Turquia):

A realização de pinturas não é uma invenção do pintor, mas uma proclamação reconhecida das leis e tradições da Igreja como um todo. Os padres antigos são os responsáveis por sua execução nas paredes das igrejas: é o pensamento e a tradição deles que vemos, mas não os do pintor. Ao pintor, a arte pertence, mas a ordem das pinturas pertence aos Padres da Igreja.[10]

Em Bizâncio, o iconoclasmo ameaçava dividir a Igreja. Em 726, o imperador Leão III Isaurikos (sucedido por Constantino V Coprônimo, em 754, e Teófilo, na década de 830) proibiu, portanto, todas as imagens em todo o Império, permitindo, assim como nas terras muçulmanas, apenas a decoração geométrica. Mas a proibição não poderia vingar e, em toda Bizâncio – bem como na Europa ocidental – histórias pictóricas continuavam a entreter, educar e converter. Do início da Idade Média até a ascensão do movimento gótico, no século XII, as paredes de igrejas e catedrais de estilo românico mantiveram-se quase em toda parte como esplendorosas bibliotecas de cenas bíblicas a serem "lidas" por todos, e tanto sua "ordem" ou sintaxe de cenas quanto seu simbolismo eram estritamente codificados, como as palavras de um dicionário.

Na Europa ocidental, nesse período, um "analfabeto" não era uma pessoa que não sabia ler, mas alguém que não sabia ler em latim, o veículo da cristandade e de toda a educação. Apenas quem soubesse ler em latim era um *litteratus*: uma pessoa capaz de ter acesso ao conhecimento escrito, bem como de compartilhá-lo.

---

9 DAGENS, C. *Saint Grégoire le Grand: Culture et experience chrétienne*. Paris, 1977, citado em MANGUEL, A. *A History of Reading*. Londres, 1996. Ver CHAZELLE, C. M. Pictures, Books and the Illiterate. *Word and Image*, VI, p.139, 1990.

10 PIPER, F. Über den christlichen Bilderkreis. Berlim, 1852, citado em MANGUEL, A. *A History of Reading*.

(Essa conduta demonstra como a alfabetização em uma sociedade não é apenas uma questão de quem consegue ler e escrever, mas sim de adequação aos valores vigentes.) A capacidade de ler e escrever em latim, acima de tudo, era de extrema importância no início da formação da sociedade medieval da Europa ocidental. Preservava o conhecimento antigo, o qual era importante para os herdeiros do Império Romano. Facilitava a administração. Outorgava poderes à Igreja. Podia até conduzir à salvação pessoal. "Apenas as letras são imortais e protegidas da morte", escreveu o importante teólogo germânico Hrabanus Maurus (c. 780-856), "somente as letras nos livros trazem o passado à vida". A alfabetização em latim teve repercussões na sociedade, segundo a historiadora Rosamond McKitterick, "descendo na escala social, do rei despachando ordens oficiais e dos nobres munindo os mosteiros com livros até o escravo liberto aferrando-se ao seu novo *status* social por meio de um título por escrito".[11]

A leitura do latim, em especial, tornou-se uma força social fundamental no período mais crítico e decisivo do desenvolvimento da civilização europeia.

Árabes e judeus

O grafito do deserto habitado por um beduíno do século II d.C. talvez seja o que mais bem caracterize a leitura árabe comum, séculos antes da elaboração da inconfundível escrita árabe: "Malik, filho de Hasibat, filho de Abd, fez essa pintura do filhote de camelo fêmea".[12] Embora muito depois de seus vizinhos judeus (ver Capítulo 2), os árabes também passaram a escrever usando um conjunto de escritos de consoantes em desenvolvimento: uma escrita formada quase apenas por consoantes (como *p, t, k*) em vez de consoantes associadas a vogais (*a, e, i, o, u*). O nabateu, derivado do aramaico, era a principal escrita consonantal usada pelas dispersas tribos da península Arábica, que também tinham familiaridade com a escrita e a literatura em aramaico, hebraico, grego e latim. Não obstante, apenas breves inscrições, contratos, listas de mercadorias e alguns registros chamavam a atenção do pequeno número de árabes que sabiam ler na Antiguidade.

Mas, assim como na Europa, uma arraigada tradição oral enriquecia as tribos árabes, tradição esta caracterizada por poesias com requintada métrica, observada a partir do século V d.C.: sem expressão escrita durante a Idade Média, a poesia árabe englobava abundante seleção e fértil exploração de diversos gêneros. Os escritos, porém, explorando a escrita árabe nascente, derivada de modo direto do nabateu, encarregavam-se da prosa. A escrita árabe de prosa só se consolidou

---

11 MCKITTERICK, R. *The Uses of Literacy in Early Medieval Europe*. Cambridge, 1990.
12 CLAIRBORNE, R. *The Birth of Writing*. Nova York, 1974.

após séculos de lento desenvolvimento, com os primeiros fragmentos experimentais do Qur'an (o Alcorão ou "Récita"), que surgiram no período final do século VII.

Superando a leitura, a escrita e até a própria linguagem, o Qur'an corporificaria, afinal, a verdadeira identidade de uma nação.

O Qur'an, segundo a crença dos muçulmanos, é a transmissão árabe de um texto sagrado de uma tabuleta viva por toda a eternidade. Deus permitiu que o profeta Maomé (c. 570-632) escutasse o texto por meio do anjo Jibreel (Gabriel) em uma série de visões que começaram a ocorrer no Ramadã do ano de 612. Maomé, como narra a tradição islâmica, sempre afirmou que não complementou nem resumiu a revelação; ela estava totalmente retida na memória na forma como foi recebida, ao longo de um intervalo de vinte anos. Nenhum tipo de leitura ou escrita jamais esteve envolvido nesse processo divino.

Somente após a Hégira – fuga de Maomé de Meca para Medina, em 622, que marca o início histórico da era muçulmana –, os discípulos do profeta começaram, afinal, a empregar a escrita árabe local para preservar fragmentos desse ensinamento oral. Tais ensinamentos foram escritos em pedaços de couro, ossos de camelos, lascas de madeira e em outros materiais encontrados na região (mas não em papiro, pergaminho ou tabuletas de cera).

Logo depois que o Qur'an encontrou a expressão escrita, não mais dependente da atuação oral, presa à memorização, levantou-se a questão da ambiguidade da leitura. Essa questão relacionava-se exatamente à fraqueza da linguagem escrita que Sócrates, como vimos, havia criticado mais de mil anos antes em relação aos gregos. A crítica é direcionada até ao próprio Qur'an:

> Alguns ... versos possuem significado exato – são o alicerce do Livro – mas outros são ambíguos. Aqueles cujo coração está infectado pela descrença seguem a parte ambígua, criando assim a discórdia ... ninguém conhece seu significado a não ser Deus.

Depois de Maomé, diversos fragmentos foram compilados. A primeira compilação de fragmentos do Qur'an foi encomendada pelo sucessor imediato de Maomé, o primeiro califa Abu Bakr. O terceiro califa, o líder sunita 'Uthman ibn 'Affan (no poder entre 644-56), fez que o conteúdo desses escritos separados fosse ampliado, estabelecendo um cânone ou Qur'an vulgata. Em seguida, destruiu todas as versões "originais", talvez para pôr fim a todas as controvérsias que haviam surgido.

Muitos árabes desaprovaram a destruição. Os xiitas, em particular, reclamaram que as afirmações legítimas do genro e primo de Maomé, Ali, haviam sido eliminadas do novo Qur'an do califado sunita. Outros acharam que a organização oficial das 114 suras ou livros/capítulos (ordenadas apenas de acordo com a extensão) fez excessivo uso de cronologia e lógica. E muitos concluíram o quanto as versões mais antigas ajudariam a esclarecer o Qur'an: o estilo consonantal típico da escrita árabe, o qual, pelo menos no século VII, ainda era muito ambíguo, quase não passando de um auxiliar à memória de textos de antemão decorados, induzia a uma confusão de possíveis interpretações; a comparação com os "originais" poderia desfazer essa confusão, mas estes já não estavam mais disponíveis.

Por sua vez, os sunitas asseguraram, por fim, que o Qur'an havia sido escrito em uma reprodução "perfeita", em linguagem e estilo "milagrosos", que transcendem a capacidade de imitação de qualquer pessoa (o que hoje é denominado árabe corânico). Essa atitude atualmente define a reverência ao Qur'an. Acredita-se que uma presença divina revele-se durante o ato da leitura do Qur'an, e sua própria caligrafia faz parte da transmissão sobrenatural: crê-se assim que forma e conteúdo estejam unidos em uma inspiração harmônica. Entretanto, os muçulmanos reconhecem que a verdadeira essência do Qur'an está na atuação oral, em sua leitura em voz alta – e não nas letras em si do árabe, as quais são apenas o meio da revelação.

Por consequência, assim como a Bíblia e a Torá, o Qur'an é um livro "sagrado". Mas seu caráter sagrado transcende o objeto físico. O Qur'an, venerado como obra de Deus, não é uma parte de Deus. Cada exemplar, contudo, recebe o devido respeito: nada jamais é colocado em cima do Qur'an e ele só pode ser tocado depois que as abluções e preparações são concluídas. Porém, apenas pela leitura em si (de preferência em voz alta) é que Deus se manifesta, segundo creem os muçulmanos. Portanto, a leitura oral do árabe clássico do Qur'an ainda consegue hoje o que a leitura oral em latim da Bíblia Sacra conseguia entre a maioria dos europeus ocidentais no decorrer da Idade Média e após esse período.

No século IX, o erudito Ahmad ibn Muhammad ibn Hanbal ousou indagar: já que o Qur'an não foi criado e é eterno, ele emanou apenas por meio de sua expressão oral nas preces ou multiplicou sua essência na página a ser copiada durante toda a existência humana? Essa pergunta ganhou a condenação da mihma, ou inquisição islâmica, em 833.[13] Isso porque o Qur'an podia ser considerado apenas a Voz de Alá; jamais poderia ser apenas "escrita". Demoraria mais trezentos anos para que o teólogo Abu Hamid Muhammad al-Ghazali postulasse regras de estudo do Qur'an como "redação", regras que uniam a escuta e a leitura do Qur'an como componentes equivalentes do ato sagrado.

A partir do califado de Abd al-Malik (685-705), o árabe tornou-se a língua oficial onde quer que os árabes assumissem o controle. Logo a cultura árabe dominou a Mesopotâmia, o Alto Egito, as terras berberes do Norte da África e da Espanha, com o emprego do árabe diminuindo à medida que alguém se distanciasse mais nas viagens, mas com o uso exclusivo da escrita árabe para todos os idiomas

---

13 LICHTENSTADTER, I. *Introduction to Classical Arabic Literature.* Nova York, 1974.

HISTÓRIA DA LEITURA

nesses locais. (Os cristãos egípcios continuaram a escrever textos sagrados em copta, idioma baseado no grego, enquanto os judeus escreviam o árabe falado usando a escrita hebraica.) O fato é que, no final das contas, todos desses países, não só os muçulmanos, tinham de aprender a ler e escrever em árabe. Com o passar do tempo, isso fez que persas, afegãos, turcos, diversos povos altaicos do Sudeste da Europa e da Ásia, alguns malaios e até muitos povos africanos negros empregassem a escrita árabe para exprimir seu próprio idioma nativo – e muitos desses povos acabaram abandonando a escrita nativa.

Até os séculos VIII e IX, a tradição oral predominou, com a memorização baseada na escuta – enfatizando-se a repetição – algo vital para o ensino árabe como um todo. Contudo, em seguida, a leitura e a escrita, ressaltando o aspecto visual, assumiram uma posição fundamental na educação. Ritmos específicos acompanhavam cada linha de um texto escrito, seguidos pelo movimento de balançar o tronco para a frente e para trás, como os judeus sempre fizeram durante a leitura oral. (O Qur'an ainda é, até hoje, com frequência lido dessa forma.) Os árabes, em muitos aspectos os verdadeiros herdeiros da Antiguidade, extremamente talentosos em retórica, da qual agora a leitura fazia parte, logo progrediram para a escrita, além de observações analíticas, discurso científico e uma abundância de outros gêneros em prosa. Surgia então uma rica tradição literária, sobretudo a partir do século X, bastante influenciada por escritores gregos e persas, mas também contando com elementos tradicionais para a criação de algo inédito.[14]

Os gramáticos, nesse momento, começavam a refletir sobre as ambiguidades da leitura do árabe e introduziam diversas melhorias para facilitar, acima de tudo, a leitura oral do Qur'an: o emprego das vogais curtas a, i e u; a marcação de consoantes duplas; a escrita de letras de três formas diferentes para mostrar se iniciam, fazem parte ou encerram uma palavra; e outros avanços. Talvez o mais importante é que os escribas árabes começavam a separar palavras individuais usando um espaço simples, antes e depois delas, para melhor adaptação à leitura em voz alta do Qur'an. Eles introduziram a escrita cursiva clara, elegante e contínua. Essas inovações, de enorme utilidade, permitiram que os olhos corressem sem bloqueios pelo texto escrito. Foram adotadas também para obras seculares, como traduções de Aristóteles para o árabe. (Durante três gerações, elas inspiraram os escribas na atividade de escrita cristã da Europa ocidental para emulação.)

No século X, os eruditos árabes oficiais aceitavam sete "correntes" distintas de variáveis textuais do Qur'an, e cada uma de suas interpretações era reconhecida como uma abordagem válida à palavra de Deus conforme revelada pelo profeta Maomé. Dessa forma – e com grande contraste com o Ocidente reducionista, onde

---

14 MARTIN, H.-J. *The History and Power of Writing*. Trad. Lydia G. Cochrane. Chicago e Londres, 1994.

o cristianismo buscava destilar a palavra de Deus em apenas um idioma autorizado –, o mundo islâmico concedeu à Sagrada Escritura diversas vozes possíveis. Essa atitude refletia o liberalismo quase universal, analítico e criativo que impulsionava o Islã no período mais dinâmico de sua história.

A leitura do árabe então ainda englobava apenas a prosa. (Histórias, biografias, contos, lendas orais e muitos outros já estavam sendo escritos nos séculos VII e VIII, quando o Qur'an ainda assumia seu formato "definitivo".)[15] Traduções do grego e do persa médio eram muito populares entre os leitores árabes, na maioria homens e privilegiados. De mesma popularidade era a literatura do *adab*, o chamado "refinamento", no qual temas de filosofia moral, poesia, história e ciências naturais alternavam-se com liberdade. O *adab* era o domínio especial dos secretários administrativos, cuja tarefa era sustentar uma percepção de requinte ou elegância de estilo no árabe clássico; para esses secretários, escreviam-se enciclopédias inteiras.

As antigas lendas orais de batalhas foram substituídas por romances históricos escritos que se referiam, em geral, a antigos herois pagãos; ou a conquistas durante as Cruzadas; ou às migrações de beduínos na história mais recente. Um grande público-leitor também devorava as lendas do profeta (assim como o público cristão vibrava com a vida dos santos). Um gênero bastante admirado era o de contos de fadas persa-indianos. Estes se fundiram em uma coleção de pequenos contos originados em Bagdá e histórias fantásticas egípcias, já por volta de 820, na Síria, escritos em papel de origem asiática oriental, constituindo as *Mil noites* (mais tarde, as *Mil e uma noites*), uma das poucas lendas árabes que no futuro influenciariam o Ocidente.

As escolas islâmicas, restritas aos meninos (algumas meninas eram educadas com aulas particulares, em casa), mantinham o foco sobretudo na leitura do árabe clássico do Qur'an. Apenas pouquíssimos alunos chegavam a ler comentários teológicos sobre o Qur'an, e muito menos tratados científicos mais elaborados. Os gramáticos árabes ainda permaneciam mais preocupados com a transmissão apropriada de um idioma árabe clássico que captasse a "perfeição" do Qur'an, e esse processo criava seu próprio conjunto refinado de literatura linguística. Assim como na Grécia e em Roma, a retórica também se destacava de modo proeminente como parte da filologia, a protetora da cultura literária árabe.

Com efeito, a historiografia do persa médio inspirou os escritores árabes a desviarem-se da habitual sucessão de histórias do profeta e de façanhas bélicas: Tabari (839-923), nascido na Pérsia, foi o primeiro historiador árabe a escrever tradições bíblicas, iranianas e árabes em uma história geral abrangente. Histórias posteriores trataram de forma factual de príncipes, dinastias e nações individuais.

---

15 PEDERSEN, J. *The Arabic Book*. Trad. Geoffrey French. Princeton, 1984.

Histórias literárias abordavam biografias de eruditos, as quais, por sua vez, inspiraram histórias de cidades como as de Bagdá de Khatib al-Baghdadi (1071) e de Damasco de Ibn Asakir (1176).

Inspirados pela *Geografia*, de Ptolomeu, do século II d.C., traduzida para o árabe já nos séculos VII ou VIII, os escritores árabes passaram a se sobressair em narrativas detalhadas sobre geografia e viagens no século X. Os relatos de Al-Mukaddassi, Ibn Fadlan ou do judeu Ibrahim ben Yakub (os quais viajaram por terras eslavas e germânicas representando o califa de Córdoba) foram apreciados por enorme público-leitor durante muitos séculos. Relatos posteriores de viagens, como os de Ibn Jubair, no século XII, para a Espanha, Sicília, Síria e outros lugares, e os de Ibn Battuta, no século XIV, para Constantinopla, sul da Rússia, Índia e China, forneceram informações geográficas que não seriam encontradas em nenhum outro lugar. Essas obras foram copiadas centenas de vezes. Um dos gêneros mais admirados continha descrições feitas por peregrinos da *hadji* (peregrinação anual) para Meca: os árabes liam esses relatos com a mesma fascinação com que os leitores ocidentais acompanhavam as andanças de Percival ou de Lancelot.

Depois que Aristóteles passou a integrar o currículo padrão aceito na Europa ocidental, os eruditos de lá, em busca dos melhores textos, ficaram surpresos com o alto padrão das edições de Aristóteles, totalmente comentadas, dos eruditos islâmicos Ibn Sina (Avicena, 980-1037), Ibn Rushd (Averroés, 1126-1188) e outros. Acontece que os estudiosos islâmicos haviam-se ocupado com Aristóteles desde o início do século IX, se não antes. Foi quando os governantes árabes começaram a organizar bibliotecas particulares enormes de obras traduzidas, na maioria clássicos gregos.[16] Bagdá, a rica capital do extenso califado abássida (c. 750-1258), era um dos centros de coleções.

No século X, por exemplo, Abdul Kassem Ismael, grão-vizir da Pérsia, possuía uma biblioteca de 117 mil volumes. (Paris nessa época mantinha cerca de quinhentos livros.) Sempre que viajava, levava sua biblioteca transportada em quatrocentos camelos treinados para seguir em ordem alfabética, a fim de manter a catalogação dos volumes intacta.[17] No século XII, a Biblioteca do Cairo do califado fatímida – uma fragmentação política subsequente – abrigava mais de 1,1 milhão de volumes, todos perfeitamente catalogados por assunto: uma das principais bibliotecas do mundo. (Derrotados pelo famoso general curdo Saladin, em 1171, os fatímidas testemunharam sua grande biblioteca tornar-se vítima dos expurgos de 1175.)

A Espanha islâmica também organizou bibliotecas que somavam mil vezes o número de volumes das maiores bibliotecas cristãs do Norte. A Biblioteca de

---

16 Ibidem.
17 BROWNE, E. G. *A Literary History of Persia.* Londres, 1902-24. 4v.

Córdoba, por exemplo, continha quatrocentos mil volumes durante o califado de al-Hakam II, no século X. Apenas na província meridional de Andaluzia havia mais de setenta bibliotecas. (A Espanha islâmica também era um centro efervescente de discussões eruditas, leitura e escrita abundantes, poesia cortesã inovadora e grande número de traduções.)

O ato físico da leitura intrigava os cientistas islâmicos. Na Dar al-Ilm ou "Casa da Ciência", no Cairo no século XI, al-Hasan ibn al-Haytham (c. 965-c. 1039) – conhecido no ocidente como Alhazen, grande cientista do islã medieval – elaborou uma refinada teoria sobre óptica para explicar o que pode ocorrer durante tal processo. Ibn al-Haytham aprofundou a anterior teoria da percepção "introdutória" (a qual afirmava que as qualidades do que vemos entram nos olhos por meio do ar), mas fez uma distinção entre "sensação pura" e "percepção". A sensação pura, escreveu Ibn al-Haytham, é apenas inconsciente ou involuntária. Mas a percepção demanda um ato voluntário de reconhecimento, como ler uma página de texto.[18] Aqui, pela primeira vez no mundo, uma explicação formal era dada para o processo da atividade consciente que distingue "ver" de "ler".

Os teólogos corânicos também teorizaram sobre a leitura. No século XII, al-Ghazali – o estudioso que finalmente postulou regras de estudo sem censura autorizado do Qur'an como "escrita" (citado anteriormente) – advertiu o leitor, na Regra Cinco, a ler devagar e com minúcia, para que pudesse contemplar o texto enquanto o lê. Ele foi ainda mais longe, avisando ao leitor, na Regra Nove, a ler "alto o suficiente para escutar a si mesmo, pois ler significa distinguir sons".[19] Visando a eliminar quaisquer distrações externas, esta última regra também ressalta a importante função da leitura em voz alta em todas as sociedades islâmicas medievais. Fica claro que se acreditava que a leitura era também uma percepção de sons individuais, em vez de linguagem em si e/ou de ideias transmitidas pela linguagem.

A experiência medieval islâmica aprofundou o patrimônio intelectual das culturas grega (romana) e persa que substituiu, tornando possível uma incomparável dinâmica de ensino, que seria alcançada na Europa apenas muito tempo depois, na Renascença. Entre os mais importantes colaboradores da Idade Média estavam os tradutores islâmicos que, assim como seus contemporâneos francos, resgataram muitas obras valiosas do esquecimento: estudos clássicos e greco--bizantinos sobre astronomia, matemática, medicina, física, farmacologia, química, agronomia, geografia, filosofia e muitos outros assuntos tornaram-se disponíveis aos escribas europeus por meio de traduções árabes. No final do primeiro milênio

---

18 LINDBERG, D. C. *Theories of Vision from al-Kindi to Kepler*. Oxford, 1976. Ver também OMAR, S. B. *Ibn al-Haytham's Optics: A Study of the Origins of Experimental Science*. Mineápolis e Chicago, 1977.

19 BRUNS, G. L. *Hermeneutics Ancient and Modern*. New Haven, CT e Londres, 1992.

d.C., sobretudo como consequência da apaixonada aceitação da leitura, o Islã tornou-se o lar dos mais importantes cientistas, arquitetos, médicos, geógrafos e filósofos do mundo, e muitos deles haviam-se formado no famoso al-Azhar, no Cairo, um dos maiores centros de educação à época.

Na mesma linha dessa efervescência intelectual, os eruditos judeus talmúdicos da Idade Média achavam que um texto era uma contínua descoberta, uma cornucópia aberta. Para eles, nenhum texto era absoluto, mas uma fonte infinita de nova inspiração e aprendizado. De fato, o próprio ato da leitura era uma revelação em si, sobretudo se associado ao pensamento analítico. Bastava ter uma mente questionadora.

Os estudiosos talmúdicos utilizavam diversos métodos para extrair o significado oculto de um texto. Um de seus favoritos (hoje seria a antítese da lógica analítica) era o *gematria*, segundo o qual cada letra consonantal hebraica recebia um valor numérico. No século XI, o rabino Shlomo Yitzhak (Rashi), por exemplo, interpretou o nome Isaac (hebraico *Y.tz.h.q.*) como 10.90.08.100, que para ele significava "os anos sem filhos de Abraão e Sara", "o período de maternidade de Sara", "o dia da circuncisão" e "o período de paternidade de Abraão", reproduzindo a pergunta de Abraão feita a Deus em Gênesis XVII: 17. Muitos eruditos talmúdicos achavam que todos os textos poderiam ser "decodificados" desta e de outras formas.

Assim como no caso dos muçulmanos, a vida dos judeus medievais girava em torno de leitura e da escrita. Seu ponto central era, é claro, a Torá, nessa época envolvendo todo o conteúdo de ensinamento judeu tradicional, incluindo-se a Legislação Oral. As bibliotecas judaicas estavam repletas de volumes, em grande parte religiosos, e quase todos foram destruídos em posteriores massacres e desastres. Em 1896, descobriram que a guenizá da sinagoga de Fostat, no Cairo antigo, por exemplo, abrigava um arquivo de dez mil textos em hebraico, sendo a maioria medieval, mas com alguns exemplares da Antiguidade, incluindo até um fragmento do Manuscrito de Damasco, datado do século I ou II d.C. Além de conter a referência mais antiga de que se tem notícia das *Mil noites*, dos árabes, o arquivo de Fostat incluía catálogos de vendedores de livros, contratos matrimoniais, poemas românticos e listas de compras, todos comprovando os variados interesses despertados por meio da leitura nos judeus medievais do Cairo.

Com seriedade e solenidade, os judeus seguiam rituais de comemoração do aprendizado da leitura iniciando os jovens garotos na comunidade de leitores religiosos. Isso ocorria na Festa de Shavuot, homenageando a entrega das Tábuas da Lei de Deus para Moisés no Monte Sinai (xodo XIX-XX). O garoto a ser iniciado era envolvido, em primeiro lugar, em um manto de preces e, em seguida, conduzido pelo pai até o mestre. Este colocava o garoto sentado em seu colo e observava uma lousa com o alfabeto hebraico, uma passagem das Escrituras e a máxima "Que a Torá seja sua ocupação". O garoto repetia todas as palavras à medida que o professor as lia em voz alta e, então, a lousa era coberta de mel, o qual era degustado pelo garoto, simbolizando a ingestão das letras sagradas. Depois disso, o garoto lia versos da Bíblia escritos em ovos cozidos descascados e em bolos de mel, os quais então ele comia em outro gesto simbólico: a riqueza e, acima de tudo, a doçura do sabor deveriam representar para o garoto a riqueza e a doçura do ato da leitura.[20]

A leitura silenciosa

Os *scriptoria* da Europa ocidental tornaram-se silenciosos no começo do século IX.[21] Os teólogos do início da Idade Média haviam exaltado os benefícios da leitura silenciosa (ver Capítulo 2), analisando as novas marcas de pontuação e linhas inteiras escritas *per cola et commata* ("por orações e frases") com uma facilidade que os truncados textos anteriores, carentes de pontuação, jamais permitiram. Essas inovações na escrita fizeram que santo Isaac da Síria se encantasse com a leitura silenciosa no século VI:

> Pratico o silêncio, para que os versos de minhas leituras e preces preencham-me com alegria. E quando o prazer de compreendê-los silencia minha voz, como num sonho, ingresso em um estado em que meus sentidos e pensamentos ficam concentrados. Então, quando no prolongamento desse silêncio a desordem das memórias é tranquilizada em meu coração, ondas ininterruptas de júbilo chegam a mim pelos mais íntimos pensamentos, além das expectativas surgindo do nada para regozijar meu coração.[22]

O maior pensador europeu do princípio da Idade Média, o teólogo espanhol Isidoro de Sevilha (c. 560-636), também louvou a leitura silenciosa, por estar, "sem esforço, refletindo sobre o que foi lido, dificultando sua evasão da memória".[23] Como santo Agostinho havia escrito, Isidoro lembrava aos leitores que a leitura permitia a comunicação no tempo e no espaço com aqueles que estão ausentes. Mas, ao contrário de Agostinho, Isidoro não destacava a necessidade de relacionar os sons às letras: "As letras têm o poder de nos transmitir em silêncio o que dizem aqueles que estão ausentes".[24]

---

20 ABRAHAMS, I. Jewish Life in the Middle Ages. Londres, 1896, citado em MANGUEL, A. *A History of Reading.*

21 CIPOLLA, C. M. *Literacy and Development in the West.* Londres, 1969.

22 SÍRIA, santo Isaac da. Directions of Spiritual Training. Trad. E. Kadloubovsky e G. E. H. Palmer. In: KADLOUBOVSKY, E., PALMER, G. E. H. (Eds.). *Early Fathers from the Philokalia.* Londres e Boston, 1954.

23 ISIDORO DE SEVILHA, *Libri Sententiae III*, 13:9.

24 ISIDORO DE SEVILHA, *Etymologiae* I, 3:1.

HISTÓRIA DA LEITURA

Antes do século IX – isto é, antes do renascimento carolíngio e da "revolução da leitura e da escrita" que com ele chegou –, os copistas europeus escutavam ditados ou eles mesmos liam em voz alta, palavra por palavra, os textos que copiavam. O *scriptorium* medieval era um local barulhento. Nele, o ruído e o trabalho logo cansavam. Como um escriba anônimo havia-se queixado no século VIII: "Ninguém sabe quais esforços são demandados. Três dedos escrevem, dois olhos veem. Uma língua fala, o corpo inteiro trabalha".[25] Mas isso mudava, graças a diversos avanços maravilhosos.

Em primeiro lugar, a linguagem. Durante o período pós-clássico, o latim aos poucos assumia uma ordem fixa de palavras. Isso, em geral, estava substituindo a declinação, ou seja, as mudanças nos finais das palavras que, até então, eram o principal condutor da gramática latina (*domus, domum, domus, domui, domo* para "casa", por exemplo). A nova ordem de palavras do latim, mais fixa, característica dos séculos VIII e IX, afetou a leitura de um modo profundo, transmitindo a linguagem escrita de maneira mais parecida com a ordem de palavras usual dos falantes nativos do germânico, do francês, do italiano ou do inglês, facilitando assim bastante o processamento neurofisiológico do que era lido.[26]

Em seguida, a escrita em si. É quase certo que a maior adesão à leitura silenciosa, por volta do século IX, tenha ocorrido como resultado direto do surgimento de uma escrita nova, clara, uniforme e simplificada. Para implementar as urgentes reformas educacionais, Carlos Magno, em 789, também foi responsável pela revisão completa de todos os livros eclesiásticos nos principais centros monásticos da Alemanha, da França e do Norte da Itália. Foi o inglês Alcuíno de York – abade, de 796 a 804, do mais influente entre todos esses centros (San Martín de Tours) – quem supervisionou pessoalmente a criação do que mais tarde seria chamado de "minúscula carolina". Essa foi a reforma na escrita mais significativa do Ocidente dos últimos dois mil anos.

As letras minúsculas provaram-se muito mais fáceis de serem lidas que as de caligrafias anteriores. Isso deve ser atribuído aos três níveis diferentes de altura: ascendentes (como o *b*), padrão (*m*) e descendentes (*g*). No uso combinado, as minúsculas conferiam uma "silhueta" gráfica a cada palavra, transformando-a em uma unidade reconhecível de imediato, ignorando os componentes individuais. Diante de uma palavra em letras minúsculas em três níveis, o leitor do século IX não precisava mais desmembrá-la letra por letra: ele logo reconhecia o grupo gráfico independente. Quanto mais ascendentes e descendentes eram padronizadas – e todas as abreviaturas, suspensões e outras marcas estranhas usadas para economizar pergaminho eram eliminadas –, mais fácil se tornava a leitura.

---

25 WATTENBACH, W. *Das Schriftwesen im Mittelalter.* Leipzig, 1896, citado em MANGUEL, A. *A History or Reading.*

26 SAENGER, P. *Space Between Words.* Stanford, CA, 1997.

No mesmo período, os copistas carolíngios também introduziram duas "caixas" separadas na escrita: a caixa-baixa para o uso geral e a caixa-alta para indicar coisas especiais, como títulos ou nomes próprios. Com o tempo, o uso combinado da caixa-alta/caixa-baixa criou um sistema de escrita em dois níveis, com suas próprias regras de uso. O sistema se tornaria bastante complexo e difícil de aprender e empregar, pois ainda levava em conta a significância semântica (*violeta*/*Violeta*). Essa inovação ajudou a transmitir informações por escrito com mais agilidade, apresentando-se como parte da dinâmica histórica da "visualização" da linguagem escrita em sua expressão mais simples e eficiente.

Outras inovações também dividiram o texto escrito em mais unidades, facilitando a sua compreensão. No caso da leitura (não da retórica, como na Antiguidade), os escribas irlandeses introduziram uma série de marcas de pontuação: ponto final (então uma combinação de pontos e hífens; vírgula (um ponto elevado ou alto); ponto e vírgula (como hoje); e outros importantes separadores.[27] Um século depois, a maior parte dos textos tinha as primeiras linhas escritas com tinta vermelha, usando rubricas (do latim *ruber* ou "vermelho") como explicações independentes do que se seguia; estas seriam mais tarde os títulos de capítulos. Novos parágrafos ainda eram escritos em estilo clássico, marcados apenas por uma pincelada ou cunha divisória; dentro de dois séculos, porém, a primeira letra era escrita em tamanho muito maior, ou até em letra maiúscula, criando também um apelo visual.

Toda inovação ortográfica fundamental desde a era carolíngia foi direcionada à organização visual dos alfabetos latino e grego (derivado), libertando cada vez mais o texto da fala. Mas, a partir do século X, foi a separação das palavras, acima de tudo, que concedeu aos olhos a primazia na leitura.[28]

A característica visual mais notável depois da invenção da minúscula do final da era carolíngia foi a separação entre as palavras por meio do espaço em branco deixado antes e depois de cada uma, como as palavras desta página. A inovação deixou a leitura mais solta, como jamais acontecera antes ou aconteceria depois. A decisiva prática dos escribas carolíngios ligada à separação de palavras deve ter-se originado da tradução dos escritos árabes, uma tarefa que ocupou os copistas da Europa ocidental desde então até o século XIII. Essas traduções formaram "o mais antigo conjunto de escritos a circular sempre no formato de textos com separação entre palavras".[29] Os escribas árabes do século X diferenciavam as palavras não apenas pelos formatos especiais de letras, mas também por meio de um pequeno espaço deixado antes e depois de cada palavra. As traduções de textos gregos para

---

27 PARKES, M. B. *Pause and Effect: An Introduction to the History of Punctuation in the West.* Berkeley e Los Angeles, 1993.
28 SAENGER, P. *Space Between Words.* Op. cit.
29 Ibidem.

o árabe, empregando-se a separação de palavras, os quais, no original grego, eram escritos em linhas contínuas e truncadas, agora se tornavam modelo para o latim ocidental. O mundo árabe supriu a Europa ocidental com o formato (separação entre palavras) e grande parte do conteúdo (aristotélico e outros, sobretudo científicos) da leitura.

Por conseguinte, a leitura silenciosa, onde quer que fosse praticada, introduzia uma nova dimensão à atuação que perdura até nossos dias. O ato da leitura passou de público para privado. O leitor não mais compartilhava o texto com outras pessoas (que podiam interromper com dúvidas e comentários) ou conferia sons às letras. Já era possível ler em segredo, em silêncio, aproximar-se de conceitos de modo direto, permitindo que os pensamentos fluíssem em um nível superior de consciência, fazendo referências cruzadas e comparações, ponderando e avaliando. Isso modificou os hábitos de leitura de modo profundo no Ocidente, com influência não só sobre as circunstâncias e os temas externos da leitura, mas também com efeito psicológico no leitor. Esse acontecimento se tornou parte da experiência interior das pessoas.

A leitura transcendeu sua função social de ferramenta, caracterizando-se agora como aptidão humana.

Além disso, a leitura silenciosa apresentou algo novo à sociedade como um todo: a comunicação sem censura. Aquele emaranhado de dogmas institucionalizados e de rígido controle, típicos da Idade Média, enfim possibilitaram ao leitor o acesso a ideias heréticas sem medo de ser flagrado. Até o século XI, as heresias costumavam ser casos isolados que representavam pouco perigo à Igreja monolítica.[30] Talvez não seja coincidência o fato de a primeira queima de um herege na fogueira ter ocorrido em 1022 (em Orléans, na França), em uma época de maior acesso ao conhecimento e de questionamento de dogmas herdados, possivelmente impulsionado pela leitura individual e silenciosa. No século XII, a Igreja e a autoridade feudal foram o alvo de diversos movimentos coléricos de hereges que desafiavam sua legitimidade, reafirmando o "direito" da humanidade a um relacionamento imediato com Deus *sans* poderosos intermediários.[31]

Algo profundo havia acontecido na psique social. O membro público havia-se tornado o contestador privado. O indivíduo estava sendo reconhecido. Claro que essa evolução social foi cruelmente contestada pela elite, que tinha sido desafiada: em 1231, Frederico II, imperador do Sacro Império Romano, decretou heresia religiosa como crime civil, a ser punido com a morte. Mas, mesmo assim, a fenda social continuou a se romper, por fim resultando no grande cisma do século XVI. Decerto, a leitura silenciosa não foi a causa disso tudo. No entanto, ela permi-

---

30 CHRISTIE-MURRAY, D. *A History of Heresy.* Oxford e Nova York, 1976.
31 MOORE, R. I. *The Birth of Popular Heresy.* Londres, 1975.

tiu, de fato, que muitas pessoas se aproximassem de questões, conceitos e crenças até então inacessíveis. Isso, por sua vez, induziu a mais questionamentos, preparando o caminho para mudanças significativas.

Com a leitura silenciosa, o sossego invadiu os *scriptoria* europeus. A nova prática não significava uma simples redução do barulho, pois *toda* a linguagem falada foi eliminada. Passou-se de um extremo a outro. Para se comunicar com um companheiro, agora, o escriba tinha de usar uma linguagem especial de sinais: quando precisava de um novo missal para copiar, por exemplo, ele fazia o sinal da cruz; quando desejava copiar um texto profano, espreguiçava-se como um cão.[32]

A transição total da escuta exclusiva para a leitura exclusiva não foi concluída na Idade Média. A fórmula onipresente dos germânicos *hoeren unde lesen* – "escutando e lendo", segundo a qual no alemão da alta Idade Média *lesen* significava "ler, ler em voz alta", bem como "narrar, recontar, relatar" – não simbolizava apenas as duas formas de experimentar um texto (atuação pública e experiência individual). Ela também representava a dupla característica presente no leitor perante a obra escrita: o público e o privado, intrínseco até mesmo no romance lido em silêncio. Ambos os conceitos eram, dessa forma, na verdade, um só conceito, o de leitor como ouvinte, pois cada autor medieval continuava a se dirigir ao leitor como se estivesse no ambiente público.

Escutar *e* ler permaneceram como a essência do costume medieval.

Durante três a quatro séculos, a leitura silenciosa tornou-se não só comum em toda a Europa ocidental, mas também o método predileto dos eruditos. Richalm, o mais importante monge cisterciense da abadia de Schöntal, no sudoeste da Alemanha de 1216 a 1219, relatou, por exemplo, como os demônios o haviam forçado a ler em voz alta, o que, perturbando sua usual leitura silenciosa, o desviou do discernimento e da conscientização espiritual.[33] A preferência pela leitura silenciosa foi declarada por seus colegas cistercienses Bernardo de Clairvaux, Isaac de Stella, Guilherme de Saint-Thierry e Aelred de Rievaulx, que acreditavam que a leitura era a principal ferramenta de influência do *affectus cordis*, o estado de espírito.[34] A leitura – a leitura silenciosa, isto é, o que agora era considerado a autêntica leitura – era reconhecida até como forma de meditação, a qual foi redefinida pelo autor anônimo, no século XII, do *De interiori domo* como "leitura interna".[35]

---

32 THOMAS, *Great Books and Book Collectors*.

33 SCHÖNTAL, R. von. *Liber revelationem de insidiis et versutiis demonum adversus homines.* In: PEZ, B. (Ed.). *Thesaurus anecdotorum novissimus*. Augsburg, 1721-9, I:2:390. 4v., citado em SAENGER, *Space Between Words*, p.248.

34 SAENGER, P. *Space Between Words*, p.246-9.

35 LECLERCQ, J. Aspect spirituel de la symbolique du livre au XIIe siècle. In: *L'homme devant Dieu: Mélanges offerts au Père Henri de Lubac*, 3v. Paris, 1963-4. v.2, p.63-72.

A Alta Idade Média

Hoje, compreendemos um texto literário como expressão *escrita* inflexível. Mas assim como o público tradicional da Pré-história e da Antiguidade, os ouvintes medievais esperavam que as lendas e os épicos herdados fossem flexíveis e orais. Curtas ou extensas, essas obras eram compostas, em geral, de um roteiro bem conhecido livremente transmitido por meio de retórica a ser manipulada com criatividade pelo declamador, de acordo com o público ouvinte. Como consequência, uma atuação nunca era igual a outra. Uma obra de literatura era uma criação viva, e não um documento fossilizado.

O *mimus* romano, o ator mímico, desaparecera há muito tempo e fora substituído pelo *scoph* cortês (em terras germânicas) ou pelo poeta (celta). Embora a Igreja tentasse reprimir esses trovadores tradicionais, as pessoas se aglomeravam como nunca em volta deles para escutar as mesmas lendas antigas popularizadas por seus ancestrais. A partir dos séculos VIII e IX, mais ou menos, menestréis itinerantes satisfizeram essa necessidade incessante. No século X, esses grupos se ampliaram com a adesão de clérigos viajantes, que mais tarde se tornaram *vagantes* e goliardos, contadores de histórias itinerantes e bufões aprendizes. Conforme estes aprendiam a ler e escrever, além de obras em língua materna também conseguiam narrar lendas clássicas, teológicas e até heroicas em latim, muitas destas registradas em pergaminho.

A escrita voltou a florescer no século XI, quando um comércio mais intenso criou novas demandas. Contas, correspondências, documentos e escrituras aumentaram dez vezes ou mais. Se até então a palavra escrita permanecia sobretudo no domínio de eruditos clérigos peripatéticos e eclesiásticos no poder, agora ela começava a retornar à esfera pública, pela primeira vez, desde o final da Antiguidade. Sendo restabelecidas para fins práticos, a leitura e a escrita logo deram um novo fôlego à leitura em vernáculo, à leitura clássica e até mesmo ao pensamento reflexivo.

Ao mesmo tempo, um tipo diferente de trovador substituía os itinerantes versados em latim, o qual passou a chilrear a todas as pessoas textos sobre um tópico até o momento pouco abordado: o amor romântico. O gênero revolucionário originou-se na Espanha, influenciada pelos muçulmanos, depois cruzou os Pirineus até o sul da França, de onde se espalhou, transformando-se em um fenômeno pan-europeu. A poesia romântica agora interessava, acima de tudo, aos artistas profissionais – os menestréis (do francês antigo *jongleor* ou "errante") – em mercados, feiras, palácios e castelos, em qualquer lugar onde esses artistas itinerantes pudessem receber moedas ou contribuições em espécie. Em geral de origem humilde e nômades, eles ficavam à margem da proteção da lei e a eles eram vedados os sacramentos da Santa Igreja. Não obstante, competiam com os trovadores, que eram cantores de origem palaciana, os quais compunham e executavam versos estilizados, exaltando as virtudes ou queixando-se da desconfiança de suas amadas. Mas o elevado talento artístico destes era considerado pela maioria das pessoas presunção, fazendo que os menestréis permanecessem os favoritos do público. O trovador Pedro Pictor, nascido em berço de ouro, que se destacou por volta de 1100, chegou a reclamar do modo como alguns membros do alto clero preferiam escutar os versos tolos de um menestrel em vez das bem elaboradas estrofes de um poeta latino sério, referindo-se a si mesmo.[36]

Embora muitos dos versos dos trovadores e até de alguns dos menestréis acabassem sendo escritos, em raros casos esses versos faziam parte dos textos lidos na Idade Média. (A partir do século XIX, porém, sua veiculação em papel excedeu mil vezes aquela em pergaminho do passado.) Os romances em versos – narrativas em vernáculo – eram, de longe, muito mais lidos. Eram compostos em parelhas de versos octossílabos com rimas – o *Sir Orfeo* da Inglaterra, por exemplo, era um "homem robusto e forte, / grande com ares de corte" – uma forma métrica que aos poucos substituiu o verso aliterado e passou a dominar a literatura produzida durante séculos. Esses romances em verso eram o produto híbrido da canção de gesta escrita e do épico nacional oral, duas tradições convergentes, em um período em que a escrita permitia uma "história" mais factual, que substituísse o mito na consciência nacional.

O fato de quase todas as narrativas em vernáculo desse período serem escritas para leitura em voz alta é comprovado pela inclusão de recursos que chamassem a atenção do declamador (*oyez!*) ou que indicassem a necessidade de uma pausa, além de outros artifícios. A maior parte das narrativas era entoada, não cantada, em um tipo especial de canto. A literatura narrativa em vernáculo, originada em seu formato mais comum no século XI por razões que permanecem obscuras, ganhou muita popularidade no norte da França em meados do século XII, sustentando e divulgando o feudalismo: o poder "corporativo" daquela época. Era a voz da elite, da classe dominante, que a nova literatura apoiava, legitimava e entretinha. Muito mais popular que os clássicos, a teologia ou as ciências naturais, a literatura narrativa em vernáculo competia até mesmo com as próprias Escrituras.

Os romances em versos começaram como uma mistura heterogênea de mitos, lendas e contos antigos, em geral oriundos da Grécia, de Roma e das Ilhas Britânicas, e compilados em episódios, como as novelas modernas, em busca do encantamento e do fascínio do público. É claro que, em especial, as lendas arturianas, centradas nas aventuras dos Cavaleiros da Távola Redonda, assumiram a posição mais importante no repertório de romances em versos e inspiraram os leitores daí em diante. Sua popularização em castelos e palácios da França no século XII logo rendeu traduções em vernáculo e em latim, bem como adaptações que surgiram

---

36 HOLMES JR, U. T. *Daily Living in the Twelfth Century.* Madison, WI, 1952. p.113.

na maior parte da Europa ocidental. Os romances em verso, no início composições apenas orais, não demorariam muito a ser expressos por meio da escrita. Na verdade, tornaram-se obras bastante extensas, com sucessivas gerações de autores distanciando-se cada vez mais da atuação oral inerente ao texto escrito. Dessa forma, podiam desenvolver maior profundidade de pensamento, *ethos* e assuntos e, por meio disso, tornaram-se um tipo de *escrita* bastante estilizada no início do século XIII.

Entretanto, a literatura "popular" (não eclesiástica) do período da alta Idade Média permaneceu como a literatura de atuações. Era escrita não para os leitores, mas para os ouvintes (que também podiam, contudo, ser leitores). Estilo, formato, gênero, dicção, postura e outras qualidades eram determinados apenas pelo meio oral. Isso imbuía essa literatura da "esquisitice" que notamos hoje quando a lemos seguindo nosso método silencioso contemporâneo, desprovido de toda oralidade.

Apesar da "revolução" vernácula do romance em verso da alta Idade Média, a maior parte da leitura realizada era em latim. Alguns poucos textos vernáculos eram bastante admirados e copiados, por certo visando à leitura pública. Mas o latim dominava a Igreja, a escola e a educação – os domínios daqueles que liam melhor e com mais frequência. Mesmo assim, a leitura em vernáculo continuava a roubar a cena no século XII, sobretudo para transmitir o patrimônio oral de cada nação, um reino que transcendia a supervisão imediata da Igreja. Isso criava uma polêmica distinta, a clerezia latina *versus* a secularidade vernácula, tensão esta que perdurou séculos a fio.

Muitas das mais altas classes da sociedade, sobretudo a realeza, abstiveram-se por completo da leitura. Em geral, elas consideravam a leitura um "ofício" que não era digno de sua posição, servindo apenas a padres e escribas de classes inferiores, que podiam ser contratados e dispensados com facilidade. No outro extremo da sociedade, a maioria dos cidadãos comuns, ainda supersticiosos e desinformados, aceitava a escrita como algo "mágico", capaz de defender demarcações de terra, homenagear os mortos e "invocar Deus e os poderes celestiais de cruzes e relicários".[37] Analisando o analfabetismo dos cidadãos comuns, em 1025, o Sínodo de Arras determinou que "aquilo que as pessoas simples não conseguem compreender pela leitura das Escrituras poderia ser aprendido por meio da contemplação de figuras",[38] em um gesto cujo objetivo era ensinar mais, inspirar e sobretudo controlar por meio da produção de imagens. De fato, essas ilustrações mantiveram-se como um poderoso meio, testemunhas eloquentes, como a famosa Tapeçaria de Bayeux do final do século XI – "história em imagens para o público iletrado" (embora com legendas em latim).

---

37 MARTIN, *The History and Power of Writing.*
38 SÍNODO DE ARRAS, 14. In: MANSI, J. D. (Ed.). *Sacrorum nova et amplissima collectio.* Paris e Leipzig, 1901-27.

Como resultado de tantas inovações, os livros na Alta Idade Média assumiram uma importância considerável como patrimônio: eles próprios viraram valiosas mercadorias. Em seu testamento de 1059, o aristocrata bizantino Eustácio Boilas, por exemplo, incluiu na lista de suas mais preciosas posses uma Bíblia, diversos livros de história e hagiografia (vidas dos santos) e até o *Romance de Alexandre*.[39]

Um dos livros mais populares do período era o saltério, a série de 150 salmos encontrada em toda Bíblia. A maioria dos saltérios, em latim, altera a sequência e/ou o número e inclui hinos, cantos fúnebres, louvores, exaltações reais e canções de peregrinos. Em louvor a Deus, súplica e devoção, esses componentes já figuravam na liturgia do início da Igreja cristã. O saltério constituía a base das horas canônicas, uma vez que monges e freiras se reuniam em altares de mosteiros e abadias para as *horae*: as sete vezes do dia reservadas à recitação das preces do ofício divino. Cada saltério era dividido em sete dias da semana e, depois, em *horae* individuais. Aqueles que eram ricos o suficiente para ter uma capela particular no castelo, no palácio ou no palacete, realizavam cerimônias seculares empregando o próprio saltério, com muita frequência objetos de posse das damas.

Sem dúvida, o gênero literário mais lido na alta Idade Média, a partir do século XII, foi o livro de preces pessoal em latim: o livro de horas. Esse formato surgiu no século VIII quando um dos principais abades de Carlos Magno, Benedito de Aniane (c. 750-821), elaborou um complemento especial ao ofício canônico, a cerimônia preceituada do culto. O livro de horas englobava o "Pequeno Ofício da Abençoada Virgem Maria" (uma compilação de cerimônias religiosas curtas), a ser recitado ao longo do dia em intervalos específicos.[40] Ele basicamente copiava o ofício divino dos padres, mas em um estilo resumido, com a inclusão de diversos salmos e passagens bíblicas, do ofício dos mortos, de hinos, preces favoritas aos santos e quase sempre um calendário com os dias dos santos.

Esses livros portáteis, que cabiam na palma da mão, cuja qualidade variava do grosseiro ao refinado (dependendo do tamanho do bolso da pessoa) acompanhavam os donos, em geral mulheres, não só na igreja e na capela, dia e noite, sempre agarrado em uma das mãos, mas também em todas as viagens. Ricos nobres e, mais tarde, a burguesia abastada ofereciam livros de horas como presentes de casamento. No final da Idade Média, as iluminuras em miniatura incluídas nas páginas desses livros constituíram o principal trabalho artístico da Europa ocidental. Mais importante, o livro vinculava o leitor diretamente ao divino sem a mediação da Igreja, a qual até então havia monopolizado a escrita religiosa: com um livro desses nas mãos, a própria leitura se tornava um ato sagrado de enorme individualidade. Essa percepção inovadora, enfim, abriu o caminho para a leitura

---

39 *Byzantine Books and Bookmen*, catálogo da exposição. Washington, DC, 1975.
40 BACKHOUSE, J. *Books of Hours*. Londres, 1985.

das Escrituras nos idiomas vernáculos – algo até então inconcebível – e em última análise contribuiu, embora de modo mais periférico, para o questionamento da supremacia da Igreja.

Como muitas damas carregavam os livros de horas para o ofício divino, pintores medievais começaram a exibir a Virgem Santa como uma delas, com o livro na mão. Alegou-se que, no século XIV, a imagem da Virgem Maria lendo o livro de horas demonstrava "a apropriação das mulheres de uma *opus Dei* ["obra de Deus"] e da erudição.[41] Talvez tão comuns quanto os homens leitores em alguns contextos sociais, as mulheres leitoras que possuíam livros de horas também tinham a Palavra de Deus, a qual, por meio da alfabetização, podia ser conhecida por elas, sem a mediação masculina. Não se tratava de subversão de sexos, mas do florescimento do igualitarismo. Da mesma forma, a Virgem Maria conseguia personificar a Palavra. Ilustrações como a da Virgem segurando um livro – Cristo em tenra idade lendo quase sempre em seu colo – proliferaram nos séculos XIV e XV. Ambos juntos partilhando a Palavra de Deus, homens e mulheres como seres semelhantes, conquistam a Verdade eterna por intermédio da leitura ... ou, pelo menos, assim entendia o artista medieval.

Tendo o livro de preces se tornado usual por nobres ricos ou patrícios e damas, século XIII, o livro de horas manteve uma destacada popularidade até o século XVI. Em milhares de residências abastadas, o livro de horas era o único livro da família (a Bíblia sempre foi cara demais). Com muita frequência, as crianças do palácio, com a ajuda da mãe ou da ama-seca, aprendiam o bê-á-bá com o livro de horas.

Iniciado no século XII (na abadia de Saint-Denis, na França, em 1140-1144), o movimento gótico rejeitou a subordinação românica às paredes com aparência de fortaleza, passando a adotar colunas entalhadas e janelas altas e elevadas. Isso modificou a iconografia da Igreja com a introdução dos vitrais, fazendo ressurgir obras em pedras e elaboradas esculturas em madeira. Cenas bíblicas completas agora apareciam em cores claras, iluminadas pelo sol incidindo do alto; púlpitos com complexos entalhes em pedra eram erguidos na direção do céu; e do outro lado do longo e imponente apainelamento de assentos no altar, em transeptos e em púlpitos elevados. No século XIV, no Baixo Reino, exatamente as mesmas cenas eram pintadas em pergaminho e reunidas em livros: sem nada escrito ou com pequenas legendas ou dizeres.

Vendiam como água.

Logo essas obras ilustradas inspirariam o nascimento de uma diversificada indústria. No início do século XV, exemplares impressos com blocos de madeira

---

41 WILLIMAN, D. The Fourteenth-century Common Reader. Trabalho não publicado apresentado na Kalamazoo Conference 1992, citado em MANGUEL, A. *A History of Reading,*, p.344-5, n.34.

lotavam as estantes das livrarias. Além de gêneros populares, como a *Dança dos mortos* ou a *Nau dos insensatos*, com uma ilustração por página (um curto poema de cunho moral ajudava a explicar a figura), a mais popular dessas produções foi, sem dúvida, a Bíblia em figuras. Muitos séculos mais tarde, esses livros ficaram conhecidos como *Bibliae pauperum* ou Bíblias dos "pobres" (ver a seguir).

Qual porcentagem da população, na Alta Idade Média, sabia ler? Nos centros metropolitanos, talvez chegasse a 5% – ou metade daquela da Roma antiga. E, nas áreas rurais, na melhor das hipóteses, um em cada cem. Em pequenas cidades e vilarejos dominados pelo castelo feudal – presença obrigatória naquele cenário – talvez apenas dois ou três soubessem ler: a dama, a filha adolescente e, com a vontade de Deus, o padre. Contudo, algumas passagens na literatura medieval comprovam, de fato, a alfabetização nas mais surpreendentes situações. No século XII, no romance francês *Huon de Bordeaux*, por exemplo, o heroi entrega uma carta ao capitão do navio, responsável pelo porto de Brindisi no sul da Itália, o qual "pegou a carta e rompeu o selo; leu a carta, pois tinha conhecimento suficiente para tanto, e entendeu muito bem o que ali estava escrito".[42] Sobressaindo-se em relação aos contemporâneos menos letrados da Europa ocidental, a realeza medieval russa lia, muitas vezes, em latim e grego (mas não em russo) e possuía um elevado nível de erudição. Nos séculos XI e XII, a Rússia era parte integrante da Europa. Os príncipes da região de Kiev mantinham estreitos laços dinásticos com os órgãos governantes dos países ocidentais, e seus filhos casavam-se com rainhas ou princesas de Inglaterra, Alemanha, França, Suécia, Hungria e Bizâncio.[43] No século XI, a filha do príncipe Iaroslav, Ana, que se casara com o rei Henrique I da França, era a única integrante letrada de toda a família real francesa; ela, até mesmo, assinava documentos governamentais de próprio punho.

Na realidade, embora a atividade intelectual tivesse identificação imediata com a população masculina na Alta Idade Média, um número surpreendente de mulheres penetrou esse círculo com eloquência.[44] Muitas faziam parte de ordens religiosas, e algumas davam ênfase à educação de jovens garotas. As dominicanas, por exemplo, residindo em cidades e não no campo, eram quase na maioria letradas e dedicadas ao estudo religioso (marginalizando os clássicos); a partir do início do século XIV, em toda parte, elas se encarregavam da educação das garotas locais, quase sempre incluindo um estudo teológico elaborado e desconhecido nos livros de gramática das escolas públicas para garotos. Personalidades fortes e eruditas surgiram dessas comunidades religiosas. Já no século XII, Hildegarda de Bingen da Alemanha (1098-1179) – abadessa, poeta, compositora e mística – escre-

---

42 GUESSARD, F., GRANDMAISON, C. (Eds.). *Huon de Bordeaux*. Paris, 1860, v. 2668ff.

43 ZENKOVSKY, S. A. (Ed.). *Medieval Russia's Epics, Chronicles, and Tales*. Nova York, 1963.

44 LABARGE, M. W. *A Small Sound of the Trumpet: Women in Medieval Life*. Londres, 1986; e HARKSEN, S. *Women in the Middle Ages*. Nova York, 1976.

HISTÓRIA DA LEITURA

veu que a fraqueza da Igreja era a fraqueza do homem: cabia às mulheres preencher a lacuna na Era da Mulher.

Contudo, não era o momento. O frade e teólogo escolástico dominicano italiano Tomás de Aquino (1225-1274), em poucas palavras, definiu a função destinada à mulher na sociedade medieval: "A mulher foi criada para ser a esposa, o braço direito do homem".[45] Estudar, questionar, desconfiar não eram funções da mulher. Como Pedro Abelardo (1079-1142), o ilustre cônego de Notre Dame, em Paris – castrado por ter seduzido a aluna Heloísa, uma leitora brilhante e questionadora – antecipou-se: "Desconfiando, passamos a questionar; e, questionando, aprendemos a verdade".[46] A verdade só aos homens pertencia, não às mulheres. Todavia, os nomes de diversas obras maravilhosas condenadas sobreviveram aos séculos: como a de Julian de Norwich (c. 1342-c. 1413), a mística e anacoreta inglesa, mais conhecida por descrever suas visões de uma verdade transcendente, em *Revelações do amor divino*.

Também entre os leigos, as mulheres eram ávidas leitoras e elogiadas autoras. Uma das mais importantes na Alta Idade Média foi a enigmática Maria da França (c. 1139-1216), possível irmã bastarda do rei Henrique II da Inglaterra, a qual compôs canções (curtos poemas narrativos) muito admiradas, bem como fábulas que revelavam um profundo conhecimento da literatura bíblica e dos clássicos. Nascida em Veneza, Christine de Pisa (c. 1364-c. 1430) produziu baladas francesas, rondós, poemas e uma famosa biografia de Carlos V da França. Uma freira, talvez Clemence de Barking, escreveu *Vie d'Edouard le confesseur*. Hugo de Fleury dedicou a *Historia ecclesiastica* à condessa Adela porque, ao contrário da maioria de suas contemporâneas, ela era culta e dominava o latim. Além disso, na literatura da época, retratavam-se mulheres e garotas lendo por toda parte.[47] Em *L'Estoire des Engleis* (c. 1150), Geoffrei Gaimar narra que Dame Constance lia *A vida de Henrique da Inglaterra* em seu gabinete particular. A própria Maria da França, no poema Yonec, relata sobre uma velha senhora declamando, sozinha, versos do saltério em seus aposentos.[48] Vimos, no início deste capítulo, uma citação exemplar. Sempre que possível em termos financeiros e físicos, as mulheres daquela época, em toda parte, tornaram-se as leitoras e escritoras mais entusiásticas.

Claro que ainda havia uma censura geral. Depois que o papa anatematizou o Talmude judaico por retratar Jesus como um criminoso comum, o rei Luís IX da França (no poder entre 1226-1270) – canonizado já em 1297 – supervisionou a queima cerimonial do Talmude em Paris. Estudiosos recentes estimam que cerca

---

45 OCHS, C. *Behind the Sex of God: Toward a New Consciousness – Transcending Matriarchy and Patriarchy*. Boston, 1977.
46 CLANCHY, M. T. *Abelard – A Medieval Life*. Oxford, 1997. p.6.
47 GAIMAR, G. *L'Estoire des Engleis*. BELL, A. (Ed.). Oxford, 1960, v. 6495-6.
48 FRANÇA, M. da. Yonec. In: EWERT, A. (Ed.). *Marie de France*: Lais. Oxford, 1969, v. 59-60.

de *mil* cópias inflamaram essas labaredas, e isso em uma época em que Paris tinha talvez, no máximo, quatro mil livros.[49] Mas esses acontecimentos eram raros. Em geral, a censura tomava medidas mais convencionais: proibição, restrição, reedição, cortes e repreensão pública, entre outras, partindo quase sempre da Igreja. (Muitos governantes seculares ainda não haviam aderido completamente à cultura escrita.) A ameaça não estava no livro em si, como objeto, mas nas ideias nele defendidas. Um livro não representava perigo, mas, sim, um novo pensamento. A censura bem-sucedida costumava se dar apenas pela mera proibição de uma doutrina duvidosa e suspensão ou substituição de qualquer mestre que a divulgasse. Apenas pequenos trechos dos livros costumavam ser considerados ofensivos; a maior parte do texto remanescente continha informações que valiam a pena ser mantidas, sobretudo considerando-se a raridade da literatura escrita. E, afinal de contas, os livros tinham um valor inestimável. Os volumes suspeitos, na verdade, eram apenas anexos a uma lista de seções incriminadas ou os trechos ofensivos eram marcados com destaque para que fossem eliminados em cópias subsequentes. Nos séculos XII e XIII, a escrita ainda exercia apenas um papel secundário na difusão das heresias, restritas, em especial, às manifestações orais.

Além disso, a censura ocorria de modo dissimulado. Assim, o que não se via acabava sendo o mais revelador. É curioso observar, nos documentos das bibliotecas das ordens mendicantes medievais (aquelas que dependiam de donativos para se sustentarem, como as dos dominicanos, franciscanos e outros), que suas coleções possuíam um número extremamente pequeno de obras da Antiguidade clássica, o que já não se pode dizer dos escritos cristãos. Isso também era censura, e da mais alta ordem.

A partir do final do século XII, os livros – ou seja, códices em pergaminho escritos à mão, muitos deles, no Norte da Europa, consistindo em pele de bezerros – passaram a ser lucrativos artigos comerciais. Eram comercializados mais uma vez no Ocidente, após longos séculos de reclusão. Os que emprestavam dinheiro, reconhecendo o valor comercial dos livros, chegavam a aceitá-los como garantia; em particular, os estudantes tinham o costume de tomar dinheiro emprestado mediante o valor de um volume estimado.[50] No século XV, as importantes feiras comerciais em Frankfurt e Nördlingen, na Alemanha, passavam também a comercializar livros. Ler tornava-se um grande negócio.

Muitos clérigos consideravam a leitura uma panaceia, pois a própria consolação divina residia no ato da leitura. Como Aelred de Rievaulx entoava: "Digo-lhes, irmãos, que nenhum infortúnio poderá nos atingir, nenhuma situação tão desoladora pode surgir que não possa, assim que as Sagradas Escrituras de nós se apoderem,

---

49 GRAYZEL, S. *The Church and the Jews in the XIIIth Century*. Filadélfia, 1933.
50 OLMERT, M. *The Smithsonian Book of Books*. Washington, DC, 1992.

HISTÓRIA DA LEITURA

desvanecer-se à inexistência ou tornar-se por nós suportável".[51] As Escrituras não eram apenas sagradas pelo conteúdo, mas o próprio ato de lê-las era considerado um caminho duplo, conduzindo ao conhecimento divino e ao fortalecimento moral. Como proclamou o místico e escolástico francês Hugo de São Vítor (1096-1141), um dos mais influentes teólogos do século XII: "Duplo é o fruto da leitura sagrada, pois ela instrui a mente com conhecimento ou a nutre com ensinamentos morais".[52]

A Europa oriental partilhava esse sentimento. Os mais antigos leitores eslavos liam sobretudo os escritos religiosos gregos. Os eslavos macedônios, talvez no século VII d.C., adaptaram as letras cursivas do grego bizantino para produzir as Escrituras em seu próprio idioma; na década de 860, são Cirilo adaptou e formalizou isso no alfabeto glagolítico. Na década de 890, os clérigos búlgaros preferiram as letras maiúsculas do grego bizantino para transmitir textos eclesiásticos, e assim nascia o alfabeto cirílico. Toda a leitura dos eslavos, com algumas exceções, era em essência religiosa. Pouquíssimos eslavos chegaram a aprender a ler e escrever. Os que o faziam eram quase sempre os clérigos, notadamente a serviço da Igreja; contudo, muitos também eram ativos em diversas cortes reais, trabalhando como escribas e tradutores.

A literatura russa, por exemplo, escrita no alfabeto cirílico, teve início durante o período kievano (907-1169), com a vida de santos, sermões e escritos religiosos didáticos. Surgiram então obras originais, como a *Instruction*, de Vladimir Monomakh (morte em 1125), uma forma de autobiografia destinada aos seus filhos ou o anônimo *Lay of Igor's Campaign*, do final do século XII. O *byliny*, poemas heroicos orais recitados por poetas camponeses e entoados na *gusli*, um tipo de harpa, embora muito popular, só foi escrito entre o final do século XVIII e o início do XIX. Diferente do *byliny* e dos poemas religiosos orais, a poesia russa escrita permaneceu obscurecida até o século XVII e talvez não tenha sequer existido. O gênero mais significativo da Rússia, a poesia épica heroica, desfrutou, na verdade, de uma tradição literária, não oral. Vários escritos importantes foram preservados no alfabeto cirílico, como o *Zadonshchina*, homenageando a vitória russa sobre os tártaros em Kulikovo, em 1380, narrada em detalhes no *Lay of Igor's Campaign*.[53]

Aprendendo a ler

Ao mesmo tempo que a educação tradicional romana rapidamente declinava, um tipo diferente de escola havia surgido nos séculos IV e V: a sala de aula

---

51 RIEVAULX, E. De. The Mirror of Charity. In: MATARASSO, P. (Ed.). *The Cistercian World: Monastic Writings of the Twelfth Century*. Londres, 1993.

52 Citado em NIELSEN, C. *Artful Reading in Medieval and Renaissance Europe*, J. Paul Getty Museum, livreto da exposição. Los Angeles, 2001.

53 ZENKOVSKY (Ed.). *Medieval Russia's Epics, Chronicles, and Tales*.

cristã. Essas instituições paroquiais, monásticas e catedráticas, só floresceram de fato depois que Carlos Magno decretou, quatrocentos anos depois, que todas as igrejas e catedrais do Império Franco formassem escolas que ensinassem a ler e escrever, aritmética e música (cântico). Nelas, a educação começava com a leitura e a escrita do latim. A leitura introdutória era composta por textos elementares e simples: o Pai-Nosso, a Ave-Maria e o Credo dos Apóstolos. Depois que esses textos fossem aprendidos, com ajuda da inspiradora punição da vara de marmelo, o mestre imergia seus alunos nos manuais de leitura mais comuns da época (muito semelhantes aos padronizados livros-texto dos currículos de hoje): em geral, a *Ars de octo artibus orationis* (A arte dos oito fragmentos do discurso), de Élio Donato, e, mais tarde, a *Doctrinale puerorum* (A doutrina dos meninos), de Alexandre de Villedieu.

Maria da França deixou registrada uma saborosa ilustração de como se começava a ler pelo método fonético no século XII:

> Um padre, certa vez, queria ensinar um lobo a ler. "A", disse o padre. "A", respondeu o lobo, que era muito astuto. "B", disse o padre. "Repita comigo." "B", repetiu o lobo; "estou conseguindo". "C", disse o padre; "vamos repita". "C", repetiu o lobo. "Elas não têm fim?" E o padre respondeu: "Descubra você mesmo."[54]

Cadernos do século XV demonstram que muitos alunos também começavam a ler pelas preces diárias (o Pai-Nosso e a Ave-Maria) e seleções dos salmos, passagens que os alunos já sabiam de cor. Copiando essas passagens da lousa no primeiro dia de aula, eles tinham mais facilidade para associar essas unidades completas de discurso, no estilo "palavra completa", a agrupamentos individuais de letras.

No caso do ensino avançado da leitura na Alta Idade Média, o chamado "método escolástico" dominava. Alunos letrados viriam a se tornar membros cristãos exemplares da comunidade por meio da declamação e da comparação da interpretação autorizada dos grandes autores: os Padres da Igreja ou os ilustres escritores pagãos da Antiguidade. Para aperfeiçoar essa prática, os alunos que já liam direito agora aprendiam a ler os textos "de modo apropriado", seguindo uma série de etapas predeterminadas. A *lectio* era formada pela análise gramatical de um texto em latim, identificando e explicando o caso ou a conjugação de cada palavra. Isso resultava na *littera*, a leitura literal do texto. O sentido mais amplo era o *sensus*, o qual, por meio de ensinamentos ortodoxos, deveria ser apreendido pelo aluno. Apenas depois disso a pessoa podia passar à *sententia*, a interpretação crítica segundo o dogma herdado. O objetivo fundamental desse treinamento era,

---

54 FRANÇA, M. da. Del prestre e del lu. In: WARNKE, K. (Ed.). *Fables*. Halle, 1898. Trad. HOLMES, Jr. *Daily Living in the Twelfth Century*, p.230.

ao que parece, conforme explicou um professor de retórica do século XV, "falar de modo eloquente e ter uma vida cheia de virtudes".[55]

Os alunos, em geral, eram pobres demais ou não tinham dinheiro para comprar seus próprios livros. Em razão do trabalho empregado na produção de cada códice – aquisição e preparação da pele do bezerro, e a cópia à mão de cada página – os livros eram artigos caríssimos, pelo menos em comparação aos de hoje: no século XII, o abade Samson pagou vinte marcos, o preço de uma casa na cidade, por um exemplar das Escrituras. Em geral, a própria escola fornecia os livros, a título de empréstimo; muitas vezes, um professor podia fazer isso também. Partia-se sempre do princípio da absoluta confiança. Os alunos não costumavam usar os livros para os estudos em si, mas sobretudo como objetos de auxílio à memória.

Na sala de aula comum, as regras gramaticais do latim eram escritas com giz na lousa para que os alunos lessem e gravassem. Era uma purgação por meio do aprendizado pela repetição, com a leitura servindo apenas de apoio. Diversos fatores impediam uma leitura mais fácil: o idioma estrangeiro, letras de mão diferentes com soletração e formatos de letras inconsistentes, pontuação irregular e, acima de tudo, numerosas abreviações e supressões (marcas acima das linhas representando letras omitidas). Não é de admirar que muitos garotos, no final do período escolar, não tivessem um ensino apropriado, conforme se queixava um graduando do século XV: "não sei nem falar latim nem compor uma carta ou poema, nem explicar as preces lidas na missa [em latim]",[56] apenas um exemplo de queixa comum no sistema escolar de todo o século.

Três ou mais alunos, dividindo os bancos na classe, mantinham o livro aberto para uso comum, se estivesse disponível, o que era raro.[57] O sistema, é claro, distinguia os alunos de memória mais privilegiada. Várias técnicas para o aprimoramento da memória faziam parte do ensino elementar e permitiam que muitos recuperassem informações armazenadas com uma facilidade quase equivalente ao clique em um arquivo de computador. Tomás de Aquino desenvolveu uma dessas técnicas, uma útil série de regras de memorização para o leitor. Em primeiro lugar, determine uma ordem do que deve ser memorizado. Em segundo, desenvolva uma "afeição" para cada item – ou seja, "rotule-os" com uma emoção. Em terceiro, transforme-os em "imagens marcantes", fáceis de serem lembradas para ajudar a visualização. Por fim, repita-os amiúde, pois sabemos que a repetição reforça a memória. Assim como ocorrera na Antiguidade, a leitura era, dessa forma, ainda parte de um complexo mnemônico mais amplo.

---

55 GRAFTON, A. *Defenders of the Text: The Traditions of Scholarship in an Age of Science*, 1450--1800. Cambridge, MA, 1991.

56 WIMPFELING, J. Isidoneus, XXI. In: FREUDGEN, J. (Ed.). *Jakob Wimphelings pädagogische Schriften*. Paderborn, 1892, citado em MANGUEL, A. *A History or Reading*.

57 CARRUTHERS, M. J. *The Book of Memory*. Cambridge, 1990.

Há oitocentos anos já existia um currículo padrão de leitura. Para gramática, indicavam-se as obras de Prisciano e Donato. Para matemática e astronomia, Euclides e os resumos árabes de Ptolomeu, além de Boécio. Legislação civil incluía o *Corpus juris civilis*, a lei canônica *Decretum* de Graciano e as Decretais de Alexandre III. Para medicina, os alunos liam Galeno, Hipócrates e o *Pantegni*. Para teologia, a Bíblia e as *Sententiae*, de Pedro Lombardo. Os autores clássicos latinos lidos com mais frequência eram Virgílio, Ovídio, Cícero, Juvenal, Lucano, Tito Lívio, Sêneca, Horácio, Salústio, Marcial e Petrônio, entre outros.[58]

Uma vez que o garoto aprendia a ler com relativa facilidade, aos onze ou doze anos, ele podia solicitar ao bispo a tonsura para ingressar na escola de nível mais avançado de aprendizagem, na qual, durante dois ou três anos, iria se concentrar sobretudo no *trivium* (as três artes, ou seja, gramática, retórica e lógica). Aos catorze anos, ele já estava apto à universidade, fosse especializando-se em alguma área do *trivium*, fosse prosseguindo nos estudos do *quadrivium* (aritmética, geometria, astronomia e música), da medicina ou do direito.

As meninas podiam avançar até o *trivium*, mas era raro que passassem disso. Muitos homens reprovavam qualquer tipo de educação formal para as meninas. Filipe de Novare posicionava-se acerca dessa questão deste modo: "Não fica bem uma menina aprender a ler e escrever, a não ser que deseje se tornar freira, já que, se esse não for o caso, com a maturidade, ela pode usar os conhecimentos para escrever ou ler cartas de amor". Mas o cavaleiro de torre Landry acreditava que "as meninas deveriam aprender a ler para que pudessem aprender a fé verdadeira e se proteger dos perigos que ameaçavam a alma".[59] Um pequeno número de garotas nobres recebia ensino privado em literatura bíblica e clássicos latinos. Instruída talvez na corte real da Inglaterra, Maria da França, por exemplo, usufruiu, decerto, dessa educação excepcional em meados do século XII. Duzentos anos mais tarde, a maioria das garotas que viviam nas cidades de conventos dominicanos recebia o ensino elementar nessas instituições e, após dominar a leitura e a escrita instrumentais, em três ou quatro anos, liam refinados textos literários.

Esperava-se que as mães que soubessem ler instruíssem os filhos pequenos na leitura e na escrita básicas, tanto meninos quanto meninas. Se a família fosse abastada o suficiente para possuir livros (que era quase sempre um livro de horas ou um saltério), estes eram empregados no ensino. Uma imagem popular exibia a Virgem Maria aprendendo o bê-á-bá com a mãe, santa Ana; a partir do século XV, essa foi também uma ilustração recorrente nos livros de horas.

No século XIV, a população das cidades, em toda parte, começou a se apoderar do controle político exercido por nobres e bispos locais, no momento

---

58 HOLMES, *Daily Living in the Twelfth Century*.
59 RICHÉ, P., ALEXANDRE-BIDON, D. (Eds.). *L'enfance au moyen age*. Paris, 1995.

em que passou a reivindicar a educação dos filhos, a fim de sustentar e assegurar o direito popular. Escolas públicas financiadas localmente eram abertas pela primeira vez. A classe mercantil em rápida ascensão procurou se fundamentar em livros e leitura, transformando a sociedade de forma intensa.[60] Em 1340, entre 45 e 50% das crianças de Florença com idade entre seis e treze anos, por exemplo, frequentavam diversos tipos de escolas. E, em 1497, talvez cerca de 70% da população valenciana soubessem ler.[61]

Pouquíssimos desses leitores medievais, porém, teriam alcançado a "fluência", pelo menos como a praticamos hoje. Os alunos na Idade Média liam de um modo totalmente diferente dos alunos de hoje. Os olhos de um aluno moderno se movimentam sobre páginas legíveis, brancas e bem impressas ou pela clara tela do computador com uma fluência ao mesmo tempo comum e extraordinária, ultrapassando até a fluência da linguagem falada. O aluno medieval, ao contrário, que quase sempre lia apenas em latim, para muitos uma língua, no mínimo, desconfortável, tinha um árduo trabalho diante do texto. Cada palavra tinha de ser separada uma a uma, muitas vezes reconhecida apenas depois de pronunciada em voz alta.

A leitura fluente era o selo da qualidade do profissional. Um *magister* podia, sem dificuldades, "ler com rapidez" a maioria dos textos de sua área, após ter investido muitos anos em incansáveis esforços para alcançar tal destreza. Entretanto, se esse mestre mudasse de setor – da teologia para a jurisprudência, por exemplo –, seus olhos ficavam, de repente, paralisados. Isso porque cada área tinha vocabulário, retórica, estrutura, abreviações e símbolos especiais em latim próprios, os quais exigiam anos para que fossem aprendidos e dominados. A Idade Média foi a grande era da especialização, com profissionais imersos em seu campo de atividade. Por esse motivo, a maioria dos leitores levava vida reclusa e era raro se aprofundarem em áreas alheias – assim como a maior parte dos acadêmicos modernos.

Essas dificuldades de leitura, mesmo em uma única área, exigiam que os leitores se empenhassem. Poucas pessoas hoje têm consciência do exagerado tempo tomado pela educação universitária medieval. Ultrapassava muito os quatro anos de graduação, os três de mestrado ou os quatro do doutorado de hoje. Na Sorbonne, em Paris, no século XII, por exemplo, os estudantes de teologia tinham, em geral, entre 24 e 35 anos de idade. E o importante título de Doutorado em Teologia era concedido apenas aos que já beiravam os 40.[62]

---

60 FISCHER, *A History of Writing.*
61 SAPORI, A. *The Italian Merchant in the Middle Ages.* Trad. Patricia Anne Kennen. Nova York, 1970; SERVANT, H. Culture et société à Valenciennes dans la deuxième moitie du XVᵉ siècle (vers 1440-1507). Tese, *Ecole nationale des chartes. Positions des thèses soutenues par les élèves de la promotion de 1989.* Paris, 1989. p.183-94.
62 MARTIN, *The History and Power of Writing.*

Escolasticismo

Pedro, o Venerável, abade do grande mosteiro beneditino reformado de Cluny, no leste da França, por volta de 1122 a 1156, foi responsável pela primeira tradução latina na Europa do Qur'an dos árabes, a qual foi concluída entre 1140 e 1143 por uma equipe de eruditos cristãos (trabalhando em parceria com muçulmanos e judeus). Nessa época de cruzadas, Pedro desejava, com essa tradução, ser capaz de contestar as sagradas escrituras dos rivais do cristianismo de maneira talvez mais ponderada.

Esse gesto excepcional refletiu uma nova atitude entre os eruditos da Europa. Desde o século X, eles tentaram unificar um sistema original que englobasse teologia, filosofia e educação: a revelação cristã harmonizada com o pensamento filosófico. Emergindo com força total no século XII, o "método escolástico" envolvia o desenvolvimento claro de um tópico; a limitação e a definição de conceitos com concisão; a formação lógica de evidências; e a discussão de argumentos e contra-argumentos no decorrer de um debate. O "escolasticismo" é o nome mais genérico para aquilo que, na verdade, foi um conjunto de disciplinas. Os eruditos que estavam convencidos de que os preceitos da fé religiosa podiam ser conciliados com os argumentos da razão humana combinaram os ensinamentos dos Padres da Igreja com os de Aristóteles. A inesquecível tradução do Qur'an, de Pedro, o Venerável, foi um exemplo desse movimento, o qual estava modificando o quê e como os europeus liam em muitos aspectos significativos.

A recuperação de textos da Antiguidade grega começou no século X, inspirada sobretudo pelo contato com a rica tradição literária dos árabes. Contudo, o processo foi concluído apenas no início do século XIII.[63] Ao longo da Alta Idade Média, Constantinopla havia colaborado com a maior parte dos textos gramaticais e teológicos gregos sobre a vida dos santos. Mas, no século X, muitos eruditos latinos também se voltaram para os textos clássicos gregos, por intermédio dos muçulmanos. Estes se haviam destacado na pesquisa científica, como vimos, e muitos estudiosos espanhóis, em grande parte judeus, começavam a traduzir as versões árabes das obras clássicas gregas para o latim. No norte dos Pirineus, inflamava-se uma nova apreciação dos clássicos.

O movimento também inspirou um estilo classicista de escrita naquele local. Isso porque, na Idade Média, os textos clássicos eram considerados indefectíveis por quase todos. Como consequência, muitos eruditos agora escreviam suas ideias espelhando-se no estilo dos clássicos, esperando com isso que seus leitores as aceitassem mais facilmente. Condenando essa prática do "argumento da autoridade" no século XII, o ilustre cânone de Notre Dame, Pedro Abelardo, por exemplo,

---

63 Ibidem.

HISTÓRIA DA LEITURA

a comparou a correntes prendendo feras, para poder conduzi-las. A finalidade da leitura, Abelardo contrapunha, é produzir interpretações, e não legitimar a opinião de alguém.[64]

O ponto de vista de Abelardo, porém, foi vencido. Séculos depois, o que se notava, na verdade, era o sussurro do indivíduo contra o rugido da autoridade – por meio de Aristóteles, cuja redescoberta e reinterpretação, nesse momento, alterava o pensamento medieval de modo profundo na Europa ocidental.

O nome de Aristóteles havia, é claro, sido conhecido pelos teólogos cristãos por séculos. Os primeiros padres da Igreja, entre eles santo Agostinho, o citavam com frequência, e a seu favor. No século XII, Graciano de Bolonha (morte anterior a 1179) e Pedro Lombardo (c. 1100-1164) escreveram sobre a excelência do modelo de hierarquia universal da existência proposto por Aristóteles. Mas demoraria mais um século para que as obras de Aristóteles tivessem demanda significativa nos centros de educação ocidentais. A partir de 1251, a Universidade de Paris aceitou oficialmente as obras de Aristóteles no currículo formal.

Após os séculos XII e XIII, o método escolástico de leitura começou a prevalecer. Com esse método, os professores instruíam os alunos a considerar um texto apenas sob o prisma dos critérios dogmáticos herdados. (A leitura de textos que exigiam tanto esforço mental havia, nessa época, sido bastante facilitada pela prática dos copistas da separação das palavras, inovação que também contribuiu para a ascensão do escolasticismo.) Desse modo, o resultado dos dois domínios contrapostos – a fé religiosa e a razão humana: a *concordia discordantium* ou a "harmonização de pontos de vista divergentes" – serviria, ensinavam os escolásticos, como um novo ponto de partida argumentativo.

O escolasticismo logo se tornou o defensor dos dogmas, e não o incentivador do pensamento criativo, embora os métodos diferissem de Bolonha a Oxford. No ato da leitura, acreditava a maioria dos escolásticos, a recepção do conteúdo deveria ser peneirada pelo filtro dos critérios escolásticos. O leitor deveria *receber* a sabedoria, mas não obtê-la. Mais tarde, uma imposição filosófico-religiosa semelhante também suprimiu o desenvolvimento dos países islâmicos, talvez em um estilo diferente, mas que a partir daí deixou de aceitar mudanças intelectuais revolucionárias, em detrimento da inventividade e da tolerância louvadas pelos ancestrais medievais. A Europa, por fim, opôs-se a essa "mentalidade medieval", primeiro com a Renascença, e depois com o Iluminismo. A maioria dos países islâmicos, entretanto, jamais experimentou semelhante emancipação.

O rei de Castela, Alfonso, o Sábio (no poder de 1252-1284), sem querer caricaturou a severa disciplina do escolasticismo ao escrever:

---

64 LUSCOMBE, D. E. *The School of Peter Abelard: The Influence of Abelard's Thought in the Early Scholastic Period.* Cambridge, 1969.

Os mestres devem, de forma adequada e verdadeira, mostrar seu conhecimento aos alunos lendo livros para eles e fazendo que os compreendam com a melhor de suas habilidades; e depois que começarem a ler, devem continuar o ensinamento até que cheguem ao final dos livros que começaram ...[65]

Com a leitura escolástica da Alta Idade Média, um livro representava, acima de tudo, autoridade para o leitor. Esses textos precisavam ser digeridos devagar, e não analisados, linha por linha, com índices e sumários ajudando a esclarecer o significado intrínseco da obra. Muitas vezes, comentários e anotações preenchiam as margens dos textos e o espaço entre as linhas.

Os textos escritos para a confraria escolástica, bem como lidos por ela, começaram a assumir um aspecto característico. Os copistas passaram a exagerar em abreviações e pontuações nos textos, na tentativa de auxiliar a compreensão por meio da ligação de palavras, mas, dessa forma, criando uma densidade na página que não era vista desde o período pré-carolíngio. Com o tempo, os textos escolásticos tornaram-se códigos obscuros, decifráveis apenas por um pequeno círculo social de estudiosos que lidava com eles todos os dias. Esses textos eram completamente diferentes dos textos claros, fluidos, com letras grandes de um romance francês, de um poema inglês ou de um épico germânico, compreensíveis por qualquer donzela.

A linguagem erudita também mudou em razão do escolasticismo. Em meados do século XIII, toda a Europa ocidental (da Escócia e da Dinamarca no Norte até a Espanha e a Itália no Sul) "havia adotado uma forma de escrita do latim única e homogênea que incorporava as convenções gráficas da separação [entre as palavras] canônica, assim como os princípios da ordem e do agrupamento sintático da palavra".[66] Era um novo latim – esse do escolasticismo – diferindo bastante do latim dos clássicos ou até do latim da Alta Idade Média: ele passava a ser agora o principal meio de discurso intelectual entre os estudiosos de toda a Europa. Um novo idioma internacional como esse se fazia por demais necessário. Houve um súbito aumento no volume de obras eruditas. Correspondências escolásticas nessa nova língua padronizada se multiplicavam entre universidades e mosteiros da Europa ocidental.

A leitura passou a ser reconhecida como a criadora de todo o conhecimento. Por volta de 1250, Ricardo de Fournival, chanceler da catedral de Amiens, na França, declarou que, como a existência humana é curta demais para se adquirir o conhecimento desejado, é necessário contar com o conhecimento de outros – ou

---

65 ALFONSO, O SÁBIO. *Las Siete Partidas*. PIDAL, R. M. (Ed.). Madri, 1955, 2:31:4, citado em MANGUEL, A. *A History of Reading*.
66 SAENGER, P. *Space Between Words*. Op. cit.

seja, com o que já foi escrito – para alcançar essa meta.[67] Foi Deus que concedeu a memória à humanidade, cuja visão e audição nos permitiu a acessibilidade: a visão das figuras e a audição das palavras. Uma figura ou um texto não é, de forma alguma, inalterado, mas é reformulado e reconstituído toda vez que é visto ou ouvido: "... quando estiver lendo, esse texto com *peinture* [pintura] e *parole* [palavra] fará que eu esteja presente em sua memória, mesmo que eu não esteja fisicamente diante de você". O ato da leitura impele o passado a viver de novo e, por isso, enriquece o presente. O contrário do que Sócrates havia afirmado. Ricardo insistia em que não era o leitor, mas, sim, o próprio *livro* que preservava e transmitia a memória humana.

Considerando-se o crescente número de livros nas prateleiras das instituições, apenas a memória não bastava para localizar trechos ou citações específicos. Era necessário usar um *livro de referência*. Os habitantes da Mesopotâmia haviam desenvolvido diversos e úteis sistemas de indexação, e a Biblioteca de Alexandria possuía um catálogo enciclopédico de rolos de papiro. As primeiras Bíblias cristãs passaram a contar com títulos de capítulos, descrevendo os temas de cada livro. Contudo, entre os séculos XI e XIII, as inovações que surgiram tornaram a leitura não só mais organizada, mas muito mais útil. Nessa época, livros como o *Decretum*, de Graciano de Bolonha, e *Sententiae*, de Pedro Lombardo, continham uma diversidade de novos recursos para auxiliar o leitor: o volume começava com um índice; cada página repetia um título corrente; iniciais coloridas distinguiam passagens separadas; "aspas" de diversos tipos separavam citações diretas. Esses e outros elementos ajudavam a transmitir determinado texto da forma mais autoexplicativa e livre de ambiguidades possível, para o estudo silencioso individual.

Quase todos esses recursos são utilizados até hoje.

Surgiram também tipos inéditos de obras escritas. Por exemplo, o erudito Papias, do Norte da Itália, em meados do século XI, compilou um tipo de enciclopédia organizada por ordem alfabética. Para facilitar a consulta, empregou um sistema de letras com tamanhos alternados, colocadas na margem. Em seguida, os copistas cistercienses inovaram com um sistema de localização de palavras em qualquer livro: com base em uma divisão da página em zonas, eles empregavam letras correspondentes escritas nas margens; esse sistema manteve-se popular durante quatrocentos anos. No século XIV, mecanismos de auxílio à leitura como esses proliferaram, em virtude da repentina demanda por ensino público e da rápida expansão do comércio de livros em toda parte.

O ato da leitura mudava mais uma vez. Mais leitores examinavam os textos – fazendo o uso efetivo dos novos espaços em branco, iniciais, símbolos nas margens e outros recursos usados como "dicas visuais". Nesse momento, envolvidos

---

67 CARRUTHERS, *The Book of Memory*.

no estudo solitário, um número cada vez maior de leitores lia em silêncio, imerso em uma experiência individual. Talvez mais importante é que muitos leitores estavam considerando o texto algo objetivo, separado, não mais a voz preservada de alguém falando imediatamente com eles. Isso concedeu à experiência de ler uma dimensão totalmente nova.

Pelo menos àqueles que conseguiam enxergar a página.

Óculos de leitura

Desde tempos imemoriais, diversos acessórios (tubos de bambu, copos de vidro com água, pedra polidas e outros objetos) eram usados durante a leitura para corrigir a hipermetropia, a incapacidade de focar os olhos em objetos próximos. Estes aparelhos também eram conhecidos na Idade Média. Essa deficiência visual comum (hoje presente em uma de cada seis pessoas) era por certo agravada pela iluminação precária da maioria das construções medievais. A menos que se ficasse exposto de modo direto à luz solar, a leitura de escritos em pergaminhos, quase sempre com letras dolorosamente minúsculas, poderia representar um desafio descomunal. Claro que o calor da tarde ou o frio do inverno mantinham a maioria dos leitores em casa, à sombra. A leitura noturna acontecia diante da luz de tochas, lampiões, velas ou velas com pavio de junco, ainda bastante inadequadas, por mais boa vontade que se tivesse. O ato físico da leitura era tudo menos fácil na Idade Média. Isso desestimulava muita gente.

Os copistas costumavam relatar nas margens dos manuscritos o desconforto físico de ler e escrever em locais escuros, frios e com correntes de vento. Florêncio, por exemplo, queixava-se em meados do século XIII: "É uma árdua tarefa. Esconde a luz dos olhos, entorta a coluna, esmaga as vísceras e as costelas, causa dores nos rins e cansaço pelo corpo inteiro".[68] Um leitor hipermetrope sentia um desolamento ainda maior. Mesmo perto da janela, aproveitando a iluminação externa, tinha de apertar os olhos e se debruçar chegando mais perto da página para conseguir distinguir as letras embaçadas. Na verdade, os leitores com problemas de visão, na maioria das vezes, mal conseguiam ler por conta própria. Um membro da família, amigo ou clérigo mais próximo tinha de fazer a leitura para eles em voz alta. Como a maioria das pessoas vivia em grandes agrupamentos familiares para conforto e sobrevivência, em geral sempre havia alguém que pudesse assumir essa função, sobretudo nas cidades do século XIV, quando a educação pública se tornou predominante. Impossibilitados de ler por conta própria, restava aos de vista curta pedir ajuda ou sofrer.

---

68 *Books of the Middle Ages.* Toronto, 1950, citado em MANGUEL, A. *A History of Reading..*

Até a invenção dos óculos.

Lentes projetadas para a leitura devem ter sido aperfeiçoadas em algum momento no século XIII e, tempos depois, tornaram-se comercializáveis e populares. Em 1268, o monge franciscano e cientista inglês Roger Bacon (c. 1214-1292) escreveu, decerto não com base em boatos, mas na própria experimentação, que "se uma pessoa observar as letras ou pequenos objetos através de um meio de cristal ou vidro, desde que modelado como o segmento menor de uma esfera, ela verá as letras muito mais perfeitas e maiores. Esse instrumento é útil a todas as pessoas".[69] De fato, Bacon o considerava não mera curiosidade mas um "instrumento", algo a fazer parte da vida. Entretanto, se ele mesmo usava um cristal ou vidro para ler, ninguém sabe.

O que também ninguém sabe é quem foi o primeiro a popularizar a "invenção", que já era conhecida desde a Antiguidade e talvez tenha sido redescoberta, muitas vezes, em séculos subsequentes. Contudo, o acessório jamais se tornou uma mercadoria comum. Os primeiros a promover os óculos, no último quarto do século XIII, foram os italianos em Florença – grande centro de educação e artes: como o elusivo monge "Spina", que, alegou-se no final da Idade Média, teria sido o primeiro a fabricar lentes para leitura e treinar outros em sua produção. Já em 1301, a Associação dos Trabalhadores em Cristal, em Veneza – cujos membros moldaram os festejados utensílios de cristal que enfeitavam as mesas dos príncipes e os palácios dos bispos em toda a Europa –, incluía, em suas normas, uma especificação sobre o procedimento necessário àqueles que "desejassem produzir óculos de leitura".[70] Quem primeiro popularizou de fato os óculos deve ter sido Salvino degli Armati (morte em 1317), que recebera o título, na igreja florentina de Santa Maria Maggiore, de "inventor dos óculos", gravado em uma placa legível até hoje.

Não obstante, os primeiros óculos não eram comuns, por serem caros demais. Como pouquíssimos artesãos os produziam, sua fabricação saía a um custo exorbitante. Além disso, a demanda de óculos permaneceu baixa, pois os livros também ainda eram raros. A ilustração autêntica mais antiga de que se tem notícia exibindo alguém usando óculos é a representação de 1352, feita por Tommaso da Modena, do cardeal francês Hugues de São Cher, na casa de reunião do cabido dominicano de São Nicolau, em Treviso, no norte da Itália.[71] Somente depois da invenção do prelo, em meados do século XV, o uso dos óculos se popularizou. Uma vez que a produção de livros aumentou e pessoas de diversas classes sociais passaram a ler como nunca, a demanda de óculos de leitura subiu e os custos caíram.

---

69 BACON, R. *Opus maius*. BRIDGES, J. H. (Ed.). Oxford, 1897. 2v.

70 ROSEN, Ed. The Invention of Eyeglasses. *Journal of the History of Medicine and Allied Sciences*, XI, p.13-16, 183-218, 1956, citado em MANGUEL, A. *A History of Reading.*.

71 POULET, W. *Atlas on the History of Spectacles*. Bad Godesberg, 1980. v.2.

Nessa época, a compra de óculos tornou-se mais acessível, pois numerosos fabricantes (não apenas os de cristais ou vidros) abriam fábricas especializadas – a primeira, em Strasburgo, datada de 1466 – para atender essa nova clientela de leitores e outros interessados, produzindo as lentes e os suportes usados para apoiá-las sobre o nariz.[72] Amoladores de lentes com competência técnica aperfeiçoaram o ofício, fazendo experimentações com formas diversas de prendê-las que muitas vezes eram ditadas pela moda: os lornhões (óculos com cabo longo sem hastes), por exemplo, tornaram-se mais populares no século XVIII, ao passo que os monóculos, no século XIX. As hastes presas atrás das orelhas surgiram apenas no século XIX. Hoje, este tipo de óculos também está desaparecendo, à medida que as lentes de contato e os procedimentos de cirurgias corretivas a *laser*, ou outros recursos, ganham a preferência do público.

Os óculos permitiam a leitura sem precisar apertar os olhos, uma leitura melhor e praticada em mais quantidade. Depois que se tornaram acessíveis a todos com problemas de visão e deixaram de ser privilégio de ricos e poderosos, seu uso assumiu significância social. Na realidade, durante muitos séculos, os óculos de leitura figuraram na iconografia ocidental como o acessório indispensável do estudioso, sendo substituído, no final do século XIX, pelo cachimbo do homem erudito.

O desafio vernacular

Os públicos seculares da alta Idade Média haviam alterado as preferências de leitura. Até o século XIII, parelhas de versos octossílabos rimados e "entoados" em vernáculo dominavam o gosto popular. Mas, à medida que a própria sociedade e a linguagem mudavam, as exigências referentes a conteúdo e contexto tornavam-se cada vez mais complexas. Os autores deixaram de compor oralmente e começaram a escrever as mesmas histórias e até novas histórias, na prosa em francês arcaico, germânico médio-alto, inglês médio, espanhol arcaico, escandinavo arcaico e muitos outros idiomas, agora privilegiando conteúdo, brevidade e representação factual em relação a estilo, atuação e, acima de tudo, tradição. Já não se viam mais as até então comuns rimas, os clichês, as normas e osrebuscamentos de uma pomposa tapeçaria verbal. Ativa, concreta, específica, consciente de tempo e espaço, a nova prosa tornou-se tudo a que hoje nem damos tanto valor quando lemos fatos e ficção, acostumados à verossimilhança literária. Essa foi uma criação dos séculos XIV e XV. Nessa época, a prosa simples havia-se tornado a forma favorita de leitura, e a maioria dos estudiosos laicos, que não mais recebiam a literatura em voz alta em locais públicos, lia por conta própria ... e no vernáculo local.

---

72 ORR, H. *An Illustrated History of Early Antique Spectacles*. Kent, OH, 1985.

HISTÓRIA DA LEITURA

A conduta pública em modificação influenciou a leitura erudita também. Isso levou alguns a questionar a primazia do latim. Já em 1267, Roger Bacon, nascido em Somerset e tendo estudado em Paris, observou que não havia cinco homens no cristianismo latino que estivessem familiarizados com a gramática grega.[73] Ele era um crítico ferrenho da tradução corrente de Aristóteles, que, ele acreditava, estava impregnada de ensinamentos islâmicos. Como é possível, questionava-se Bacon, eruditos como o italiano Tomás de Aquino e o alemão Alberto Magno (c. 1193-1280) se dizerem "conhecedores" de Aristóteles se eles nem sequer sabem grego? Embora elogiando comentaristas árabes como Ibn Sina (Avicena), detentor de valiosos conhecimentos, Bacon tinha a sensação de que um texto só podia ser de fato compreendido e julgado quando lido no idioma original, nunca na tradução. Além disso, Aristóteles em latim era uma tradução da tradução (do grego para o árabe e deste para o latim), o que o tornava duplamente suspeito. Bacon morreu, porém, sem testemunhar a aceitação de suas teorias, sem ver sua *magnum opus* concluída ou seu pedido em favor da instrução científica fundamental nas universidades ser concretizado.

Um século depois, o poeta lírico e erudito italiano Petrarca (Francesco Petrarca, 1304-1374), que sempre beijava sua cópia de Virgílio em couro de bezerro antes de abri-la, contava apenas oito ou nove italianos que sabiam grego. Sendo um dos eruditos que inspiraram a posterior Renascença, Petrarca sentiu-se tão próximo da *persona* literária de santo Agostinho apenas por ler seus textos que, já em idade avançada, escreveu três diálogos imaginários com o padre da Igreja, publicados postumamente com o título *Secretum meum* (Meu segredo). A obra revela a intensidade da emoção experimentada por meio da leitura no final da Idade Média, com as mesmas associações e transferências acontecendo no ato que hoje reproduzimos. De fato, foi com Petrarca que o conceito de "leitor moderno", embora ainda um tanto vago, surgiu.

Na conversa imaginária com Agostinho, que havia morrido novecentos anos antes, Petrarca concorda que a leitura o ajuda, sim, a suportar a inquietação da vida. Mas "assim que o livro deixa minhas mãos, todos os meus sentimentos por ele desaparecem". No trecho a seguir, Agostinho o aconselha sobre a melhor forma de apreciar o fruto da leitura:

> Sempre que ler um livro e deparar com alguma frase maravilhosa que lhe cause alguma sensação ou que regozije sua alma, não confie apenas na inteligência, mas forceje por aprendê-la de cor e torne-a familiar a você, refletindo sobre ela, para que, sempre que surgir uma situação de angústia, tenha a resposta como se a solução estivesse escrita em sua mente. Quando passar por trechos que lhe pareçam

---

73 MORWOOD, J. *The Oxford Grammar of Classical Greek.* Oxford, 2001.

úteis, marque-os com destaque para que se calcifiquem em sua memória, caso contrário, eles poderão escapar da mente.[74]

Era uma nova abordagem em relação à leitura, bastante distinta daquela função utilitária como recurso de memória ou como autoridade divina: preservar fragmentos de pensamento inspirador, de diversas fontes, a fim de organizar o próprio "livro mental" para futuras consultas. Aqui, o leitor se torna autor. Mas como discernir o que vale a pena preservar? Segundo Petrarca, era necessário se apoiar na "verdade divina": a voz interior que guia o leitor na seleção e na interpretação, uma voz instruída por leituras anteriores. Nesse difícil processo, o leitor precisa reconhecer os limites da verdade e deve ser guiado pela consciência: "a leitura nem sempre evita o perigo, a menos que a luz da verdade divina ilumine o leitor, orientando o que buscar e o que evitar".[75]

Petrarca já colocava isso em prática por conta própria. Ele havia lançado o livro *De viris illustribus* (Do homem ilustre), por exemplo, como "um tipo de memória artificial", uma coletânea de textos raros e separados, organizados de acordo com um eixo central.[76] Isso era desconhecido até então: na época de Petrarca, todo texto era grandioso e, assim, indivisível. Mas Petrarca, como leitor autoral protótipico, recusava-se a ser um receptor imparcial e passivo – tornou-se um intérprete subjetivo e ativo. Dessa forma, ele libertou, de modo simbólico, a leitura de seu pedestal medieval monolítico, demonstrando que a literatura escrita podia ser cortada, fatiada e servida em diversas formas por qualquer mente criativa. E quando outras pessoas começaram a aderir a essa inovadora abordagem, uma nova espécie de intelectual passou a surgir. Daí em diante, um livro passaria para sempre a representar um repositório de numerosos fatos e frases que podiam ser saboreados, assimilados, retidos ou descartados conforme conviesse a cada leitor, de acordo com a habilidade e a inclinação. Depois de Petrarca, a "forma intercalada de leitura tornar-se-ia o método comum de educação em toda a Europa".[77]

A atitude da sociedade em relação à leitura alterava-se para sempre e de uma forma profunda e fundamental.

Isso desafiava também a conduta dos leitores acerca do latim, sempre uma língua restrita na Idade Média, o idioma de clérigos e eruditos. A maioria dos europeus não compreendia o latim e, desse modo, ficou à margem da maior parte da literatura escrita. O poeta italiano Dante Alighieri (1265-1321) argumentava, contudo, que uma língua vernácula, o idioma cotidiano da população, é na reali-

---

74 PETRARCA, *Secretum meum*, citado em MANGUEL, A. *A History of Reading* .
75 PETRARCA, *Familiares*, 2:8:8:22, em KAHN, V. The Figure of the Reader in Petrarch's *Secretum. Publications of the Modern Language Association*, c/2 , 1985.
76 KAHN, The Figure of the Reader in Petrarch's *Secretum.*
77 MANGUEL, A. *A History of Reading* .

dade mais nobre que o latim por três motivos irrefutáveis: Adão falava um desses idiomas no Paraíso; é natural (não era aprendido na escola, como o latim); e é universal (todos possuem o próprio vernáculo). Isso convenceu Dante a escrever a célebre obra *La divina commedia* em italiano, não em latim. Assim ele sabia que estava se dirigindo ao maior público-leitor possível.

Além disso, Dante expandiu o campo de ação da leitura. Por volta do ano de 1316, o poeta compôs uma famosa carta a Cangrande I della Scala, pároco imperial em Verona, na qual ele repetia o lugar-comum de que um leitor pode fazer pelo menos duas interpretações de determinado texto: "Obtemos um significado das letras escritas e outro do que aquilo que está escrito significa; e o primeiro é denominado *literal*, mas o outro, *figurado* ou *místico*".[78] Não obstante, Dante foi além, alegando que a própria leitura alegórica era composta, na verdade, por três maneiras diferentes de ler um texto. Dante explicou isso da seguinte forma, usando as Escrituras:

> Quando Israel saiu do Egito e a casa de Jacó de um povo de língua estranha, Judá foi seu santuário e Israel, seu domínio. Se considerarmos exclusivamente o texto, o que temos diante de nós é o êxodo do povo de Israel do Egito na época de Moisés; se a *alegoria*, nossa salvação empreendida por Cristo; se o sentido *analógico* (figurativo), vemos a conversão da alma do pesar e da desgraça do pecado para o estado de graça; se o anagógico [espiritual], lemos a libertação da alma sagrada da escravidão de sua perversão para a liberdade da glória eterna. E, embora esses significados místicos recebam diferentes nomenclaturas, todos poderiam ser chamadas de "alegóricos", uma vez que se contrapõem ao literal e histórico.

Dante por certo não estava sozinho nessa teorização. No século XIV, a maioria dos estudiosos tentava extrair o máximo de significado de um texto dessa maneira ou de outras semelhantes. Nesse momento, grande parte dos livros não era mais o produto de copistas monásticos destinado ao consumo eclesiástico, mas eram copiados em massa visando à obtenção de lucros comerciais por copistas profissionais na função de livreiros e editores (comerciantes que possuíam uma "banca" ou loja), os quais eram refreados por regras específicas estabelecidas pelas autoridades universitárias. Essas regras diziam respeito não só a indicações de preços, mas sobretudo à manutenção de cópias não adulteradas. Surgia a noção de texto não adulterado, uma obra "original" com a qual os eruditos pudessem trabalhar e usar como fonte de debates, imunes a edições contraditórias: um texto contendo uma "essência" inerente e inalterada proporcionando diversos níveis de leitura, como os descritos por Dante.

---

78 DANTE. *Le Opere di Dante. Testo critico della Società Dantesca Italiana*. BARBI, M. et al. (Ed.). Milão, 1921-22, citado em MANGUEL, A. *A History of Reading* .

Os leitores, assim, começaram a exigir "versões autorizadas", cuja credibilidade fosse garantida. Em resposta, as universidades, sob o poder dos líderes da Igreja, como o bispo residente, encarregaram-se de garantir essa autorização por meio da concessão de licenças. Nas próprias universidades, esses textos "exigidos" eram poucos, já que os livros continuavam muito caros. Em geral, um livro escolar para cada três alunos era o máximo possível. No século XIV, apenas cerca de duzentos livros escolares estavam em circulação em toda a cidade de Paris. A biblioteca mais rica do cristianismo, a da Sorbonne, possuía 1.728 livros cadastrados como obras para empréstimo (trezentos dos quais constavam como perdidos), e mais 338 para consulta interna – amarrados às mesas de leitura. As outras faculdades de Paris armazenavam, cada uma, no máximo, trezentos títulos.[79]

No mesmo período, obras vernáculas tornaram-se mais populares. A transformação do ouvinte público para o leitor público também aconteceu quando os autores começaram a traduzir o latim, em verso e prosa, para a prosa vernácula a fim de atender às demandas do novo mercado secular. Em 1387, por exemplo, o escritor inglês João de Trevisa, capelão de sir Thomas, lorde de Berkeley, traduziu a admiradíssima história em latim *Polychronicon*, de Ranulf Higden, para o inglês em prosa, reconhecendo que a leitura era isso mesmo: uma *leitura* e não mais uma assimilação sonora. Os livros eram sobretudo lidos, e não mais escutados. A demanda por literatura escrita não conseguia ser atendida, principalmente a de obras vernáculas escritas com separação entre as palavras que permitia leitura mais fluente e possibilitava a "transferência das sutilezas do pensamento escolástico totalmente desenvolvido para um novo público laico".[80]

Nas sociedades dominadas pela aristocracia feudal, os séculos XIV e XV experimentaram, de modo semelhante, o crescimento de uma cultura clerical secularizada que também alterava os hábitos de leitura tradicionais. Patronos particulares (em especial, a realeza) contratavam copistas clericais para produzir livros para eles, tradutores, compravam coleções de livros para suas bibliotecas particulares, incumbiam clérigos de escrever correspondências legais, escrituras, documentos e contas. Entretanto, não eram colecionados apenas os gêneros comuns das bibliotecas de catedrais e universidades, mas também obras que tratavam de temas políticos e sociais, épicos extensos, romances em prosa e verso, aventuras, lendas de guerras e expedições. Alguns nobres contratavam autores para criar linhagens renomadas para eles mesmos. Muitas dessas bibliotecas feudais permaneceram no auge; outras se desintegraram nas mãos de herdeiros irresponsáveis. Mas a elite clericalista da Europa ocidental agora reivindicava a leitura como posse também.

---

79 DESTREX, J. *La pecia dans les manuscrits universitaires du XIIIe et XIVe siècle*. Paris, 1935.
80 SAENGER, P. *Space Between Words*.

HISTÓRIA DA LEITURA

A partir do século XIV, aprender a ler e a escrever tornou-se quase uma obrigação cívica. A burguesia mercantil do norte da Itália aderiu à leitura e à escrita, sobretudo nesse período, gerando uma onda de educação cívica que não demoraria a se espalhar pela maior parte da Europa. (Algumas regiões, contudo, como quase toda a França, ainda restringiam a educação em geral à escola paroquial local, onde se oferecia apenas uma educação rudimentar.) Mães e amas iniciavam o treinamento, pois se acreditava, conforme afirmou o "humanista" Leon Battista Alberti, por volta de 1440, que o alfabeto devesse ser ensinado mesmo antes de a criança frequentar as aulas na escola.[81] A mãe ou babá, apontando as letras em um livro aberto ou cartilha, fazia que a criança as pronunciasse numerosas vezes até que aprendessem de cor. Como vimos, esse se tornou um dos temas mais frequentes das miniaturas, pinturas e esculturas do final da era medieval.

Ainda no século XIV, a expansão do comércio incentivou o aumento da correspondência administrativa, a qual, por sua vez, criou a necessidade de um pequeno exército de entregadores – primeiro na Itália, em seguida na França, na Espanha, na Alemanha, na Inglaterra e nas demais regiões. Esse fluxo de correspondências ocorria com regularidade no contexto dos negócios públicos, criando uma rede ainda mais ampla de leitores urbanos de idioma vernáculo. Com o tempo, isso motivou o desenvolvimento de um completo serviço postal na Europa, atendendo a todas as necessidades da realeza, citadinas e domésticas. (No início do século XVI, a família Taxis da Lombardia, na Itália, por exemplo, a quem o imperador Maximiliano I havia confiado a direção do correio de Viena a Bruxelas, contava com vinte mil entregadores montados a cavalo, dando conta de uma grande parte da Europa.)

Todavia, as leituras públicas continuavam. Sabe-se, por exemplo, que o inglês Geoffrey Chaucer (c. 1340-1400), que com frequência descrevia em suas obras as leituras públicas, também compartilhava sua própria literatura com um público extasiado, fazendo a leitura com base em manuscritos de próprio punho. Longos poemas épicos em inglês, francês, alemão, espanhol e outros idiomas europeus deixavam transparecer que eram redigidos visando à atuação diante de um público. Em 1309, Jean de Joinville (c. 1224-1317) dedicou o *Vie des saintes paroles et des bons fats de notre roi Louis* a "você e seus irmãos e outros que escutarão a leitura". Muitas passagens até descreviam em quais circunstâncias algumas obras eram lidas. Por exemplo, o cronista e poeta francês Jean Froissart (c. 1333-c. 1404) leu em voz alta o romance de sua autoria *Méliador*, à noite, durante seis semanas, para o conde Du Blois, que, na ocasião, sofria de insônia. O que se tornava cada vez mais comum eram as leituras privadas para parentes próximos ou amigos. Em 1507, o poeta italiano Ludovico Ariosto (1474-1533) leu em voz alta

---

81 ALBERTI, L. B. *I libri della famiglia.* ROMANO, R., TENENTI, A. (Ed.). Turim, 1969.

sua obra-prima inacabada *Orlando furioso* para Isabella Gonzaga enquanto ela se restabelecia de grave doença, "fazendo que os dias se passassem não só livres de aborrecimento, mas preenchidos com o mais elevado dos prazeres".

Na realidade, a leitura em voz alta tornou-se o passatempo favorito nos cenários domésticos, à medida que os livros, pela primeira vez, tornavam-se disponíveis às classes mais baixas da sociedade. No início do século XIV, em Montaillou, no sul da França, por exemplo, em diversas ocasiões o padre do vilarejo fazia a leitura em voz alta de um livro supostamente herege para públicos organizados em residências particulares. Um camponês em Ax-les-Thermes foi preso e julgado pela Inquisição por fazer uma leitura em voz alta de um livro herege para a mãe.[82] Viajantes ricos costumavam levar consigo diversos livros e solicitar que serventes lessem para eles na estalagem, entretendo todos os presentes também. Em vilas maiores, os livros, muitas vezes, entravam em um rodízio de casa em casa, lidos em voz alta para famílias e vizinhos reunidos.

Os pais sempre gostaram de ler para os filhos. Um tabelião italiano, em 1399, pediu emprestado a um amigo o *The Little Flowers of Saint Francis* para ler aos filhos: "Os meninos ficavam encantados nas noites de inverno, pois é um livro, como se sabe, muito fácil de ler".[83] As crianças gostavam, em especial, de romances e épicos laicos e palacianos. Não havia um gênero distinto de literatura infantil. (Essa foi uma invenção comercial do século XIX.) As crianças liam o mesmo que os adultos ou escutavam aquilo que os adultos achavam que elas deveriam escutar. Era raro possuírem seus próprios livros. Contudo, algumas crianças precoces criavam os próprios livros. No século XVI o "humanista" alemão Caspar Peucer, por exemplo, lembrava como, nos tempos de criança, ele

> ... fez um livro de papel e nele escreveu, em destaque, versos divinatórios de Virgílio, a partir dos quais conjecturava – de brincadeira e apenas para diversão – sobre tudo que achava agradável como a vida e morte dos príncipes, aventuras próprias e outros temas, para que pudesse gravar melhor e com mais clareza aqueles versos em sua mente.[84]

Alguns raros manuscritos medievais ainda conservam marcações especiais usadas para a leitura em público. O sinal > primeiro indicou uma mescla de leituras, versos separados, um parágrafo e outras coisas; depois, em muitos manuscritos posteriores de copistas medievais, foi usado como aspas, passando a indicar os "papéis" ou personagens que deviam ser lidos com entonações diferentes. O ma-

---

82 LADURIE, E. Le R. *Montaillou: Village occitan de 1294 à 1324.* Paris, 1978.
83 ORIGO, I. C. *The Merchant of Prato: Francesco di Marco Datini.* Nova York, 1957.
84 PEUCER, C. *De precipuis divinationum generibus,* 1591, citado em MANGUEL, A. *A History of Reading* .

nuscrito Ellesmere de *Canterbury Tales*, de Chaucer, do final do século XIV, utiliza a barra (/) para segmentar frases que deviam ser agrupadas quando a leitura fosse feita em voz alta. O objetivo dessas marcações era destacar alguma fala especial, sem precisar recorrer a instruções por escrito. O leitor do final da era medieval, ao fazer a leitura em voz alta, quando deparasse com um >, por exemplo, imediatamente começava a fazer outra voz, assim como se faz nas leituras públicas, no rádio ou em outras atuações de hoje.[85]

A leitura sofreu a influência de outras inovações dos copistas. As narrações eram divididas em "capítulos" (do francês arcaico, *chapitre*, que significa "tópico" ou "categoria"), precedidos por títulos que anunciavam ou resumiam o conteúdo daquela seção. De início, isso permitiu ao leitor oral de extensas obras uma bem-vinda pausa: para beber água, ir ao banheiro ou até dormir. Com o tempo, o capítulo metamorfoseou-se em uma unidade separada de aventuras, experiências, lições e outros, exposta ao leitor silencioso como algo distinto e especial, ou seja, uma divisão interna agora presente na obra escrita.

Houve mudanças físicas também. Para proporcionar uma leitura mais confortável, criaram-se móveis específicos para esse fim: o apoio para o livro e a mesa de leitura. O *lectrum* medieval era a mesa usada para ler ou cantar nas igrejas, em especial aquela na qual os sermões eram lidos em voz alta. A palavra *desca* ou "balcão, aparador" também descrevia uma superfície inclinada usada para apoiar o livro e para escrever; no final da Idade Média, significou também a tribuna inclinada das igrejas ou das capelas, nas quais se apoiavam os livros empregados na cerimônia. Os leitores individuais também criavam para si mesas de leitura articuladas, permitindo uma variedade de ângulos e alturas diferentes, também com funções giratórias. (Em séculos subsequentes, essas peças ganharam requinte e novas versões.)

Freiras e monges liam, em geral, na privacidade de seus minúsculos aposentos, desde que a ordem à que pertencessem o permitisse. Era necessário um apoio para o livro. (Eles também escreviam nos cubículos onde dormiam; para isso, as tabuletas duplas de cera eram usadas com maior frequência, mas só até o século XIV, quando o papel começou a substituir as tabuletas e o pergaminho para numerosas finalidades.) Além disso, apreciava-se a leitura no toalete medieval: o livro *Life of Saint Gregory*, do século XII, descreve o toalete como "um local reservado onde podemos ler as tabuletas sem interrupções".[86]

O dormitório era o local favorito para armazenar e, portanto, ter acesso aos livros, primeiro para a aristocracia e, em seguida, para a burguesia. O rei Eduardo III da Inglaterra, por exemplo, pagou 66 libras 13s 4d em 1374 (o preço de três casas londrinas) por um livro de romances para guardar em seu dormitório. No

---

85 PARKES, *Pause and Effect*.
86 *Life of Saint Gregory*, citado em HOLMES, Jr., *Daily Living in the Twelfth Century*.

século XIV, a transferência da riqueza e do poder da nobreza e do clero para habitantes abastados das cidades – a nova burguesia – em toda parte introduzia hábitos não conhecidos até então a este grupo social. Nessa época, eles passaram a descansar em dormitórios especiais, com camas adornadas com entalhes em madeira, de posse de livros que guardavam em estantes especiais trancadas em seus novos aposentos. Com frequência, também liam neles. No *Livro da duquesa*, Chaucer (narração em primeira pessoa) confessa:

> Quando percebi que não conseguiria dormir
> Já tão tarde, mais uma noite,
> Em minha cama sentei-me
> E alcancei um dos livros,
> Um romance, que me arrebatou
> Para ler e fazer a noite passar;
> Para mim, o pensamento era o melhor passatempo
> Melhor que jogar xadrez ou gamão.[87]

Além disso, como a maioria das pessoas na Europa ocidental dos séculos XI a XV dormia nua, ler na cama era uma atividade realizada sem roupas – um contrato matrimonial do século XIII chegava a estipular que a esposa "não deveria dormir de camisola sem o consentimento do marido".[88]

Assim como na Roma antiga, os livros faziam parte do "exibir-se" para as visitas. Também figuravam entre os mais valiosos bens dos falecidos nos testamentos. Embora as meninas e mulheres tivessem permissão para possuir bens próprios na Idade Média (terras, joias, vestidos, uma vez que outras riquezas eram privilégio dos maridos ou dos pais), os livros eram sua propriedade, deixados em herança com mais frequência para filhas que para filhos.[89] Joana Hilton de Yorkshire, por exemplo, em 1432, deixou em testamento para a filha uma edição do *Romance of the Seven Sages*, outra do *Roman de la Rose* e outra ainda do *Romance, With the Ten Commandments*.[90] Nem todos os livros, no entanto, eram de propriedade das mulheres. O filho mais velho ainda tinha o direito primordial sobre quaisquer volumes caríssimos de saltérios, livros de horas, breviários, Bíblias e livros raros ilustrados com iluminuras que, sem dúvida, consistiam no tesouro da família, e não cabia às mães modificar essa tradição.[91]

---

87 CHAUCER, G. *Book of the Duchess*. 2. ed. In: ROBINSON, F. N. (Ed.). *The Works of Geoffrey Chaucer*. Londres e Oxford, 1974, v. 44-51.
88 HARRIS, E. *Going to Bed*. Londres, 1981.
89 MANGUEL, A. *A History of Reading*.
90 KEEN, M. *English Society in the Later Middle Ages, 1348-1500*. Londres, 1990.
91 LABARGE, *A Small Sound of the Trumpet*.

HISTÓRIA DA LEITURA

No dinâmico e perturbador século XIV – o século da peste negra e da virada social revolucionária – o tema de leitura religiosa era o favorito entre os homens leigos: talvez *Vita Christi*, para os de refinamento intelectual; sem dúvida a *Legenda aurea* (*Legenda áurea*), para todos e padres; e claro, os saltérios e os livros de horas, como não podia deixar de ser. Mas foi acima de tudo a *Legenda áurea*, obra escrita pelo erudito italiano Jacobus de Voragine (c. 1228-1298), mais tarde arcebispo de Gênova, que se tornou o *best-seller* inconteste do final da Idade Média. O próprio Jacobus a denominava *Legenda sanctorum*, literalmente *Leituras dos santos*. Era um lecionário do homem leigo, um livro que continha narrativas da vida dos santos e obras a serem lidas nas festas que se repetiam no decorrer do ano. Com mais de quinhentas cópias manuscritas sobreviventes do livro e mais de 150 edições e traduções surgindo no primeiro século da impressão, a *Legenda áurea* tornou-se leitura obrigatória em qualquer família instruída da Europa ocidental. Sobre esse livro, o primeiro impressor inglês, William Caxton (c. 1422-1491), no prefácio de sua tradução inglesa da *Legenda áurea*, publicada em 1483, sentiu-se forçado a reconhecer:

> Encarreguei-me de traduzir a legenda dos santos para o inglês, a qual é chamada *aurea* em latim, ou seja, a *Legenda áurea*. Porque, como se sabe, assim como o ouro é o mais nobre entre todos os metais, essa legenda é a mais nobre entre todas as obras.

Entretanto, se fôssemos destacar um livro que a maioria das pessoas possuía no final da Idade Média, este seria o livro de horas. Como sempre, a fé cristã se comprometia com essa leitura pelo menos três vezes ao dia, e o pequeno e portátil livro era tão comum, que alguns confessores esperavam que membros da congregação confessassem como pecado a não execução de uma das leituras. Com o livro empunhado, na capela particular ou diante de um relicário doméstico, o fiel podia se dirigir de maneira apropriada ao Criador e à Virgem Maria, em latim correto. O livro de horas do final da era medieval continha não só preces em latim, mas também um útil calendário e informações práticas como conselhos médicos de sabedoria popular quase sempre em ordem alfabética. Aos membros da família que não sabiam ler, um livro de horas ilustrado relembrava os afrescos das igrejas locais, "narrando" no mesmo estilo as histórias bíblicas que tantas vezes já haviam sido ouvidas.

Grande parte dos europeus que ainda não sabia ler e escrever continuou sendo bastante influenciada por essas ilustrações. Desde o final da Antiguidade, as ilustrações ocupavam, por inteiro, as paredes de catedrais, abadias e igrejas paroquiais, divulgando histórias da Bíblia, da Paixão de Cristo, alegorias famosas e muitas outras histórias: para inspirar, amedrontar e, também, doutrinar com aquela ideologia todo-poderosa que contagiava todos os aspectos da vida cotidiana da Europa medieval. O efeito era imediato e profundo. Em seu livro *Ballad of Prayer*

180   STEVEN ROGER FISCHER

to Our Lady, composto em 1461, o poeta francês François Villon (1431-após 1462), por exemplo, incluiu a declaração de sua própria mãe:

> Femme je suis povrettte et ancienne,
> Qui rien de sai; onques lettre ne lus.
> Au moustier voi dont suis paroissienne
> Paradis peint, où sont harpes et lus,
> Et un enfer où damnez sont boullus;
> *L'un me fait peur, l'autre joie et liesse.*[92]*

Mas ainda no final da Idade Média, livros inteiros de ilustrações – por certo para divertir e ensinar, e acima de tudo para doutrinar e controlar – eram muito lidos. Entre eles, a *Bibliae pauperum* ou as "Bíblias dos Pobres" eram os mais comuns: Bíblias em imagens contendo duas ou mais cenas bíblicas por página. O único texto desses livros se resumia a nomes colocados abaixo ou acima das figuras, frases explicativas acompanhando a cena ou legendas descrevendo um acontecimento, citando uma passagem ou oferecendo algum ensinamento moral. Essas Bíblias em figuras, quase sempre de propriedade de uma catedral ou igreja, que as mantinha abertas e amarradas em tribunas, tinham suas páginas viradas diariamente pelo padre para que os paroquianos que chegassem para a missa também pudessem se inteirar sobre o trecho da história que era tratado no momento. Esse costume fez que os padres tivessem um público cada vez maior, como os fãs de novelas de hoje: incentivando uma frequência regular, estimulando o debate público sobre as cenas retratadas e seu significado mais abrangente, assim como assegurando o "devido" aprendizado da Bíblia em congregações inteiras de analfabetos. Depois que a "leitura" da Bíblia ilustrada era feita, ela recomeçava de imediato e, assim, era "lida" seguidas vezes.

As Bíblias dos Pobres também auxiliavam os padres a estruturar e popul31-rizar os sermões. Serviam como uma eficaz propaganda em defesa da unificação da mensagem cristã, sobretudo conforme revelado nas edições que uniam Antigo e Novo Testamentos.[93] Sua onipresença chega a sugerir uma política institucional. Para as milhões de pessoas leigas que as usavam, porém, significava "ler" pela primeira vez e como um padre ordenado: desenvolvia-se a ideia da aproximação

---

92 WOLEDGE, B. (Ed.). *The Penguin Book of French Verse*, 1: *To the Fifteenth Century.* Harmondsworth, 1961.

* "Sou uma pobre e velha mulher que nada sabe; sequer uma carta sou capaz de ler. Nas paredes da igreja paroquial vejo uma imagem do Céu com harpas e alaúdes, e uma imagem do Inferno onde os condenados ardem em chamas. Uma enche-me de pavor, a outra de alegria e contentamento." (N.T.)

93 SCHMIDT, G. *Die Armenbibeln des XIV: Jahrhunderts.* Frankfurt, 1959.

direta à palavra de Deus, sem mediação. Independentemente do quanto essa experiência fosse ilusória, era motivo de um orgulho indescritível.

A Idade Média por certo nunca conheceu as Bíblias dos Pobres com essa denominação depreciativa, sendo este um termo deturpado, convencionado no período pós-medieval. O fato é que um número considerável desses livros ilustrados era formado por obras de arte valiosíssimas, cuja produção teria custado uma fortuna. Uma designação mais correta seria as Bíblias de Todos os Homens, tendo em vista sua ampla distribuição e a disseminação da "leitura".

Ainda assim, como o dramaturgo e crítico alemão Gotthold Ephraim Lessing (1729-1781) observou há mais de dois séculos, ler a *Biblia pauperum* era totalmente diferente de ler palavras escritas em uma página.[94] Isso porque os leitores-observadores desses livros ilustrados, assim como quando se lê um desenho, perdem o hipersentido da multiplicidade de significados fornecidos por analogias, referências cruzadas e sequências que experimentamos ao ler livros normais. Os livros ilustrados não codificam quase nada. Detêm poucos dados e assim exigem significativa contribuição por parte dos leitores-observadores encarregados de extrair o pouco de informações ali existente. Para alcançar isso, os leitores-observadores ainda precisam de mediação. Aí entra o padre, na qualidade de intérprete – sem perder tempo, reafirmando a hegemonia da Igreja.

E era essa a suposta "decepção institucional" latente nas Bíblias dos Pobres. Porque naquela época de explosão literária, não se admitia que o homem comum lesse a Bíblia em latim, a *Bíblia Sagrada*. O correto seria ele aprender o texto literal apenas pela mediação das autoridades religiosas. A profissão de eclesiástico estava baseada nessa exclusividade; ainda dependia disso para a sobrevivência. A Igreja, desviando a leitura para as Bíblias dos Pobres, equivalente à "leitura" dos vitrais, manteve congregações inteiras confinadas nas fronteiras do analfabetismo e da subserviência por um longo tempo, permitindo que apenas um seleto grupo tivesse acesso à leitura e à escrita, com a aprovação e o apoio da Igreja.

Alguns estudiosos recentemente levantaram a hipótese de as Bíblias dos Pobres terem sido lidas apenas pelos clérigos que não dispunham de reais aptidões de leitura; o cidadão comum as achava ininteligíveis, eles argumentam, diante de tão pouca informação nelas contida. Os verdadeiros "pobres", então, teriam sido os próprios padres.[95] Contudo, essa tese é pouco provável. As Bíblias dos Pobres eram numerosas demais para terem sido um recurso disponível apenas aos padres, embora devamos admitir que alguns decerto as leram também. E elas eram exibidas em público com muita frequência para terem passado despercebidas por

---

94 LESSING, G. E.Ethemalige Fenstergemälde im Kloster Hirschau. In: *Gotthold Ephraim Lessing: Werke*. Darmstadt, 1974. v.6.

95 BERVE, M. *Die Armenbibel*. Beuron, 1989; EISENSTEIN, E. L. *The Printing Revolution in Early Modern Europe*. Cambridge, 1983.

multidões com curiosidade aguçada. Talvez não devamos nos esquecer também de que o livro detinha um caráter milagroso para a população medieval. Era por meio de um livro que o padre comunicava a Palavra de Deus. Era de um livro aberto que o ofício divino era lido. O livro fazia parte do processo de salvação de Deus, um canal de comunicação com o Todo-Poderoso. Os paroquianos, por meio sobretudo da "leitura" de uma obra como a Bíblia de Todos os Homens, acreditavam que sua missão podia se igualar ao trabalho dos padres, e abrir por conta própria um caminho direto até o divino – algo que nenhum vitral ou tribuna entalhada era capaz de proporcionar. Essa era uma ferramenta conveniente demais para ser ignorada pela Igreja.

Outros avanços relacionados à leitura surgiram no século XIV. Em virtude das exigências da Igreja e da educação secular incentivada por uma repentina expansão na economia internacional, a atividade de colecionar livros havia-se transformado em um negócio muito lucrativo. Colecionadores particulares agora se tornavam os primeiros bibliófilos da Europa. Sem dúvida, a personalidade mais marcante dessa época, nesse sentido, foi Ricardo de Bury (1287-1345), bispo de Durham e chanceler e tesoureiro do rei Eduardo III da Grã-Bretanha. De Bury de fato era um "amante dos livros", não só possuindo mais volumes que todos os outros bispos juntos na Grã-Bretanha, mas também lendo-os, e por prazer – uma raridade na Idade Média escolástica. Um biógrafo relatou que

[de Bury] possuía uma biblioteca separada em cada uma de suas residências, e onde quer que estivesse morando havia tantos livros espalhados no dormitório que dificilmente se conseguia ficar de pé ou se mover sem pisá-los ... Todos os dias à mesa ele prosseguia a leitura de um livro ... e em seguida iniciava um debate sobre o tema abordado.[96]

Na obra-prima *Philobiblon* (Amor aos livros), uma das mais fascinantes de exaltação aos livros de todos os tempos, a qual o autor concluiu ao completar 58 anos, o próprio Ricardo de Bury, em um impulso romântico, declarou o seguinte sobre sua infinita paixão:

Nos livros eu encontro os mortos como se estivessem vivos; nos livros eu prevejo o que está por vir; nos livros embates bélicos são travados; dos livros as leis da paz são vigoradas. Todas as coisas são deturpadas e deterioradas com o tempo; Saturno [equivalente ao deus grego Cronos] não para de devorar os filhos que gera; toda a glória do mundo teria sido abandonada ao esquecimento, se Deus não tivesse fornecido aos mortais a cura dos livros.[97]

---

96 SCHOFIELD, W. H. *English Literature from the Norman Conquest to Chaucer*. Londres, 1906.
97 BURY, R. de. *The Philobiblo*n. Trad. e ed. Ernest C. Thomas. Londres, 1888.

HISTÓRIA DA LEITURA

Quatro meses mais tarde, ele faleceria tendo cumprido sua missão.

É mesmo difícil imaginar Ricardo de Bury tropeçando em milhares de livros: antes da invenção da prensa, as bibliotecas medievais eram ridiculamente pequenas. A primeira biblioteca medieval da Europa ocidental a superar parcos dois mil volumes foi a biblioteca papal de Avignon.[98] (Para fins de comparação, lembremos que no século I a.C. a Biblioteca de Alexandria abrigava meio milhão de rolos de papiro, além do depósito com mais 40 mil exemplares, ao passo que, no século X d.C., Abdul Kassem Ismael, grão-vizir da Pérsia, possuía uma biblioteca particular de 117 mil volumes.) As principais bibliotecas reais e monásticas da Europa nunca chegaram a possuir mais do que algumas centenas de livros em acervo, tornando a catalogação desnecessária. Algumas bibliotecas mantinham fichas precárias referentes às estantes, começando pela Bíblia, passando aos comentários bíblicos, seguidos pelos padres da Igreja, filosofia, direito, gramática e, por fim, tratados médicos (se houvesse). A maior parte dos livros medievais não tinho um título oficial, então a lista citava apenas as primeiras palavras do texto ou fornecia uma breve descrição. Eram raros os casos de autores listados por ordem alfabética. A catalogação por assuntos foi usada no século XI na catedral Le Puy em Haute-Loire, na França, mas isso era bastante incomum. Os livros, em geral, eram organizados nas prateleiras de acordo com o uso, sendo sua posição apenas memorizada por um atendente mais experiente, a quem todos recorriam na hora de encontrar um texto desejado.[99] Isso era totalmente viável, é claro, pois a "biblioteca" medieval ocupava um espaço menor que o de uma despensa.

A nova abordagem em relação à leitura, conforme anunciada pelos chamados "humanistas", grupo distinto dos escolásticos predominantes, começava a surgir no século XIII quando um copista anônimo, com sabedoria, escreveu na margem de um manuscrito: "Faça disto um hábito: ao ler os livros, atenha-se mais ao significado do que às palavras, concentre-se mais no fruto do que na folhagem".[100] Ainda demoraria um século inteiro, porém, até Petrarca defender exatamente esse tipo de leitura. E ainda mais um século até que essa se tornasse a maneira corriqueira de ler.

Além disso, os leitores laicos começaram a ler em silêncio mais no final da Idade Média, eliminando, afinal, o caráter milagroso que até então era conferido ao pergaminho escrito. Isso permitiu que homens e mulheres laicos letrados "internalizassem e individualizassem o diálogo com Deus".[101] No século XV, a "bênção" individual presente no ato físico da leitura – de fato, na época, muitas vezes

---

98 HOBSON, A. *Great Libraries*. Londres, 1970.
99 BESSON, A. *Medieval Classification and Cataloguing: Classification Practices and Cataloguing Methods in France from the 12th to 15th Centuries*. Biggleswade, 1980.
100 GOLDSCHMIDT, E. P. *Medieval Texts and their First Appearance in Print*. Oxford, 1943.
101 MARTIN, *The History and Power of Writing*.

comparada ao precedente sagrado – foi reconhecida e respeitada por todos na sociedade europeia. O monge alemão Thomas à Kempis (c. 1380-1471), autor de *De imitatione Christi*, o qual, ao lado da Bíblia, foi o texto sacro mais lido do mundo cristão, chegou a advertir os leitores a pegar:

> um livro nas mãos, assim como Simeão, o Justo, tomou o menino Jesus nos braços para carregá-lo e beijá-lo. E tendo terminado a leitura, feche o livro e agradeça a todas as palavras pronunciadas por Deus; pois no terreno do Senhor tu terás desvendado um tesouro.[102]

Os meados do século XV foram novamente uma época de mudança e desenvolvimento rápidos, pois envolveu a própria reconstituição da Europa como consequência da peste negra. Diversos alunos estrangeiros matriculavam-se na Universidade de Pádua, no norte da Itália, onde o estudo livre das obras de Aristóteles era oferecido. O movimento "humanista" da Itália seguia na direção norte dos Alpes: o grego era introduzido como uma matéria em Heidelberg, e um círculo "humanista" se formou em Erfurt. Eruditos em Oxford e Cambridge começaram a dar aulas sobre temas clássicos. Práticas educacionais mudavam, primeiro na Itália e na Holanda, e depois em França, Alemanha, Inglaterra e demais regiões, onde os estudiosos clássicos começaram a desafiar a pedagogia tradicional e valorizar mais o indivíduo. Esses "humanistas" ignoravam os venerados comentários de até então, preferindo estudar diretamente e discutir de modo livre os textos originais dos Padres da Igreja e escritores pagãos antigos sem a interferência da mediação da ortodoxia das autoridades. Agora havia abertura para discutir sobre os manuais de latim de Donato e Alexandre de Villedieu, por meio dos quais as regras eram, enfim, explicadas, e não mais apenas memorizadas. Pela primeira vez, os alunos podiam de fato "aprender", ou seja, tinham liberdade para ler e pensar por conta própria.

Aquela essência da "leitura medieval", a escuta-e-leitura passiva, era abalada. Nesse momento, predominava a leitura silenciosa ativa, a qual exigia comprometimento. Por meio dela, o leitor se tornava um agente, à medida que o autor passava a ser apenas um guia que indicava uma variedade de caminhos ao público silencioso e invisível. Se os leitores-ouvintes do início da Idade Média quase sempre ouviam um coro de vozes entoando a ladainha cristã em um harmonioso uníssono, os eruditos "humanistas" do final da Idade Média liam em silêncio todo um mundo de vozes, cada uma entoando uma canção diferente, em diversos idiomas. E com o aumento da alfabetização, os laicos não precisavam mais da mediação da Igreja, já que por meio da leitura individual e silenciosa o diálogo divino se

---

102 Citado em CLARK, J. W. *Libraries in the Medieval and Renaissance Periods*. Cambridge, 1894.

concretizava, tornando-se privado e solitário. Em meados do século XV, após gerações terem-se afastado do controle oral, numerosos leitores podiam afinal admitir, como Thomas à Kempis em *The Imitation of Christ*: "Busquei a felicidade em toda parte, mas não a encontrei em nenhum lugar, exceto em um cantinho que abrigava um pequeno livro".[103]

Nesse momento, a oralidade enfraquecia-se diante da página impressa de Gutenberg.

---

103 KEMPIS, T. À. *The Imitation of Christ.* Nova York, 1954.

Capítulo 5
A página impressa

Com a primeira página impressa com tipo móvel de metal, em Mainz, na Alemanha, em 1450, a Era do Pergaminho simbolicamente se dobrava diante da Era do Papel. É certo que a leitura "medieval" – o ler-e-escutar comunitário, dogmático, bidimensional descrito no capítulo anterior – manteve-se presente em diversos locais por um longo período no século XVIII. Mas com o empurrão inicial de Gutenberg inaugurando a prensa de parafuso, os materiais, os temas, a linguagem e a prática da leitura começaram a mudar. É óbvio que a invenção de marcas de impressão ocasionou não apenas a transformação da leitura, mas também de toda a sociedade europeia, tal foi a extensão com que a página impressa influenciou quase todos os aspectos daquele continente. Na verdade, essa invenção anunciou uma das maiores rupturas intelectuais e sociais da história.

Até o final do século XV, a hierarquia "autor > comentador > bispo > mestre > discípulo" foi, mais ou menos, mantida em todos os lugares, com o leitor passivo escutando, na ordem de cima para baixo, não só o que ler, mas também como interpretar cada texto, seguindo uma ortodoxia predeterminada. Contudo, a segunda metade do século XV presenciou leitores cada vez mais responsáveis por aquilo que liam: eles, pouco a pouco, tornavam-se leitores *ativos*. Com o prolongamento das listas de títulos proporcionado pela impressão, um crescente público lia o que lhe agradava. E, em silêncio e reclusão, esse público também passava a avaliar e interpretar o tema escolhido da leitura segundo critérios pessoais, embora ainda enraizados na educação cristã de caráter clássico.

Figura 5 Xilogravura de Hans Burgkmair (1530) ilustra um erudito renascentista à mesa de estudos. Extraída da obra *Pappenheim-Chronik* (1530).

No início da atividade de impressão, não era fácil encontrar a palavra escrita. Hoje estamos acostumados a ver textos escritos em quase todas as circunstâncias imagináveis ao longo de um dia: relógio, jornal, recado na porta da geladeira, rótulo no pote de geleia, painel de instrumento, letreiros nas ruas, mesas de trabalho, títulos e anúncios na TV, livros e revistas deixados sobre o criado-mudo, entre tantos outros. Entretanto, no início do Quatrocentos, a escrita ainda era bastante rara, até mais rara do que fora na Roma antiga. Letras escritas em pergaminho evocavam, até esse momento, respeito e veneração. Um manuscrito era um tesouro único, e seu conteúdo constava, muitas vezes, em uma única cópia, em geral cara demais para a maioria, exceto aristocratas, bispos ou patrícios, os quais tinham condições de adquiri-lo. (Ainda demoraria muitos séculos para que a palavra escrita atingisse a máxima maravilha, um direito comum, ou seja, um dos "triunfos silenciosos" da sociedade.)

De súbito, a impressão fez que a palavra escrita se tornasse onipresente.

Como a palavra impressa em papel era "barata", pelo menos se comparada com a escrita à mão no pergaminho, o livro impresso produzido em massa logo deixou de ser único, tornando-se substituível. O livro exclusivo que, como objeto, havia representado anteriormente a riqueza de classes figurava agora como propriedade intelectual, algo a ser "possuído" e compartilhado por seus donos, de pensamentos equivalentes. Os livros sempre foram mercadorias. Entretanto, com o advento da impressão, diversas centenas de leitores (chegando até a mil) recebiam a oferta de cópias idênticas de uma obra, cujo conteúdo era transformado em domínio público. Jamais havia acontecido algo parecido antes. Além disso, dessa relação radicalmente modificada com o livro, uma nova comunidade intelectual emergia, transcendendo os mosteiros, as cidades e a jurisdição dos copistas. Em questão de décadas, ela teria moldado e alimentado a Renascença, essa dinâmica e repentina expansão da cultura ocidental que ousou transgredir os limites do medievalismo.

A tarefa do erudito não se restringia mais a revelar o conhecimento. Ela passava a contribuir com o conhecimento.

No romance *O corcunda de Notre-Dame*, de 1831, Victor Hugo (1802-1885) anunciou, em tom profético, que a impressão destruiria a Igreja e:

> o pensamento humano, ao modificar sua aparência, estava também prestes a mudar sua expressão externa; o pensamento predominante de cada geração iria, no futuro, ser compreendido em um novo material, um novo estilo; o livro de pedra, tão sólido e duradouro, deveria ceder espaço ao livro de papel, mais sólido e duradouro ainda.[1]

---

1 Victor Hugo, *Notre-Dame de Paris* (Paris, 1831), citado em Henri-Jean Martin, *The History and Power of Writing*, tradução de Lydia G. Cochrane (Chicago e Londres, 1994).

Para as centenas de milhares de leitores quase "pós-medievais", essa mudança, analisada de modo tão intenso por Hugo, ocorreu com grandes perdas, mas para um benefício maior: a oralidade perdida em proveito da escrita e da leitura; a história contada por imagens foi suplantada pela história impressa; o latim substituído pelos idiomas vernaculares; a vassalagem do pensamento trocada pela independência do pensamento; a tutela pela maioridade. Isso porque, com a impressão e com seus desdobramentos, os leitores europeus finalmente emanciparam-se.

À medida que leitores laicos começaram a ler a Bíblia sem a intervenção do padre da paróquia, questionando e pensando por si, eles, como era de esperar, passaram a ler também textos não religiosos. Não tardando a se contraporem aos dogmas, os leitores europeus comandaram o desenvolvimento da sociedade guiados pelo próprio intelecto, pelo credo "humanístico" que, de fato, abalou o monopólio da Igreja sobre o ensino. Como fator fundamental para esse movimento cultural da Renascença, ou o retorno consciente do Ocidente à origem clássica, podemos citar a leitura dos filósofos gregos no original em grego (ou seja, não mais em traduções latinas provenientes de traduções árabes). De imediato, essas obras eram estudadas e comentadas em numerosas edições distribuídas e impressas. Inspiraram uma onda de inovação intelectual que, com o tempo, desembocaria no pensamento reducionista do Ocidente, na ciência fundamentada em experimentações e no Iluminismo. Na verdade, a emancipação da palavra escrita proporcionada pela imprensa determinou a dinâmica básica do mundo moderno e o acesso mais rápido às informações.

E tudo começou com Gutenberg em Mainz. A inovação causou um impacto muito mais imediato do que, em geral, se imagina. Em 1450, apenas uma prensa estava em operação em toda a Europa. Em 1500, cerca de 1.700 prensas em mais de 250 centros de impressão já haviam publicado por volta de 27 mil títulos em mais de *dez milhões* de cópias. Em apenas duas gerações, o número de leitores na Europa passou de dezenas de milhares para centenas de milhares. Nos últimos quinhentos anos, nada contribuiu mais para o avanço da sociedade que a invenção da imprensa.

"A mudança gradual do mundo da oralidade para a sociedade da escrita", lembrou-nos o historiador francês Henri-Jean Martin:

> resultou, em última análise, em algo inédito – a expansão de mecanismos que possibilitaram ao homem uma nova visão de si próprio e um espírito de abstração ... Incentivou uma lógica do ato, assim como uma lógica da palavra, além de uma habilidade de se chegar a decisões fundamentadas e a uma medida mais elevada de autocontrole.[2]

---

2 MARTIN, *The History and Power of Writing.*

HISTÓRIA DA LEITURA

Esses foram, sem dúvida, os maiores avanços promovidos pela página impressa.

Impressão e leitura

Quando Johann Gensfleisch zum Gutenberg, de Mainz, inventou sozinho um modelo de reprodução de letras "matriciais" e uma tinta especial que poderia aderir ao tipo de metal, e, em seguida, começou a utilizar esse material com uma prensa de parafuso, em 1450, para uma produção em massa de páginas de papel impressas, a última coisa que lhe passou pela cabeça foi que estava revolucionando o mundo. Seu objetivo era ter lucro, aumentando a produção com criatividade, a fim de maximizar as vendas. Mais detalhes sobre a história de Gutenberg e a rápida difusão de seu invento podem ser encontradas em outras fontes.[3] Um elemento central para a história da leitura é o efeito extraordinário da impressão, sobretudo na *quantidade* da produção, determinando, assim, com o tempo, o público e os temas de leitura.

A contribuição de Gutenberg pode talvez ter sido superdimensionada, uma vez que a impressão deve o seu impacto imediato na sociedade ao que fora desenvolvido na Idade Média.[4] O surgimento da impressão por volta de 1450 é explicado, em especial, pelas demandas expressas por uma robusta cultura letrada que a Europa ocidental já havia conseguido formar, uma cultura forte o suficiente para assegurar e sustentar a produção em massa de livros impressos (ver Capítulo 4). Entretanto, Gutenberg, com todo o mérito que lhe devemos tributar, descobriu inadvertidamente aquele que seria, sem dúvida, o método mais eficiente de multiplicar textos escritos no sistema de escrita europeu, embora nem ele (nem mais ninguém) tivesse consciência dessa convergência fortuita de acontecimentos naquele momento.

Não há dúvida de que a impressão por tipos móveis era, de fato, a tecnologia de adequação ideal à escrita alfabética completa. Ao contrário da escrita da palavra inteira ou da escrita silábica, por exemplo, a escrita alfabética representa a palavra falada por meio dos "menores" elementos que a compõem (visualmente) – consoantes (como p, t, k) e vogais (a, e, i, o, u), as quais são escritas em sequência e de modo linear como integrantes de valor equivalente no mesmo sistema. A impressão do alfabeto completo com tipos móveis multiplica os textos com facilidade

---

3 MAN, J. *The Gutenberg Revolution.* Londres, 2002; KAPR, A. *Johann Gutenberg: The Man and His Invention.* Trad. Douglas Martin. Londres, 1996; STEINBERG, S. H. *Five Hundred Years of Printing.* 2. ed. Harmondsworth, 1961, com bibliografia.

4 CLANCHY, M. T. Looking Back from the Invention of Printing. In: RESNICK, D. P. (Ed.). *Literacy in Historical Perspective.* Washington, DC, 1983. p.7-22.

e eficiência porque uma prensa utiliza, nesse caso, apenas um pequeno conjunto de letras (em geral, entre vinte e trinta letras sistêmicas principais) para reproduzir qualquer palavra do idioma: ou seja, o conjunto de tipos móveis permanece dentro dos limites administráveis e viáveis física e financeiramente. (As prensas chinesas, ao contrário, necessitavam de um caractere separado para cada palavra, aproximadamente, e o total poderia ser dezenas de milhares; até pouco tempo, isso fez a impressão por blocos ou páginas inteiras se tornar um dos recursos mais utilizados naquele país, embora bastante trabalhoso.) Dessa forma, a escrita alfabética concede à impressão por tipos móveis uma vantagem utilitária impossível de ser igualada pelas sociedades que utilizam sistemas de escrita não alfabéticos. Isso quer dizer que o advento da imprensa propiciou de imediato ao Ocidente uma vantagem cultural em relação ao restante do mundo.

Contudo, a impressão só foi possível graças à disponibilidade do papel. (Apesar de algumas das primeiras prensas usarem pergaminho, os custos eram proibitivos.) A principal vantagem da impressão está no baixo custo das produções em massa, as quais foram viabilizadas pelo papel, jamais pelo pergaminho. Desenvolvido na China por volta de 100 d.C., e, desde então, utilizado em todo o Extremo Oriente, o papel chegou aos países islâmicos por volta do século IX e se tornou comum na Europa ocidental nos anos 1300. Em meados do século XV, o papel já substituía o pergaminho em quase toda parte. Com o advento da prensa, só o papel constituía material de escrita perfeito para a multiplicação da palavra escrita por um sistema financeiramente econômico. Desse modo, o pergaminho desapareceu, exceto em atos cerimoniais e oficiais: apresentações, diplomas, títulos, transferências de propriedade, escrituras, entre outros.

Os cerca de 27 mil títulos diferentes impressos entre 1450 e 1500 (além disso, também houve aumento acelerado do número de manuscritos copiados à mão em virtude da enorme demanda por materiais de leitura) significaram expansão e diversificação da publicação e da leitura em proporções inigualáveis no decorrer de apenas duas gerações. Até cerca de 1480, o tipo móvel somente imitava os formatos das letras comuns dos escribas: tipógrafos em toda parte desenvolveram fontes (conjunto completo de tipos em estilo e tamanho específicos) para copiar o padrão das letras de mão presentes nos manuscritos da época. Como era isso que os clientes estavam acostumados a ler, era nisso que estavam interessados e dispostos a pagar. Não apenas formatos de letras, mas títulos, iniciais, ilustrações e até mesmo os temas, tudo isso seguia a tradição dos manuscritos. Contudo, depois que as prensas começaram a testar e a expandir os parâmetros do novo ofício, o próprio mercado foi obrigado a se adaptar. Já nas duas últimas décadas do século XV, a dinâmica interna da impressão – padronização, clareza e apelo de massa – passava a ser reconhecida e explorada comercialmente. Com esse avanço, a impressão desenvolveu um comércio autônomo próprio, fazendo que a produção de cópias à mão terminasse com a Idade Média.

O que as primeiras prensas produziam? Textos curtos, efemérides (como cartas de indulgência), calendários, almanaques, a gramática latina escolar de Donato, entre outros materiais. Não tão comuns eram os trabalhos mais grandiosos, que permaneciam sob domínio dos escribas: a Bíblia de 42 linhas, a Bíblia de 36 linhas, o *Catholicon* de Balbi (uma espécie de enciclopédia medieval) e alguns outros livros fundamentais. Isso porque, ao contrário da Extremo Oriente, onde a produção literária sempre acompanhou a predileção dos ricos e dos membros da realeza, na Europa ocidental, durante o final da Idade Média, os responsáveis pelas impressões eram, em essência, comerciantes que ganhavam a vida sozinhos, quase sempre sem patronos ricos. Ou seja, o próprio mercado determinava os lotes de impressão. Depois de terem reconhecido o nicho específico do novo ofício, os primeiros impressores se concentraram em grandes lotes de textos curtos e conhecidos, em edições baratas, destinadas ao mercado local. Com mais frequência, essas obras eram encontradas em vernáculo – a língua empregada no cotidiano pela população. E logo livros inteiros também surgiriam em vernáculo, a preços com os quais nenhum escriba poderia competir. A quantidade em detrimento da qualidade tornou-se o *ethos* que impulsionou a revolução da impressão, que foi notadamente um empreendimento capitalista.

Uma consequência imediata foi a redução do tamanho do livro. A maioria dos editores no século XV já estava produzindo livros de acordo com um dos três formatos de tamanho de página: *in-fólio* (do latim *folium* ou "folha"), dobrada uma vez; *in quarto* (por causa dos quatro quadrados que esta produzia), dobrada duas vezes; e *in-oitavo* (oito quadrados), dobrada três vezes. A impressão agora oficializava essa padronização. Aquelas Bíblias enormes em fólio, produzidas com a pele de duzentos bezerros sacrificados para castelos, catedrais ou igrejas paroquiais, começavam a desaparecer diante da demanda por Bíblias de papel mais baratas e portáteis, nos formatos *in quarto* e *in-oitavo*. Em 1527, Francisco I ordenou por decreto tamanhos padrão de papel em toda a França, e o desrespeito à norma era punido com prisão. Outros países não demoraram a seguir o exemplo.

Dos mais de 250 polos de impressão em atividade na Europa, em 1500, Veneza destacava-se como o mais dinâmico e inovador.[5] Foi para lá que muitos alemães haviam migrado, em virtude de agitações sociais enfrentadas nos principados nativos. Quase todos os primeiros impressores eram germânicos. Dois irmãos, Johann e Wendelin de Speier, operaram a primeira prensa de Veneza, em 1467. A concorrência surgiu nos anos 1470 com o brilhante francês Nicolas Jensen, que, no entanto, faleceu em 1480 em visita ao papa Sisto IV. O principal impressor de Veneza na década de 1480 foi outro alemão, Erhard Ratdolt de Augsburgo, mas ele retornou à sua cidade natal em 1486. Em 1500, Veneza sediava no mínimo 150

---

5 STEINBERG, *Five Hundred Years of Printing*.

prensas, sendo a mais famosa a de Aldo Manuzio (morte em 1515), um italiano de Bassiano.

Com apoio financeiro obtido de dois príncipes, o "humanista" (ou melhor, classicista) Manuzio iniciou as atividades de impressão em Veneza por volta de 1490, tendo decidido desde o início produzir uma série de livros que seriam "eruditos, compactos, práticos e baratos".[6] No lugar do lote mais comum de cem ou 250 exemplares, ele imprimiu nada menos que *mil* cópias de cada edição, visando a maiores lucros. Os primeiros títulos incluíam os clássicos gregos de Aristóteles, Platão, Sófocles e Tucídides; em alguns anos, Manuzio passaria a incluir também os clássicos latinos, imprimindo Virgílio, Horácio e Ovídio. Com a consultoria diária de alguns dos principais "humanistas" europeus, por sinal muito bem-vinda, Manuzio sabia que esses eram, afinal, os autores de maior demanda entre os classicistas da Europa, podendo assim assegurar o sucesso financeiro-comercial.

Mas lucro não era tudo. Manuzio insistia em que esses autores clássicos fossem lidos "sem intermediários": ou seja, por meio de obras impressas nos idiomas originais livres de comentários inoportunos ou anotações de autoridades mediadoras. Sendo ele próprio um "humanista", desejava que os leitores "conversassem sem censuras com os ilustres mortos".[7] Para possibilitar esse diálogo, Manuzio também publicou dicionários e gramáticas clássicos a fim de facilitar a compreensão de autores antigos. Dessa maneira, Manuzio forneceu aos leitores um meio de estudo que lhes possibilitava exercer a atividade sozinhos, sem precisar viajar para Bolonha, Heidelberg, Paris ou Oxford. Em outras palavras, tendo em mãos um dos pequenos livros impressos por Manuzio, todos os leitores poderiam se tornar leitores experientes.

Para fazer caber a maior quantidade possível de texto em cada pequena página, Manuzio optou por imprimir obras inteiras em estilo cursivo, o tipo de fonte que mais economiza espaço. Para tanto, ele usou um cursivo desenvolvido por seu parceiro tipógrafo, o famoso Francesco Griffo, natural de Bolonha. Inspirada por escritas anteriores e imediatamente identificáveis pela inclinação para a frente, essa nova escrita cursiva possibilitava que um número muito maior de letras coubesse em cada linha, sem esta parecer truncada; só muito tempo depois passou a ser chamada de *itálico*.[8] (O criador do tipo, o francês Claude Garamond, inventou, tempos depois, um tamanho e um estilo de caracteres que misturava as LETRAS MAIÚSCULAS, as letras minúsculas e o *itálico* como "partes equivalentes de uma única estrutura").[9] As diversas contribuições de Griffo na oficina de impressão

---

6 Ibidem.

7 LOWRY, M. *The World of Aldus Manutius*. Oxford, 1979, citado em MANGUEL, A. *A History of Reading*. Londres, 1996.

8 ULLMAN, B. L. The Origin and Development of Humanistic Script. 2.ed. Roma, 1974.

9 MORISON, S. *A Tally of Types*. Cambridge, 1973.

veneziana de Manuzio criaram uma página impressa que permitia maior facilidade de leitura, sobretudo eliminando-se o rebuscamento.

Em razão dessas e de outras inovações semelhantes em toda a parte, o livro deixava de ser um investimento elaborado e louvado, tornando-se uma simples e distinta ferramenta de estudo. Para muitos, a leitura não era mais um árduo processo de decifração, constituindo, daí em diante, um ato de puro prazer. Nesse período, havia toda uma nova geração de leitores que crescia lendo apenas livros impressos e nutria pouca afeição pelos fólios obsoletos de tratados eclesiásticos:

> Os *conoscenti* e *dilettanti*, os homens em lazer que haviam absorvido o gosto e um pouco da erudição dos humanistas, e os mestres, sacerdotes, advogados e médicos que frequentaram cursos em universidades de *litterae humaniores* desejavam livros que pudessem carregar consigo em passeios e viagens e ler nas horas vagas diante da lareira, livros que estivessem ao alcance dos mais pobres entre os potenciais compradores. Aldo era dotado de uma lucidez típica dos editores de maior excelência.[10]

Isso porque Manuzio lançara o primeiro "livro de bolso".

Ele começou pela *Opera* de Virgílio, em abril de 1501, em seguida lançando um novo volume a cada dois meses ao longo dos cinco anos seguintes, todos com o mesmo formato. Utilizando textos de autoria dos principais eruditos clássicos, após 1502, cada uma das edições "aldinas", ou de "Aldo", destacava-se pelo emblema de uma âncora na qual se enrola um golfinho (adaptado de uma moeda do imperador romano Vespasiano). Impressos com requinte com um tipo legível nítido, os livros eram impecavelmente editados e vendidos a preços baixos: ou seja, ainda dentro do modesto orçamento das pessoas.

A ideia de Manuzio, de edições de "livros de bolso", espalhou-se como faísca em toda a Europa ocidental. Logo se tornou a mola mestra de todo um setor. Na verdade, o livro que você está segurando agora é um descendente direto dessa invenção.

Nessa época, a Europa estava repleta de prensas, a maioria localizada nas proximidades da respectiva clientela. Em virtude da proximidade com a Universidade de Paris, o Quartier Latin, por exemplo, tornou-se o centro de impressões da cidade, com pontos de vendas de livros delineando a rua Saint-Jacques, bem como com impressores e encadernadores ocupando ruas e vielas vizinhas. Nesse local, surgiu uma indústria completa de produção de livros; em um período de um século, milhares de impressores, encadernadores, artesãos, revendedores, intermediários e suas grandes famílias estavam todos ganhando o sustento com a pro-

---

10 STEINBERG, *Five Hundred Years of Printing.*

dução e distribuição de livros em cidades vizinhas e até no exterior. Outros vendedores parisienses também abriram lojas especializadas próximas às respectivas clientelas: livros religiosos próximos à Notre Dame, livros de direito perto do Palácio da Justiça, e assim por diante.

A imprensa, uma parte integrante da história geral da civilização, modificou a sociedade de forma fundamental. Oferecendo ao público cópias quase infinitas de textos idênticos, por meios mecânicos, ela transformou uma sociedade cujo acesso ao conhecimento era limitado em outra cujo acesso era quase ilimitado. A prensa, na verdade, tornou viável a sociedade moderna. Não seria exagero afirmarmos que o advento da imprensa foi tão importante para a humanidade quanto o domínio do fogo e da roda.[11]

O livro "novamente" como ferramenta

A insistência de Manuzio em relação ao grego não foi acidental. A conquista de Constantinopla pelos turcos otomanos em 1453 forçou muitos eruditos gregos a migrarem para a Itália, salvando-se do novo domínio. Um grande número deles se instalou em Veneza, onde havia mais de um século existia um interesse pelo ensino grego. A cidade tornou-se um grande centro de estudos clássicos, precisamente quando os primeiros impressores germânicos chegaram, do mesmo modo migrando em virtude das conturbações sociais. Com os gregos, veio uma atitude diferente quanto à leitura, individualizada e analítica. E, com os germânicos, uma nova maneira de compartilhá-la, por meio da impressão. Essa combinação sem precedentes resultou no dínamo do "humanismo", termo criado no início do século XIX que, na verdade, é um pouco distorcido, considerando-se sua incapacidade de encerrar as verdadeiras complexidades do movimento.

Nessa época, entre 1460 e 1470, o método escolástico passava por muitas modificações em todos os principais centros de ensino da Europa. Como vimos (Capítulo 4), vozes isoladas já haviam questionado o escolasticismo no século XIII, mas só agora o método era de fato desafiado (embora o discurso científico em latim tivesse se mantido durante boa parte do século XVIII). O motivo? Havia pelo menos dois: a ascensão da burguesia e a invenção da prensa, que possibilitavam maior disponibilidade de livros. Um resultado imediato da nova e direta abordagem à leitura, além da capacidade de despertar o entusiasmo dos alunos em aprender mais, era que um número muito maior de graduados das igrejas, catedrais e escolas passou a ser fluente em latim, capaz de extrair mais de cada texto. (Um aluno destacou o modo como o mestre priorizava a "ordenha do texto buscando cada

---

11 FISCHER, S. R. *A History of Writing*. Londres, 2001.

HISTÓRIA DA LEITURA

gota de sentido".)[12] As virtudes e a moral cristãs, no entanto, mantiveram-se dominantes, e alguns professores chegavam a insinuar o preceito aristotélico de que um homem se comporta quando adulto de acordo com a educação que recebeu. Na realidade, essa visão inspirou toda a educação ocidental em boa parte do século XX.

Nesse contexto, o "humanismo" tornava a leitura privada, questionava o conhecimento transmitido e vislumbrava novas alternativas com criatividade. A ortodoxia comum tinha que passar pelo crivo da opinião individual, já que o leitor transformou-se em uma autoridade. A manifestação social dessa mudança fundamental de atitude – sobretudo possibilitada pelas mudanças nos hábitos de leitura – foi a Renascença, que acarretou transformações drásticas em todas as esferas da vida cotidiana na Europa: as teses e o protestantismo de Lutero, a cosmologia de Copérnico, a expansão pelo Novo Mundo e pelo Pacífico, e muito mais. A redescoberta do vernáculo escrito teve um papel de destaque nesse processo.

Os impressores, na realidade, privilegiavam o vernáculo, uma vez que este vendia mais cópias e rendia mais lucros. Dos cerca de noventa livros, por exemplo, publicados pelo primeiro impressor inglês, William Caxton (c. 1420-91), durante sua carreira de 16 anos nessa área, por incrível que pareça, 74 eram em inglês, e não em latim. Não se tratava de predileção nem de obrigação, mas, sim, de algo que refletia o mercado de Londres na época: a maioria dos livros em latim era importada do continente. Caxton incluiu na produção as obras dos principais autores da Inglaterra: Chaucer, Gower, Lydgate e Malory. Configurava-se uma era completamente nova para a produção literária, prognosticando o futuro da publicação. Aqui, os vendedores de livros não determinavam o que seria publicado, mas reagiam à demanda, tendo como meta a maximização de lucros. Era diferente da produção de livros medieval, determinada de acordo com uma hierarquia: a leitura erudita e eclesiástica em latim voltada ao opulento clero, de um lado; de outro, os épicos e romances, predominando em vernáculo, destinados aos nobres ricos. Agora, a burguesia em ascensão assumia o comando do direcionamento da leitura e introduzia outros gostos, expressos com muito mais frequência em vernáculo.

No final do século XV, a palavra escrita estava mais uma vez enriquecendo a sociedade europeia de uma maneira que não era vista há cerca de mil anos.[13] A maioria dos administradores dependia, nesse momento, da leitura e da escrita, a correspondência comercial estava prosperando, a classificação e a recuperação de informações escritas seguiam metodologias e havia um volume de literatura religiosa e de pensamento reflexivo que, graças à impressão, não tinha precedentes. Além disso, a literatura escrita nacional logo se infiltrava nas numerosas (e recentes) bibliotecas institucionais e domésticas da Europa.

---

12 WIMPFELING, J. *Diatriba IV.* In: KNOD, G. *Aus der Bibliothek des Beatus Rhenanus: Ein Beitrag zur Geschichte des Humanismus.* Schelettstadt, 1889, citado em A. *A History of Reading.*

13 MARTIN, *The History and Power of Writing.*

O mundo da leitura, porém, ainda era bastante compartimentado. Apenas algumas centenas de milhares de europeus faziam cópias à mão, calculavam, reconheciam firmas, copiavam, estudavam e, com uma frequência ainda menor, compunham. O número de letrados continuava a crescer à medida que a educação pública se disseminava entre as comunidades mais ricas. Contudo, cerca de cinquenta milhões de pessoas ainda estavam arraigadas a recursos orais tradicionais em todas as atividades cotidianas. Havia surgido uma tensão entre os privilegiados, a elite letrada, e essas massas de analfabetos. A escrita, como sabemos, privilegiava os letrados e, por ser algo incontestável, predominou. Assim como no passado o épico nacional oral havia tornado possível o romance palaciano escrito, agora a oralidade rompia diante da escrita e da leitura. Embora a fonte da literatura escrita tivesse sido a literatura oral, a literatura escrita começava a buscar inspiração em si mesma. As tradições orais diminuíram drasticamente e, em seguida, desapareceram. Uma vez que a escrita e a leitura se fortaleceram, o retorno à prerrogativa oral não era mais possível. A sociedade letrada forçou a iletrada a mudar. A comunidade de letrados, os quais, nesse momento, nem sempre eram os privilegiados ou membros da elite, ampliou-se e difundiu-se, formando, durante o processo, uma Europa totalmente nova.

O livro era "novamente" uma ferramenta, mas, desta vez, uma ferramenta de alta qualidade. Deixando de ser apenas o veículo do discurso humano, era, no final do século XV, reconhecido como o meio mais importante de acesso ao conhecimento na sociedade culta. De fato, essa percepção era tão profunda e disseminada que quase todo livro, não apenas as Escrituras, assumia um *status* semissagrado entre a elite letrada. Apenas os loucos, tema comum na época, faziam mau uso da leitura, perdendo tempo com livros inúteis. Nesse contexto, o advogado de Strasburgo, Sebastian Brant, iniciava o clássico de 1494, *Das Narrenschiff* (A nau dos insensatos), com o item "Sobre Livros Inúteis", incluindo uma xilogravura composta pelo jovem artista Albrecht Dürer, de Nuremberg, no qual anunciava:

> À deriva fui deixado
> Pois tenho muitos livros inutilmente
> Os quais não leio e nem compreendo.[14]

Cercado por esses livros e com o chapéu de bobo, empunhando um matador de moscas contra os desagradáveis insetos, o "Bobo do Livro", usando óculos, declara:

> O fato de eu me sentar na proa da nau [dos insensatos]
> Possui um motivo de fato especial;

---

14 BRANT, S. *Das Narrenschiff.* ALEWYN, R. (Ed.). Tübingen, 1968.

HISTÓRIA DA LEITURA

> Não é algo sem explicação:
> Confio em minha *libry* [livros/biblioteca].
> Possuo uma montanha de livros,
> Dos quais, porém, não entendo nenhuma palavra,
> E mesmo assim os guardo com tanta estima.
> Deixe-me espantar essas moscas!

A brincadeira aqui é que esse bibliófilo do final da era medieval é também um *domine doctor* (o equivalente a um professor multidisciplinar) que, porém, "conhece pouco latim; / Sei que *vinum* significa vinho, / *Gucklus*, idiota, *stultus*, tolo, / E que sou conhecido por *domne doctor*!", um trocadilho com o alemão medieval *domne/damne* ("maldito").

Inspirado pela famosa sátira de Brant, o popular pregador Johann Geiler (1445--1510), um dos moralistas mais influentes do final da Idade Média, nascido na Suíça mas criado em Kaysersberg, na Alsácia, falante de alemão, fundamentou uma série de sermões na *Nau dos insensatos* apenas um ano antes de sua morte. No primeiro deles, abordando exatamente o item "Sobre Livros Inúteis", de Brant, Geiler chamou sua congregação do púlpito da catedral de Strasbourg: "Ele, que deseja os livros para que lhe tragam fama, deve aprender algo sobre eles; é preciso armazená-los não em bibliotecas, mas dentro da cabeça".[15] Os livros eram sobretudo ferramentas, insistia Geiler. Não se obtém fama pela exibição da aparência de conhecimento, ou de um grande número de livros, mas pela demonstração da essência do conhecimento, pelo aprendizado do conteúdo dos volumes – do mesmo modo como o filósofo, político e dramaturgo romano Sêneca (c. 4 a.C.- 65 d.C.), um dos autores favoritos de Geiler e dos humanistas, havia declarado quase 1.500 anos antes.

Moralistas como Geiler fugiam do clichê medieval ligado ao ressentimento em relação aos arrogantes homens das letras, aqueles que usavam a leitura para algo completamente diferente: o ressentimento em relação àquela leitura *mal empregada*. A mensagem aqui era a de que a leitura era uma ferramenta preciosa demais para ser desperdiçada. Depois que os livros finalmente se tornaram "adqui-ríveis", graças à impressão (ainda eram raros, porém), seu uso adequado não era apenas recomendável: era obrigatório, uma vez que os livros eram a ferramenta de ensino e desenvolvimento mais importante da humanidade. Assim sendo, a leitura deveria ser da competência de todos, e não apenas da elite de eruditos e clérigos que, no decorrer da Idade Média, havia monopolizado tal prática. A leitura passa a ser uma responsabilidade de todos; mas a leitura "correta", que, por fim, significa-va a leitura individual analítica.

---

15 VON KAISERBERG, J. G. *Geilers von Kaiserberg ausgewählte Scriften*. LORENZI, P. (Ed.). Leipzig, 1881-3. 5v.

Aberta a interpretações, essa distinção dividiria, em breve, a Europa em duas partes.

"Queimai todos os arquivos do reino"

O livro impresso havia deixado de ser uma reprodução do manuscrito para logo assumir uma identidade própria. Os leitores não decifravam mais cada palavra de um texto, não mais adaptavam, aprimoravam, corrigiam e/ou censuravam o autor com cópias à mão para colegas, amigos e familiares. O texto impresso ficava petrificado, imutável, definitivo. Não nos causa surpresa que, com a impressão, as atitudes dos leitores mudassem: o texto impresso não continha mais aquele toque pessoal presente na escrita à mão medieval, mas, em vez disso, era dotado de um gesto impessoal. A leitura moderna nascia inserida nessa percepção modificada da palavra escrita na segunda metade do século XV.

Claro que a veneração pela palavra escrita, ainda que impressa, prolongou-se. O humanista holandês Erasmo de Roterdã (c. 1466-1536) beijava com devoção o volume impresso de Cícero antes de abri-lo. O estadista e filósofo político florentino Nicolau Maquiavel (1469-1527), ao concluir a jornada do dia, vestia as melhores roupas antes de ler as obras de seus autores favoritos, também impressas. Mas essa veneração levada adiante não impediu a rápida transformação da palavra escrita.

No século XVI, os textos impressos eram bastante simplificados a fim de reduzir os custos com fontes e incentivar cada vez mais a fluência na leitura. Aquelas abreviações, junções e suspensões medievais, usadas pela maioria dos primeiros impressores, desapareceram por completo. As centenas de estilos eram, pela primeira vez, homogeneizadas em um pequeno número de caracteres legíveis com nitidez – fosse o simples romano ou o mais rebuscado gótico – então padronizados em um sistema de LETRAS MAIÚSCULAS, letras minúsculas e *itálicos*, sendo o uso de cada um determinado por regras aceitas universalmente. As forças de mercado (a demanda por vários livros e, de preferência, baratos) exigiam essas inovações. Os livros tornaram-se artigos massificados, cada exemplar era uma mercadoria, um artigo comercial, uma unidade intercambiável de riqueza econômica como qualquer outro produto básico de consumo.

Em consequência, o conceito dos "impressores humanistas" acerca de qual deveria ser a aparência e o conteúdo do livro também mudou. Deixando de lado o hábito medieval de fazer comentários nas margens do texto ou entre as linhas, a fim de direcionar o leitor à interpretação "correta" de uma obra, eles queriam, ao contrário, fazer que o livro original chegasse ao leitor na versão mais fidedigna possível; recomendava-se o uso de outros complementos de auxílio à leitura, como dicionários e enciclopédias, quando necessário. O leitor deveria extrair o máximo de um texto por conta própria, pois ele, e não mais o texto, era o sustentáculo do conhecimento. Virando o mundo medieval de cabeça para baixo, o *ethos* se voltava ao "humanismo". E todas as pessoas instruídas começaram a ler dessa maneira daí em diante.

Contudo, apesar dos novos conceitos introduzidos por Petrarca e pelos "humanistas", o método escolástico de leitura – censurando textos de acordo com critérios predeterminados – ainda predominava no século XVI em todas as universidades, assim como em escolas monásticas, civis e paroquiais. Sua influência fez-se notar por mais tempo ainda. Sentida com mais intensidade nos séculos XVI e XVII, foi sobretudo a censura que determinou na Europa não só o que ler, mas como ler. Um problema específico referia-se ao efeito imediato da impressão, como vimos, ou seja, a produção de um número crescente de obras em vernáculo destinadas ao maior público possível. No século XVI, vendedores de livros com visão e espírito empreendedores começaram a se dedicar ao mercado nacional, em língua vernácula, com um novo tipo de literatura destinada em especial à leitura secular, quase sempre bem instruída, feita por oficiais públicos, comerciantes ricos e, pela primeira vez, por mulheres. Os impressores chegavam a convidar eruditos para que estes lhes escrevessem um tipo de propaganda que os menos instruídos pudessem compreender melhor.

Isso resultou em uma polarização não só da literatura, mas da própria sociedade.

Alguns iletrados revolucionários, ressentindo-se da posição privilegiada dos letrados na sociedade, já haviam clamado o final não só da impressão, mas também dos livros e do ensino, considerados ferramentas de subjugação dos poderosos sobre os menos privilegiados. Esse clamor se revela no ato IV, Cena VII, da peça *Henrique VI*, de Shakespeare, Parte II, revivendo a década de 1450, quando o vendedor de tecidos, o rebelde Jack Cade, trabalhador comum briguento, defendendo a tradição oral, exclama: "Ide, queimai todos os arquivos do reino; minha boca será o Parlamento da Inglaterra". Depois disso, pede que Lord Say seja decapitado "dez vezes", desafiando-o:

> Sou a vassoura encarregada de limpar a Corte de imundícies como tu. Corrompeste com a maior traição a juventude do reino, erigindo uma escola de gramática, enquanto até hoje nossos antepassados só tiveram como livro o corte e a talha, foste o introdutor da imprensa e, contra o rei, a coroa e a dignidade real, mandaste construir uma fábrica de papel ...*

Shakespeare fazia uso da licença poética: Caxton havia inaugurado a primeira prensa na Inglaterra em 13 de dezembro de 1476, uma geração inteira pos-

---

* SHAKESPEARE, William. *Henrique VI*, Parte II. *Obra completa*, "Dramas históricos". Rio de Janeiro: José Aguilar, 1969, p.487-8. (Trad. Oscar Mendes)

terior a Jack Cade. Um produto do século subsequente, aqui Shakespeare se preocupava, acima de tudo, em contrastar a cultura oral dos cidadãos comuns sem refinamento com a cultura escrita da educação e da administração, as quais ele sabia que no futuro iriam triunfar. De fato, Jack Cade leva a que Lord Say seja decapitado na fúria do momento, mas logo depois ele mesmo é assassinado. Sua causa é perdida.

Para lidar com o violento embate entre oralidade e cultura escrita resultante da impressão, surgiram, nesse momento, rígidos sistemas de repressão e censura: "os governantes, que com mais frequência eram árbitros em vez de partes nas disputas, descobriram que precisavam exercer um papel ativo na organização dos circuitos de distribuição de livros se quisessem manter a paz pública e a prosperidade econômica".[16] A supressão da literatura ocorreu de novo logo após a invenção da impressão. Em 1478, o surgimento da Inquisição espanhola, a qual vigorou pelos quatrocentos anos seguintes, levou de imediato à rigorosa censura, ou melhor, à repressão de todo material escrito na Espanha, enfraquecendo o desenvolvimento intelectual do país durante quase o mesmo número de anos. Em março de 1479, mediante solicitação de doutores da Universidade de Colônia, o papa Sisto IV ordenou que todos os impressores, compradores e leitores de livros heréticos fossem castigados e os vendedores de livros pedissem, acima de tudo, permissão da autoridade local da Igreja antes de lançar uma nova obra. Seis anos depois, o arcebispo de Mainz pronunciou-se contra o uso "impróprio" da prensa por vendedores de livros aproveitadores, criticando as traduções em língua materna de textos em latim referentes à lei canônica e às obras litúrgicas, como missais, além das traduções de obras clássicas do grego e do latim. Ele determinou que a autorização para imprimir qualquer livro deveria ser obtida, com antecedência, de uma comissão formada por quatro membros. Outros centros logo adotaram medidas semelhantes.

Por volta de 1500, milhares de livros judaicos e árabes foram jogados às labaredas da Inquisição espanhola. O rei e a rainha espanhóis aproveitaram a oportunidade e, em 1502, decretaram que nenhum livro poderia ser impresso sem a autorização real ou de pessoas por eles designadas – basicamente supervisionando o controle dos inquisidores sobre a literatura, mas dando a isso um caráter de prerrogativa real. Tratava-se de algo sem precedentes na Europa. No V Concílio Laterano, em 1515, o papa Leão X proibiu em todo o território cristão a publicação de qualquer obra impressa sem prévia autorização de uma das seguintes pessoas: em Roma, o vigário de Vossa Santidade ou o mestre do Palácio Sagrado; fora de Roma, o bispo ou o inquisidor local.[17] Seis anos depois, Francisco I ordenou que o

---

16 MARTIN, *The History and Power of Writing.*
17 PUTNAM, G. H. *The Censorship of the Church of Rome and its Influence upon the Production and Distribution of Literature.* Nova York e Londres, 1906-7. 2v.

HISTÓRIA DA LEITURA   203

Parlamento francês proibisse a publicação de todos os livros religiosos que não tivessem conseguido obter um imprimátur (sanção ou aprovação para imprimir) de um membro do corpo docente da Escola de Teologia da Universidade de Paris.

Contudo, um século depois da invenção da imprensa, o grande número de títulos de livros sobre todos os assuntos do mundo tornava inviável qualquer tipo de controle. Mas as autoridades ainda não estavam dispostas a se render. Em 1559, a Sacra Congregação da Inquisição Romana, a instituição judicial da Igreja Católica Romana criada em 1232 para repreender heresias, publicou o primeiro *Index Librorum Prohibitorum*: a lista de títulos que a Igreja julgava ofensivos à fé, cuja posse resultaria em censura, ou algo pior. (O *Index* só foi suspenso em 1966.) A lista vigorava com frequência em países católicos, às vezes forçando os autores ao exílio, mas também, inadvertidamente, transferiu a publicação de títulos proibidos para centros protestantes.

Nesses centros não católicos, o comércio de livros florescia, fortalecendo o crescimento intelectual, o avanço científico e técnico e, portanto, a riqueza e o poder nas nações protestantes do Norte. Foi nesse período – e em virtude do comércio de livros, da educação e do protestantismo, entre outros fatores – que o esteio econômico e intelectual foi transferido do Sul para o Norte da Europa, onde permaneceu daí em diante. (A Revolução Industrial e, mais tarde, a Revolução Eletrônica foram resultados diretos dessa transferência de domínio intelectual, viabilizada em parte pelo cerceamento à liberdade de leitura em terras do Sul.)

A censura ainda continuava inabalável, tornando-se ainda mais disseminada proporcionalmente ao aumento da prática da leitura e do volume de publicações. Em 1563, o rei Carlos IX da França decretou que nenhum livro poderia ser publicado sem "licença, permissão e concessão" garantidas pelo Selo Nobre real por meio da intervenção do chanceler; assim como na Espanha, isso então fez que os reis da França competissem com a Igreja Católica pelo controle da impressão naquele país. Os doutores da Sorbonne, porém, empenharam-se na luta pelo direito de acesso a todas as obras impressas por conta própria, não admitindo nenhuma outra censura que não fosse a da mente liberal instruída. Em um século, isso resultou no colapso da censura imposta pela Igreja e pela realeza na França: como os impressores e os vendedores de livros proliferavam, as obras, muitas vezes, eram publicadas e livremente distribuídas sem nenhuma autorização prévia. Na Espanha, ao contrário, o Concílio de Castela reivindicava, ainda em 1627, o direito de inspecionar todos os documentos – até aqueles de poucas páginas – antes de serem impressos.

Como sempre, a Igreja Católica romana se aferrou à tradição, mantendo o padre paroquial responsável por transmitir as Escrituras a fiéis, em geral, analfabetos em latim. Estipulou-se a Vulgata de são Jerônimo como a única versão "autêntica" da Bíblia. A bula papal *Dominici gregis*, de 1564, decretou regras universais referentes à leitura: os livros dos principais líderes heréticos (Lutero, Hus e outros);

todos os livros não cristãos de qualquer tema religioso, todos os livros imorais e obscenos e todos os livros sobre magia e astrologia foram proibidos; traduções da Bíblia e livros controversos deveriam ser lidos apenas mediante prévia consulta com um padre ou confessor; nenhuma criança deveria ler os autores clássicos em grego e latim; publicações de qualquer livro impresso exigiam prévia autorização da Igreja, assim como os superiores eclesiásticos deveriam inspecionar com regularidade as oficinas de impressão e os locais ocupados pelos vendedores de livros.

Na Inglaterra, tomaram-se medidas semelhantes. Uma proclamação real emitida pelo rei Henrique VIII, em 1538, proibia a publicação de qualquer livro que não tivesse obtido permissão por escrito do Conselho Privado, e esse princípio nacional de censura prévia foi reforçado por Eduardo VI, em 1549 e 1551, e, em seguida, por Elizabeth I, em 1559. Durante o reinado de Maria Tudor (1553--1558), qualquer manifestação ligada ao protestantismo, incluindo-se a impressão e a leitura, era cruelmente reprimida. Muitos leitores ingleses inventaram maneiras criativas de evitar que fossem flagrados lendo, pois se recusavam a ser privados de realizar a leitura religiosa.

Os ancestrais protestantes de Benjamin Franklin, por exemplo, possuíam uma Bíblia proibida, em inglês, que foi "atada aberta com fitas sob o assento de um banquinho".[18] Quando chegava a hora do culto familiar, o tataravô de Franklin:

> virava o banquinho sobre os joelhos, virando as folhas presas com fitas. Uma das crianças ficava à porta para avisar caso avistasse algum oficial da corte religiosa se aproximando. Se isso acontecesse, o banquinho era desvirado e colocado de pé, mantendo a Bíblia escondida, como se nada tivesse acontecido.

Os ingleses almejavam a palavra escrita diretamente na língua materna tanto quanto os europeus do continente. Ainda durante o reinado de Maria Tudor, Rollins White, um pobre pescador, pagava para que o filho frequentasse a escola a fim de que, quando White retornasse da pescaria para casa, o garoto fosse capaz de ler a Bíblia para ele após o jantar; e Joan Waist de Derby, uma pobre mulher cega, economizou o suficiente para comprar um Novo Testamento e depois pagou pessoas para lerem para ela. De fundamental importância, sentia-se, era a leitura individual da Bíblia, e no inglês nativo do leitor, sem a intervenção da Igreja como mediadora de uma salvação apoiada no latim.

No final do século XVI, os puritanos, utilizando as prensas da Universidade de Cambridge, fizeram uma ruidosa campanha pelo fim da intervenção estatal em todas as questões referentes à fé. Mas o Star Chamber (tribunal criminal) – o Conselho Privado atuava como tribunal de justiça – decretou, em 1586, sob o comando

---

18 FRANKLIN, B. *The Autobiography of Benjamin Franklin*. Nova York, 1818, citado em MANGUEL, A. *A History of Reading*.

de Elizabeth I (no poder entre 1558-1603), que todos os livros fossem enviados ao arcebispo de Canterbury ou ao bispo de Londres antes de receber o registro da Stationer's Company, pré-requisito para a publicação. Como resultado, diversas prensas clandestinas surgiram em Londres, a propaganda presbiteriana vazou da Escócia para outras regiões, e as obras protestantes holandesas tomaram conta do mercado inglês.

A aprovação prévia de manuscritos destinados à publicação era novamente decretada pelo Star Chamber da Inglaterra, em 1637, durante o reinado de Carlos I, mas a impressão e a distribuição não se intimidaram. A censura e o registro foram interrompidos em 1640 – o próprio Star Chamber foi abolido no ano seguinte –, mas a ausência total de regulamentações resultou em caos. Em 1643, os presbiterianos e puritanos, a cúpula da Câmara dos Comuns, reinstituíram a censura prévia a fim de restringir a propaganda impressa dos oponentes. A censura prévia caracterizaria as publicações britânicas durante todo o restante do século, o que provocou a redução no número de estabelecimentos de impressão em Londres em quase dois terços (o número passou a vinte), criando situação propícia para uma volumosa produção de cópias não autorizadas.

A Reforma e a leitura

A Europa não estava pronta para a alfabetização generalizada nos séculos XV e XVI. As autoridades civis nas metrópoles mantinham o foco no ensino superior, e as escolas primárias, recebendo um atendimento precário, em geral permaneciam em reduzido número. A maioria das crianças da Europa nem chegava a frequentar a escola. Participavam de aulas de catecismo com pouca assiduidade e continuavam analfabetas. Em consequência, o conhecimento de cada nova geração era transmitido pela memorização mecânica, por meio de fórmulas do ensino oral. Logo, ignorância e superstição eram abundantes. Essa situação perdurou até boa parte do século XVII.

Além disso, embora um volume maior de leitura estivesse ocorrendo em virtude da impressão, ela envolvia sobretudo cartas e outros textos mais curtos impressos. Pouquíssimas pessoas possuíam seus próprios livros, como confirmam as estatísticas da época. Em Florença, por exemplo, enquanto no período entre 1413 e 1453 os livros estavam em posse de cerca de 3,3% daqueles que, ao morrerem, deixavam, ao menos, um filho sob a proteção legal da cidade, entre 1467 e 1520, após a introdução da imprensa, esse número surpreendentemente caiu para apenas 1,4%. E teve um tímido crescimento nas décadas seguintes entre 1531 e 1569, 4,6%; e entre 1570 e 1608, ainda parcos 5,2%.[19] Entre os que de fato pos-

---

19 BEC, C. *Les livres des Florentins* (1413-1608). Florença, 1984.

suíam livros, a coleção em geral não passava de dez volumes: até 1520, 75%; em meados dos anos 1500, 67,5%; e no final do século XVI, um pouco menos de 50%. Os livros continuavam raros, e lê-los era uma experiência especial, de fato memorável, que ainda estava fora do alcance da maioria da população.

Em Valência, na Espanha do século XVI, por exemplo, 75% de todos os livros citados nos registros de propriedade pertenciam a juízes, médicos e membros do clero. Assim como na Itália, o advento da impressão na Espanha não incitou nenhuma revolução social, nesse caso porque o país, tendo recentemente concluído a *reconquista*, orientava-se por uma forte tradição nacionalista. Outros centros espanhóis, como Valladolid, no Noroeste – que, na época, por pouco tempo, foi a capital nacional –, eram de modo geral mais cosmopolitas, adquirindo grande número de livros religiosos, clássicos, de viagens, de direito e "humanistas", bem como romances de cavalaria. Mas, à época, Valladolid era também uma cidade universitária.

Em quase toda a Europa, do século XV ao XVIII, a maioria dos leitores de livros era composta por médicos, nobres, ricos comerciantes e integrantes do clero, assim como na Idade Média. Negociantes, artesãos e comerciantes comuns às vezes liam, ainda que com imperfeição. Estes quase sempre preferiam livretos de baladas e contos, livros de horas baratos e os livros elementares que seus filhos talvez usassem nas escolas locais, se houvesse alguma. Podia-se contar nos dedos o número de pequenos proprietários rurais, camponeses e operários que soubessem ler. Possuir e ler um livro de verdade, um volume encadernado em couro refinado e impresso em papel de excelente qualidade, até esse momento, era privilégio dos ricos e daqueles de elevado *status* social. A cultura da leitura de livros solidificou a divisão entre as classes sociais, destacando e apoiando os poucos que ainda controlavam os muitos. A leitura de livros ainda estava longe de se tornar uma prerrogativa pública.

Mas, sobretudo em virtude da leitura, mudanças profundas estavam acontecendo.

Elas começaram na Alemanha, terra das primeiras prensas e da maioria dos primeiros impressores. Sempre defendendo a divulgação da palavra impressa, a Alemanha liderou a alfabetização europeia no século XVI. Foi também na Alemanha que houve a maior demanda por livros impressos, bem como cartas, panfletos e tratados, muitas vezes suprida por mascates de livros que faziam as vendas em cidades menores, vilarejos e assentamentos rurais com cavalos carregando a carga, carrinhos ou carroças pesadas com livros e livretos encadernados em couro. Uma vez comprada, a obra impressa, em uma localidade rural – castelo, alojamento ou vicariato –, era lida em voz alta para familiares e vizinhos reunidos diante do único indivíduo ali capaz de ler. E, com mais acesso ao conhecimento, surgiu maior questionamento acerca do relacionamento dos indivíduos com os detentores do poder. Não foi por acaso que, logo após a invenção da impresa, a Alemanha tornou-se a mola propulsora da Reforma, movimento político e religioso inspirado na tentativa de renovar a Igreja Católica romana, o qual resultou na formação das Igrejas protestantes da Europa.

No início do século XVI, o alemão Martinho Lutero (1483-1546) afirmava que não era pela intervenção da Igreja, mas apenas por meio da própria fé individual, que a graça de Deus seria concedida. Embora pudesse ser considerada herética, a ideia não chegava a ser revolucionária, tendo sido proferida no florescente século XII e em todos os séculos subsequentes. Por conta disso, os predecessores de Lutero foram queimados na fogueira. O próprio Lutero quase não conseguiu escapar dela em Augsburgo. Mas, por causa da impressão e do poder econômico dos príncipes do norte e do centro da Alemanha, que finalmente conquistaram a independência da financeiramente vantajosa opressão romana, Lutero e suas ideias hereges não só sobreviveram, mas se tornaram a base de uma nova Igreja na Europa, a Igreja protestante (embora essa jamais tivesse sido a intenção de Lutero).

Em 1519, como declarou o teólogo romano Silvester Prieria, o livro em que a Santa Igreja se baseava tinha de permanecer um "mistério", a ser desvendado apenas pela intermediação do poder e da autoridade de Vossa Santidade o papa, em Roma. Martinho Lutero e seus seguidores na Alemanha, na Holanda e na Suíça anunciavam aos quatro cantos que toda pessoa – homem ou mulher – possuía o "direito divino" de ler a Palavra de Deus por si própria, sem intermediários, e no idioma dela. Dois anos mais tarde, Lutero chegou a iniciar a publicação da Bíblia em alemão (o Novo Testamento, em 1522) e, em alguns anos, as regiões norte e central da Alemanha fervilhavam com as publicações de Lutero, ao passo que o sul da Alemanha estava repleto de publicações antiluteranas, em apoio ao reflorescimento da Igreja Católica romana. A polêmica relacionada à escrita, algo que jamais havia acontecido antes, resultado direto da nova dinâmica trazida pela impressão, dividiu o povo alemão e incitou uma fissura social, não só na Alemanha mas em toda a Europa.

Em 1529, o imperador do sacroimpério romano Carlos V, pressionado pela Igreja Católica romana, revogou todos os privilégios que haviam sido concedidos a Lutero e seus seguidores. Foi uma medida impensada, já que seis príncipes luteranos e catorze originados de cidades alemãs insurgiram em protesto, declarando em um manifesto por escrito, distribuído em diversas cópias, o seguinte: "Em se tratando da honra e da salvação divinas, assim como da vida eterna de nossas almas, todos devem, por si mesmos, apresentarem-se diante de Deus e prestar contas a Ele". O tema dividiu a Europa, algo de que até hoje ainda não nos recuperamos, quinhentos anos depois. A grande questão se concentrava no direito das pessoas de ler e pensar por si próprias.

As instruções de Lutero quanto a isso foram claras. No tratado de 1520, *An den christlichen Adel deutscher Nation* [Apelo à nobreza cristã da nação alemã], ele recomendava com insistência que toda criança fosse apresentada ao Evangelho antes de atingir nove ou dez anos, bem como que todo o estudo secundário fosse centrado na leitura individual das Escrituras. No prefácio de sua tradução do Novo Testamento, dois anos depois, ele ainda aconselhou todos os cristãos a ler todos os dias o Evangelho segundo são João ou as epístolas de são Paulo aos romanos. Lutero afirmaria para o resto da vida que apenas por meio desses esforços pessoais as pessoas poderiam alcançar a salvação por si mesmas: por meio da leitura religiosa, por meio das expressões individuais de fé.

Martinho Lutero exerceu uma incomparável influência nas publicações em todas as regiões de fala alemã, e suas traduções da Bíblia tornaram-se o esteio das impressões no centro e no norte da Alemanha. O Novo Testamento, pronto pela primeira vez em sua residência de Wittenberg, passou por catorze reedições nessa cidade nos dois anos seguintes, e, depois, por 66 reedições em Augsburgo, Basileia, Strasbourgo e Leipzig. Em pouco tempo, teve 87 edições em alto-alemão e dezenove em baixo-alemão (idioma setentrional semelhante ao holandês). A tradução de Lutero do Antigo Testamento, que finalmente foi lançada em 1534, passou por centenas de edições só até 1546. (Os lotes de impressão nessa época ainda eram relativamente pequenos.) De 1546 a 1580, Hans Lufft, editor de Lutero estabelecido em Wittenberg, sozinho produziu mais 36 edições. Na realidade, Lufft foi responsável pela distribuição de nada menos que cem mil cópias de vários textos bíblicos de 1534 a 1574.[20]

Erasmo de Roterdã, por exemplo, foi eloquente no apoio à leitura religiosa individual em vernáculo:

> Desejo que até mesmo a mais fraca das mulheres leia o Evangelho – leia as epístolas de são Paulo. E desejo que estas sejam traduzidas para todos os idiomas para que possam ser lidas e compreendidas, não apenas pelos escoceses e irlandeses, mas também pelos turcos e sarracenos (muçulmanos) ... Almejo que os camponeses entoem sozinhos esses trechos enquanto aram a terra, e que os tecelões as entoem entre os lábios cerrados, sem sair do tom.[21]

Em todas as partes da Europa, a Bíblia começou a surgir em edições impressas nos mais diversos vernáculos (Novo Testamento / Antigo Testamento): inglês (1526-35), holandês (1526), dinamarquês (1526-41), francês (1535), islandês (1540-84), polonês (1551), esloveno (1555-84), tcheco (1579-93), galês (1588) e muitos outros. No século XVI, somente em terras germânicas, *milhões* de volumes do Antigo e do Novo Testamento foram publicados, comprados e lidos. Aquela maravilha das paróquias e catedrais – as Escrituras – havia finalmente chegado ao âmago da família, graças às prensas da Reforma.

---

20 REINITZER, H. *Biblia deutsch. Luthers Bibelübersetzung und ibre Tradition.* Hamburgo, 1983.
21 Apud OPFELL, O. S. *The King James Bible Translators.* Jefferson, NC, 1982.

HISTÓRIA DA LEITURA

Muitos clérigos não estavam nem um pouco contentes com isso. Segundo eles, a repentina invasão de traduções em vernáculo era responsável por versões da Bíblia "deturpadas e não fidedignas ao original", como o puritano dr. John Rainolds disse ao "rei da Grã-Bretanha, França e Irlanda, um defensor da fé", em 1604. O rei James I, tendo subido ao trono apenas um ano antes, após a morte da rainha Elizabeth, concordou e, para inaugurar seu novo reinado, incumbiu os principais eruditos do país de realizarem uma nova tradução "autorizada" da Bíblia (ver a seguir).

O próprio Lutero questionava se fora correto ter traduzido a Bíblia e (relembrando a queixa de Sócrates) colocá-la ao alcance de leitores que poderiam chegar a conclusões que ele, na verdade, condenava. (Como já não havia mais a mediação da Igreja, quem estaria por perto para interpretar um texto "de modo correto" para o leitor inculto?) Lutero, assim como diversos "humanistas" do período, também se preocupava se a proliferação de títulos estaria incentivando os leitores a fazerem uma leitura superficial demais, levando a que perdessem, assim, o significado nas entrelinhas, o qual um erudito procurava, por certo, em todos os textos. Além disso, a tradução não era uma tarefa fácil, conforme se queixou em 1530: "Ah, traduzir definitivamente não é uma arte que qualquer um domine, como alguns imaginam. Requer um coração justo, piedoso, fiel, diligente, temeroso, cristão, erudito, experimentado e habilidoso".[22]

Do mesmo modo, era perigoso realizar traduções da Bíblia. Isso enfraquecia a autoridade da Igreja, transformando até mesmo um camponês em um estudioso da Bíblia. O pai da Bíblia inglesa, William Tyndale (c. 1490-1536), nascido em Gloucestershire e educado em Oxford e Cambridge, é um exemplo típico. Tyndale havia fugido da Inglaterra para a Alemanha em 1524, condenado como herege pelo rei Henrique VIII por ter criticado o divórcio entre o monarca e Catarina de Aragão. Um ano depois, em Colônia, publicou sua versão do Novo Testamento, traduzida direto do original em grego para um inglês simples, claro e comum. Em seguida, publicando em Worms, Tyndale, conseguiu que seu Novo Testamento em inglês tivesse diversas edições até 1534, sendo cada uma introduzida clandestinamente na Inglaterra. Tyndale começou a traduzir o Antigo Testamento também, do original em hebraico. Mas ele foi traído por inimigos em 1535 e preso perto de Bruxelas. Em uma carta endereçada ao governador de Vilvorde Castle, onde era mantido preso, Tyndale implorou, em primeiro lugar, por roupas mais quentes e, em seguida, escreveu:

> Peço também permissão para ter uma vela acesa à noite, pois é aborrecedor sentar-se sozinho no escuro. Mas, acima de tudo, rogo e imploro sua clemência na

---

22 LUTERO, M. Sendbrief vom Dolmetschen. In: KÄHLER, E. (Ed.). *An den christlichen Adel deutscher Nation und andere Schriften.* Stuttgart, 1968.

urgência com o procurador para que ele, num ato de gentileza, permita-me a posse de minha Bíblia em hebraico, minha gramática e meu dicionário, para que passe meu tempo dedicando-me aos meus estudos.[23]

Em 6 de outubro de 1536, logo após gritar "Senhor, abra os olhos do rei da Inglaterra!", Tyndale foi estrangulado até a morte e teve o corpo queimado na fogueira. O Novo Testamento em inglês de Tyndale talvez tenha vindo a calhar, introduzindo no uso cotidiano novas palavras como *passover* (páscoa), *peacemaker* (pacificador) e até *beautiful* (bonito), tal era a admiração na Inglaterra por sua tradução da Bíblia. (A primeira edição impressa de uma Bíblia toda em inglês havia sido produzida apenas um ano antes, obra de Miles Coverdale, cuja tradução não havia sido feita dos originais em grego e hebraico, mas de Bíblias em alemão e latim.)

A ruptura de Henrique VIII com a Igreja Católica romana, resultante de sua incapacidade de ocultar do papa o divórcio de Catarina de Aragão, arruinou as bibliotecas da Igreja, que tiveram volumes saqueados ou incinerados. No entanto, as bibliotecas de Oxford e Cambridge, bem como as das catedrais, sobreviveram sem danos e, nesse momento, começavam a se expandir como nunca, muitas vezes por meio de doações de coleções roubadas da Igreja. No mesmo período, a extinção dos títulos de terras da Igreja e a sua transferência para uma pequena nobreza com terras novas distribuíram, como jamais se havia visto antes, a riqueza entre a classe média da Inglaterra, transformando os negociantes das zonas rurais do país, os pequenos proprietários de terras mais ricos, artesãos com terras próprias e sobretudo a pequena nobreza dona de terras em uma força dinâmica com características até então desconhecidas na Europa. A contribuição imediata foi oferecer à maior parte do país (exceto o Norte e o Oeste) uma sociedade mais igualitária, incluindo-se melhor educação. Ao contrário de seus contemporâneos no continente, médicos, advogados, clérigos e até professores da escola primária da Inglaterra nas províncias tinham posse de algumas centenas de livros, selecionados de acordo com profissão e gosto, mas na maioria tratando de teologia, direito e ciências.

No restante da Europa, o embate entre as culturas oral e escrita ocupava uma zona extensa, obscura e perigosa habitada por diversos tipos em uma era de fanatismo religioso extremo. Na última metade do século XVI, por exemplo, o moleiro Menocchio, de Friuli, região entre os Alpes e o golfo de Veneza, teve um destino no mínimo comovente.[24] De uma Bíblia em italiano, do *Rosario della gloriosa Vergine Maria* e da *Legenda áurea*, edições dele mesmo ou emprestadas,

---

23 Citado em HENDERSON, J. *The Growth and Influence of the English Bible*. Wellington, 1951.
24 GINZBURG, C. *The Cheese and the Worms: The Cosmos of a Sixteenth-Century Miller*. Trad. John e Anne Tedeschi. Baltimore, 1980.

HISTÓRIA DA LEITURA

Menocchio, que nunca havia sido ensinado a ler com discernimento e, dessa forma, era incapaz de obter uma compreensão lógica, entendia esses três textos em língua vernácula apenas de modo fragmentado e literal (como é comum para muitos autodidatas), e então combinou esses retalhos de informações com a tradição oral para inventar sua própria teoria "coerente" do mundo. Logo começou a divulgar em público os princípios de seu novo credo, desafiando o bom-senso e a Igreja.

O iludido fiel da palavra escrita foi condenado por heresia e queimado vivo na fogueira por outros iludidos fiéis.

Orelhas e Torás

Nos lares das poucas pessoas que, de fato, tinham livros nos séculos XVI e XVII, os textos religiosos impressos quase sempre decoravam as prateleiras do quarto de dormir: o livro de horas, a Bíblia, a vida dos santos, um breviário (contendo salmos, hinos ou preces para repetição diária) ou, em alguns casos, os padres da Igreja – sobretudo santo Agostinho. Os dois autores "*best-sellers*" da Antiguidade, Homero e Virgílio, eram presença quase obrigatória nas bibliotecas de duzentos volumes ou mais. Porém, essas enormes bibliotecas domésticas ainda eram raras. A Inglaterra era o lar da maioria delas, consequência da Reforma de Henrique VIII, a qual resultou na espoliação indiscriminada das bibliotecas católicas romanas. Em Amiens, na França, entre 1503 e 1575, 21 delas, da elite da cidade, possuíam mais de cem, e uma, em destaque, chegava a quinhentos volumes.[25] Entre os temas de interesse especial dos poucos que possuíam livros na Florença do século XVI, podemos citar os escritos sobre a Virgem Maria, novamente a *Legenda áurea*, tratados sobre religião popular e, claro, as obras de santo Agostinho (quase todos esses volumes ainda em latim, e não em italiano). Os florentinos liam os autores clássicos também, ainda que com menos frequência: Virgílio, Ovídio, Valerius Maximus, Horácio, Tito Lívio, Plutarco e Boécio. E, para a "modernidade", as obras de Bocácio, Dante, Petrarca, Ariosto e o cardeal erudito Pietro Bembo eram devoradas nas regiões ao longo do Arno.

Ainda bastante raros, os livros eram quase tão valorizados na Renascença quanto na Idade Média, sendo seu roubo muitas vezes punido com a pena de morte, por se tratar de artigos equiparados a bens como cavalos ou gado. Numerosos volumes da época continham na parte interna da capa uma "maldição do livro", como o texto em alemão deixa claro:

---

25 LABARRE, A. *Le livre dans la vie amiénoise du seizième siècle. L'enseignement des inventaires après décès*, 1505-1576. Paris, 1971.

Das puech ist mir lieb
Wer das stilt ist ain dieb
Er sei riter oder knecht
Er wer dem galgn gerecht.[26]*

Apesar de Aldo Manuzio ter introduzido um livro menor e mais fácil de carregar por qualquer pessoa, a maioria dos livros ainda costumava ter proporções incríveis, às vezes até intimidadoras: fólios e *in-quarto* com cerca do dobro do tamanho do livro padrão de hoje, e às vezes até muito maiores. Mas depois os formatos *in-oitavo* e duodécimo tornaram-se populares, tendo o tamanho que conhecemos e é bastante comum nos livros menores em brochura. Isso ocorreu por vários motivos. Embora os grandes volumes atraíssem a clientela abastada, os livros grandes exigiam significativo volume de papel de alto custo e eram caríssimos para produzir e encadernar. Com edições sem autorização proliferando-se por toda parte, quase todas em formatos menores, um número crescente de editores oficiais se sentiu forçado a aderir a esse modelo para sobreviver. Outro fator importante foi o fato de os leitores preferirem o formato menor nessa época de autoritarismo, quando os títulos eram inspecionados em público, e a discrição podia salvar vidas. Mas, acima de tudo, o tamanho menor significava preço de venda também menor, o que disponibilizou os livros aos indivíduos mais pobres, os quais compunham a maioria dos consumidores. Isto é, quanto menor o livro, maior o volume de vendas. Foi sobretudo a demanda do mercado livre que encolheu o livro europeu. A partir de meados do século XVII, grande parte dos livros na Europa, e em todo o mundo, passou a ser impressa nos formatos *in-oitavo* e duodécimo.

Livros a preços mais acessíveis também significavam mais livros, e mais livros provocaram a diminuição de sua tradicional veneração. Não há indício melhor disso do que o costume de fazer "orelhas", ou cantos dobrados, nas páginas dos livros. Praticamente desconhecidas na época dos caros livros em pergaminho da Idade Média, as orelhas tornaram-se triviais no século XVI. No Ato IV, Cena 3, de *Júlio César*, de Shakespeare, Brutus pega um livro e diz: "E ora vejamos: não tereis deixado dobrada a folha onde parei de ler?". Brutus por certo não poderia ter feito "orelhas" em um rolo de papiro do século I a.C. Shakespeare, mais uma vez revelando um anacronismo, imaginou Bruto utilizando um códice, um livro, simplesmente como se fosse uma mercadoria barata do século XVI. Podemos concluir

---

26 Original de SEDEL, W. (1491-1562) inserido em sua própria cópia de TAULER, J. *Sermonen und Historia*. Leipzig, 1498, descrito e ilustrado em *Martin Breslauer Catalogue* 109. Nova York, 1988.

* "O livro é por mim estimado / Quem quer que o roube é um ladrão / Seja ele cavaleiro ou servo / À forca está fadado".

que já no período de um século da invenção da imprensa, muitas pessoas passaram a deixar de lado os marcadores de livros tradicionais para começar a dobrar os cantos das páginas a fim de marcar onde pararam a leitura. O gesto simples indica uma mudança fundamental de atitude. O objeto até então magnífico e precioso transformou-se enfim ..., em um simples livro.

Assim como a aristocracia havia usado a leitura e a escrita nos séculos XIV a XVI para desafiar a Igreja, a nova "classe média" – produtores, comerciantes, distribuidores, intermediários e investidores em ascensão – começou a utilizar a leitura e a escrita do século XVI ao XVIII para desafiar a própria aristocracia. (Na região periférica da Europa, o processo teve continuidade até o século XX.) Nesse período, os títulos de leitura floresciam à medida que os leitores da classe média (não os nobres e os clérigos) fixavam o mercado de livros, seguindo a linha dos predecessores da elite. No início, conforme o pêndulo oscilava para o outro extremo, tudo que fosse possível e imaginável era impresso, com cada editor competindo por novidades para assegurar a participação no mercado. A concorrência qualitativa (fontes, conteúdo, encadernação) produziu, quase em todo lugar, uma concorrência quantitativa e, assim, em cinquenta anos – em meados do século XVI, quando o leitor podia escolher entre mais de *oito milhões* de livros – a qualidade do livro caía drasticamente. O século que havia começado com editores de grande potencial intelectual, os quais aproveitavam a contribuição de célebres eruditos e contavam com seu apoio em projetos, terminou com livreiros-editores priorizando objetivos comerciais, já

> não se preocupando em favorecer o mundo das letras, mas apenas buscando publicar livros cuja venda fosse garantida. Os mais ricos fizeram fortuna com livros cujo mercado era garantido, reedições de antigos *best-sellers*, obras religiosas tradicionais e, sobretudo, os padres da igreja.[27]

Nessa época, as esposas de comerciantes e donos de lojas aprendiam, com frequência, a ler e a escrever para ajudar nos negócios da família trabalhando na escrituração e na contabilidade. Dessa forma, também se desenvolveu a leitura entre a população feminina de classe média, cujo poder aquisitivo, considerando-se que tal classe morava sobretudo em cidades e vilas, em pouco tempo influenciou a seleção e o direcionamento dos títulos "populares", sendo este quase sempre o gênero predileto das mulheres comerciantes.

Um dos principais clientes da indústria da imprensa no século XVI foram as escolas locais, em geral as escolas elementares para garotos. Os impressores competiam entre si para fornecer glossários para aulas expositivas, manuais de gramá-

---

27 FEBVRE, L., MARTIN, H.-J. *L'Apparition du livre*. Paris, 1958.

tica latina e, acima de tudo, folhas impressas individualmente para as cartilhas de abc (*hornbook* ou livro de chifres). Muito comuns de 1500 até 1800, essas cartilhas eram a primeira coisa que uma garota ou um garoto liam. Formada por uma fina placa de madeira – em geral com a largura e o comprimento da mão de um adulto – com um pequeno cabo para segurar, era coberta na frente por uma película transparente feita do chifre de animais, daí o nome, para ajudar a preservar o livro, e todo esse volume possuía uma moldura de metal. A única folha impressa que formava essa espécie de cartilha exibia, de cima para baixo, o alfabeto em letras minúsculas, o alfabeto em letras maiúsculas, às vezes os números de um a nove ou determinadas combinações silábicas, além de uma prece.

Embora a população rural da Inglaterra permanecesse quase totalmente analfabeta nos séculos XVI e XVII, o repentino florescimento da população urbana de classe média fez que esta se entregasse à leitura com enorme entusiasmo. As primeiras bibliotecas municipais da Inglaterra foram fundadas no início do século XVII, sobretudo por meio de subsídios de comerciantes. As bibliotecas das universidades e das escolas públicas multiplicaram o número de volumes em seu acervo, muitas vezes pela aquisição tardia das bibliotecas monásticas outrora pilhadas. As residências particulares também possuíam cada vez mais livros. Entre 1560 e 1640, nas cidades de Kentish de Canterbury (5 mil – 6 mil habitantes), Faversham e Maidstone (c. 2 mil cada uma), por exemplo, o número de casas com livros aumentou de uma em dez para cinco em dez.[28] Essa última estatística, muito mais alta que em qualquer parte do continente, até mesmo na Alemanha, testemunha a liderança de distribuição e consumo de livros no século XVII, conquistada pela Inglaterra. Durante esse período, muitos livros eram armazenados na cozinha, onde se realizava grande parte da leitura entre familiares e empregados, o que revela enorme familiaridade e intimidade com a leitura. Em virtude da influência dos puritanos, uma das principais influências culturais da Inglaterra à época, a leitura da Bíblia tinha, sem dúvida, prioridade nesses encontros.

Apesar disso, na Europa dos séculos XVI e XVII, o dormitório mantinha-se como o local favorito de leitura e armazenagem dos livros. Mas o quarto, nessa época, costumava ser um local de passagem, desse modo, até na cama, era raro as pessoas não serem incomodadas durante a leitura. Se alguém desejasse ler com privacidade, era necessário retirar-se para outro aposento levando consigo uma vela ou, se fosse durante o dia, ir para fora da casa, onde também se lia muito, como na Idade Média.

Nas sociedades ainda bastante comunais da Europa, esses fervorosos leitores solitários eram considerados, com frequência, pessoas suspeitas, destoantes da

---

28 CLARK, P. The Ownership of Books in England, 1560-1640: The Example of some Kentish Townfolk. In: STONE, L. (Ed.). *Schooling and Society: Studies in the History of Education.* Baltimore, 1976. p. 95-111.

HISTÓRIA DA LEITURA

multidão. "Não conheço ninguém a que evitar eu procurasse como esse magro Cássio...", diz o César de Shakespeare a Antônio no Ato I, Cena II, de *Júlio César*: "ele lê muito...". Contudo, mesmo futuros santos haviam feito da leitura um hábito. Quando ainda menina, a própria Teresa de Ávila, da Espanha (1515-1582), por exemplo, que depois reformaria a ordem das Irmãs Carmelitas, era uma leitora contumaz, mesmo de romances de cavalaria:

> Acostumei-me a lê-los, e essa pequena fraqueza atenuou meu desejo e vontade de realizar minhas obrigações. Para mim, era muito fácil passar diversas horas do dia e da noite imersa nesse vão exercício, escondida de meu pai. Meu êxtase com a leitura era tão grandioso que a felicidade só seria possível se eu tivesse um novo livro para ler.[29]

Em toda a Europa, a leitura transformou-se no próprio alimento – o prato mais completo para a mente e o espírito. Na realidade, a metáfora de "devorar a leitura como um alimento" era comum. Assim como sua contemporânea Teresa de Ávila, a rainha Elizabeth I da Inglaterra, também escritora, descreveu a leitura religiosa exatamente nestes termos:

> Caminho diversas vezes pelos agradáveis campos das Sagradas Escrituras, onde apanho um punhado de deliciosas ervas de sentenças, degusto-as pela leitura, saboreio-as pela reflexão e as guardo por um longo tempo nos refúgios da memória ... assim amenizo a amargura desta vida infeliz.[30]

De fato, as mulheres começaram a se destacar no campo da leitura e da escrita, então dominado pelos homens. Outra contemporânea sua, Louise Labé (c. 1524-1566) de Lyon, talvez tenha superado a todas. Sem pertencer ao grupo dos santos ou da realeza, ela conseguia exprimir a fonte da paixão humana desimpedida, escrevendo com realismo mundano e sensível; suas obras estão entre as mais inspiradoras da França. Cativante, espirituosa, dinâmica, Louise havia aprendido todas as artes masculinas – letras, armamentos, caça, cavalgaria, canto e instrumentos como o alaúde. Aos dezesseis anos, ela se apaixonou por um cavaleiro e partiu para os confins do Sudoeste para lutar ao lado de seu amado no cerco ao litoral de Perpignan. Por fim, casou-se com um rico fabricante de cordas de meia-idade, natural de Lyon, com quem aparentemente foi muito feliz, dedicando-se então de corpo e alma à atividade literária, compondo sonetos, elegias e uma peça, além de ser responsável pelo principal salão literário de Lyon. Sua biblioteca particular era

---

29 Citado em MANGUEL, A. *A History of Reading*.
30 ELIZABETH I. *A Book of Devotions: Composed by Her Majesty Elizabeth R.* STONE, A. (Ed.). Londres, 1970.

composta não só de obras em latim, mas também em francês, italiano e espanhol. Alguns dos maiores poetas franceses da época a homenagearam em verso. Das obras de sua autoria, as mais lembradas são os sonetos que rememoram seus sonhos de adolescência, como: "*Baise-m'encor, rebaise-moi et baise... Beije-me de novo, rebeije-me e me beije: dê-me o seu beijo mais delicioso, o mais apaixonado: eu te retribuirei com quatro mais escaldantes do que brasa...*". Uma das obras reunidas de Louise Labé, publicada pelo famoso impressor de Lyon, Jean de Tournes, foi lançada já em 1555, quando ela estava com cerca de trinta anos, no auge do talento e da fama.

Sobre a leitura de algumas de suas obras, Louise escreveu:

> O passado nos dá prazer e é de mais serventia que o presente; mas o contentamento que um dia sentimos está perdido na obscuridade, para todo o sempre, e a angústia das lembranças equivale ao prazer do que foi vivido. As sensações voluptuosas de outrora são tão intensas que o que quer que a memória recupere não é capaz de trazer de volta nosso estado de espírito de outrora, e não importa o quanto são fortes as imagens que gravamos em nossa mente, porque sabemos, mesmo assim, que não passam de sombras do passado, enganando-nos, ludibriando-nos. Mas quando transferimos nossos pensamentos para o papel, vemos como fica fácil, depois de algum tempo, nossa mente percorrer uma infinidade de acontecimentos, vivos como nunca, de modo que depois de muitos anos, retomamos essas páginas escritas e conseguimos retornar ao mesmo lugar, bem como reproduzir o mesmo estado de espírito em que um dia nos encontramos.[31]

Para Louise Labé, aquele que lê sobre suas próprias paixões do passado não só as recria, mas de fato as revive, triunfando sobre a frágil memória. Sua análise sobre o poder inato da leitura é profunda e atemporal.

Em terras eslavas, a palavra escrita manteve-se, em geral, mais rudimentar. Embora uma variedade de alfabetos transmitisse vários idiomas eslavos diferentes, na verdade havia pouquíssimos alfabetizados que os utilizassem, além do mais estes liam, na grande maioria, obras religiosas. Apenas alguns profissionais liam ciências, direito e medicina, sobretudo em latim. Em 1563, o czar Ivan IV, conhecido como "o Terrível" (no poder entre 1533-1584), fundou, em Moscou, a primeira oficina de impressão provisória da Rússia, empregando letras do alfabeto cirílico; no final do século XVII, essa oficina, que havia sido transferida para o vilarejo de Sloboda Alexandrovskaya, havia editado cerca de quinhentos títulos, todos, com exceção de sete, eram religiosos. A Ucrânia possuía cerca de quinze oficinas no

---

31 LABÉ, L. *Oeuvres.* BOY, C. (Ed.). Paris, 1887. 2v., citado em MANGUEL, A. *A History of Reading.*

século XVII, sendo as duas principais coordenadas pelos monges rutenianos de Lvov e pelo mosteiro de Kiev de Caves. A leitura eslava oriental era realizada sobretudo pelos homens e tinha caráter religioso e tradicional. Porém, quanto a preferências, estilo e conteúdo, a leitura eslava ocidental (de tchecos, eslovacos e poloneses) estava mais próxima da europeia ocidental, com o latim predominando até o século XVIII, quando as línguas vernáculas enfim se popularizaram entre um público instruído em expansão que passava a produzir novas literaturas nacionais.

A tradição literária russa teve início somente a partir de meados do século XVII, sem nenhuma inspiração nos gêneros medievais nativos e com total influência das tendências ocidentais. Era constituída da tradução ou da adaptação de obras e estilos poloneses, alemães, franceses e italianos para o russo e destinava-se a um público muito restrito e interessado, localizado sobretudo em São Petersburgo e Moscou. Não obstante, a maioria daqueles que sabiam ler ainda preferia fazê-lo nos idiomas originais, o que por muito tempo distinguiu a refinada elite russa. As oficinas de impressão russas floresceram no século XVIII, mas eram alvo de severa censura prévia, fato que caracterizou o livro e a produção de periódicos russos até há pouco, privando a sociedade dos benefícios de uma imprensa livre. A literatura russa nativa tornou-se popular somente no século XVIII e teve seu ápice no século XIX com Pushkin, Tolstoi, Dostoievski, Turguenev, Gogol, Tchekhov e muitos outros. Até a Revolução Bolchevique, a elite russa ainda preferia, no entanto, as obras em francês, italiano, alemão e, cada vez mais, em inglês no original, então em voga.

Nas outras regiões, os governantes otomanos – no comando do poderoso Império turco na Europa, na Ásia e no Norte da África desde o final do século XIII – opuseram-se a textos impressos em caracteres árabes, mantendo a tradição dos manuscritos no século XIX, em virtude do conservadorismo religioso. Como consequência, quase todos os povos de territórios islâmicos ficaram à margem das inovações ocidentais nas áreas de cultura, ciência e tecnologia. A rejeição à imprensa marginalizou e, em seguida, fossilizou a cultura islâmica. Nos séculos XV e XVI, a literatura árabe, mesmo em manuscrito, decaía para a pouco criativa imitação dos gêneros e estilos do árabe clássico. Muitas vezes, tratava-se apenas de uma pedante transmissão dos clássicos da literatura árabe, bem como de comentários sobre ela; de equivalente popularidade eram os compêndios históricos, coletâneas de escritos de diferentes autores de diversas épocas. Vários autores, como Suyuti (morte em 1505), imitando o aprofundamento das capacidades da impressão dos historiógrafos cristãos, direcionaram seus esforços para a formação de histórias abrangentes em grossos volumes. A partir disso, com as mudanças nos destinos de uma sociedade fragmentada bastante influenciada pela invasão turca, a produção literária árabe tornou-se introspectiva e cada vez mais isolada. A partir do final do século XIX, quando, com o colapso do Império Otomano, adotaram-se os modelos de impressão ocidentais; Egito e Síria tornaram-se novamente os centros de produção literária árabe, a qual agora, contudo, imitava gêneros, estilos e até os *ethos* franceses, ingleses, alemães e italianos. Isso levou, nos países islâmicos, a um rompimento maior entre a leitura clássica e a moderna, sentida nas demais regiões do mundo, sendo a primeira considerada muitas vezes nativa, devotada e adequada, ao passo que a segunda, estrangeira, infiel e ameaçadora. A polêmica não cessou e, hoje, acirra o extremismo.

Na contramão disso, os judeus da Diáspora continuaram a falar diversas línguas: espanhol, iídiche (alemão), holandês, inglês, francês, italiano, polonês, russo, grego e árabe, entre outros. (Mas, em se tratando do idioma de ensino e liturgia, em toda os lugares, os judeus preservaram, na escrita, o hebraico tradicional.) Além disso, com o advento da imprensa, eles a adotaram imediatamente como um "trabalho sagrado".[32] Na realidade, muitos supõem que os judeus foram os primeiros impressores de Mainz na década de 1450. As oficinas de impressão judaicas já estavam em atividade na Itália e na Espanha na década de 1470 e, em Portugal, na de 1480. Expulsos da Espanha e de Portugal no decênio de 1490, muitos judeus se refugiaram na Itália, que já havia sido o centro erudito do estudo "humanístico" do hebraico. Isso revigorou o mercado leitor de obras impressas em hebraico, mercado que talvez fosse controlado e coordenado por cristãos, mas sem dúvida sob a égide judaico-espanhola.

No cântico litúrgico da Torá na sinagoga, os judeus insistiam em fazer a leitura a partir de couro tradicional ou rolos de pergaminho, assim como os árabes insistiam em Qur'ans escritos à mão. Mas todos os outros escritos judaicos eram impressos e distribuídos em grande escala. Estes possuíam um público-leitor quase totalmente masculino, uma vez que as mulheres eram proibidas de realizar estudos e debates sobre a teologia judaica. Todas as outras formas de leitura judaica ocorriam nos vernáculos de cada país. Contudo, a leitura não religiosa era, em geral, motivo de desaprovação pelos judeus tradicionais, notadamente pelos rabinos, com exceção de direito, ciência e medicina, assuntos tratados em obras, na maioria das vezes, em latim.

Na Constantinopla turca, o sultão Bajazet II (no poder entre 1481-1512) acolheu os impressores judeus migrantes, os quais trabalharam na impressão de obras em hebraico ininterruptamente até o início do século XIX. Os maiores centros de impressão judaicos da época eram os de Praga (a partir de 1512), Cracóvia (1534) e o da Tessalônica turca, na Grécia, onde os judeus representavam metade da população (até a reconquista grega em 1912). Mas também havia importantes impressores judeus em Fez, Marrocos (1516-1521) e no Cairo, no Egito (1557). O impressor judeu Isaac Ashkenazy, de Praga, fundou a primeira oficina de imprensa do Oriente Médio em 1577, em Safad, na Galileia (hoje Zefat, ao norte de Israel).

---

32 MARTIN, *The History and Power of Writing.*

HISTÓRIA DA LEITURA

Os eruditos judeus do século XVI elaboraram duas maneiras diferentes de ler a Bíblia. Os eruditos sefarditas da Espanha e do Norte da África concentraram-se no sentido gramatical ou literal. Os eruditos asquenazes da França, dos países falantes de alemão e da Polônia estudavam não só palavra por palavra, mas cada associação entre linha e parágrafo, centrando-se tanto no sentido literal quanto no alegórico – ou seja, o sentido simbolicamente moral ou espiritual. Desejando desvendar todos os significados possíveis, os estudiosos asquenazes faziam comentários sobre cada comentário anterior na literatura talmúdica, a fonte principal da lei religiosa judaica, redirecionando-os de volta ao texto original. Ao contrário da literatura cristã subsequente, na qual cada reedição substituía o texto que a antecedia, a literatura talmúdica tornou-se cumulativa: cada texto novo incluía todos os anteriores.

Assim como Dante, a maioria dos eruditos talmúdicos asquenazes explorou os quatro sentidos da leitura. Mas suas divisões difeririam bastante das de Dante. O *pshat* era o sentido literal. O *remez* era o significado restrito. O *drash* continha o sentido racional. E o *sod* consistia na interpretação mística ou oculta.

Foi o *sod*, por exemplo, que revelou por que a primeira página de cada capítulo do Talmude babilônico sempre estava faltando. Como o mestre hassídico do século XVIII Levi Yitzhak, de Berdichev, explicou, "Porque não importa quantas páginas o homem estudioso leia, ele jamais deve se esquecer de que ainda não chegou nem na primeira página".[33]

O século XVII

Do século XV ao XVII, a maior parte do negócio dos principais vendedores de livros da Europa ainda girava em torno de conhecidas produções em latim destinadas às bibliotecas de sacerdotes e eruditos.[34] O uso do latim como idioma de estudo internacionalizou o comércio de livros. Revendedores de toda a Europa reuniam-se em feiras de livros anuais para comercializar uma mercadoria em comum: o livro em latim, com potencial de leitura de Dublin a Moscou. Mas, a seguir, a demanda por obras em vernáculo arruinou esse comércio sem fronteiras, compartimentando o comércio por produção "nacionalizada", sobretudo no século XVII.

A poderosa Stationer's Company de Londres, por exemplo, desfez-se completamente do estoque de livros em latim em 1625, já que estes não eram mais lucrativos. Por toda a Europa o mercado de obras em latim foi destruído à medida que o conhecimento ficou sob o ditame vernacular, o qual apresentava dinâmicas

---

33 BUBER, M. *Tales of the Hasidim.* Trad. Olga Marx. Nova York, 1947. 2v., citado em MANGUEL, A. *A History of Reading.*

34 MARTIN, *The History and Power of Writing.*

totalmente diferentes. No final do século XVII, o latim desaparecia da maioria das listas de publicações europeias, com exceção das edições teológicas e acadêmicas de circulação limitada. A maioria dos cientistas do século XVII e da primeira metade do XVIII ainda resistia a essa tendência, pois isso prejudicava o diálogo internacional. Celsius, Galvani, Halley, Kepler, Leibniz, Lineu, Newton, Van Leeuwenhoek e seus contemporâneos continuavam a trocar ideias no único idioma de erudição da Europa: o latim. (O que já não procede no caso dos cientistas do final do século XVIII: Herschel, Kant, Laplace, Lavoisier, Malthus, Ritter, Volta, Von Humboldt e outros, os quais divulgavam estudos científicos em língua vernácula.) Mas obras teológicas católico-romanas e estudos clássicos continuavam recebendo edições em latim; na verdade, essa publicação em latim sobrevive até hoje, embora em circunstâncias muito mais limitadas.

Apesar de estarem editadas, nessa época, em vernáculo, as obras mais recentes promovidas por quase todos os editores ainda chegavam ao público em edições com encadernações requintadas, a preços incompatíveis com o bolso da maioria. Reconhecendo o problema, um número muito maior de editores, a fim de reduzir custos e diminuir os preços tabelados, começou a baixar drasticamente a qualidade, sobretudo abolindo encadernações caras, papel de boa qualidade e ilustrações elaboradas. Mais importante: eles também modificaram a estratégia de marketing, agora se dirigindo a um público-leitor mais abrangente com gêneros novos ou recuperados. Como consequência direta, o romance moderno amadureceu: *Dom Quixote*, de Cervantes, e os romances picarescos de Quevedo, na Espanha; o *Simplizissimus*, de Grimmelshausen, na Alemanha; *Pilgrim Progress* [O progresso do peregrino], de Bunyan, na Inglaterra; e *Clélie* e *Le grand Cyrus*, de Madeleine de Scudéry, bem como o *L'Astrée*, de Honoré d'Urfé, "os primeiros *best-sellers* dos tempos modernos",[35] na França. Os romances passaram a ser vendidos em números sem precedentes, uma vez que esse gênero atraía níveis e gostos muito variados: aventuras e viagens para a classe média, com protagonistas e cenários aristocratas; "aventuras amorosas" para as mulheres; narrativas em séries com continuidade; crítica social em uma época de novos questionamentos; e muitas outras coisas, sem falar na criativa reedição de um gênero outrora tão admirado na Antiguidade.

No século XVII, as pessoas ainda se reuniam com frequência para escutar leituras informais. Entretanto, não era mais apenas a Bíblia, a *Legenda áurea* ou tratados religiosos – em vez disso, liam-se cada vez mais romances e histórias de aventuras. As interrupções e digressões que sempre fizeram parte da atividade natural de contar histórias ganhavam pouco espaço nessas obras, as quais inauguravam um estilo linear e organizado de retórica, sendo mais um produto de recursos literários que pura invenção. Esse choque de estilos – oral versus literário – foi

---

35 MARTIN, H.-J. *Livre, pouvoirs et société à Paris au XVII siècle (1598-1701)*. Paris e Gênova, 1969. 2v.

explicitamente satirizado pelo poeta e escritor espanhol Miguel de Cervantes (1547-
-1616) em *Dom Quixote*, quando, depois que Dom Quixote pede a seu escudeiro
Sancho Pança para "falar com coerência e contar [a história] como um homem
esclarecido ou, do contrário, permanecer calado", Sancho responde: "Meu modo
de contar histórias ... é igual ao das pessoas que contam histórias em meu país,
e desconheço outras formas de contá-las. E não é justo que vossa excelência me
peça para adquirir novos hábitos".[36]

Mas a leitura pública de romances estava solidificando um novo público
de acordo com os moldes literários. Mais uma vez, Cervantes capta isso com uma
criatividade inigualável. O fervoroso cura que havia queimado os livros de Quixote,
ao persegui-lo, temia que tivessem envenenado sua mente com histórias de cavalaria e explica a peculiar enfermidade de Quixote à comitiva em uma estalagem em
que haviam parado. O proprietário da estalagem discorda, no entanto, sendo ele
mesmo um grande admirador de romances de cavalaria, acrescentando:

> Quando é época de colheita, os segadores reúnem-se aqui, muitas vezes, duran-
> te o calor do meio-dia e sempre há alguém que sabe ler e toma nas mãos um desses
> livros. Então, cerca de trinta pessoas do grupo se reúnem em torno dele, sentando-se
> para escutá-lo com um prazer tão imenso que seria capaz de nos poupar mil fios de
> cabelos brancos. Falando de minha própria experiência, quando escuto relatos sobre
> esses golpes furiosos e terríveis impelidos pelos cavaleiros, desejo que eu mesmo
> estivesse em seu lugar. Eu passaria dias e noites ouvindo essas histórias.

Com o que a esposa concorda, já que só se tem silêncio na casa quando
o marido está escutando uma leitura! Sua filha, em seguida, acrescenta que não
gosta dos "golpes que tanto encantam meu pai; apenas os lamentos dos cavaleiros
quando estão longe das esposas me fazem chorar, de tanta pena que sinto deles".
E, nesse momento, um convidado apresenta três grandes livros e algumas folhas
de manuscritos, e o próprio cura, em seguida, faz a leitura em voz alta de três extensos capítulos de oito folhas intitulado "A Lenda da Curiosidade Imprudente", à
qual todos os presentes faziam interrupções à vontade com comentários pessoais.

A prosperidade sem precedentes e inigualável da Inglaterra entre 1520 e
1640 (de Henrique VIII a Carlos I), como vimos, modificou os hábitos de leitura
naquele país. Com a duplicação da população total (a própria Londres registrou,
de fato, um aumento durante esses anos de 60 mil para 450 mil), e a triplicação da
pequena nobreza com terras por meio da distribuição de terras oficialmente em
posse da Igreja Católica romana, o aumento da prosperidade incentivou comunidades em crescimento a estimular o ensino local: escolas surgiram quase em toda a

---

36 SAAVEDRA, M. de C. *Don Quixote of La Mancha*. Trad. Walter Starkie. Londres, 1957, I:20.

parte, e a disseminação da alfabetização foi um resultado imediato.[37] As escolas civis coordenadas por órgãos locais competiam com escolas públicas com mensalidades pagas, como Westminster, Winchester e Eton. Oxford e Cambridge acolheram um número crescente de alunos na primeira metade do século XVII: em todos os anos entre 1620 e 1640, por exemplo, cada universidade matriculou mais de mil "novos garotos", que então tinham catorze anos. Em 1640, as instituições superiores de ensino da Inglaterra educavam um número de alunos que só seria alcançado novamente no início do século XIX. Nesse caso, quantidade gerava qualidade: isso porque essa geração originou na Inglaterra muitos dos principais parlamentares, especialistas jurídicos e intelectuais eclesiásticos – mas à custa do desemprego de milhares de graduandos, uma vez que as tradições, a administração e as profissões do país ainda não estavam preparadas para acolher uma verdadeira elite culta.

Talvez, o maior resultado concreto da revolução educacional da Inglaterra foram as gerações de lojistas, donos de propriedades livres e pequenos proprietários rurais que, tendo frequentado as novas escolas primárias puritanas durante diversos anos, eram capazes de ler a Bíblia em inglês (sua língua materna), assim como outro tipo de literatura com que deparassem; eles – e quase sempre suas esposas – também sabiam fazer a contabilidade diária sozinhos, por escrito. Contudo, mantinha-se a lacuna entre a população da cidade instruída e o povo do campo analfabeto ou mal alfabetizado. Em 1642, cerca de 60% dos habitantes nas cidades inglesas sabiam escrever o nome, mas apenas 38% nas comunidades rurais, caindo para 20% nas regiões mais afastadas do Norte e Oeste. (Entre 1638-1643, apenas um em cada quatro escoceses sabia escrever o nome.) Estimou-se que "três quartos dos pastores, pescadores, trabalhadores de construções e pequenos proprietários de terra, dois terços de lojistas e artesãos das vilas e metade dos proprietários no ramo de roupas e tecidos conseguiam ler um pouco, mas eram incapazes de escrever".[38]

Uma revolução educacional similar à da Inglaterra estava ocorrendo nas nações de população falante de alemão. Todavia, esse movimento em ambos os casos sofreu uma abrupta interrupção. Nos principados alemães, isso pode ser atribuído à cruel Guerra dos Trinta Anos (1618-1648), em que as baixas foram de um em cada três alemães; e na Inglaterra, pode ser creditado à posterior, e mais curta, Guerra Civil (1642-1649). Portanto, a alfabetização completa não foi alcançada em nenhuma das duas nações.

A França não conseguiu obter um desenvolvimento educacional semelhante, com escolas ainda pequenas, precárias e quase sempre vinculadas à igreja paroquial local. Homens e mulheres franceses das áreas rurais raramente sabiam ler. A suposta

---

37 JORDAN, W. K. *The Charities of Rural England*, 1480-1660: *The Aspirations and the Achievements of the Rural Society*. Londres, 1961.
38 MARTIN, *The History and Power of Writing*.

filha do fazendeiro, que lia e escrevia, na peça de Molière, *L'École des femmes*, de 1662, representava uma exceção. Apesar disso, a França, nesse período, dominava o mundo das publicações, superando a Itália, que atravessava um período de recessão; a Alemanha arruinada pela Guerra dos Trinta Anos; além da Grã-Bretanha, cujo crescimento econômico fora refreado em virtude da Guerra Civil.

Com toda a Europa, nesse momento, na corda bamba da recessão, o mercado de livros exigia novas ideias, e não importava se emergissem quer do ainda dominante mercado religioso, quer do mercado secular bem-sucedido, como o de romances.[39] Apenas um em cada dez livros publicados vendia bem, e o "*best-seller*" da época era o que ajudava a financiar a publicação dos outros nove que não vendiam tão bem. (Esse método funcionou com perfeição, oferecendo à sociedade variedade e qualidade, até a década de 1970, quando foi quase totalmente abandonado, cedendo espaço às vendas "garantidas", estratégia usada para maximizar os lucros das corporações gigantescas.) Entretanto, na preponderante França, por exemplo, as mais importantes publicações não costumavam incluir os poetas, dramaturgos ou romancistas do país, atualmente imortalizados, mas ainda incluíam autores de obras religiosas, nomes que hoje estão quase esquecidos. Nessa época, os textos religiosos eram o que o romance de suspense, amor ou terror tornar-se-ia no século XX – a faca e o queijo nas mãos do editor. Por conseguinte, não deveria nos surpreender o fato de que o primeiro livro publicado da América do Norte britânica não foi um romance, mas sim a *Obra completa de salmos fidedignamente traduzidos na métrica inglesa*, impresso por Stephen Daye, de Cambridge, em Massachusetts, em 1640.

Os impressores provincianos continuaram a enfraquecer os impressores metropolitanos por meio da publicação de edições plagiadas mais baratas destinadas a um público mais amplo, em geral copiando as primeiras edições caras assim que eram lançadas nas metrópoles. Os impressores metropolitanos, com pouca noção de mercado, muitas vezes rebatiam vendendo os livros ao preço mais alto possível que o mercado pudesse suportar: em Paris, em 1660, por exemplo, a primeira edição de *Clélie*, de Madeleine de Scudéry, foi vendida por trinta libras (metade dos dotes herdados pela esposa de um impressor) em volumes *in-oitavo*, encadernados em pele de bezerro. Portanto, a cópia ilegal de livros – ocorrendo em toda a parte, mas sobretudo na Alemanha e na Itália – fornecia a maioria dos livros àqueles que não tinham recursos para comprar um original. A cópia ilegal aumentou muito o número de livros em circulação, incentivando mais leitura que em qualquer outro período anterior.

Ao longo dos séculos XVI e XVII, a leitura rápida, oficial e educacional ainda representava enorme parcela da produção dos impressores: cartazes, panfle-

---

39 MARTIN, *Livre, pouvoirs et société à Paris au XVIIe siècle (1598-1701)*.

tos, jornais locais, documentos administrativos e judiciais, cartilhas, catecismos, textos para aulas e livros cerimoniais para uso paroquial. Não obstante, cada vez mais os impressores observavam com que tipo de material a população local estava disposta a gastar seu suado dinheiro e optavam por imprimi-lo também. Assim, criou-se o comércio de livros "populares", em oposição ao comércio de livros clericais, acadêmicos e administrativos.

Quase ao mesmo tempo surgiram os primeiros livros de bolso (brochura), a famosa série "Bibliothèque bleue" da França. Na Troyes do início do século XVII, o impressor Nicolas Oudot produzia livros finos, de formato pequeno, empregando fontes sobre papel barato encadernado em papel azul (daí o nome "Biblioteca azul"). Cada exemplar era vendido a uma ninharia. Dezenas de milhares foram comprados. De fato, a ideia revelou-se tão bem-sucedida que, no final do século, os sucessores de Oudot em Troyes invadiram Paris, aventurando-se até mesmo no exterior. Em 1722, os acervos de Troyes armazenavam quarenta mil desses livros azuis finos, vendidos a apenas alguns centavos cada um, além de 2.576 resmas de folhas impressas suficientes para produzir 350 mil volumes *in-oitavo* de 48 páginas.[40] Quando a dinastia Oudot finalmente deixou de publicar, a família Garnier assumiu, mantendo um número de exemplares ainda maior na década de 1780. Os temas das obras da Bibliothèque bleue eram "populares" no sentido mais amplo: fábulas, romances de cavalaria, lendas editadas em estilo erudito (sobretudo no século XVIII), mas também canções de Natal, catecismos, livros cerimoniais e cartilhas escolares. A Bibliothèque bleue contribuiu de modo significativo para tornar o Leste da França a região mais culta da nação. Outras regiões francesas copiaram, em seguida, a ideia.

Os primeiros jornais do mundo também começavam a ser lidos. A imprensa de periódicos europeia originou-se no século XV, quando correspondentes oficiais começaram a enviar relatórios constantes para os principais banqueiros, comerciantes, políticos e outros, referentes a questões financeiras e à política que os governava: batalhas, invasões, casamentos e posses, entre outros. Pequenos panfletos relatavam acontecimentos marcantes: cometas, catástrofes, milagres, monstros, fenômenos da natureza e muitas outras histórias fascinantes. Esses relatórios e panfletos eram bastante copiados, já que a demanda por esse tipo de leitura era enorme. Com o tempo, isso gerou um mercado comercial que jamais existira antes. No século XVI, esses relatórios e panfletos, com diversos títulos diferentes, passaram a ser impressos em grande quantidade, em uma diversidade de formatos baratos e fáceis de carregar. Vários governantes, bem como, mais tarde, tribunais civis, imprimiam decretos no formato de folhetos ou cartazes para circulação pú-

---

40 MANDROU, R. *De la culture populaire aux XVII et XVIII siècles: La Bibliothèque bleue de Troyes*. 2. ed. rev. Paris, 1985.

HISTÓRIA DA LEITURA

blica. Além disso, cartas impressas apoiando este ou aquele partido político eram colocadas em circulação por governantes perspicazes com o intuito de controlar e evitar potenciais ações de revolucionários; assim como os boletins de notícias, essas cartas também eram lidas em voz alta, tornando-se temas de debates em estalagens, celeiros ou quintais. (Claro que essa prática não era uma novidade: lembre-se da propaganda eleitoral estampada nos muros de Pompeia.)

Nos séculos XVI e XVII, uma autêntica biblioteca de conteúdo popular decorava muros, portas, postes e janelas da Europa. Isso incluía cartas pastorais, manifestações de eruditos (como as polêmicas 95 teses de Lutero, impressas em um cartaz afixado na porta da igreja do castelo de Wittenberg, em 1517), anúncios notariais, comunicados de falecimentos, avisos sobre eventos públicos, decretos de príncipes, propagandas de touradas ou a breve chegada de companhias teatrais. Esses pôsteres e cartazes eram impressos em dezenas de milhares e lidos – ou ouvidos – avidamente por todos. Eram, na verdade, "o noticiário de TV e rádio" da época.

Além disso, havia uma coleção de diferentes impressos contendo notícias atuais. O mais popular era o panfleto de uma folha só, que apresentava resumos gerais dos eventos de toda província, nação e continente (Europa). Publicações especiais detalhavam eventos de maior notoriedade: um assassinato, a morte de um membro da realeza, uma guerra civil ou a prisão de personalidades. As publicações tomavam conta das ruas de Londres, Paris, Hamburgo, Lisboa, Madri, Antuérpia, Amsterdã e Veneza em casos de conflitos entre partidos políticos, todos disputando o apoio popular. Alguns panfletos abordavam profundas questões teológicas e eram destinados a um pequeno, porém poderoso, grupo de intelectuais. Entretanto, a maioria dessas notícias passageiras era curta e sucinta e voltada para as massas, sobretudo quando principiava uma crise nacional. Pela quantidade desses impressos, podemos supor que atingiam quase todos os membros da comunidade. Estima-se que, apenas em Paris, de 1649 a 1653 – somente quatro anos – nada menos que 5 a 6 mil manchetes de notícias foram impressas e distribuídas, ou seja, quatro novas manchetes a cada dia do ano.[41]

Esses boletins dignos de notícia eram quase sempre incluídos em baratos almanaques e anuários da Europa, os quais vendiam grandes quantidades. Mas, próximo do final do século XVI, periódicos regulares e assinados, ou séries de livros de notícias, também começavam a aparecer. Em Antuérpia, o periódico *Nieuwe Tidinghe* foi lançado em 1605 como publicação semanal; após 1620, era vendido três vezes por semana. O primeiro livro de notícias em inglês foi impresso pelo gravador de mapas holandês Pieter van den Keere, no início de 1621, seguido meio ano depois pelos "*corantos*" (ou notícias recentes), lançados pelo editor londrino Thomas Archer. Em meados do século XVII, essas "gazetas" (do veneziano

---

41 MARTIN, *The History and Power of Writing.*

gazeta de la novità ou "meio centavo de notícias", o preço em Veneza era uma gazeta, moeda de valor baixo) podiam ser compradas em todas as metrópoles, as quais possuíam, muitas vezes, diversos títulos concorrentes, e em diferentes cidades provincianas. Nessa época, essas gazetas constituíam-se no material de leitura lido com mais frequência, equiparando-se às Escrituras. Embora os lotes de impressões ainda permanecessem relativamente baixos – 1.200 cópias da semanal *La Gazette* de Paris, quinhentas dessas para os assinantes de Bordeaux e duzentas para os de Grenoble – havia diversos leitores por edição: ao passo que uma assinatura particular de *La Gazette* custava doze libras por ano, uma assinatura de circulação (uma pessoa passava o jornal para o próximo assinante) custava apenas a metade desse valor. E os ouvintes das notícias somavam dez a cinquenta vezes esse número.

De modo semelhante, os homens de ciências e letras, tendo descoberto que a comunicação em latim não mais era suficiente para alcançar a maioria dos colegas, começaram a publicar teorias, opiniões, descobertas científicas e resenhas nos primeiros jornais eruditos impressos na Europa: o *Journal des savants*, de Paris; o *Philosophical transactions*, de Londres; o *Acta eruditorum*, da Alemanha (editado por Leibniz), além de outras publicações de prestígio que também contavam com amplo – embora seleto – público. (No intervalo de um século, a inovação contribuía para a nacionalização cultural e científica da Europa, já que, nessa época, até mesmo esses jornais haviam abandonado o latim.)

Brochuras pequenas e baratas, lembrando as da série da Bibliothèque Bleue da França, eram vendidas quase em toda a Europa, de porta em porta e de vilarejo em vilarejo, pelos mascates itinerantes que ainda vendiam as mercadorias nas ruas oferecendo músicas, baladas, hinos, impressos, gravuras, almanaques, calendários, catecismos, livros de horas e livros de preces. Os vendedores de livros exerceram um importante papel na circulação da literatura sobre a Reforma protestante, assim como sobre a Contrarreforma. Em geral, sobre cavalos e carroças, e com mais frequência a pé, com a carga sobre um cavalo, eles viajavam centenas de quilômetros até que sua variada mercadoria, por vezes incluindo edições volumosas e caras de obras completas, fossem liquidadas. No Ato IV, Cena 4, da peça *Conto de inverno*, de Shakespeare, escrita talvez na primeira parte de 1611, o vendedor Autólito oferece, por exemplo, entre outras obras, "uma balada alegre, mas muito interessante ... Esta é bastante alegre, cantada com a música de 'Duas raparigas que faziam corte ao mesmo homem'. Em todo o Oeste, não há quase rapariga que não a saiba de cor. É muito procurada, posso assegurar-vos".

Os vendedores de livros da Europa adotaram, por certo, itinerários locais que visavam à maximização dos lucros. Londres oferecia quase todo o estoque para os comerciantes ingleses, e, portanto, a leitura em Londres – bem como suas preferências, cultura e vocabulário – começou a homogeneizar e padronizar a sociedade provinciana inglesa. A Europa meridional recebia os livros de vendedores que realizavam as compras em Avignon, na França, mas também em Veneza e Brescia, no norte da Itália; esses mascates eram, em geral, eslavos do continente veneziano, cujo itinerário incluía não apenas as ilhas gregas e a Albânia, mas também a Península Ibérica.

Além disso, era por intermédio desses vendedores ambulantes de livros que cidades ou vilarejos tinham o primeiro contato com escritos proibidos, esotéricos ou estrangeiros. Livros sobre magia e bruxaria, assim como as novas filosofias políticas e econômicas, circulavam muito dessa forma, apesar da presença de pastores protestantes e padres católicos das paróquias locais. Até o século XIX, o número de mascates era enorme; nas regiões periféricas da Europa mantiveram a atividade comercial até o século XX. Foi então que, na maioria dos países, os sistemas de ensino em âmbito nacional e a imposição de superiores eclesiásticos (inspetores oficiais) causaram o rápido desaparecimento da atividade exercida pelos mascates de livros. As listas de livros de vendedores independentes – durante muitos séculos invejavelmente liberais e universais – ficaram reduzidas às usuais listas restritas e conservadoras impostas pelas respectivas ideologias nacionais.

A leitura e a escrita, por tanto tempo símbolos da elite governante, estavam sendo respeitadas e desejadas de modo generalizado. Foi justamente essa mudança de percepção que permitiu a Shakespeare explorar com criatividade a figura histórica de Jack Cade como o epítome da intolerância inculta: demonstrando relutância e desdém, Cade incorporou aquela aparente "mentalidade medieval" que havia sido substituída, por completo, pela impressão e suas evidentes vantagens. Ou, pelo menos, era o que o dramaturgo londrino anunciava um século e meio após a novidade. Isso porque na geração de Shakespeare, assim como nas subsequentes, os livros tornaram-se muito mais acessíveis e produzidos em tamanhos que possibilitavam facilidade de transporte e manuseio. Transformaram-se em artigos comuns, e, em muitos círculos sociais, a capacidade de ler era comum. Quase todos, nesse momento, estavam "degustando" a palavra escrita... ou desejavam fazê-lo.

Na verdade, vários especialistas da época faziam recomendações sobre as melhores maneiras de lucrar com essa inovação de papel. O filósofo e político inglês Francis Bacon (1561-1626), por exemplo, sugeriu que "alguns livros devem ser saboreados, outros engolidos, e alguns poucos devem ser mastigados e digeridos".[42] Com certeza, a metáfora da "leitura comestível" havia-se tornado tão comum nos idiomas europeus que muitos tomaram a liberdade de satirizá-la. Na peça Love for Love, de 1695, por exemplo, o dramaturgo inglês William Congreve (1670-1729), o ricaço frequentador da noite da cidade, Valentine, diz ao criado

---

42 BACON, F. Of Studies. In: *The Essayes or Counsels*. Londres, 1625, citado em MANGUEL, A. *A History of Reading*.

"Leia, leia, maldito! E refine seu apetite; aprenda a viver do ensino; banqueteie sua mente e mortifique sua carne; leia, e ingira o alimento pelos olhos; feche a boca e mastigue o conhecimento". Ao que o criado Jeremy, uma espécie de Sancho Pança, replica: "Acabarás obeso com essa dieta de papel".[43]

Verdadeiros monumentos eram impressos e enaltecidos. O rei James I, persuadido pelos principais clérigos e eruditos da Inglaterra, ordenou uma nova e majestosa tradução "autorizada" da Bíblia inteira. Finalmente concluída por 49 renomados teólogos e filólogos de Westminster, Oxford e Cambridge, a obra tornou-se, é claro, a "Bíblia do rei James", de 1611, ou, *A Bíblia sagrada, contendo o Antigo e o Novo Testamentos: nova tradução a partir dos idiomas originais e com traduções anteriores cuidadosamente comparadas e revisadas sob a supervisão de vossa majestade. Indicada para leitura nas igrejas.* Esse se tornou o livro mais influente jamais publicado em inglês. Como foi o endosso definitivo da Coroa para a própria Igreja Anglicana e, dessa forma, o triunfo decisivo do protestantismo nas Ilhas Britânicas, o projeto foi sobretudo um ato político. A Inglaterra (a partir de 1603 também denominada "Grã-Bretanha", a fim de enfatizar o novo domínio do rei James) passava a ter uma genuína Bíblia anglicana, em uma versão oficial. Com isso, a Bíblia do rei James cumpriu seu dever de modo louvável. Primeiro levada à América do Norte britânica e, depois, a todo o Império britânico, serviu a uma comunidade global de leitores religiosos, todos praticando a mesma, ou muito semelhante, fé. Com o tempo, o mesmo texto era lido e escutado de Londres a Auckland. Mas, afora o panorama geopolítico, a Bíblia do rei James foi uma obra-prima do inglês escrito, uma das obras literárias de maior excelência jamais produzidas no idioma.

Contudo, os antigos hábitos de leitura permaneciam. Um exemplo notável, a prática das *sortes Vergilianae* (adivinhação da Antiguidade por meio de trechos de Virgílio escolhidos de modo aleatório) jamais foi totalmente abandonada. Até mesmo o rei Carlos I da Inglaterra recorreu a ela ao visitar a Biblioteca Bodleian, em Oxford, no final de 1642 (ou início de 1643). Lorde Falkland, aliado do rei durante a Guerra Civil em curso, havia sugerido que Sua Majestade fizesse "uma análise do destino por meio das *sortes Vergilianae*, que eram conhecidas por todos como um tipo de presságio comum herdado de época passadas". Diante disso, o rei abriu em uma página aleatória o volume da *Eneida*, de Virgílio, no Livro IV, versos 615-616, e então leu em voz alta em latim: "atacado na guerra pelos braços de uma valente disputa, conduzido pela fronteira ..." Seis anos mais tarde, Carlos I foi decapitado.

"A leitura torna um homem completo", afirmava Francis Bacon, o qual estimulava as pessoas a "lerem não para contradizer e refutar, nem para crer e subes-

---

43 CONGREVE, W. *The Complete Works.* SUMMERS, M. (Ed.). Oxford, 1923. 4v.

timar, nem para inventar assunto ou discussão, mas para ponderar e refletir".[44] A partir da segunda metade do século XVII, fez-se nítida uma nova atitude em relação à leitura e a quem deveria compartilhá-la, em especial na até então mais igualitária das sociedades europeias, a inglesa. Em 1660, no primeiro ano de reinado, o rei Carlos II da Grã-Bretanha e Irlanda decretou, por meio do Conselho de Terras Estrangeiras, que todos os proprietários de fazendas nas colônias britânicas deveriam oferecer o ensino cristão aos escravos e aos outros membros da fazenda. Foi um gesto nobre, ainda que ingênuo.

É que a elite colonial da América do Norte e do Caribe imediatamente protestou, alegando que aqueles que soubessem ler a Bíblia logo estariam lendo outras coisas também, as quais poderiam fazê-los pensar, em vez de apenas obedecer. Na própria Bíblia, há diversas histórias de povos escravizados insurgindo-se para conquistar a liberdade. A principal queixa era a de que – para preservar a riqueza, o poder e a posição social de alguém – a leitura seria uma dádiva perigosa demais se oferecida àqueles que deveriam ser subjugados. Dessa forma, os proprietários de terras ignoraram totalmente o decreto do rei Carlos, e gerações de escravos e até de libertos foram, em consequência disso, mantidas analfabetas pelos senhores coloniais britânicos. Essa lamentável situação era encontrada com mais frequência nas colônias do Sul da América do Norte britânica, onde cruéis punições eram impostas àqueles flagrados ensinando a leitura e a escrita aos africanos e aos filhos deles; os negros que fossem surpreendidos lendo poderiam ser enforcados. Apesar disso, liam, bem como ensinavam os companheiros a ler. Assim como no caso da própria fé, é impossível coibir totalmente a leitura onde quer que seja.

Do mesmo modo como pensava Sócrates, a leitura novamente era considerada uma ferramenta perigosa. Não porque as palavras escritas, por serem ambíguas naqueles escritos primitivos, pudessem confundir a compreensão correta, a principal preocupação de Sócrates. Mas, de maneira muito significativa, porque a segunda metade do século XVII reconhecia o ato da leitura como o meio mais importante de ter acesso ao conhecimento, não apenas para a elite culta, mas para toda a sociedade. No progresso material e conceitual da leitura, desde a fala do papiro até a visão do pergaminho, sua mais recente manifestação, a página impressa, finalmente transmitia "as sublimes expressões da consciência universal" – como o poeta e ensaísta americano Ralph Waldo Emerson (1803-1882) em breve proclamaria.

---

44 BACON, *Of Studies.*

Capítulo 6
A "consciência universal"

Ralph Waldo Emerson, defensor da leitura como forma de introspecção no século XIX, certa vez elaborou uma lista de "textos sagrados", afirmando que:

> Todos esses livros são grandiosas expressões da consciência universal e são mais úteis ao nosso cotidiano que um almanaque anual ou um jornal diário. Mas são destinados a locais reservados e devem ser lidos com os joelhos dobrados. O que eles transmitem não deve ser recebido ou oferecido com lábios e língua, mas com o rubor da face e a pulsação do coração.[1]

Não se tratava só disso. No século XIX, a oralidade havia-se tornado um fóssil social. O livro impresso era considerado por muitos o verdadeiro santuário dos mais elevados sentimentos humanos, a ser aberto, experimentado e apreciado por todas as pessoas de modo igualitário, com privacidade, silêncio e devoção. De fato, os livros poderiam até ser descritos como "expressões da consciência universal", ficando a interpretação disso a critério de cada um.

Era um brado distante da "testemunha imortal" das tabuletas de argila dos sumérios.

---

[1] EMERSON, R. W. *Society and Solitude*. Cambridge MA, 1870, citado em MANGUEL, A. *A History of Reading*. Londres, 1996.

Figura 6 Gravura de Samuel Billin com base na pintura de E. M. Ward, *Dr. Johnson lê o manuscrito do "Vigário de Wakefield"* (c. 1850), mostrando o dr. Johnson em visita aos aposentos de Oliver Goldsmith. Coleção da House Museum de Dr. Johnson, Londres. Foto: reprodução gentilmente autorizada pela House Trust de Dr. Johnson.

Em particular, entre os séculos XVII e XVIII, o *status* dos livros passou por uma transformação significativa, observada com mais intensidade entre a nobreza da Europa. O *gabinete* do "rei Sol", em Versalhes, por exemplo, havia armazenado somente manuscritos, muitas vezes com elaboradas iluminuras. Isso porque Luís XIV (no poder entre 1643-1715) ainda considerava a impressão e a gravura "apenas um modo de familiarizar seus súditos com as obras de arte com as quais se cercava e com as celebrações que promovia".[2] Os livros, nesse caso manuscritos com iluminuras, eram tão-somente obras de arte destinadas a impressionar e impor respeito, sendo seu conteúdo insignificante. Tal como muitos membros da classe privilegiada, Luís XIV, como proprietário de livros, jamais havia sido aclamado como erudito, pensador ou bibliófilo, e seu contato com a palavra escrita fora, no máximo, de caráter utilitário. Por sua vez, seu sucessor, Luís XV (no poder entre 1715-1774), foi treinado para compor textos escritos e aprendeu a escrever com criatividade. Nesse período, um grande número de aristocratas da França possuía e utilizava prensas, bem como discutia sobre estilos tipográficos preferidos; outros encomendavam livros e ilustrações e seguiam seu sucesso com o mais entusiástico interesse. Trezentos anos após a invenção da imprensa, a classe social elevada finalmente aceitava o livro impresso tanto como arte quanto como instrumento.

---

2 MARTIN, H.-J. *The History and Power of Writing*. Trad. Lydia G. Cochrane. Chicago e Londres, 1994.

Não só a aristocracia, porém. O ensaísta e dramaturgo irlandês Richard Steele (1672-1729) representou quase todos os europeus quando declarou de forma sucinta: "A leitura é para a mente o que o exercício é para o corpo". Parecia finalmente que todos estavam prontos para o novo sistema. E a consequência definitiva foi a formação de uma Europa culta.

Sem dúvida, o desenvolvimento da economia de mercado favoreceu os que sabiam ler e escrever. Portanto, não é por acaso que os que sabiam ler, ao longo da história, ocuparam as terras mais valiosas do mundo. (A sociedade rural feudal, por sua vez, manteve uma vasta maioria de analfabetos à mercê de uma minoria de instruídos. Impossibilitados de compartilhar ideias inovadoras, a rejeição das restrições religiosas, o estabelecimento de redes de trabalho e mercadorias com simultâneas trocas de informações – ou seja, de fazer parte da "civilização da palavra escrita" – os iletrados foram vítimas de séculos de marginalização.) Sim, porque, acima de tudo, foi a capacidade de ler que deu origem ao homem moderno. Não foi coincidência seu aparecimento ter ocorrido no cruzamento das rotas terrestres, fluviais e marítimas de maior movimento, nas quais circulavam livros impressos e outros materiais de leitura: a disseminação da alfabetização foi sobretudo um fenômeno geoeconômico. Na Europa mais rica do século XVIII, em uma rede bem definida de estradas e rotas de embarcações, a crescente capacidade de ler resultou no Iluminismo, o qual ofereceu ao mundo, entre outras coisas, os três conceitos cruciais do uso livre da razão, do método empírico da ciência e do progresso humano universal. Porque onde havia riqueza, havia escolas; onde havia escolas, havia mais instrução; e onde havia mais instrução, rápidos avanços ocorriam em toda área de atuação humana.

A Revolução Industrial, que ao mesmo tempo deu poderes e enriqueceu a Inglaterra, a Escócia, o norte da Irlanda, os Estados Unidos, a Holanda, a Escandinávia, o norte da França e a maioria dos principados de língua alemã, foi também um resultado direto da instrução: ou seja, da leitura. Originou-se da sinergia entre produção, riqueza e educação. (Os países com baixos índices de alfabetização que não conseguiram estabelecer essa sinergia permanecem até hoje defasados.) Apenas as sociedades industriais institucionalizam a alfabetização da maioria de mulheres e homens.[3] E como "cultura e poderio econômico caminham juntos", as novas potências industriais – sobretudo França, Alemanha, Grã-Bretanha, Itália e, mais tarde, os Estados Unidos – determinaram o curso do desenvolvimento cultural. Esses países encabeçaram a revolução literária, criando novos mercados de livros e periódicos, técnicas inovadoras de publicação e distribuição, subgêneros, estilos e gostos originais, os quais o restante do mundo (Oriente Médio, Ásia, África, América Latina, Oceania) desde então foi "obrigado" a seguir.

---

3 PARSONS, T. *Societies: Evolutionary and Comparative Perspectives*. Nova York, 1966.

O século XVIII

A partir do final do século XVII, os leitores da Europa ocidental começaram a priorizar a leitura *extensa* em detrimento da *intensa*. Até então, com pouco acesso a informações impressas, os leitores haviam lido as poucas publicações disponíveis (a Bíblia, o livro de horas, livretos e panfletos de mascates), com lentidão, repetindo cada palavra seguidas vezes num gesto de contemplação. Ou seja, faziam a leitura com intensidade. Mas, no final do século XVII, quando os leitores tinham a possibilidade de comprar muitos livros, o objetivo passava a se voltar à cobertura mais ampla possível sobre determinado tópico, ou mesmo à variedade. Começou-se a fazer uma leitura mais extensa. A partir desse período, o próprio conceito acerca da principal função da leitura se modificava: da concentração para o acesso a mais informações.

Houve uma modificação profunda na sociedade. Daí em diante, a leitura passa a ser vista não como um local fixo, mas como um caminho a ser trilhado. Na realidade, a leitura extensa ainda nos transmite o conhecimento, hoje, e está implícita em todos os sistemas educacionais modernos.

É claro que muitos pensadores da época repudiaram esse conceito ou lamentaram seus efeitos colaterais mais desagradáveis. O poeta e satírico britânico Alexander Pope (1688-1744), por exemplo, fez uma dura crítica ao "Tapado livresco, pleno de ideias supérfluas".[4] Mas a tendência social de mais agilidade na alfabetização, incentivada pelo acesso mais amplo aos livros, não podia ser impedida. A alfabetização estava por certo realizando expressivos progressos nessa época, como testemunham as assinaturas em certidões de casamento e testamentos. Em 1640, por exemplo, 30% dos homens ingleses e 25% dos homens escoceses assinavam a certidão de casamento; mas, em meados do século XVIII, 60% dos homens ingleses e escoceses (e 30% das mulheres inglesas e 15% das mulheres escocesas) assinavam o nome. E no final do século, nos recém-independentes Estados Unidos da América, os números eram ainda mais expressivos: entre 1787 e 1797, por exemplo, 84% dos habitantes da Nova Inglaterra e 77% dos da Virgínia assinavam os testamentos de próprio punho.[5] Entre 1786 e 1790, no norte da França, 71% dos homens e 44% das mulheres sabiam escrever o nome, porcentagens superiores às da Inglaterra, da Escócia e da Holanda dominada pelos austríacos na mesma época (60-65% para homens, 37-42% para mulheres). Não obstante, apenas 27% dos homens e 12% das mulheres no sul da França eram capazes de escrever o nome. Na Prússia germânica (norte da Alemanha até a região do mar Báltico oriental)

---

4 POPE, A. *An Essay on Criticism.* Londres, 1711.
5 HOUSTON, R. The Literacy Myth: Illiteracy in Scotland, 1630-1750. *Past and Present*, XCVI, p.81-102,1982; LOCKRIDGE, K. C. *Literacy in Colonial New England: An Enquiry into the Social Context of Literacy in the Early Modern West.* Nova York, 1974.

HISTÓRIA DA LEITURA

apenas 10% dos homens sabiam escrever o nome em 1750, 25% em 1765, e 40% em 1800, ou seja, o número quadruplicou no intervalo de duas gerações.

A maior parte do ensino na Inglaterra no início do século XVIII ainda seguia o rígido modelo da pedagogia latina, o qual não conseguiu instruir os pertencentes à classe média baixa, muito menos os milhões de integrantes das classes inferiores. Muitos educadores, em especial os dos círculos puritanos, percebiam, nesse momento, a necessidade de adaptar o ensino às necessidades exclusivas do idioma inglês. A partir do segundo quarto do século, esses educadores fundaram escolas públicas para alunos que pagavam mensalidades, cujos pais desejavam que eles tivessem um sólido aprendizado na leitura e na escrita do inglês, e não do latim.

As consequências para as publicações foram significativas. Em Londres, por exemplo, Charles Ackers imprimiu e vendeu 27.500 cópias apenas de uma gramática inglesa, entre 1730 e 1758.[6] Com esses livros, os professores ensinavam centenas de milhares de meninas e meninos ingleses a ler e escrever no próprio idioma, e praticavam a retórica por meio da declamação: primeiro lendo, em seguida memorizando e, por fim, apresentando para a classe famosos discursos, poemas e trechos de textos em prosa, sendo esta por muito tempo a metodologia pedagógica preferida. Assim, em algumas décadas, nas famílias de classe média baixa, cujo chefe tinha por hábito fazer a leitura em voz alta da Bíblia durante a noite, as crianças começavam lendo cartazes e folhetos e, depois, passavam para romances e aventuras de viagens. As mães, embora hesitando no início, também se entusiasmaram com a ideia de aprender a ler os textos religiosos (e, quando sós, histórias de amor). Cada vez mais, os homens se voltavam para a poesia e o drama populares, como as peças impressas de Shakespeare. No final do século XVIII, mais de um terço da população rural da Inglaterra sabia ler – e a população urbana vivia num mundo já completamente dominado pela palavra impressa.

Em 1686, a Igreja Luterana sueca introduziu um método severo de elevar o nível de alfabetização daquele reino: proibiu os iletrados não só de participar da comunhão sagrada, mas também de se casar! (Deixava-se que a seleção natural alcançasse o objetivo.) Ao mesmo tempo, sob a supervisão do pastor luterano local, a ordem era que todas as mulheres vivendo em fazendas isoladas instruíssem os filhos na leitura e na escrita. Em consequência desse método adotado em todo o país, em poucos anos, cerca de 80% dos suecos sabiam ler, embora em alguns casos de forma bem rudimentar, configurando-se assim uma das taxas de alfabetização mais altas da Europa. A habilidade de escrever, porém, ainda era frustrante.[7]

---

6 MCKENZIE, D. F., ROOS, J. C. *A Ledger of Charles Ackers, Printer of the London Magazine.* Londres, 1968.
7 GAWSTHROP, R., STRAUSS, G. Protestantism and Literacy in Early Modern Germany. *Past and Present*, CIV, p.31-55, 1984.

Em todo o restante da Europa, comerciantes, camponeses e mulheres podiam, nesse período, tirar proveito da distribuição literária, algo que antes era controlado por abastados eruditos e um poderoso clero. As classes sociais até então oprimidas começaram a exigir o acesso ao conhecimento de todo tipo por meio do livro impresso, fazendo dessa época o apogeu de títulos como "Maneiras rápidas de...", e "Método prático para...", antecessores do "Faça você mesmo", por muito tempo a mina de ouro editorial.

As publicações periódicas também ficaram mais numerosas, tornando-se mais diversificadas após o século XVII. Almanaques, gazetas literárias, cadernos intelectuais, publicações médicas, mas, acima de tudo, notícias, anúncios públicos e propaganda encontraram públicos fiéis em toda parte. Mas a rígida censura continuava a abafar a potencial expansão do público-leitor, impedindo que a imprensa pública evoluísse para o *status* de motor social da época.

Com a revogação da Lei de Licenças, em 1696, a Inglaterra abria o caminho para a liberdade de imprensa na Europa. Já em 1702, o primeiro jornal diário da Europa, o *Daily Courant*, circulava nas ruas de Londres que, com uma população agora superior a meio milhão de pessoas, havia-se tornado a maior metrópole do continente. A subsequente Lei de Direitos Autorais, de 1709, aboliu de uma vez por todas a censura prévia: mas apenas para os livros, permanecendo em vigor para jornais, ensaios e panfletos.[8] A mesma lei concedeu direitos exclusivos de 21 anos a obras publicadas até primeiro de abril de 1709 e de 14 anos a obras publicadas a partir dessa data (além de mais 14 anos, se o autor estivesse vivo). Irritando muito os vendedores de livros, a lei também aboliu os direitos permanentes dos tradicionais direitos autorais. Não obstante, isso estabeleceu, pela primeira vez, na Europa, o princípio de *propriedade intelectual*, assim como aprimorava, ao mesmo tempo, o conceito da liberdade de expressão escrita.

O crescimento fenomenal das publicações, sobretudo britânicas, que tanto caracterizaram a Europa do século XVIII, foi uma consequência direta dessa legislação liberal. Entre 1712 e 1757, a circulação de jornais na Europa aumentou oito vezes, apesar da Lei do Selo, de 1712, que impunha sobre cada cópia impressa um pesado imposto que sofria reajustes periódicos.[9] A partir de 1771, a imprensa britânica tinha permissão para relatar em público os debates no Parlamento e, em 1792, a Lei de Imprensa assegurava aos impressores e vendedores de livros a verdadeira liberdade de imprensa – mas também tornava os jornalistas legalmente responsáveis pelo que veiculavam. Na época das guerras napoleônicas, o *The Times* (fundado em 1785 com o nome de *The Daily Universal Register*) enviava correspondentes ao continente para relatar os acontecimentos. De 1760 a 1820, as vendas anuais de diversos jornais londrinos subiram de 9,5 para quase 30 milhões.

---

8 HANSON, L. *Government and the Press*, 1695-1763. Londres, 1936.
9 BLACK, J. *The English Press in the Eighteenth Century*. Londres, 1992.

HISTÓRIA DA LEITURA

Muitos dos livretos vendidos em menor número passaram a ser denomina-dos "livros de mascates", já que eram, com frequência, vendidos por mascates que pertenciam a alguma "oficina de impressores".[10] Nesse período, a folha impressa tinha, em geral, o formato de *in-duodécimo* (quadrados dobrados em doze partes) e quando impressa de ambos os lados, inteirava 24 páginas por livreto, o formato mais popular entre o povo.[11] Encontrados em qualquer país da Europa, esses livretos consistiram-se no formato mais conhecido de leitura informal durante todo o século XVIII. Apresentando conteúdos de literatura de evasão, introduções à etiqueta e ao comportamento social "adequado", bem como fundamentos do conhecimento geral sobre o mundo e seus fatos marcantes, essas publicações baratas e curtas continham capítulos breves que condensavam as narrativas na linguagem mais simples e atualizada possível para que fossem compreendidas de modo imediato.[12]

Ainda assim, a maior parte do público dos livretos tinha dificuldade nessa leitura. Camponeses franceses aprendendo a ler durante a Revolução Francesa, por exemplo, isolavam-se com um desses livros durante horas a fio, movendo os lábios palavra por palavra durante a leitura e refletindo por muito tempo sobre o significado de cada frase.[13] Sabe-se que esses mesmos camponeses recitavam, muitas vezes de cor, extensos trechos desses livretos, revelando quanta memoriza-ção e tradição oral ainda estavam arraigadas ao processo inicial de alfabetização. Ao que tudo indica, os cristãos-novos achavam que tinham de "ratificar" o que haviam lido, compartilhando a leitura oralmente com outros. (A mudança para a leitura "completa" – que não necessitava da oralidade como complemento – só seria usufruída por seus netos e bisnetos no século XIX.)

Foi durante o século XVIII que reis, príncipes, condes e bispos em toda a Europa iniciaram a construção de enormes bibliotecas no estilo de mausoléus clássicos para abrigar as obras que eles próprios passaram, às vezes, a ler e a es-timar mais que todas as posses. Pouco antes da Revolução Francesa, até mesmo nas residências das ruas mais ricas de Besançon, no leste da França, por exemplo, havia *centenas de milhares* de volumes.[14] As bibliotecas públicas também surgiam. A Biblioteca do Museu Britânico, por exemplo, foi inaugurada nessa época em virtude da aquisição de diversas coleções particulares pelo Parlamento; para ela ficou a herança do rei Jorge II e do rei Jorge III. E, já no início do século, bibliote-

---

10 FEATHER, J. (Ed.). *A Dictionary of Book History.* Nova York, 1986.
11 ASHTON, J. *Chap-Books of the Eighteenth Century.* Londres, 1882.
12 MARTIN, *The History and Power of Writing.*
13 CERTEAU, M. de., JULIA, D., REVEL, J. *Une politique de la langue: La Révolution française et les patois: L'enquête de Grégoire.* Paris, 1975.
14 GRINEVALD, P.-M. Recherches sur les bibliothèques de Besançon à la veille de la Révolution française. Tese, Université de Paris-I, 1980.

cas e cafés iniciavam o costume de alugar livros mediante o pagamento de uma taxa, sendo os romances da moda os de maior circulação.

As bibliotecas alemãs consistiam, na quase totalidade, em coleções principescas, eclesiásticas ou universitárias, com predominância de títulos teológicos e acadêmicos. (Isso se manteve dessa forma até a inauguração das primeiras bibliotecas públicas na Alemanha do início do século XX.) A Revolução de 1789 provocou a destruição de grandes bibliotecas particulares da França, e os governos seguintes não conseguiram abrir bibliotecas públicas para os *citoyens*; por fim, as bibliotecas francesas organizadas no final do século XIX foram vítimas da estagnação social e, mais tarde, do caos da Primeira Guerra Mundial. Com exceção de Inglaterra, Estados Unidos, Canadá, Austrália e Nova Zelândia, a maioria dos países do mundo só pôde se orgulhar da formação de redes de bibliotecas públicas no século XX – e a maioria delas só começou a aparecer na segunda metade desse século.

Quase todas as bibliotecas do século XVIII, em países de idioma inglês, haviam sido fundadas por associações particulares e, assim, refletiam na maior parte o interesse específico do negócio, da profissão ou do título de tais associações. Em um método inigualável desenvolvido para fazer propaganda desse tipo de instituição, o primeiro movimento comercial destinado a atingir um público-leitor em massa ocorreu na década de 1740, quando o pastor John Wesley (1703-1791), fundador do metodismo, e seus seguidores puseram em circulação uma literatura de qualidade promovendo a crença metodista. (O próprio Wesley condensou e adaptou *O progresso do peregrino*, de John Bunyan, e *O paraíso perdido*, de John Milton.) Na prensa que fundaram em Londres, denominada Sala de Livros Metodista, os metodistas imprimiam livretos e panfletos para distribuição em tiragens até então jamais registradas em suas próprias capelas, que naquele período surgiam em todas as regiões da Inglaterra. Lotes de impressões enormes como esses, destinados ao público de classe média, só seriam vistos novamente meio século depois.

Outras associações particulares na Inglaterra e na América do Norte reagiram a esse e a outros movimentos similares oferecendo um material mais cultural aos seus seletos membros em bibliotecas para aluguel e empréstimo de obras. Por volta de 1790, a Inglaterra, sozinha, possuía cerca de seiscentas bibliotecas para aluguel e empréstimo de livros, com uma clientela beirando cinquenta mil pessoas. Era comum haver salas de leitura nas quais os membros se sentavam para ler ou consultar valiosas obras de referência que não podiam ser retiradas da biblioteca. Além disso, essas bibliotecas continham, muitas vezes, um enorme número de obras mais recentes, atendendo às preferências pessoais do benfeitor.

Índices de vendas sem precedentes eram registrados entre o público em geral, sobretudo em relação a essas publicações mais novas. *Robinson Crusoé* (1719), de Daniel Defoe, e as *Viagens de Gulliver* (1726), de Jonathan Swift, por exemplo, tiveram dezenas de milhares de exemplares vendidos em versões resumidas em livretos. A obra, *Reflexões sobre a Revolução na França*, escrita em 1790 pelo estadista e cientista político do partido Whig da Inglaterra, Edmund Burke (1729-1797), por exemplo, chegou a ter trinta mil cópias vendidas em formato de panfleto. No ano seguinte, a publicação de Burke inspirou o panfletista americano de nacionalidade inglesa Thomas Paine (1737-1890) a publicar uma veemente defesa da Revolução Francesa intitulada *Os direitos do homem*: foi uma explosão literária cuja vendagem alcançou um milhão de cópias. Para combater a nítida tendência profana da época, a famosa poetisa, dramaturga e evangelista cristã Hannah More (1745-1833) liderou uma campanha em prol da literatura popular que promovesse a Igreja e a nação, publicando a série cristã "Cheap Repository Tracts" (Coletânea de ensaios), sendo cada cópia vendida a centavos. Muitas associações religiosas seguiram o exemplo de More. Entre 1804 e 1819, apenas a British and Foreign Bible Society, por exemplo, distribuiu cerca de dois milhões e meio de cópias do Novo Testamento e da Bíblia completa.

Contudo, o declínio da leitura religiosa era nítido. Isso porque esse era também o período do Iluminismo – "a saída do ser humano do estado de não emancipação em que ele próprio se colocou" (Kant) –, uma era em que a superstição emocional, pelo menos nas nações ocidentais, estava aos poucos sendo substituída pelo novo "senso comum" que incluía a sabedoria literária. (O processo histórico, ainda em andamento no Ocidente, passou a exercer grande influência em outros povos.) Uma prova evidente, nesse período, da emancipação mais recente do intelecto humano foi a repentina popularidade do romance na Europa e na América do Norte. Por esse motivo, foi o romance que fez desse período o "século do livro".

Já popular em Espanha, França, Alemanha e Itália um século antes, o romance caía, nessa época, no gosto da maioria, batendo recordes de venda em toda parte. Eram raros os letrados que não o liam com assiduidade, embora em algumas regiões a leitura de romances ainda fosse considerada pervertida ou uma perda de tempo com algo insignificante. Queixas sobre o excesso de tempo gasto na leitura de romances surgiam em todo lugar.[15] Mas muitos achavam que o romance representava o único acesso a uma experiência superior. Outros dele extraíam a satisfação de uma profunda necessidade pessoal por "orientação filosófica ou moral não fundamentada em regras, mas elaborada pela experiência, com base no comportamento".[16]

Havia também os diários, de popularidade equiparável aos romances, mas em menor escala. Os diários publicados, como os relatos de viagens, já haviam entusiasmado e entretido o século XVII, o que se manteve no século XVIII. (Os

---

15 EVANS, I. *A Short History of English Literature*. 3. ed. Harmondsworth, 1970.

16 Ibidem.

diários nacionais mais conhecidos, no entanto, de autoria de John Evelyn e Samuel Pepys, só seriam publicados em 1818 e 1825, respectivamente.) Nessa época, esses romances e diários talvez fossem lidos por aristocratas em cadeiras especiais de "rinha de galos" (denominadas assim por que a cadeira aparecia com frequência em pinturas e estampas da época, cujo tema eram rinhas de galos): criadas para o uso em bibliotecas particulares, o leitor aristocrata sentava-se com uma perna de cada lado de frente para o suporte do livro, apoiando um braço de cada lado em pequenos aparadores.

Em crescentes números, porém, as efemérides lideraram todos os gêneros da palavra escrita no século XVIII. *O Pequeno catálogo de títulos* da Inglaterra, que inclui em suas listas todos os "não livros", apresenta surpreendentes 250 mil títulos – sem contar catálogos e cinquenta mil pôsteres de teatro. Na mesma época, os assinantes de semanários de Londres e províncias chegavam a dezenas de milhares. Foi sobretudo na segunda metade do século que as efemérides inglesas proliferaram com propagandas, prospectos, cronogramas de eventos, ensaios e catálogos de todo tipo para uma ampla gama de produtos e mercadorias disponíveis na Inglaterra e no exterior, sobretudo na América do Norte britânica, no Caribe e na Índia.

Dr. Johnson: "a base deve ser construída pela leitura"

Seguramente, um dos expoentes mais extraordinários da palavra escrita na história europeia mais recente foi Samuel Johnson, da Inglaterra (1709-1784). Ainda tratado da mesma forma por historiadores e admiradores mais de dois séculos após sua morte pelo respeitoso nome de "Dr. Johnson", o lexicógrafo, ensaísta e crítico foi o mais célebre homem das letras da Inglaterra no século XVIII. As duas famosas obras que o tornaram uma lenda – *Vidas dos poetas ingleses* (1779-1781), em dez volumes, a contribuição mais importante de Dr. Johnson para a literatura, e o *Dicionário da língua inglesa* (1755), presente nas casas de quase toda família instruída falante de inglês – foram, por certo, criadas a fim de atender uma classe média emergente na Inglaterra que então incorporava novos valores.[17] Sendo também o maior bibliófilo da Inglaterra, Dr. Johnson lia com avidez num estilo próprio. Foram inúmeros os seus comentários sobre os temas, hábitos e princípios da leitura, o que revelou muitas características da leitura do século XVIII.

Filho de um vendedor de livros e editor de Lichfield, Dr. Johnson contou, certa vez, a seu biógrafo, o escocês James Boswell (1740-1795): "Meu caro, em minha juventude li de modo diligente".[18] Quando jovem, ele havia recebido o

---

17 MARTIN. *The History and Power of Writing.*
18 BOSWELL, J. *Life of Johnson.* CHAPMAN, R. W. (Ed.). FLEEMAN, J. D. rev. Oxford, 1980.

conselho de um velho senhor em Oxford que lhe disse: "Jovem rapaz, ocupe-se, agora, dos livros com presteza, e absorva o máximo de conhecimento; pois, quando os anos se passarem, você achará que o estudo dos livros não passa de uma tarefa enfadonha". E foi exatamente o que fez Dr. Johnson. Na realidade, um amigo íntimo, o economista e filósofo escocês Adam Smith (1723-1790), certa feita segredou a Boswell que Dr. Johnson conhecia mais livros que "qualquer outro homem vivo". Na infância, porém, ele "fez uma boa parte da leitura de modo irregular, sem seguir um método de estudo, conforme o acaso colocava os livros em seu caminho, e sua disposição o direcionava para eles", relatou Boswell, transmitindo as memórias de Dr. Johnson. Quando uma vez escalou até a prateleira mais alta da livraria de seu pai, procurando maçãs escondidas pelo irmão, por exemplo, ele acabou descobrindo um grande fólio de Petrarca, diante do qual: "Sua curiosidade foi assim instigada, e ele então se sentou ansioso e de uma só vez leu a maior parte do livro".

Dr. Johnson achava que a leitura "verdadeira" era a leitura "voltada à instrução", um sentimento ainda compartilhado por milhões em todo o mundo. Apenas em raros casos ele lia as obras até o fim. Dr. Johnson quase sempre "examinava" os livros, extraindo a essência de cada um. Nesse sentido, ele declarou: "Um livro pode não ter nenhuma serventia; ou talvez haja só uma coisa que nele valha a pena saber; sendo assim, devemos lê-lo por completo?". Para Johnson, a leitura jamais representava entretenimento em si, mas sobretudo uma ferramenta de acesso a informações valiosas. Na verdade, o grande lexicógrafo era um devorador não só dos livros, mas de todo o conhecimento impresso. Portando sua inseparável espingarda, a leitura, vivera sempre à caça de novas ideias.

Além disso, Dr. Johnson apreciava também os horizontes mais vastos da leitura.

> Sempre procuro incentivar um garoto que está aprendendo; esse é sem dúvida um bem. Em primeiro lugar, recomendo que ele leia *qualquer* livro em inglês que venha a atrair sua atenção; é um grande feito fazer que se entretenha com um livro. Em seguida, procurará livros melhores.

Costumo "levar a criança à biblioteca (onde não há livros impróprios) e deixo que ela escolha o que deseja ler. Não se deve desestimular a criança a ler nenhuma coisa de que ela demonstre gostar, partindo-se do princípio de que o texto está além de sua compreensão. Se for este o caso, a criança não tardará a perceber e desistirá; se não, a criança, é óbvio, irá absorver o que lê...".

Boswell, em outra circunstância, narra como Dr. Johnson:

> aproveitou a ocasião para engrandecer as vantagens da leitura e combateu a inútil e superficial ideia de que podemos adquirir conhecimento suficiente pelas conversas.

"A base (disse ele) deve ser construída pela leitura. Ensinamentos gerais devem ser obtidos dos livros, os quais, contudo, devem passar pelo teste da vida real. Em conversas, não é possível seguir um método. O que é dito sobre um assunto se perde entre centenas de pessoas. Os fragmentos de verdade que assim chegam a um homem estão a tal ponto distantes entre si que ele é incapaz de obter uma visão plena.

Isso por certo contradizia a posição de Sócrates, o qual defendia que a verdade estava apenas na palavra falada, nunca na escrita. (Sócrates acreditava nisso sobretudo porque os escritos gregos antigos eram desprovidos de clareza.) Para Dr. Johnson, porém, a leitura por si transmitia a verdade: apenas um leitor seria capaz de apreender uma visão mais ampla do "sistema" das coisas, ou seja, enxergar um panorama mais abrangente. Na verdade, a imposição oral era um anátema para Dr. Johnson: "pobre diabo do homem que lê menos do que é capaz de *proferir* em voz alta".

Era muito difícil ver Dr. Johnson sem um livro nas mãos. Boswell observava como ele, durante o jantar, mantinha um livro no colo embrulhado na toalha de mesa: "pela ansiedade de ter um entretenimento de prontidão, assim que terminasse de ler outro; lembrando (se me permitem tão grosseira comparação) um cão que prende um osso sob uma das patas, reservando-o para depois, enquanto come alguma outra coisa que lhe tenha sido dada".

Dr. Johnson acreditava que "um homem deve ler apenas o que estiver disposto; já que ler por obrigação não faz nada bem. Um jovem deve ler cinco horas por dia, adquirindo assim um enorme conhecimento". Porque, ele insistia, "aquilo que lemos com vontade nos marca muito mais. Se lemos sem disposição, metade da mente fica preocupada em fixar a atenção; ou seja, fica apenas a outra metade dedicada ao conteúdo em si". Ele chegou a instruir Boswell a "manter o maior número de livros possível por perto, pois assim poderia ler sobre qualquer assunto que lhe desse vontade, a qualquer hora". "Aquilo que você leu *então* (dizia ele) você lembrará; porém, se não tiver um livro imediatamente à mão, e o assunto se prender em sua mente, existe a possibilidade de lê-lo caso você de novo tenha vontade de estudá-lo." Ele acrescentou: "Se um homem jamais manifesta um ávido desejo pela instrução, ele deve atribuir uma meta a si mesmo. Mas o ideal é que ele leia partindo de uma inclinação espontânea".

Quanto aos escritores modernos, Dr. Johnson foi claro:

Devemos ler o que o mundo lê no momento. Dizem por aí que esse grande desenvolvimento, essa solidificação da imprensa nos tempos modernos, é prejudicial à boa literatura, uma vez que nos obriga a ler uma grande parte do que é de valor inferior, a fim de nos mantermos na moda; assim, os melhores livros são negligenciados em virtude da demanda do momento, pois um homem será mais bem-visto nos círculos sociais por ter lido livros modernos do que por ter lido as melhores obras da Antiguidade. Contudo, é preciso considerar que agora temos um conhecimento difundido em escala muito maior; todas as senhoras agora leem, o que representa uma enorme expansão. Os escritores modernos são as luas da literatura; brilham com a luz refletida, com a luz emprestada dos antigos. A Grécia para mim é a fonte do conhecimento, ao passo que Roma é a do refinamento.

Além disso, ele também lamentou a tendência generalizada entre as massas recém-instruídas em rejeitar a leitura totalmente:

> É estranho que haja tão pouca leitura no mundo para tanta escrita. As pessoas, em geral, não têm a iniciativa de ler se tiverem a seu alcance qualquer outra coisa que as distraia. Deve haver alguma influência externa; rivalidade, ou vaidade, ou mesquinhez. O progresso realizado pela compreensão por meio de um livro representa mais sofrimento que prazer. A linguagem é escassa e inadequada ao tentar expressar as belas gradações e mesclas de nossos sentimentos. Ninguém lê um livro de ciências por puro gosto. Os livros que de fato lemos com prazer são textos leves, contendo rápidas sucessões de acontecimentos. No entanto, neste ano, eu li a obra de Virgílio inteira. Li um tomo da *Eneida* toda noite, ou seja, concluí a leitura em 12 noites, e com enorme prazer.

Todavia, mesmo esse leitor inveterado, acabou comprovando o prognóstico do senhor de Oxford, experimentando aquela angústia das pessoas idosas. Com o avançar da idade, sentiu na pele que a leitura dos livros havia-se tornado uma "tarefa enfadonha", já que não conseguia ler nem mesmo nas noites de insônia. Já doente em sua cama, em 1784, queixou-se a Boswell: "Antigamente, quando tinha insônia, eu costumava *ler como um turco*", ou seja, no linguajar da época, como um "bárbaro".

Três ou quatro dias depois, Dr. Johnson morreria.

Sua sepultura na abadia de Westminster ainda exibe a lápide azul, grande e original, com inscrições simples em latim; há também um memorial em sua homenagem na catedral de Saint Paul.

Manifestações continentais

No ano da morte de Dr. Johnson, mais de cem mil livros eram expostos em fileiras à venda na rua Saint-Jacques, de Paris, uma imagem típica do comércio de livros na maioria das grandes cidades europeias. A França havia liberalizado a maior parte das publicações durante o século XVIII, mas só após muitas contestações, que acabaram resultando em uma nova dinâmica de pesquisa e publicação, quase equiparável à da Inglaterra. Os principados alemães também liberalizaram, mas de modo fragmentado como de costume: ao passo que alguns principados do Norte mal praticavam alguma censura, os censores católicos engessavam o avanço intelectual do Sul, sobretudo na Baviera. Os próprios principados da Itália passaram por uma fragmentação semelhante, lugares onde a leitura e a escrita ficavam à mercê da atitude do respectivo monarca. Muitos na Europa ainda se incomodavam com uma prática de leitura liberal demais. Isso inspirou o escritor francês Voltaire (1694-1778), no ensaio satírico "Do Horrível Perigo da Leitura", a "concordar" sobre o quanto os livros de fato são perigosos – pois eles "eliminam a ignorância, a guarda e a salvaguarda de Estados bem policiados".

Foi nesse clima de medo e desconfiança que a corte real francesa proibiu o filósofo e escritor suíço Jean-Jacques Rousseau (1712-1778) de publicar a obra autobiográfica *Confissões*, a qual, como sabemos, tornou-se um dos grandes clássicos da literatura francesa. Retornando da Inglaterra para Paris, Rousseau lia trechos do livro em voz alta em diversos eventos familiares durante o inverno de 1768 para solidários ouvintes aristocratas, os quais, segundo narrativas, eram surpreendidos aos prantos, tomados pela emoção. A obra-prima seria publicada postumamente, entre 1781 e 1788, em doze volumes.

O filósofo francês Denis Diderot (1713-1784) tinha grande estima pela dinâmica social da leitura em voz alta para grupos de pessoas admiradoras, escrevendo em 1759:

> Sem intenção de nenhuma das partes, o leitor se posiciona da maneira que acha mais adequada, e o ouvinte faz o mesmo ... Se adicionarmos um terceiro personagem à cena, este irá se submeter ao protocolo dos dois anteriores: é um sistema combinado de três interesses.[19]

Três anos antes de sua morte, Diderot, em tom de sátira, descreveu sua tentativa de curar, pela leitura em voz alta, a beatice literária de sua esposa Nanette, que havia declarado que só tocaria livros "espiritualmente elevados".

> Tornei-me o seu leitor. Administro três pitadas de *Gil Blas* todos os dias: uma de manhã, outra após o jantar e uma terceira antes de dormir. Quando chegarmos ao final de *Gil Blas*, prosseguiremos com *O Demônio em dois gravetos* e *Bacharel de Salamanca* e outras divertidas obras de mesma ordem. Alguns anos e algumas centenas dessas leituras devem efetivar a cura. Se eu tivesse certeza de meu sucesso, não reclamaria do trabalho. O que me consola é que ela repete a todos que a visitam

---

19 DIDEROT, D. *Essais sur la peinture*. MAY, G. (Ed.). Paris, 1984, citado em MANGUEL, *A History of Reading*.

HISTÓRIA DA LEITURA

aquilo que acabei de ler para ela, ou seja, a conversa potencializa o efeito do tratamento. Sempre falei dos romances como produções fúteis, mas por fim descobri que são ótimos contra a depressão. Darei a fórmula ao doutor [Théodore] Tronchin na próxima vez que o encontrar. Prescrição: oito a dez páginas do *Roman comique* de Scarron; quatro capítulos do *Dom Quixote*; um parágrafo bem escolhido de Rabelais; fazer a infusão em uma boa quantidade de *Jacques the Fatalist* ou *Manon Lescaut*, e alternar esses medicamentos como se fossem ervas medicinais, substituindo-os por outros de qualidade semelhante, conforme necessário.[20]

É difícil para nós, hoje, avaliar o insulto moral que esses títulos "libertinos" (de Lesage, Prévost e do próprio Diderot) representavam em alguns círculos da sociedade francesa da época.

Nesse período, ler na cama era uma atividade considerada indolente, vista com desaprovação pela sociedade "de respeito". Como o educador francês Jean-Baptiste de La Salle, canonizado em 1900, advertiu em 1703: "Não sigam o exemplo de certas pessoas que se ocupam da leitura e coisas do tipo; não fique na cama, a menos que seja para dormir, e isso só trará benefícios à sua integridade". Todavia, o prazeroso hábito tornava-se comum em toda parte. A lâmpada Argand, um significativo aperfeiçoamento em relação à obscura luz de velas, a qual foi aprimorada pelo estadista americano Thomas Jefferson (1743-1826), ganhou na verdade a reputação de "ofuscar" os jantares outrora animados da Nova Inglaterra, em fins do século XVIII – de fato, muitos leitores recolhiam-se aos quartos, à noite, para ler sozinhos sob aquela tão aprimorada luz.[21] O dormitório de 1800 ainda era um local muito social, reservado para receber visitas e conversar. Era mobiliado com poltronas, sofás próximos das janelas e, muitas vezes, duas ou três pequenas prateleiras de livros. Isso logo mudaria no século XIX, quando o dormitório passou a ser um local de refúgio da agitação social, onde as pessoas cuidavam da higiene pessoal, faleciam e liam com privacidade. Outros aposentos assumiriam, assim, a função do dormitório: sala de visitas, saguão e corredores. Apenas as casas mais ricas mantinham bibliotecas privadas separadas. As famílias ricas ainda competiam na compra de coleções inteiras para preencher enormes prateleiras com fileiras e fileiras de livros encadernados com enorme requinte, os quais dificilmente, ou nunca, eram abertos.

Todas as classes nessa época liam ou, pelo menos, tentavam ler. Nas residências parisienses da última metade do século XVIII, alguns criados estavam até

---

20 DIDEROT, D. Lettre à sa fille Angélique, 28 de julho de 1781. In: TOURNEAU, M. (Ed.). *Correspondance littéraire, philosophique et critique.* Paris, 1877-82, XV:253-4, citado em MANGUEL. *A History of Reading.*

21 BROOKS, V. W. *The Flowering of New England*, 1815-1865. Nova York, 1936.

trocando declarações de amor, imitando o galanteio de seus *maîtres* e *mesdames*.[22] Por certo, esse hábito elegante não representava a população como um todo. Entretanto, indica um público cada vez mais letrado, formado pelos compradores da famosa série de livros de bolso "Bibliothèque bleue", sobretudo nas agitadas metrópoles. Nas tropas de Napoleão, por exemplo, aprender a ler e escrever agora era pré-requisito para a promoção de soldado raso a cabo.[23]

Métodos novos ou renovados de ensinar a ler estavam ficando na moda. Um defensor do método da "palavra inteira", Nicolas Adam, não deixou nenhuma dúvida sobre a eficácia dessa abordagem:

> Ao mostrar um objeto a uma criança, digamos um vestido, já lhe passou pela cabeça mostrá-lo em partes, por exemplo, primeiro os babados, depois as mangas, a parte da frente, os bolsos, os botões, etc.? Não, é claro que não. Você mostra a peça inteira e diz a ela: isto é um vestido. É assim que as crianças aprendem a falar com as babás; por que não fazer o mesmo ao ensiná-las a ler? Esconda delas todas as cartilhas e manuais de francês e latim; divirta-as com palavras inteiras que elas possam entender e reter com muito mais facilidade e prazer do que se estivessem diante de letras e sílabas desconexas.[24]

A campanha de Adam pelo ensino com palavras inteiras acabou inflamando um debate entre educadores, o qual se intensificou até nossos tempos. Nem os desconstrucionistas, nem os defensores da palavra inteira "ganharam", é claro, uma vez que o autêntico processo de aprender a ler, ao que tudo indica, requer ambos os métodos – entre outros (ver Capítulo 7).

Durante a Revolução Francesa, as grandes bibliotecas da aristocracia, muitas delas existentes havia algumas centenas de anos, como vimos, foram saqueadas e agrupadas *en masse*, deteriorando-se, sendo devoradas por insetos ou vendidas em leilões civis a colecionadores, sobretudo ingleses e alemães. Grande parte das maiores coleções de livros da França passou a posse estrangeira nesses tempos conturbados. Uma das últimas vendas manteve, ao menos, uma significativa coleção na França. Ela ocorreu em Paris, em 1816, quando Jacques-Simon Merlin comprou (pelo valor do peso em papel) volumes suficientes, muitos de extrema raridade, para ocupar duas casas de cinco andares, as quais havia comprado com o intuito específico de armazenar as obras.[25] A França finalmente encontrava um

---

22 ROCHE, D. *O povo de Paris*: Ensaio sobre a cultura popular no século XVIII. Trad. Marie Evans e Gwynne Lewis. Berkeley, 1987.
23 CHARTIER, R. *The Cultural Uses of Print in Early Modern France*. Trad. Lydia G. Cochrane. Princeton, 1987.
24 ADAM, N. Vraie manière d'apprendre une langue quelconque. In: *Dictionnaire pédagogique*. Paris, 1787, citado em MANGUEL, *A History of Reading*.
25 RIBERETTE, P. *Les bibliothèques françaises pendant la Révolution*. Paris, 1970.

HISTÓRIA DA LEITURA

local para aqueles livros que não haviam sido deteriorados, devorados ou vendidos para outros países: uma das primeiras bibliotecas públicas de referência do país (onde os livros eram lidos, e não estragados ou perdidos). Contudo, poucos leitores franceses se beneficiavam: o horário de funcionamento das novas bibliotecas era restrito e, até meados do século XIX, uma rigorosa exigência de trajes formais para entrar detinha a maioria na porta de entrada.[26]

Terminada a devastadora Guerra dos Trinta Anos, em 1648, os principados germânicos atravessaram um período de renascimento da cultura e dos costumes, durante o qual os respectivos monarcas rejeitaram as tradições da Europa central privilegiando uma compreensão, acima de tudo, mais francesa de requinte social. A língua e a literatura francesas tornaram-se *de rigueur* nas cortes alemãs, com a alta sociedade refinada seguindo modelos franceses de etiqueta e comportamento, mesmo no que dizia respeito à leitura. No entanto, enquanto a elite, ao que tudo indica, negava seu legado, um pequeno número de homens das letras do século XVIII redescobria as raízes germânicas, publicando e lendo obras medievais alemãs e até desenvolvendo um novo movimento literário nacional – *Sturm und Drang* (Tempestade e ímpeto) – baseado na ímpar experiência alemã. Seus seguidores, como o jovem Johann Wolfgang von Goethe (1749-1832), tinham que encontrar apoio, porém, nas cortes menores como a da Weimar provincial. Para a classe média mais ampla, nem a língua francesa de elite nem as manifestações literárias nativas tinham muita importância. Os habitantes de cidades maiores como Hamburgo, Berlim e Frankfurt ainda tinham uma estima especial por obras religiosas mas, assim como na Inglaterra, no decorrer do século, demonstraram uma crescente predileção por romances sentimentais, diários, história, direito e outras publicações que, no final do século, já superavam em quantidade os textos religiosos.[27]

Quando adolescente em Frankfurt, Goethe testemunhou a queima de um livro:

> Era a edição de um romance cômico francês que não atacava o Estado, mas sim a religião e a moral. Havia algo de horrível em observar uma punição sentenciada a um ser inanimado. As resmas de papel esfacelavam-se no fogo e eram remexidas com um bastão para que nada fosse poupado das chamas. Folhas parcialmente queimadas logo começaram a voar pelos ares, e a multidão acotovelava-se para apanhá-las. Nós mesmos só sossegamos depois de agarrar uma delas, e não eram poucos os que tentavam fazer o mesmo, em busca de um prazer ilícito. Na verdade,

---

26 BALAYÉ, S. *La Bibliothèque Nationale des origines à 1800*. Genebra, 1988.
27 ENGELSING, R. *Der Bürger als Leser: Lesergeschichte in Deutschland, 1500-1800*. Stuttgart, 1974; WARD, A. *Book Production: Fiction and the German Reading Public*, 1740-1910. Oxford, 1970.

se tudo aquilo não passasse de uma tentativa de publicidade do autor, este teria de admitir que sozinho não poderia ter feito melhor.[28]

"Que tipo de leitor eu desejo?", questionava-se Goethe, já em idade avançada, sobre suas próprias obras. "O mais imparcial, que se esqueça de mim, de si mesmo e do mundo, e viva apenas no livro". Além disso, foi Goethe – o inigualável homem das letras da Alemanha, dramaturgo (*Fausto*), romancista (*Os sofrimentos do jovem Werther, Wilhelm Meister, Afinidades eletivas*), poeta, cientista natural e estadista – que declarou em seu poema "Sendschreiben", de 1774: "Veja, assim é a natureza de um livro vivo / Não compreendido, mas não incompreensível...", alguém que enxergava a vida como um livro a ser lido e absorvido.

No fim do século XVIII, uma típica "literatura de classe média", produto de diversos movimentos, surgia em terras alemãs. Notamos que a classe média baixa, porém, tivera pouca influência nesse processo, e a classe abaixo dela, nenhuma. Entre a maioria dos comerciantes e artesãos, houve, na verdade, um declínio na leitura, à medida que pastores protestantes e uma classe emergente de profissionais começavam a impor novos valores e gostos a todos. Essa tendência determinaria o público-leitor alemão do século seguinte.

Na Rússia, durante o reinado da alemã Catarina, a Grande (no poder entre 1762-1796), Herr Klosterman enriqueceu vendendo metros de encadernações enganosas. Eram capas vazias recheadas com jornal imitando volumes autênticos. Esses "livros" vazios preenchiam as paredes das casas dos cortesãos que desejavam impressionar a imperatriz bibliófila.[29] De certa forma, isso era um sintoma do desconforto em relação à leitura no país, nessa época em que ser visto como um leitor era, muitas vezes, mais importante que de fato ler. Não obstante, alguns nobres até liam as principais obras em francês. Era raro encontrar alguém na Rússia que lesse em russo. Com exceção da Igreja Ortodoxa russa, a leitura ainda era, na prática, uma inovação da Europa ocidental.

O século XIX

As significativas mudanças sociais que ocorreram entre o final do século XVIII e meados do século XIX foram marcadas sobretudo por três revoluções: a política Revolução Americana, a industrial Revolução Inglesa e a social Revolução Francesa. A energia a vapor impulsionava, nesse momento, as fábricas, criando uma riqueza sem precedentes e revolucionando os transportes ferroviário e marítimo.

---

28 GOETHE, J. W. v. *Dichtung und Wahrheit*, I:4. In: *Goethes Werke*. Hamburgo, 1967. v.9.
29 OLMERT, M. *The Smithsonian Book of Books*. Washington, DC, 1992.

HISTÓRIA DA LEITURA

Houve um considerável aumento demográfico, quando camponeses começaram a migrar em massa para as novas fábricas na periferia das cidades. Em 1800, a Europa possuía 22 cidades de mais de cem mil habitantes; mas apenas meio século mais tarde esse número já havia atingido 47 cidades, das quais 21 estavam na Inglaterra. (Mantendo-se como a maior metrópole da Europa, Londres teve um aumento populacional de 960 mil para 2,3 milhões nessa época; Paris, de 547 mil para um milhão.) A vida social era cada vez mais determinada por uma classe média em expansão formada sobretudo pelos habitantes letrados das cidades, com massas de iletrados que abandonavam as terras colocando em risco a estabilidade social. Havia esperança de obter uma melhor integração dessas populações potencialmente perigosas por meio do ensino público, financiado pelo reino, principado ou até pela própria cidade; mas isso apenas doutrinou gerações de crianças metropolitanas com a ideologia da elite da cidade. Se, no século XVIII, a alfabetização havia conquistado os níveis médios da sociedade, no XIX ela se infiltrou nos níveis mais baixos – primeiro nas cidades em expansão e, em seguida, nas zonas rurais – disseminando os princípios dominantes da classe governante referentes à disciplina, ao valor do trabalho e à responsabilidade cívica por meio de valores cristãos tradicionais.

Nesse momento, ler tornou-se muito mais fácil. Não só os livros estavam mais baratos e abundantes que em qualquer outro período, mas também houve progressos extraordinários no sistema de iluminação. As lâmpadas especiais e a iluminação a gás ficaram comuns, o que contribuía para que mais pessoas tivessem condições de ler. Entre os que se beneficiaram com isso estavam os trabalhadores que frequentavam aulas noturnas. Eles tinham apenas as noites, além das tardes de domingo, livres para essa ocupação, já que durante seis dias da semana, 12 horas ou mais por dia, eles engrossavam a mão de obra das fábricas. Desse modo, a nova tecnologia também serviu como grande incentivo à alfabetização.

Na Inglaterra e na América do Norte do início do século XIX, ainda se considerava impróprio uma mulher ser vista lendo, uma vez que a leitura continuava sendo prerrogativa masculina. (Proibições contra leitoras permaneceram em vigor em diversas comunidades judaicas, por exemplo, até o século XX, e em algumas sociedades islâmicas isso se estende até os nossos dias.) Nas décadas de 1810 e 1820, por exemplo, mesmo nos círculos mais modernos, ainda "não nos parece apropriado que uma jovem seja vista estudando", como o escritor Harriet Martineau (1802-1876) de Norwich mais tarde relembrou:

> Ela deveria se sentar na sala de visitas com seu trabalho de costura em mãos, escutar a leitura de um livro e manter-se à disposição das visitas [femininas]. Ao chegarem os convidados, a conversa muitas vezes, com naturalidade, passava a tratar do livro que acabara de ser abordado, o qual, portanto, deve ser escolhido com muito cuidado para evitar que uma visita escandalizada leve para a próxima

casa que venha a visitar um relato sobre uma deplorável negligência demonstrada pela família que há pouco deixara.[30]

Escutar a leitura feita por um homem, é claro, era socialmente aceito em qualquer lugar.

"Esteja sempre bem acompanhado quando ler", recomendava o clérigo e escritor inglês Sydney Smith (1771-1845), que tinha muita clareza sobre o que o significado de estar "bem acompanhado", pois se tratava dele mesmo e de seus companheiros do mundo altamente estratificado que exaltavam. Ao passo que a maioria da população dava ouvidos, de fato, a esses conselhos e a outros do mesmo tipo pronunciados no púlpito, muitos priorizavam uma leitura desimpedida. Um dos defensores da leitura livre na Inglaterra, o ensaísta e crítico Charles Lamb (1775-1834) exaltava, em especial, o poder de libertação proporcionado pelo ato de ler: "Eu amo me perder na mente de outras pessoas. Quando não estou caminhando, estou lendo; não consigo sentar e pensar. Os livros pensam por mim".[31] Para Lamb, o livro era um amigo pessoal, um objeto íntimo, não algo externo a ser ostentado, mas um objeto de afeição a ser estimado e valorizado. "A melhor interpretação de um livro é a nossa própria, e ele nos é familiar há tanto tempo que conhecemos a topografia de suas manchas e orelhas, assim como podemos rastrear a sujeira nele depois de lê-lo tomando chá e comendo bolinhos."

Em uma aparente continuidade à relutância de Platão quanto à ficção, a qual foi banida da república ideal pelo filósofo grego (ver Capítulo 2), as convenções sociais do século XIX ainda reprovavam leitores que avançassem por terrenos ficcionais. Edmund William Gosse (1849-1928), no livro autobiográfico *Pai e filho*, fez um relato comovente dessa persistente aversão. O que aconteceu foi que sua mãe, quando criança, no início do século XIX, teve o amor pela leitura e pela criação de histórias aplacado pela rígida professora calvinista, que a convencera de que esse "entretenimento" era pecaminoso. Aos 29 anos, a mãe de Gosse escreveu em seu diário: "A partir desse dia, passei a considerar pecado a criação de qualquer tipo de história".[32] Diante disso, ela e seu marido vestiram a mesma camisa de força calvinista em seu filho, que jamais conhecera piratas, mas, sim, missionários, nunca lera sobre fadas, mas, no máximo, sobre colibris. "Eles queriam que eu fosse íntegro, mas a tendência era que eu me tornasse racional e cético", escreveu Gosse muitos anos depois. "Se eles tivessem me apresentado ao universo da imaginação sobrena-

---

30 Citado em CRUSE, A. *The Englishman and his Books in the Early Nineteenth Century*. Londres, 1930.

31 LAMB, C. Detached Thoughts on Books and Reading. In: *Essays of Elia*, 2ª série. Londres, 1833.

32 GOSSE, E. W. *Father and Son*. Londres, 1907, citado em MANGUEL. *A History of Reading*.

HISTÓRIA DA LEITURA 251

tural, minha mente teria maior satisfação em seguir suas tradições com lealdade incondicional." Em vez disso, ele cresceu rejeitando os valores dos pais.

A leitura em voz alta mantinha-se muito popular, sendo a escolha do texto ainda uma questão tão delicada quanto na Roma do século I. Na verdade, essa escolha ainda determinava em grande parte quais obras eram "aceitáveis" para publicação, perpetuando o esteio social de censura autoimposta. Jane Austen (1775-1817), por exemplo, escreveu, em 1808, como, na residência paroquial em Hampshire, a família Austen lia em voz alta uns para os outros durante o dia e, muitas vezes, trocavam opiniões sobre o que haviam escutado: "Deveria ficar muito satisfeita com *Marmion* [de Sir Walter Scott]? De todo modo, não estou. [Irmão mais velho de Jane] James o lê em voz alta todas as noites – na primeira parte da noite, começando às dez e interrompendo para a ceia".[33] Em outro trecho, Jane escreve: "Meu pai lê [o poeta William] Cooper para nós durante as manhãs, ao que escuto quando posso. Compramos o segundo volume de *Espriella's Letters* [de Robert Southey] e eu o li em voz alta à luz de velas". Quando um membro da família leu *Alphonsine*, de condessa de Genlis, porém, "Ficamos entediados depois de vinte páginas porque, além da tradução ruim, possui grosserias que envergonham uma escrita até então puríssima; e passamos para *Female Quixote*, o qual trouxe divertimento à nossa noite, para mim uma grande diversão". (É quase impossível não comparar essa narração às noites das famílias modernas passadas diante da televisão. Fica a sensação de que algo de valor foi perdido desde o surgimento desse costume.)

Alguns escritores faziam a leitura em voz alta para outros autores, sobretudo com a finalidade de aprimorar os textos. O romancista Samuel Butler (1835-1902), por exemplo, confessou: "Sempre pretendo ler e, em geral, leio o que escrevo em voz alta para alguém; qualquer pessoa serve, desde que saiba que não a temo. Percebo trechos fracos de imediato quando leio em voz alta, desde que eu leia para mim mesmo sozinho apenas, até que aquela passagem fique bem-feita".[34] Outros se distinguiam pelas leituras dramatizadas de suas obras. Lorde Alfred Tennyson (1809-1892), que costumava ler seu longo poema *Maud* nos salões literários londrinos, chegava a simular com exagero as emoções que os ouvintes deveriam supostamente demonstrar. Em uma dessas leituras, Tennyson caiu em prantos, como o poeta e pintor Dante Gabriel Rossetti (1828-1882) testemunhou: "tomado por tão intensa emoção ele, quase sem perceber, ficava girando em suas mãos fortes uma grande almofada".[35]

As leituras públicas das obras, feitas pelos próprios autores, ocorriam com muita frequência no século XIX a um grau que não era visto na Europa ocidental

33 AUSTEN, J. *Letters*. CHAPMAN, R. W. (Ed.). Londres, 1952.
34 BUTLER, S. *The Notebooks of Samuel Butler*. JONES, H. F. (Ed.). Londres, 1921.
35 TENNYSON, C. *Alfred Tennyson*. Londres, 1950, citado em MANGUEL. *A History of Reading*.

havia quase dois mil anos. Na Inglaterra e na América do Norte, pelo menos, era Charles Dickens (1812-1870) que superava as apresentações de todos os contemporâneos, em leituras privadas para grupos seletos de amigos a fim de testar suas obras, como Butler fazia, e em turnês de leituras para grandes públicos nas quais era aplaudido como celebridade. Em sua primeira grande turnê, cobrindo mais de quarenta cidades inglesas, Dickens realizou cerca de oitenta leituras, tendo como objetivo principal cativar a emoção do público. Ele era um leitor completo – não um ator – e preparava com muita dedicação roteiros de "edições de leitura", com base em suas obras, para provocar o máximo de resposta dos ouvintes. Dickens incluía, às vezes, anotações nas beiradas das páginas desses textos sinalizando qual emoção demonstrar ou com qual gesto intervir.[36] Seu principal objetivo era o de se tornar um instrumento visível de seus romances, permitindo que estes ganhassem vida por meio dele – por causa dele, como faria um ator. Charles Dickens era a incorporação da leitura: o homem transformado em livro. Talvez seja por esse motivo que, ao término de uma leitura, ele nem se dava conta da ovação, mas apenas se curvava em agradecimento e, em seguida, deixava o palco, salão ou gabinete para trocar as roupas ensopadas de suor. Com Charles Dickens, a leitura pública na era moderna alcançou o ápice.

Surgiram também outros tipos de leitura pública. O costume monástico do *lector* ou clérigo leitor das Escrituras na igreja foi restabelecido nas fábricas cubanas de charutos, em 1865, por exemplo, sendo mais tarde proibido pelo governo por ser considerado subversivo.[37] Os imigrantes cubanos levaram esse costume para Key West, Nova Orleans e Nova York, praticando-o nessas cidades de 1869 até a década de 1920: de manhã até a noite, enquanto estivessem trabalhando, escutavam a leitura de histórias, romances, jornais, poesias, ensaios políticos e muitos outros textos. Não se sabe se isso incentivou os trabalhadores analfabetos a aprender a ler, mas a leitura em grupo transformou as horas que de outra forma seriam de puro tédio em oportunidades de obter instrução e até inspiração: com as mãos ocupadas, a mente estava livre para aprender e se desenvolver. Operários das fábricas de cigarros com muitos anos de casa eram capazes até de recitar obras completas de cor.

O mercado editorial

No início do século XIX, os editores, que nesse momento passaram a ser distintos dos vendedores de livros, identificavam apenas dois mercados: o de uma

---

36 ACKROYD, P. *Dickens*. Londres, 1991.

37 PROBY, K. H. *Mario Sánchez: Painter of Key West Memories*. Key West, FL, 1981, citado em MANGUEL. *A History of Reading*

clientela formada pela elite disposta a pagar um preço alto por literatura de qualidade; e o da classe média baixa e dos pobres, de preferências culturais limitadas. Os mascates de livros foram os primeiros a perceber o quanto era grande o potencial de mercado dessa classe mais humilde, desde que os preços dos livros pudessem ser reduzidos e as opções de títulos fossem ampliadas. Os livros novos – "devidamente" encadernados em couro, com inscrições em ouro, saídos diretos da prensa – ainda faziam vigorar preços exorbitantes no início do século XIX. Um novo romance na França, por exemplo, custava um terço do salário mensal de um trabalhador rural. Contudo, a primeira edição de um volume do século XVII, nessa época, podia ser adquirida por apenas um décimo do preço.[38] (Atualmente ocorre o contrário: um volume de duzentos anos custa dez vezes mais que um livro novo.) Desde a invenção da imprensa, no século XV, as forças de mercado sempre orientaram a produção de livros; agora elas a oprimiam. Embora alguns editores ainda permanecessem fiéis à clientela da elite, a maioria optava por maior extensão e lucros mais altos. O povo, segmento da sociedade que até então era ignorado, tornava-se o novo alvo do comércio de livros.

O resultado foi a formação da "indústria de livros".

Os livros transformavam-se em produtos de distribuição em massa. Subia a renda e, com isso, cada vez mais livros eram comprados e lidos. A leitura proliferava por toda parte. Se no passado a maioria das casas possuía apenas um ou dois exemplares religiosos, agora quase toda casa tinha Bíblia, dicionário, semanário, diversos romances e muitos livros escolares. Médicos e advogados mantinham, e exibiam com proeminência, bibliotecas profissionais essenciais para o exercício da profissão. As preferências também mudavam: os venerados clássicos passaram a ser lidos pela classe média e pelos pobres, que finalmente tinham a oportunidade de comprar exemplares baratos. Romances publicados em séries, como os de Dickens em todos os países de idioma inglês, ou os de Victor Hugo na França, eram a mania do momento. Entre os autores, viam-se mais e mais professores (sobretudo na Alemanha), médicos, funcionários públicos e – muito piores, conforme muitos na época lamentavam – jornalistas (como o próprio Dickens ou Mark Twain, nos Estados Unidos).

Com o Iluminismo, o livro francês conquistou a Europa, mas, com a Revolução Francesa, a sociedade conquistou o livro. O comércio francês de livros atravessava dificuldades. As publicações religiosas, que o sustentavam até então, haviam sido proibidas, com o governo confiscando bibliotecas eclesiásticas e se apoderando de bibliotecas domésticas, como vimos. A literatura pré-revolucionária tornara-se invendável, grande parte dela estava, agora, destruída. Essa situação se manteve no império, com o governo sob o poder de Napoleão Bonaparte, de

---

38 BIBLIOTHÈQUE NATIONALE. *Le livre dans la vie quotidienne.* Paris, 1975.

1804 a 1815. Não era, por certo, um bom momento para o leitor na França, onde a maioria das prensas limitava a produção a documentos oficiais, registros legislativos e textos utilitários.[39] Apenas com a Restauração e com o restabelecimento da monarquia, em 1815, o comércio de livros começou a se aquecer de novo na França. Os palácios, castelos e as residências precisavam restaurar suas bibliotecas saqueadas, e isso deu início à era de publicações de extensas coleções de obras completas: dicionários, biografias, diários de viagens, relatos arqueológicos, tratados sobre medicina e botânica, e assim por diante, mas, em especial, os grandes clássicos e as obras de filósofos franceses. O movimento romântico conquistou um vasto público, mesmo que, a princípio, com certa lentidão, assim como as traduções francesas de textos teatrais italianos, ingleses e espanhóis. Mas, em geral, os livros continuavam caros demais para a maior parte do público, por isso a classe média francesa recorria sobretudo ao aluguel e ao empréstimo em bibliotecas.

Foi ainda no século XIX que essas inovações surgiram (em primeiro lugar, na Inglaterra, e, depois, em outras regiões), as quais determinariam os hábitos do consumidor internacional do século XX. A verdadeira série de livros de bolso mais antiga, assim como o romance de um volume vendido a seis xelins, chegou ao mercado. O sistema real e a nova Associação de Autores protegiam os escritores ingleses. A Associação de Vendedores de Livros e a Associação de Editores protegiam e promoviam os dois mercados na Inglaterra e no exterior. Usadas pela primeira vez na Inglaterra, em 1822, as encadernações em tecido substituíam a antiga opção em couro, bem mais cara. Além disso, logo surgiriam propagandas dessas encadernações. Essa última inovação, em especial, modificou a imagem pública do livro, que passava de uma refinada obra de arte para uma mercadoria normal e comum. O valor intrínseco do livro passou a ser associado ao seu conteúdo – curiosamente, no mesmo período, a refinada arte da encadernação alcançava o apogeu, mas começava a ser deixada de lado.

As "bibliotecas", embora pequenas, ornavam, nesse momento, até as mais humildes habitações, com títulos revelando os interesses dos proprietários. Exemplares raros e caros ficavam sob a guarda apenas de antiquários e outros dedicados colecionadores. Por sua vez, a vasta maioria de leitores da Europa e da América do Norte buscava nos livros um aproveitamento prático, e a "indústria de livros" se reestruturou com base nessa nova preferência. Em outra etapa, os livros que até então haviam sido produzidos notadamente para leitura em locais fechados ou jardins, dependendo da iluminação, passaram por mais mudanças. Com o advento da ferrovia, a maior mobilidade do público criou uma demanda por outro tipo de livro, um tanto distinto daquele encontrado nas prateleiras das casas: um livro

---

39 MARTIN, *The History and Power of Writing*.

HISTÓRIA DA LEITURA

barato para ser lido durante a viagem, com temas, tamanhos e extensões específicos (veja a seguir). Essa inovação também se fez notar na Inglaterra.

Diversos editores britânicos buscavam sucesso igual ao das séries de livros religiosos produzidos em massa. Em 1827, a Associação pela Difusão do Conhecimento Útil lançou a série "Biblioteca do Conhecimento Útil", que custava apenas seis centavos cada título. Em seguida, lançou a série "Biblioteca do Conhecimento para Diversão", a qual apresentava informações culturais gerais, assim como o *Penny Cyclopedia* e o *Penny Magazine*, de enorme popularidade. Essas séries e revistas granjearam fama extraordinária – ao passo que o mercado tradicional de livros da Inglaterra soçobrava.[40] Embora o público-leitor estivesse indicando com clareza aos editores qual direcionamento adotar, os barões do livro continuavam incapazes de superar a apatia, como se estivessem presos a séculos de tradição. Afinal, os romances de extremo sucesso de Sir Walter Scott, vendidos a exorbitantes 31 xelins e seis centavos o exemplar, não provavam que o público-leitor formado pela elite abastada ainda existia?

Não obstante, após uma série de inflações, deflações e quedas nas vendas de livros nas décadas de 1820 e 1830, os editores, em especial de Londres e Edimburgo, assustados com a falência dos concorrentes, começaram a vender livros em brochura por apenas cinco xelins. Mas, mesmo assim, permaneciam caros demais para a maioria dos leitores, inaugurando nas bibliotecas a gloriosa fase de aluguel e empréstimo. Temendo concordatas, outros editores reagiram lançando títulos populares em versões baratas: em 1836/1837, cada episódio de *As aventuras extraordinárias do senhor Pickwick*, de Charles Dickens, por exemplo, era vendido a um xelim. Era a única maneira de os fãs de Dickens lerem sua obra.

A imprensa de periódicos reagia a forças de mercado idênticas. Com o intuito de atrair um público composto por trabalhadores letrados na década de 1830, o editor inglês Edward Lloyd copiou o método de produção de periódicos como o *Sunday Times* (fundado em 1822), usando prensas giratórias e imprimindo romances em séries no *The Penny Sunday Times* e na *The Police Gazette*. Lloyd também lançou a série "Penny Bloods", em 1836, narrando em detalhes a vida de malandros, ladrões e bandidos, destacando-se por tramas surpreendentes, indecorosas e aterrorizantes. Enquanto os defensores da moral e dos bons costumes vociferavam, o público se deliciava. Na tentativa de debelar essas publicações, cuja popularidade só aumentou nas décadas seguintes, a Sociedade em Defesa da Religião lançou, na década 1860, seus próprios semanários concorrentes: *The Boys' Own Paper*, logo alcançando meio milhão de cópias; e *The Girls' Own Paper*, com um número um pouco menor de cópias.[41]

---

40 ALTICK, R. D. *The English Common Reader: A Social History of the Mass Reading Public*, 1800-1900. Chicago e Londres, 1957.

41 Ibidem.

Os anos de 1826 a 1848 também foram difíceis para o comércio de livros francês, mantido em atividade graças a uma forte propaganda das mais recentes publicações feita por meio de folhetos, pôsteres e resenhas em jornais. Assim como na Inglaterra, a nova tecnologia ajudava a aumentar o volume e reduzir os custos. As publicações semelhantes em séries, como *Gil Blas* de Lesage, em 24 partes, a cinquenta cêntimos cada, eram certeza de obtenção de lucros. Volumes *in-oitavo* eram vendidos a 3,50 francos, exatamente metade do preço de apenas alguns anos antes. E agora os clássicos mundiais estavam disponíveis em formato novo e mais barato: Homero, Shakespeare, Goethe e, sobretudo, obras-primas francesas dos séculos XVII e XVIII.

Mas a média salarial da maioria dos operários, funcionários de escritórios, artesãos e comerciantes não ultrapassava parcos quatro francos por dia e, sendo assim, os periódicos baratos mantinham-se como a principal fonte de leitura do país. Em 1848, Gustave Havard publicou uma edição integral *in quarto* da obra-prima de Prévost d'Exiles, de 1731, *História de Manon Lescaut* (diagramado em colunas duplas e ilustrado com xilogravuras), vendida a apenas vinte cêntimos. A era dos livros de bolso baratos chegava à França, colocando uma literatura de qualidade ao alcance de todos. Havard foi o primeiro na Europa a publicar obras valiosíssimas vendidas a preços baixos. Em 1856, ele publicou cerca de *6 milhões* de livros.[42]

Mais uma vez, seguindo o exemplo da Inglaterra, começava a existir na França, entre 1835 e 1845, uma distinção entre o editor e o vendedor de livros. Nesse momento, o editor passava a concentrar-se nas estratégias de mercado, no potencial de venda dos títulos, na propaganda e na distribuição, na identificação dentro do mercado daquilo que os leitores em geral gostariam de ler, em vez de publicar aquilo que a elite achava que todos deveriam ler. Em 1850, surgiram as principais editoras da França, em atividade até hoje, oferecendo literatura de qualidade – clássicos e obras recentes – a preços acessíveis a todos. Algumas publicações se tornaram fenômenos de vendas: entre 1834 e 1880, por exemplo, as edições Hachette de *La petite histoire de France*, de Madame de Saint-Ouen, venderam 2.276.708 cópias. No Segundo Império (1852-1870), houve um aumento exponencial de títulos, à medida que a indústria editorial francesa se restabelecia e se restaurava após um período de depressão, orientando-se agora exclusivamente pela demanda popular.

Contudo, os periódicos e documentos administrativos franceses dominavam a impressão e a leitura no país. Os editores também estavam se especializando a fim de monopolizar nichos de mercado – livros premiados, gramáticas, dicioná-

---

42 WITKOWSKI, C. *Monographie des éditions populaires: Les romans à quatre sous, les publications illustrées à 20 centimes.* Paris, 1982.

HISTÓRIA DA LEITURA

rios, livros infantis e até séries eróticas. O setor editorial francês gozava de algo ímpar: em todo o mundo, os livros em francês estavam na moda, e isso exigiu a produção de lotes maiores que os de volumes em inglês, alemão, italiano ou espanhol. Em 1900, raparigas russas, intelectuais japoneses e até as estudantes do Kansas se deleitavam com sua própria cópia original em francês de Victor Hugo, Émile Zola ou Júlio Verne.

Igualmente, a elite alemã do século XIX ainda lia sobretudo obras francesas, deixando a leitura em alemão para a classe média e para o público acadêmico. A Bíblia alemã e outros textos religiosos eram muito populares, como sempre, entre os leitores comuns, sobretudo entre os protestantes do Norte, onde a alfabetização era mais generalizada. O surgimento de edições ilegais nas centenas de estados alemães fragmentados, desprovidas de autorização oficial, já no século XVIII, estimulou Leipzig a se tornar a capital alemã do comércio de livros, para onde uma enorme quantidade de pedidos de editores e vendedores de livros em atacado era enviada de todo o território de língua alemã.[43] A demanda por livros em alemão aumentou muito com a Revolução Industrial, que exerceu efeito muito mais profundo na Alemanha que na França: urbanização acelerada, padrão de vida mais alto, sistema educacional mais elaborado e treinamento técnico superior foram algumas das consequências imediatas. Surgiram vendedores de livros por toda parte nos diversos centros de riqueza e aprendizagem, profissionais que também eram dotados de elevado *status* social. No início do século XIX, Berlim e Stuttgart concorriam com Leipzig no mercado de livros, e não tardou para que os vendedores de livros da Alemanha se tornassem os mais internacionais da Europa, fechando negócios em diversos idiomas e implementando estratégias globais que transcendiam o mercado nacional.

Nessa época, o "*best-seller*" de maior destaque na Alemanha foi, sem dúvida, a enciclopédia *Conversationslexikon*, cuja elaboração foi iniciada por R. G. Löbel e C. W. Franke e concluída, em seis volumes, por Friedrich Arnold Brockhaus em 1796-1808 (com um suplemento de dois volumes, 1809-1811). Logo os concorrentes lançaram lucrativas imitações: em 1907-1909, o *Grosse Konversationslexicon*, de Joseph Meyer, chegava à sexta edição em vinte volumes. Já na década de 1820, Meyer havia publicado clássicos da literatura alemã ilegais vendidos a dois *Groschen* (vinte centavos) o exemplar. Os semanários ilustrados também eram muito populares entre os leitores alemães: o *Gartenlaube*, de Leipzig, por exemplo, registrou uma circulação de cerca de cem mil exemplares em 1861 e quase 400 mil em 1875.[44]

---

43 GOLDFRIEDRICH, J. A., KAPP, F. (Eds.). *Geschichte des deutschen Buchhandels.* Leipzig, 1886-1913. 4.v.
44 PRÖLSS, J. *Zur Geschichte der Gartenlaube*, 1853-1903. Berlim, 1903.

Nessa época, a Alemanha dominava a produção de livros de bolso de qualidade. A partir de 1841, um editor de Leipzig, Christian Bernhard Tauchnitz, produzia um título por semana, e seus sucessores mantiveram-se fiéis a esse cronograma durante um século – cinco mil títulos ou cinquenta ou sessenta milhões de cópias depois.[45] Em 1858, também em Leipzig, Anton Philipp Reclam publicou Shakespeare em tradução alemã em 12 volumes. O êxito financeiro do empreendimento inspirou Reclam a republicar a coleção, mas dessa vez em 25 livros de bolso cor-de-rosa individuais custando apenas um *Groschen* o exemplar. Foi uma sensação. Pouco tempo depois, em 1867, com a entrada em vigor da constituição da Confederação da Alemanha do Norte (formação da nação alemã), obras de autores alemães mortos havia trinta anos ou mais se tornaram oficialmente de domínio público. Bibliotecas inteiras formadas por edições dos clássicos alemães em versões baratíssimas de livros de bolso tomaram o mercado. E, assim, Reclam ampliou a ideia de livros de bolso com a nova série "Universal-Bibliothek" (Biblioteca Universal), cujo volume inaugural – *Fausto, Parte I*, de Goethe – também custava apenas um *Groschen*. Milhares de títulos acabaram seguindo o mesmo exemplo, os quais incluíam quase todos os exemplares da grande literatura mundial. Dessa forma, e apesar das imitações da maioria dos países ocidentais, os livros de bolso de Reclam tornaram-se as principais edições nesse formato em todo o mundo.

Após 1880, porém, identificou-se uma demanda por livros alemães de material superior (papel, impressão e encadernação), à medida que mais leitores de classe média, que agora tinham recursos para formar bibliotecas residenciais mais apresentáveis, começavam a recusar as produções baratas.

Lendo no Novo Mundo

Colonizadores espanhóis, holandeses, ingleses e franceses levaram consigo os hábitos de leitura europeus para a América do Norte. Prensas e jornais moviam-se para o Oeste, sobretudo, mas não exclusivamente, com os pioneiros britânicos: no Tennesse, já havia um jornal em 1701; em Ohio, em 1793; St. Louis tinha uma oficina de impressão em 1808, Galveston, em 1817, e São Francisco, em 1846.[46] Entre 1820 e 1852, os editores da Costa Leste comercializavam cerca de 24 mil títulos de livros, a mesma quantidade que havia sido publicada na região entre 1640 e 1791.

---

45 SCHMOLLER, H. The Paperback Revolution. In: BRIGGS, A. (Ed.). *Essays in the History of Publishing in Celebration of the 250th Anniversary of the House of Longman 1724-1974.* Londres, 1974. p.285-318.

46 JOYCE, W. L., HALL, D. D., BROWN, R. D. (Eds.). *Printing and Society in Early America.* Worcester, MA, 1983.

Nova York, Filadélfia, Boston e Baltimore lideravam o ramo de publicações na América do Norte, seguidas por outros centros: em 1850, Cincinnati, Ohio, sediava nada menos que 25 editoras. Na época da Guerra Civil Americana (1861-1865), uma rede complexa de estabelecimentos de impressão transformou o jornal, o periódico e o livro em objetos comuns da vida cotidiana. A publicação norte-americana de livros era um empreendimento dinâmico, ativo e, em especial, agressivo, que, no início do século XX, já estava começando a dominar o mercado mundial de idioma inglês, ofuscando a Inglaterra. Com uma extensão geográfica imensa, os Estados Unidos no século XIX tinham 90% dos livros vendidos por assinatura, correio ou vendedores itinerantes. (Por sua vez, na Europa, quase todos os livros eram vendidos em lojas.) No entanto, a utilidade e a relevância dos livros, na América, eram consideradas pela maioria inferiores a jornais e revistas e, mais tarde, ao rádio, à televisão e ao computador, ao passo que, na Europa, o livro preservou o *status* de algo fundamental à vida. (É verdade, também, que a maioria dos europeus mudou de atitude nesse sentido, na última metade do século XX, imitando os norte-americanos.)

Quando, em 1215, o rei João da Inglaterra colocou sua chancela na Carta Magna, a qual outorgava direitos e privilégios aos barões, à Igreja e aos cidadãos, o pergaminho inscrito à tinta era apenas um documento, não para ser lido como tal, mas para ser apresentado como prova legal caso fosse transgredido. Quando a constituição dos Estados Unidos foi redigida em 1787, no entanto, Benjamin Franklin (1706-1790), não só o pai da constituição, mas também um dos principais editores e impressores da Filadélfia, fez questão de que milhares de cópias do documento fossem impressas. Essa publicação essencial aos direitos humanos, segundo Franklin, deveria ser lida por tantos norte-americanos (ou seja, homens brancos donos de propriedades) quantos fosse possível: não apenas por se tratar de um direito fundamental mas por ser uma responsabilidade cívica de cidadãos iguais, habitantes de uma nação livre, o que era considerado muito mais importante. Sem dúvida, nenhum outro gesto poderia sinalizar com tanta intensidade o progresso da leitura ao longo dos séculos.

A leitura em si passou a constituir o pilar da nova sociedade "igualitária".

Além disso, os norte-americanos desenvolveram e restabeleceram métodos de ensino da leitura. Durante a Guerra Revolucionária, o professor, Noah Webster (1758-1843), de Connecticut, acreditava que as crianças só poderiam aprender a ler de "modo adequado" pronunciando separadamente cada sílaba do texto. Mas ele sentia que isso era impossível, a não ser que as chamadas "letras não pronunciadas" da ortografia britânica fossem abandonadas. Então, no livro *The American Spelling Book* (1788), publicado pouco depois da guerra, Webster lançou uma ortografia americana distinta, na qual o "*u* arcaico" de palavras como *colour* e *honour* seria abolido, além de outras modificações. O nacionalista Webster declarou que todos os americanos deveriam evitar o emprego da ortografia dos adversários britânicos: "Nossa dignidade requer que tenhamos o nosso próprio sistema, seja na linguagem, seja no governo". Embora com a sua obra *American Dictionary of the English Language*, de 1828, Webster tivesse se tornado o principal lexicógrafo da América do Norte, sua influência imediata foi insignificante. Ele faleceu na pobreza, quase esquecido, em 1843. Após sua morte, porém, sobretudo em virtude da nova edição revisada do dicionário Merriam-Webster, de 1847 – um fenômeno editorial –, a "ortografia americana" do Webster tornou-se um ícone naquele país.

Nos estados do sul dos Estados Unidos, as rigorosas leis que proibiam os negros (escravos ou libertos) de aprender a ler e escrever permaneceram em vigor até a derrota do Sul na Guerra Civil, em 1865. É claro que muitos negros haviam aprendido a ler clandestinamente e ensinavam outros, omitindo essa aptidão e os livros dos senhores, de brancos, bem como de negros de confiança duvidosa.[47] Os senhores eram impiedosos caso descobrissem que seus negros estavam lendo. O ex-escravo Daniel Dowdy "Doc" recorda-se: "Na primeira vez que você fosse flagrado tentando ler ou escrever era açoitado com um chicote de couro, na segunda, com um chicote de nove tiras e, na terceira, a primeira falange do seu dedo indicador era cortada".[48] Muitos senhores eram ainda mais cruéis: fazendeiros brancos que flagrassem um negro ensinando outro a ler não hesitavam em enforcá-lo.

Apesar disso, os leitores negros não se intimidavam. Alguns aprendiam com brancos religiosos ou liberais; a maioria, no entanto, aprendia com negros instruídos. O ensino era quase sempre resguardado, realizado em um ambiente carregado pelo medo que os participantes tinham de ser descobertos. O famoso abolicionista negro, escritor e editor, Frederick Douglass (c. 1817-1895), nascido na escravidão, relatou seu próprio ensino:

> Depois de muito escutar a senhora lendo a Bíblia em voz alta ... minha curiosidade foi aguçada em relação ao *mistério* da leitura, e isso instigou em mim o desejo de aprender. Até então eu nada sabia sobre essa maravilhosa arte. Minha ignorância e inexperiência quanto à relevância disso, assim como a confiança que depositava em minha senhora, incentivaram-me a pedir que ela me ensinasse a ler ... Em pouquíssimo tempo, graças à sua generosa ajuda, eu já dominava o alfabeto e era capaz de soletrar palavras de três ou quatro letras ... [Meu senhor] a proibiu de continuar ... [mas] a determinação que ele demonstrava em manter-me ignorante apenas me tornou mais decidido a buscar o conhecimento. Portanto, posso dizer que devo meu aprendizado tanto à oposição do senhor quanto à gentil colaboração de minha mestra.[49]

---

47 CORNELIUS, J. D.*When I Can Read My Title Clear: Literacy, Slavery, and Religion in the Antebellum South.* Columbia, SC, 1991.

48 Ibidem.

49 DOUGLASS, F. *The Life and Times of Frederick Douglass.* Hartford, CT, 1881, citado em MANGUEL. *A History of Reading.*

HISTÓRIA DA LEITURA

Outros escravos tinham que desenvolver truques criativos para extrair de situações inusitadas oportunidades preciosas de leitura. Um conhecido pastor missionário na Inglaterra na década de 1880, Thomas Johnson, havia sido escravo na América antes da Guerra Civil. Seu desejo incontrolável de aprender a ler fez que roubasse uma Bíblia, a qual escondera com muita cautela. Depois, ele escutava todas as noites, com muita atenção, as leituras do Novo Testamento feitas pelo senhor, incentivando o senhor a repetir o mesmo capítulo, para assim aprendê-lo de cor. Assim, ele comparava as palavras que havia memorizado com as da Bíblia roubada. Quando o filho do senhor fazia as tarefas, Johnson também dizia: "Que maravilha, leia de novo", fingindo admiração. O garoto, então, repetia a leitura com prazer, fornecendo a Johnson ainda mais conteúdo ilícito. Já em 1861, ao eclodir a Guerra Civil, Johnson conseguia ler escondido o jornal do senhor. Terminada a guerra, antes de deixar a América e partir para a Inglaterra, Johnson fundou uma escola particular para ensinar seus irmãos e irmãs, agora com permissão, a ler e escrever, preparando-os para a recém-conquistada liberdade.[50]

"Leia todos os detalhes!"

A produção de periódicos ilustrados baratos (as primeiras revistas) tornou-se possível graças ao uso da gravação em madeira, técnica que permitiu aos impressores inserir texto e ilustração na mesma página. Na Inglaterra, a ilustrada *Penny Magazine* foi lançada em 1830, copiada três anos depois pela *Pfennig-Magazin*, na Alemanha, a qual chegou a atingir uma tiragem de centenas de milhares de exemplares.[51] As "ilustradas" cativaram públicos leitores em toda parte. Era raríssimo encontrar uma família de classe média que não tivesse pelo menos uma cópia da *The Illustrated London News* (em circulação a partir de 1842), na Inglaterra, a *L'Illustration* (1843), na França, ou a *Illustrierte Zeitung* (1843), na Alemanha.

No entanto, os séculos XVIII a XX consistiram, na verdade, na "Era de Ouro" do jornal, não raro o material mais lido em qualquer nação. Londres, a maior metrópole do mundo, sempre foi um grande centro de leitura de jornais, e não só na segunda década do século XIX quando, como Thackeray escreveu na *Vanity Fair*, "a guerra se intensificava por toda a Europa, e impérios eram ameaçados; quando o jornal *Courier* possuía dezenas de milhares de assinantes ...".[52] Os jornais europeus eram grandes empreendimentos que davam empregos a milhares de pessoas. Seus editores, correspondentes e repórteres já faziam uso frequente de agências profissionais de notícias em 1832 (a Correspondance Garnier, em Paris),

---

50 CORNELIUS, *When I Can Read My Title Clear*.
51 WEILL, G. *Le journal: Origines, évolution et rôle de la presse périodique*. Paris, 1934.
52 THACKERAY, W. *Vanity Fair*. Londres, 1847-8.

mas, sobretudo a partir da década de 1840 (a Wolff Agentur, na Alemanha, e, em 1849, a Reuterbüro, desde 1851, situada em Londres com o nome de Reuter's Limited). Levando os acontecimentos do mundo direto para as salas de jantar dos leitores, esses veículos eram capazes de erigir e destruir governos, assegurando para si mesmos um poder político enorme, já que influenciavam dezenas de milhares de pessoas todos os dias em toda a Europa. Jornais direcionados à classe trabalhadora também se tornaram comuns na Inglaterra, França e Alemanha nas décadas 1830 e 1840, mas logo faliram – não só em virtude da interferência e da repressão dos governos, mas também por causa da falta de assinantes.

Os jornais e os semanários não eram feitos para leitura rápida. Na realidade, os leitores dos séculos XVIII e XIX tinham tempo para dedicar a esses materiais. Não havia grandes manchetes em negrito para "fisgar" a atenção do leitor: a atenção já estava concentrada ali. Os artigos, portanto, podiam ser abordados em detalhes, com riqueza de argumentações, e ocupavam diversas colunas, até páginas. Os jornalistas recorriam à razão, não à emoção, e, em resposta, o leitor mediano refletia com ponderação, sem pressa, sobre o que lia. Assim como em jornais especializados, muitos dos artigos de jornais e semanários eram até assinados pelos respectivos autores. Contudo, esses costumes em breve sofreriam mudanças.

Havia um terreno ainda mais fértil para diversos periódicos nos Estados Unidos, onde se realizava uma leitura liberal e variada, algo ainda a ser experimentado por uma Europa mais conservadora e repressora. Embora no início do século XIX os números em circulação fossem mais baixos, em termos comparativos, os editores de jornais de Nova York, na década de 1830, conseguiram alcançar um crescimento extraordinário em tiragem, muito superior aos concorrentes, por meio da redução no preço da cópia para um centavo e da especialização em sensacionalismo. Em 1850, os Estados Unidos possuíam 240 diários com uma circulação de 750 mil cópias. (Sessenta anos depois, 2.340 diários registravam vendas de 24 *milhões* de cópias por dia.) Os jornais diários haviam se tornado o principal e mais influente material de leitura dos norte-americanos.

Ao mesmo tempo, os jornais e periódicos começaram a diversificar. Havia uma competição entre eles para oferecer uma quantidade maior de informações mais abrangentes para um público cada vez mais sagaz, exigente e culto. Como sempre, as prensas locais e regionais apresentavam material de interesse imediato aos leitores, mas passaram a incluir críticas literárias e artigos especializados, críticas de teatro e música, bem como obras literárias divididas em séries. Na verdade, muitas das mais famosas obras literárias de ficção da época chegavam a público, pela primeira vez, por meio de jornais diários ou revistas semanais ou mensais.

HISTÓRIA DA LEITURA

"Lendo como se minha vida dependesse disso"

Em meados do século XIX, a maioria das nações desenvolvidas já não considerava mais a palavra escrita um acessório elitista, mas sim parte integrante da vida diária das pessoas. Em toda igreja, por exemplo, a leitura dos hinos fazia parte da liturgia; aqueles que não sabiam ler as respostas ou hinos agora se sentiam excluídos da cerimônia, já que a leitura em grupo definia o significado de ser cristão. Mas a leitura foi muito além disso. Transcendeu a página impressa da Bíblia, dos hinos, dos romances, das revistas ou dos jornais, passando a fazer parte de sinais nas ruas, letreiros de lojas, rótulos de produtos e propagandas em cartazes ou nos Litfassäulen (totens de propagandas) arredondados na Alemanha. Objetos isolados deixavam de monopolizar a leitura. Para onde quer que se olhasse, havia algo para ler.

Surgiram novos subgêneros literários. O romance, por exemplo, logo teve ramificações para o romance policial, a ficção científica, o terror, entre outros, todos suprindo uma sociedade em mudança. Autores e leitores também se especializavam em alguns desses gêneros. Além disso, o século XIX anunciou o surgimento da literatura infantil como um mercado comercial independente. (Este se tornaria, no final do século XX, um dos gêneros mais lucrativos e de maior alcance entre as publicações internacionais.) Em séculos anteriores, os autores seguiam a tradição de iniciar os livros com uma dedicatória exagerada (empolada para os padrões atuais) ao respectivo governante ou personalidade de peso, muitas vezes como uma maneira de obter alguma retribuição, mas, com mais frequência, como um mecanismo de garantir proteção ou respaldo à obra. No século XIX, porém, esse costume quase desapareceu por completo, dando lugar ao "Prefácio": uma introdução pessoal do autor para o leitor. Essa mudança trouxe não só alterações nas dinâmicas de mercado, mas também modificações nas posições psicológicas. Isto é, passou a haver um relacionamento direto entre autor e público. Não era mais necessário ter um protetor, uma vez que o próprio leitor tornou-se um "amigo".

Sem dúvida, a dedicatória autoral mais íntima da época, de escritor para leitor, foi a do poeta americano Walt Whitman (1829-1892), que, na terceira edição (1860) do eterno *Folhas de relva*, advertia:

> Isto não é um livro,
> quem o toca, toca um homem,
> (Já é noite? Estamos sós aqui?)
> Sou eu quem você tem em mãos, e quem o tem em mãos,
> Lanço-me das páginas para seus braços...

Alguns se recusavam a aceitar as novas manifestações literárias. O romancista inglês George Eliot (Mary Ann Evans, 1819-1880), por exemplo, condenava:

romances tolos escritos por mulheres romancistas ... um gênero formado por diversas espécies, determinado pela típica característica da frivolidade que nele predomina – o fútil, o tedioso, o devoto ou o pedante. Mas é uma mistura de tudo isso – um composto de tolices femininas, que produz a maior classe desses romances, os quais devemos distinguir como a espécie da criatividade abafada em pomposos chapéus ... A apologia às mulheres que se tornam escritoras sem qualificação especial se deve ao fato de a sociedade as excluir de outras esferas de ocupação ... "Em todo trabalho há lucros", mas os romances tolos das mulheres, como sabemos, são mais o resultado da ociosidade ocupacional do que do trabalho.[53]

De fato, essa era a época das leitoras mulheres também, as quais – nos salões e círculos literários, em casa e até no trabalho – conquistavam seu direito, não só lendo muito, mas também contribuindo de forma inédita para a produção literária nos respectivos países.[54] Por certo, esse desenvolvimento foi o preparo para a emancipação social das mulheres no século XX, um resultado que se deve muito à aquisição de hábitos de leitura mais liberais e à expansão da leitura no século XIX.

Outrossim, nesse período, a leitura constituía uma parte fundamental daquilo que significava crescer na sociedade ocidental. As experiências mais íntimas e inesquecíveis de muitas crianças originavam-se não de acontecimentos, mas dos livros, o que, em geral, jamais havia acontecido antes. Talvez tenha sido típico da época aquilo que David Copperfield, personagem de Dickens, recorda-se quando está em confinamento doméstico depois de sua mãe se casar com o tirânico Sr. Murdstone:

> Uma só coisa impedia que eu me embrutecesse completamente. Meu pai havia deixado em um gabinete uma pequena coleção de livros; meu quarto era pegado, e ninguém desconfiava dessa biblioteca. Pouco a pouco "Roderick Random", "Peregrine Pickle", "Humphrey", "Clinker", "Tom Jones", "O Vigário de Wakefield", "Dom Quixote", "Gil Blas" e "Robinson Crusoe", saíram, glorioso batalhão, daquele pequeno quarto para fazer-me companhia. Eles mantinham minha imaginação alerta e davam-me a esperança de poder um dia escapar àquele lugar. Nem esses livros, nem as "Mil e uma Noites", nem as histórias dos gênios, faziam-me mal, pois o mal que pudessem ter não me atingia, eu não o compreendia. Admiro-me hoje das ocasiões que arranjava para ler estes livros, entre as minhas meditações e meus pesares...

---

53 ELIOT, G. Silly Novels by Lady Novelists. In: ASHTON, R. (Ed.). *Selected Critical Writings*. Oxford, 1993.
54 FLINT, K. *The Woman Reader*, 1837-1914. Oxford, 1993.

Era minha única e verdadeira consolação. Quando penso nela revejo sempre uma bela tarde de verão; os meninos da aldeia brincando no cemitério e eu lendo em meu leito como se minha vida dependesse disso.[55]

O escritor escocês Robert Louis Stevenson (1850-1894), que na infância escutava histórias lidas pela babá Alison "Cummie" Cunningham, guardava recordações semelhantes. Ela encheu a cabeça dele com romances escoceses, ensinamentos calvinistas, aventuras, hinos, histórias fantasmagóricas – tudo que lhe serviu como material para seus escritos anos depois. "Foi você quem despertou em mim a paixão pela ficção, Cummie", disse ele à antiga babá depois de se tornar um renomado autor.[56]

Como revela sobretudo a dedicatória de Whitman, a leitura era, para a maioria das pessoas no século XIX, algo pessoal em essência, até íntimo, dotado de profunda fascinação a qual em séculos anteriores havia seduzido apenas os sábios e os religiosos. Jane Carlyle (1801-1866), esposa do famoso historiador escocês Thomas Carlyle, ela mesma uma célebre mulher das letras, tinha a sensação de que ler livros emprestados de outros chegava a ser como "manter um caso extraconjugal".[57]

As viagens do leitor

Em 1850, a leitura e a escrita enriqueciam o Norte da Europa, enquanto o analfabetismo retardava o desenvolvimento do Sul e do Leste desse continente. Com 90% da população classificada como "instruída" (um termo relativo), a Suécia ainda era líder na Europa em quantidade de pessoas que sabiam ler, seguida de perto pela Escócia e pela Prússia, com 80%. A Inglaterra e o País de Gales possuíam, nesse momento, 65% a 70% da população alfabetizada, a França, 60%, a Espanha registrava apenas 25%, a Itália, 20%, seguida por Grécia e Bálcãs. A Rússia contava com cerca de 5% a 10% de alfabetizados, ou seja, o mesmo índice registrado pelos europeus ocidentais três séculos antes; como poucos russos liam, o maior público das obras-primas de Gogol, Lermontov, Pushkin e Turgenev estava, na verdade, fora da Rússia

No mesmo momento da difusão externa da leitura, a viagem interna da leitura (ou seja, dentro do cérebro humano) começava a ser compreendida também: o próprio leitor estava se tornando a expedição da leitura. Em 1865, os

---

55 DICKENS, Charles. *David Copperfield.* W. M. Jackson. (Coleção Grandes Romances Universais), v.13. (Trad. Costa Neves).

56 BALFOUR, G. *The Life of Robert Louis Stevenson.* Londres, 1901. 2v.

57 WELLS, J. *Rude Words: A Discursive History of the London Library.* Londres, 1991, citado em MANGUEL. *A History of Reading.*

cientistas franceses Michel Dax e Paul Broca demonstraram, por exemplo, que a maioria das pessoas nasce com o hemisfério cerebral esquerdo "predisposto" a codificar e decodificar a linguagem.[58] Além disso, foi observado que cada hemisfério cumpre sua função nessa tarefa – ao ser exposto à linguagem. Em outras palavras, todos nós nascemos com a capacidade de compreender a linguagem e de falar, mas essa aptidão inata precisa ser "acionada" pela exposição direta. As implicações da descoberta acerca da leitura foram evidentes. Com efeito, isso significava que, antes mesmo de os escribas sumérios terem desenvolvido o foneticismo sistêmico, suas conexões neurológicas, seu cérebro, estavam predispostos a compreender e utilizar essa capacidade até então desconhecida. O mesmo, é claro, é válido para os povos pré-alfabetizados em toda parte, os chineses no primeiro contato com a escrita da Ásia central em c. 1400 a.C., os japoneses conhecendo a escrita chinesa em c. 100 d.C. (se não antes), ou ainda o povo da Ilha de Páscoa sendo apresentado ao alfabeto latino dos espanhóis em 1770. Em outras palavras, qualquer sociedade é potencialmente capaz de ler mesmo antes de saber o que vem a ser a leitura. Da mesma forma como toda criança nasce com o potencial de ler, mesmo antes de ter a primeira experiência de leitura.

As viagens do leitor também ocorriam no sentido literal. Assim como na Roma antiga, os leitores europeus do século XIX apreciavam a escrita em qualquer hora e em qualquer lugar, mas sobretudo durante as viagens. Nessa época, eram as novas ferrovias da Europa que reservavam um lugar ao leitor itinerante. Na realidade, as viagens de trem impulsionaram o surgimento de um novo tipo de publicação: o livro para trens. Os quiosques de livros nos terminais ferroviários supriam as demandas específicas do público viajante, e esse novo prazer inaugurou outra dimensão de publicações baratas e para consumo imediato, as quais com o passar do tempo também contribuíram para a modificação nas preferências do público. O primeiro quiosque em terminais ferroviários da Europa foi o W. H. Smith & Son, na Euston Station, em Londres, inaugurado em 1848. Em pouco tempo, Smith estava vendendo séries *in-oitavo*, como a "Run & Read Library" e a "Routledge's Railway Library", além de jornais e revistas. Os leitores de classe média formaram um mercado gigantesco de preferências específicas. Outros vitorianos, porém, parecem ter dado preferência a assuntos mais impactantes. Como Gwendolen confessa no Ato II do livro *A importância de ser prudente*, de Oscar Wilde: "Jamais viajo sem meu diário: devemos sempre ter algo sensacional para ler no trem".[59]

---

58 DAX, M. Lésions de la moitié gauche de l'encéphale coïncidant avec l'oubli des signes de la pensée. *Gazette hebdomadaire médicale*, deuxième série, II, p.259-62, 1865; BROCA, P. Du siège de la faculte du langage articule dans l'hémisphère gauche du cerveau. *Bulletin de la Société d'Anthropologie*, VI, p.377-93, 1865.

59 WILDE, O. *A importância de ser prudente*. In: WILDE, O. *Peças*. Londres e Glasgow, 1954.

HISTÓRIA DA LEITURA

Repercussões internacionais

Atualmente, na maior parte do mundo, "ler" significa tradição e cultura escritas ocidentais. A literatura local ainda permanece oral de forma predominante, embora não exclusiva. As duas tradições – a letrada estrangeira e a oral nacional – são, em geral, mundos distintos e, conforme o copista de *Beowulf* notou cerca de 13 mil anos atrás, irreconciliáveis em essência. Apenas uma, no final das contas, é preponderante: a palavra escrita, com sua irresistível versatilidade.

Em especial, do final do século XVIII ao início do século XX, a expansão ocidental para regiões até então desconhecidas do globo levou a leitura pela primeira vez a milhões de pré-alfabetizados. Inspirou povos a copiar o alfabeto latino ou a apenas tomar emprestada a ideia da escrita a fim de desenvolver seu próprio sistema de escrita local. Em geral, no início, a maioria dos pré-alfabetizados desconfiava ou não compreendia a escrita estrangeira. Em primeiro lugar, o próprio conceito de transferir o discurso humano para sinais gráficos precisava ser integrado ao domínio oral local para garantir legitimação. As leituras públicas de textos escritos nacionais não raro alcançavam esse objetivo, explorando o universo da retórica nativa. A maioria dos que desejavam imitar a escrita estrangeira em seu próprio e exclusivo estilo não tinha, na verdade, uma necessidade imediata da escrita. Assim como os europeus ocidentais que encontraram, pela primeira vez, a escrita etrusca, latina ou grega, esses povos liam suas próprias tradições em ritos comunais ou faziam inscrições em objetos ou artefatos produzidos em território local registrando o nome do dono ou uma breve legenda. Muitas vezes, o processo resultava não só no objeto, mas também no ato de ler em si, de inspiração sagrada ou mágica.

Entre essas invenções locais, havia as escritas *vai, n'ko*, mende, bamum e *osmanian*, na África, a escrita cherokee, de Sikwayi (Sequoia), a escrita *cree*, do território da Baía Hudson, a escrita do Alasca, as escritas das Ilhas Carolina, a escrita *rongorongo*, da Ilha de Páscoa, e dezenas de outras.

Contudo, depois que esses novos letrados criavam e legitimavam seus escritos em reprodução ou imitação, eles passaram a experimentar um aumento de atividade e comércio com os ocidentais, sobretudo com missionários que priorizavam as Escrituras. A consequência disso foi, acima de tudo, maior familiaridade com o alfabeto latino, bem como dependência dele. Com o tempo, a imitação e sua literatura perderam autoridade diante da invasão latina "superior" com suas vantagens tentadoras. Enfim, em geral depois de apenas duas ou três gerações, incapazes de competir com o alfabeto latino, a imitação era abandonada. O processo descrito aqui ocorreu em todo o mundo e com muitas variações. Mas o resultado, em suma, era sempre o mesmo: com a influência do alfabeto latino, as tradições orais antigas e seus respectivos equipamentos, que ainda estavam a serviço da reprodução ou da imitação locais, foram abolidos por completo, dando lugar a gêneros, formatos, estilos, valores e *ethos* transmitidos pelo alfabeto latino ocidental.

Do Norte da África ao centro do continente, o alfabeto árabe consonântico também já havia, durante séculos, fornecido o principal material de leitura a dezenas de milhões de pessoas que o empregavam sobretudo para ler o Qur'an. Na Nigéria dos séculos XVIII e XIX, usavam-se tábuas de preces. Parecidas com as cartilhas usadas durante séculos na Europa para ensinar as letras às crianças, essas tábuas de preces possuíam, porém, um cabo na parte de cima e tinham um recorte na parte de baixo em formato de meia-lua para se encaixarem na perna de um adulto. Os versos do Qur'an, escritos em uma folha de papel, eram afixados na tábua.

Não apenas os muçulmanos africanos negros, mas todos os muçulmanos aprendiam a ler na marra, uma vez que a lei religiosa decretava que as linhas do Qur'an não podiam ser alteradas ou adulteradas de modo algum, nem para simplificar a leitura para as crianças. Claro que isso dificultou muito o processo de ensino da leitura para as crianças na maioria das regiões islâmicas, onde o índice de analfabetismo, em geral, permaneceu alto. (As nações islâmicas desenvolvidas desde então adotaram práticas pedagógicas ocidentais, lançando mão de outros textos além do Qur'an.) Apenas no final do século XIX, os países islâmicos, e sobretudo nas metrópoles, introduziram o uso disseminado da impressão – quatrocentos anos depois da Europa.

Em virtude das colonizações inglesa, francesa, belga, alemã e portuguesa, a maioria das nações africanas subsaarianas, no entanto, sobretudo a partir do final do século XIX, adotaram o alfabeto latino. Embora no início tivessem se concentrado na leitura das Escrituras, essas nações passaram a desenvolver sua própria literatura de referência mundial: Wole Soyinka, da Nigéria, por exemplo, ganhou o Prêmio Nobel de Literatura em 1986. Embora hoje os hábitos de leitura da maioria das pessoas de nações em desenvolvimento sejam quase indistinguíveis dos de nações desenvolvidas, ainda existem diferenças significativas. Uma das mais gritantes refere-se ao material de leitura: a leitura nas nações em desenvolvimento engloba uma elevada porcentagem de textos religiosos (Bíblia, Qur'an), ao passo que em nações desenvolvidas há uma porcentagem maior de leitura de efemérides (textos em circulação em escritórios, jornais, revistas e *internet*).

Na América do Sul do século XIX, mascates de livros franceses, sobretudo da Normandia e dos Alpes, criaram redes de mercados semelhantes às da Europa. (Um deles foi o irmão de Garnier, cuja família parisiense havia dado continuidade à série "Bibliothèque bleue".) Em outras partes do mundo, oficinas de impressão especializadas, em geral operadas por imigrantes, imprimiam e distribuíam (por meio de mascates itinerantes que, muitas vezes, arriscavam a vida nessa atividade) textos religiosos, culturais e políticos para povos subjugados, como os poloneses (dominados pelos russos) e os gregos e armênios (oprimidos pelos turcos). Esse material de leitura contrabandeado significava muito para essas vítimas da opres-

HISTÓRIA DA LEITURA

são, talvez mais do que se consiga compreender hoje: ele oferecia a esperança de liberdade, pois ajudava a preservar a identidade nacional dos povos.

Em quase todos os países não ocidentais, no final do século XIX, os gêneros, preferências, estilos, valores, *ethos*, produção e distribuição da leitura ocidental estavam substituindo as práticas tradicionais. Isso chegou a acontecer até na China, que, até então, havia cultivado uma tradição literária muito mais rica que qualquer outra conhecida no Ocidente. Uma vez introduzidas, essas práticas de leitura ocidentais – com repercussões concomitantes – foram absorvidas de modo permanente. Em muitos casos, essa leitura estrangeira se tornava o símbolo iluminado do renascimento nacional, refletindo as evidentes qualidades ocidentais (progresso, modernização, direito de voto) exploradas pela nova elite, no processo de supressão de aristocracias obsoletas, a fim de assegurar a riqueza e manter o poder para si mesma e seus simpatizantes. A consequência?

A monocultura de leitura do século XX.

O século XX

Foram as mudanças implementadas no século XIX que delinearam as práticas de leitura do mundo na maior parte do século XX. Mas a inovação, sobretudo tecnológica, continuava a caminhar a passos rápidos. Aprimoramentos na fabricação de papel, na impressão e na encadernação resultaram em produções maiores e preços ainda mais baixos por exemplar. Na Alemanha, por exemplo, as matérias-primas eram responsáveis por 30% do preço de um livro em 1870, mas apenas 12% em 1912. Essas melhorias possibilitaram a produção em massa de livros encadernados em papel de "polpa mecânica" de qualidade inferior, gerando lucro suficiente para os editores financiarem outras edições. Como consequência, os gostos também se tornaram mais refinados, já que mais leitores se familiarizavam com formas de arte até então "superiores a sua posição". E começaram a exigir mais dessas formas artísticas.

O livro se transformava em uma mercadoria de massa.

No início do século XX, a maior quantidade de impressão no mundo ainda era formada, porém, por periódicos, propagandas e documentos governamentais, os quais, por sua vez, também consistiam na maior parte daquilo que era *oferecido* para o público ler – não necessariamente aquilo que o público lia. Ainda assim, o principal meio de comunicação com o mundo até a Primeira Guerra Mundial (1914-1918) eram periódicos: jornais ou revistas. Com essa leitura, o mundo invadia as casas das pessoas, e sua contínua relevância naquela época e o efeito por ela exercido foram de uma intensidade incalculável. Os periódicos continham notícias, anúncios, informações gerais, propagandas e até literatura de qualidade dividida em séries. Figuravam como a principal fonte de diversão noturna dentro de casa, antes de o rádio e, depois, a televisão tomarem seu lugar. No campo dos materiais impressos, certamente o periódico conquistara o maior público. Como grande parte do ensino permanecia rudimentar, com alunos quase sempre abandonando a escola após o sexto ano, o jornal diário ou semanal e a revista constituíam, para essa maioria de leitores, um universo completo de informações, a principal ponte entre eles e o mundo.

Nessa época, houve modificações na estrutura dos jornais. As manchetes eram classificadas e resumidas, como índices. A argumentação textual privilegiava a exposição sucinta, atendo-se aos fatos. As ilustrações, agora fotografias, substituíam minuciosas descrições: "uma imagem vale por mil palavras". Procurando tópicos breves de interesse específico, o público passou a folhear as páginas em vez de fazer aquela velha leitura aprofundada. O público exigia relatos rápidos ou a mera síntese dos fatos e argumentos, na pressa de mudar de página. O prazer diário da leitura do jornal havia sido perdido. Para obter uma cobertura mais introspectiva, o leitor optava pelos jornais semanais (muitos assalariados mantinham as tardes de domingo livres para ler) ou revistas e periódicos mensais. O diário, ao contrário destes, tornava-se um resumo apressado dos fatos. E com o tempo se tornou uma característica desse tipo de veículo. Claro que os editores de jornais tinham duas opções: atender às expectativas ou falir. Em consequência dessa mudança, quase todos os jornais diários no início do século XXI publicam textos menores, assim como manchetes e fotografias coloridas maiores.

A leitura também acompanhava tecnologias até então desconhecidas. Na primeira parte do século, o cinema mudo contava histórias com legendas intervaladas que precisavam ser lidas para que se entendesse a trama. Com exceção das tortas na cara que provocavam gargalhadas, os analfabetos pouco usufruíam dessa forma de entretenimento. É comum esquecermos da magnitude do ato de frequentar o cinema e da influência disso na época. Em 1926, apenas nos Estados Unidos, cerca de *50 milhões de pessoas por semana* iam ao cinema, na maioria adultos. A leitura dessas legendas, somada à leitura dos jornais, constituíram, talvez, as únicas atividades de leitura de centenas de milhões de pessoas em todo o mundo. No final do século, outra inovação tecnológica inspirou uma verdadeira revolução na leitura: o computador pessoal. Ao contrário dos filmes mudos, essa atividade baseada por completo na leitura, ainda com implicações inimagináveis para o futuro, requer um envolvimento ativo, direto e integral com a palavra escrita – pelo menos até o momento (o desenvolvimento de sistemas de reconhecimento de voz ainda está engatinhando). Na realidade, em muitos casos, a palavra escrita e lida chega a substituir a palavra falada: em vez de visitar, encontrar ou telefonar para alguém, muitos preferem usar o correio eletrônico, as salas de bate-papo e a *internet*. Ofuscando a tela muda, a tela eletrônica do PC já é parte do cotidiano de bilhões em todo o mundo (ver Capítulo 7).

Em 1900, cerca de 90% da população da Inglaterra, da França, da Alemanha e dos Estados Unidos havia-se tornado alfabetizada funcional, sobretudo em virtude da legislação educacional que os respectivos governos implementaram e fizeram vigorar. Em outras regiões, os números eram um pouco mais baixos: 88% na Bélgica, 78% no Império Austro-Húngaro, cerca de 60% na Itália e 50% em alguns centros na Rússia.[60] Diante desse avanço, "as grandes revoluções eclodiram – na Inglaterra no século XVII, na França no final do século XVIII e na Rússia no início do século XX – a partir do momento em que o índice de alfabetização alcançou ou ultrapassou 50%".[61] Isso talvez nos leve a concluir que a capacidade de ler, e a sua aplicação prática, tenha tornado exequível as grandes transformações sociais da era moderna. Embora muito restrita a uma leitura básica (jornais, coleções de bibliotecas, clássicos e trabalhos científicos, se tanto), essa capacidade fundamental já bastava para fortalecer as massas, já que a leitura é o caminho para o conhecimento.

Nesse contexto, a história da Rússia é um exemplo pertinente.[62] Em meados do século XIX, no máximo, um homem em cada seis na zona rural da Rússia, onde 90% da população do país viviam, era capaz de ler de modo rudimentar. Em 1897, graças a iniciativas educacionais bem-sucedidas promovidas pelo império, um em cada três de toda a população masculina da Rússia acima de oito anos estava alfabetizado: em outras palavras, isso representou a quase duplicação do índice de alfabetização masculina. Depois de se tornar o primeiro chefe de governo da União Soviética, Vladimir Ilitchi Ulianov Lenin (1870-1924), que certa vez havia declarado que "não existe política para quem não sabe ler", estava descontente com o fato de que ainda menos de um terço da população russa era alfabetizada. Em 1919, ele tornou compulsória a presença nas escolas para todos os analfabetos entre oito e cinquenta anos e, com isso, no final da Guerra Civil, em 1921, estimou-se que cerca de cinco milhões de russos haviam aprendido a ler e escrever. Em um intervalo de cinco anos, registrava-se que 45% da população rural da Rússia estava alfabetizada. Acreditando que esse importante progresso ainda não era suficiente para o crescimento industrial do país, o chefe de Estado subsequente, Joseph Stalin (1879-1953), transformou a alfabetização em prioridade nacional na década de 1930 e, em 1939, 89% da população russa entre nove e 49 anos sabia ler e escrever, segundo números oficiais.

Essa foi a maior campanha da história em prol da alfabetização, implementada com rigor como medida oficial. Foi guiada pela urgência econômica com o objetivo de impulsionar a produtividade industrial, a qual, de acordo com a análise correta dos líderes do país, estaria balizada na capacidade de ler. Na verdade, o que se lia

---

60 CIPOLLA, C. M. *Literacy and Development in the West.* Londres, 1969.
61 MARTIN. *The History and Power of Writing.*
62 EKLOF, B. Schooling and Literacy in Late Imperial Rússia. In: RESNICK, D. P. (Ed.). *Literacy in Historical Perspective.* Washington, DC, 1983. p.105-28.

na Rússia era algo totalmente diferente: sobretudo manuais técnicos e de treinamento, periódicos censurados, literatura política e um pequeno número de clássicos autorizados. Contudo, os cidadãos soviéticos liam isso com avidez e consideravam a leitura um dos passatempos prediletos.

No Ocidente, os anos 1930 tornaram-se a grande era dos livros de bolso. Os primeiros dez livros da editora Penguin foram publicados em Londres em 1935, vendidos a seis centavos o exemplar. As vendas, na verdade, eram fracas. Então o editor contatou o comprador da rede Woolworth, cuja esposa de imediato achou brilhante a ideia de vender livros por um preço tão baixo, como se fossem fósforos ou lenços, e incentivou o marido a convencer a gerência da Woolworth do quanto aquela proposta era sensata. A gerência concordou e no momento da eclosão da Segunda Guerra Mundial, em 1939, centenas de lojas da Woolworth batiam recordes de vendas com os livros da Penguin, ultrapassando os livros de bolso da editora Reclam dos países de idioma alemão. Na década de 1960, os livros da Penguin ocupavam as prateleiras de todo o mundo, exceto nos países comunistas do Leste Europeu e do Extremo Oriente. A busca por livros de qualidade mais baratos e fáceis de carregar, iniciada por Aldo Manúcio no século XV, culminava nos livros da Penguin do século XX. Até hoje os livros da Penguin são as séries de bolso de literatura de qualidade mais vendidas do mundo, em todos os idiomas.[63]

Alguns hábitos da leitura antiga foram mantidos. As leituras públicas, por exemplo. O poeta, dramaturgo e crítico inglês T. S. Eliot (1888-1965), nascido no Missouri, por exemplo, tinha o hábito de fazer leituras para o público, até mesmo pelo rádio, com sussurros sombrios e misteriosos. O poeta galês Dylan Thomas (1914-1953) também era um leitor público contumaz, o qual recitava os versos, às vezes fazendo pausas de um minuto entre um e outro e, em outras ocasiões, pontuando as frases com expressões enfáticas. (Os retóricos da Roma antiga teriam aprovado.) As leituras públicas de hoje são realizadas pelos mesmos motivos dos de Plínio, o Jovem: gerar um mercado para o livro de alguém, alcançar e sustentar a fama de algum autor e incentivar a leitura e a publicação em geral. E as pessoas ainda se aglomeram para escutá-las pelas mesmas razões: para se divertir, ver e escutar uma celebridade, compartilhar a maravilha da interpretação oficial de um autor, aprender. Outros escritores também participam das leituras em apoio aos colegas e novos talentos – mais uma vez, como na época de Plínio.

A diferença é que agora a leitura pública é um monólogo: não é mais um diálogo que pode contribuir para o aperfeiçoamento da obra. A sociedade havia se expandido demais para comportar isso e, ademais, os responsáveis pelos lucros da indústria dos livros tinham prioridade. Uma parte considerável dos anúncios e da programação de rádio e TV atualmente envolve a leitura em voz alta, mas destina-

---

63 MORPURGO, J. E. *Allen Lane*. Londres: King Penguin, 1979.

da a um público anônimo, que oferece pouca ou nenhuma resposta. Os textos deixaram de ser plásticos, passando a ser pedra: a palavra escrita é definitiva. Apenas alguém como Walt Whitman poderia se aventurar em edições com infinitas recriações de *Folhas de relva*, uma réplica da própria natureza – do mesmo modo como Leonardo da Vinci acrescentava novas pinceladas à *Mona Lisa* durante uma vida toda de afetuosa dedicação.

A censura ainda perseguia leitores e escritores. Conforme comentou o ensaísta americano H. L. Mencken (1880-1956), em 1917, em relação à aberrante campanha na América do Norte a favor da proibição de obras literárias "obscenas, lascivas ou indecentes": "O objetivo não é exaltar os santos, mas derrubar os pecadores".[64] Esse tipo de literatura foi o alvo de moralistas e grupos religiosos durante séculos: casos famosos do século XX envolveram os livros *O amante de Lady Chatterley* (1928), de D. H. Lawrence, e *Trópico de Câncer* (1934), de Henry Miller, os quais testaram os limites de tolerância da sociedade. A censura de conteúdos de cunho sexual só acabou no Ocidente no final dos anos 1960, resultando na produção de inúmeras publicações explícitas, assim como em um novo realismo e na abertura literária que não incentivavam, mas refletiam, mudanças radicais na sociedade. (A maioria das nações islâmicas e asiáticas ainda censuram com rigor a literatura de conteúdo sexual.)

Não só o sexo foi liberado. A Santa Inquisição deixou de publicar o índex de livros proibidos em 1966, julgando, de modo correto, que a censura imposta pela Igreja Católica seria um anacronismo social. A última lista, compilada em 1948, incluía autores "perigosos" como o francês Voltaire e o inglês Graham Greene.

O principal foco da censura no século XX, porém, estava nos textos de cunho político. A queima de mais de vinte mil livros em Berlim, em 10 de maio de 1933, apenas três meses depois de Adolf Hitler ter assumido o posto de primeiro-ministro do Reich alemão, foi algo marcante. O ministro da Propaganda, Paul Joseph Goebbels, anunciava naquele evento cuidadosamente organizado para mais de cem mil pessoas: "Nesta noite, vocês prestarão um grande serviço jogando no fogo essas obscenidades do passado. Este é um ato simbólico, relevante e vigoroso que contará ao resto do mundo que o velho espírito está morto. Dessas cinzas surgirá a fênix do novo espírito!". E, enquanto os telejornais registravam o acontecimento, a fogueira engolia obras de Bertolt Brecht, Thomas Mann, Albert Einstein, Karl Marx, Sigmund Freud, Émile Zola, Marcel Proust, H. G. Wells, Upton Sinclair, Ernest Hemingway, entre centenas de outros. Depois de 12 anos, a maior parte da Alemanha estava em ruínas, ao passo que esses autores conquistavam muito mais leitores alemães que em qualquer outra época.

---

64 MENCKEN, H. L. Puritanism as a Literary Force. In: *A Book of Prefaces*. Nova York, 1917, citado em MANGUEL. *A History of Reading*.

Os países comunistas censuravam textos capitalistas; países capitalistas censuravam textos comunistas, embora com menos (óbvio) instinto vingativo. Vale ressaltar que, pelo menos, metade do estoque das livrarias do bloco do Leste na Europa do pós-guerra era composta por publicações partidárias sobre política, economia, administração, textos sobre grandes comunistas e outras questões ideológicas, sendo o restante formado por uma mistura de gêneros sujeitos à severa censura política. Claro que, com o fim da União Soviética, foram substituídos em toda parte no Leste Europeu pelos métodos de publicação agressivos e fortes, e por materiais do Ocidente europeu dominado pelos Estados Unidos. A questão paradoxal nisso tudo é que, com a liberalização da leitura no Leste Europeu, houve, ao mesmo tempo, uma desvalorização do livro, já que, não sendo censurado, não precisava mais ser contrabandeado, tornando-se algo trivial.

A censura política aterrorizava muitas outras regiões também. Quando o Khmer Vermelho, liderado por Pol Pot, assumiu a capital do Camboja, Phnom Penh, em 1975, as bibliotecas foram uma das primeiras a desaparecer, o que também não tardou a acontecer com quase metade da população do país (8,1 milhões reduzidos a 4,3 milhões); mas, atualmente, a leitura no Camboja está ressurgindo, e novas bibliotecas já substituíram as que haviam sido destruídas. Em 1981, a junta militar chilena chefiada pelo general Augusto Pinochet chegou a proibir, entre outros títulos, *Dom Quixote* de Cervantes (o livro mais lido no idioma espanhol) em virtude da declaração de liberdade pessoal e do desafio à autoridade oficial contidos em suas páginas; contudo, hoje *Dom Quixote* e todos os outros livros proibidos no passado podem ser lidos com liberdade naquele país.

Ao longo de toda a história, regimes políticos ditatoriais sempre disseminaram a ideia de que a restrição da leitura e a destruição dos livros fariam que se tornassem mais poderosos e ganhassem tempo, ou seja, como se, por meio da anulação da história, pudessem criar um novo destino. Mas todas as tentativas fracassaram, uma vez que os regimes tinham a si mesmos como alvo. Uma sociedade esclarecida reconhece que a verdadeira força está na liberdade individual, da qual a leitura livre é a expressão máxima.

Em meados do século XIX, na maioria dos países desenvolvidos, a capacidade de ler já se havia tornado comum, sendo a sua ausência considerada um demérito. Por sua vez, no final do século XX, os cidadãos de nações desenvolvidas nem sequer conseguiriam realizar as atividades nas respectivas sociedades sem recorrer à leitura. Nessa época, o analfabetismo era tido como algo mais grave que uma deficiência física: era um exílio interno.

A leitura tornou-se nosso elo com a humanidade.

Aqueles subgêneros que surgiram no século XIX, como os romances policiais ou de ficção científica, tiveram outras ramificações na segunda metade do século XX: o romance histórico, o romance gótico, o romance esportivo; ou a ficção científica de viagens espaciais, a ficção científica das viagens no tempo e, agora, a ficção científica dos computadores. O que faz o romance, atualmente a categoria literária campeã de vendas, ser tão apreciado em todos os países é sua combinação entre o poder da prosa e a excitação da ficção. É também a "forma literária que explorou com mais plenitude a vida do homem comum e a valorizou o suficiente a ponto de ser retratada"; pelo menos é o que reconheceu o eminente historiador inglês especializado em literatura Lord Evans, que acrescentou: "Por algum motivo, é a forma literária que fez as mulheres ganharem na competição com os homens, e o romance do futuro pode estar mais perto das mulheres que dos homens. É bem possível que o público-leitor de romances hoje seja formado por uma maioria feminina".[65] Embora a geração de Lord Evans temesse que a televisão tomasse totalmente o lugar da leitura de romances, hoje se vendem mais romances que em qualquer outra época, e o prognóstico é o de um mercado cada vez maior... em grande parte composto por mulheres.

A principal fonte de leitura do mundo ainda é, porém, o jornal diário, ganhando por pouco da tela do computador no mundo desenvolvido. Funcionários de escritórios – que não realizam trabalho braçal e são assalariados – ganham o salário, por exemplo, lendo e analisando textos escritos, seja em cópia digitada, seja em formato eletrônico (o qual começa a predominar). Ler é, na verdade, a principal ocupação desse tipo de profissional que ultrapassou, no final das contas, em quantidade, os operários nos países desenvolvidos na última década do século XX. Ou seja, a leitura é atualmente a principal atividade que alimenta, veste e abriga o mundo desenvolvido.

A partir do final do século XIX, um número cada vez menor de líderes no gigantesco mercado editorial começava a determinar a maioria do material a ser publicado no mundo: produção em massa para consumo em massa. E, à medida que o novo século avançava e mais povos eram enfim alfabetizados, paradoxalmente, havia menos opções de títulos. A estratégia adotada pelos editores, durante muito tempo, de fazer que um *best-seller* financiasse outras nove obras louváveis quase desapareceu por completo na década de 1970: a regra agora era que apenas o "campeão de público" receberia a atenção dos editores. As listas de títulos ficavam reduzidas na proporção que os lotes de impressão aumentavam. Quando passou a ser necessário maior volume de capital para acompanhar essas produções em massa, os concorrentes menos sólidos no mercado faliram diante de um pequeno número de magnatas da indústria gráfica e das editoras que acabaram por controlar a maior parte da produção mundial. Esses próprios editores, por sua vez, foram devorados por imensos "impérios" das publicações com áreas especializadas (administração e produção), abrangendo uma série de serviços, situação que, em geral, ocorre hoje (com exceções). O negócio familiar tornou-se

---

65 EVANS. *A Short History of English Literature.*

uma corporação controlada e gerida, na maioria dos casos, por bancos multinacionais. Como consequência, o livro moderno pode ser considerado, de fato, a mercadoria global definitiva, uma moeda.

O século XX produziu seus próprios romances *best-seller*s, disputando com o exclusivo nicho de mercado até então desfrutado pela Bíblia, vendendo milhões de cópias: *Nada de novo no front* (1929), de Erich Maria Remarque, *E o vento levou...* (1936), de Margaret Mitchell, *O apanhador no campo de centeio* (1951), de J. D. Salinger, *O senhor dos anéis* (1954-1955), de J. R. R. Tolkien, e *Pássaros feridos* (1977), de Colleen McCullough. No final do século, porém, um novo fenômeno mundial havia surgido, o "*superseller*". Em um intervalo de tempo curtíssimo, o *superseller* chega a vender dezenas de milhões de cópias em todo o mundo, e em diversos idiomas.

A série de livros infantojuvenis *Harry Potter*, de J. K. Rowling, em particular, no final da década de 1990, sinalizou o futuro da publicação de livros, reproduzindo os sucessos fenomenais dos mercados de filmes e músicas populares: ou seja, uma seleção limitada de obras realizadas no idioma inglês, em quantidade enorme, voltada sobretudo aos consumidores infantojuvenis. (Em todo o mundo, a seção "Livros Infantis" ocupa metade do espaço de um andar de livrarias mais novas.) Há quinhentos anos, William Caxton, com muita astúcia, concentrou-se nos adultos leitores de inglês de Londres e ganhou alguns milhares. Os Caxton da era moderna mantêm, nesse momento, o foco na juventude de todo o planeta – e ganham dezenas de bilhões.

Como consequência da nova estratégia global de *marketing*, isto é, maior circulação com a menor lista de títulos, houve uma incômoda homogeneização da literatura mundial. Apenas um pequeno círculo de autores de idioma inglês já estabelecidos ocupa as prateleiras das livrarias e bibliotecas do mundo, notadamente com livros infantis, histórias de amor e aventuras que seguem um padrão predeterminado de tramas convencionais delimitadas por estruturas politicamente corretas (conforme determinam os homens das finanças das corporações). Estes são, a seguir, traduzidos para qualquer idioma de que se possa obter algum lucro, do grego ao gujaráti. Essa fórmula não só elimina as idiossincrasias culturais, mas causa algo muito mais preocupante, isto é, impõe *ethos* e valores estéreis – sem contar as prioridades nacionais (e até nacionalistas), em especial, de editores sediados nos Estados Unidos para com o restante da população mundial. Diante da impossibilidade de competir no mercado aberto, as literaturas locais não conseguem se manter fortes. Para muitos, essa tendência é alarmante, já que pode representar uma ameaça às próprias identidades nacionais.

Outra tendência recente é motivo de igual preocupação. Estima-se que 85% da população mundial (mais de cinco bilhões) hoje sabe ler e escrever. Contudo, apenas nos Estados Unidos, baluarte do mercado de publicações mundial, cerca de 15% dos que terminam a escola são considerados analfabetos fun-

HISTÓRIA DA LEITURA

cionais.[66] E, em nações em desenvolvimento, os índices de alfabetização são baixos e preocupantes: em muitos locais, registra-se o mesmo nível alcançado pela Europa ocidental três séculos atrás. Essas nações ainda esperam pela própria Revolução Industrial e pelo próprio Iluminismo, se couber aqui tal impertinência, ou seja, essas duas manifestações estrangeiras poderiam trazer benefícios a esses povos. Sem dúvida, porém, qualquer esperança de prosperidade futura depende de um nível adequado de alfabetização nacional obtido por meio de programas educacionais bem estruturados, independentemente do que essas populações locais decidirem fazer com o conhecimento adquirido. De qualquer maneira, no momento em que esses programas renderem bons resultados, os hábitos de leitura de nações até então marginalizadas tenderão, de fato, a reproduzir os do Ocidente, afastando-se da herança tradicional. Desse modo, a maior parte da leitura compreenderá o trabalho em escritórios, jornais e revistas, mas também incluirá outras fontes – quase todas de origem ocidental, por meio da tradução. Talvez mais importante, os novos letrados também poderão acessar a *internet*.

Nossas palavras escritas, na verdade, tornaram-se aquelas "grandiosas expressões da consciência universal" pressagiadas por Emerson, o qual, na verdade, não imaginava que a leitura moderna da monocultura global ajuda, agora, a gerar frutos. Nossos livros, periódicos e, sobretudo, a nova elite (as telas eletrônicas) são por certo os arautos da humanidade, a "testemunha imortal" da Antiguidade multiplicada pelo *gigabyte*. Sim, porque refletem todos os aspectos da vida, envolvendo-nos a cada dia de trabalho, inspirando, instruindo, divertindo e até navegando.

E tornando possível ler o futuro também.

---

66 FARMELO, G. On a Learning Curve. *New Scientist*, p.33, 5 jan. 2002.

Capítulo 7
Lendo o futuro

Para desvendar o obscuro pensamento de Hamlet muitos de nós adorariam saber qual volume em pergaminho o jovem príncipe lê no Ato II, Cena II, do drama atemporal de Shakespeare, quando oferece uma resposta evasiva a Polônio, o mordomo, que faz a pergunta, "O que lê, meu senhor?", obtendo a sarcástica resposta "Palavras, palavras, palavras". É claro que o livro nunca poderá ser identificado, já que é a própria leitura que importa: a riqueza de informações que exige de todo indivíduo maduro o exercício diário da escolha racional, da análise e da compreensão. Os que ainda não são maduros ou apenas são dominados pela sobrecarga de informações darão prioridade à verborragia em detrimento da sabedoria. A principal lição que fica com essa cena é que, de fato, há uma forma de transcender as palavras individuais, a cacofonia de dados. Transformando informações em conhecimento (a destilação fundamentada da experiência) é possível conhecer, compreender e enriquecer o futuro. Com isso, podemos alcançar a merecida maioridade... e evitar o destino do jovem Hamlet.

O dilema de Hamlet é mencionado aqui por ser o mesmo da civilização atual. No passado, a comunicação era lenta, imperfeita, restrita e cara. Agora, é instantânea, confiável na maioria da vezes, irrestrita e barata. Entretanto, ela também nos sufoca com tanta informação.

Os Estados Unidos, por exemplo, publicavam apenas dez periódicos científicos, técnicos e especializados em 1750. Cinquenta anos mais tarde, publicariam dez vezes esse número. Cinquenta anos depois, dez vezes mais. Mais cinquenta

Figura 7 O futuro da leitura. A garota lê uma mensagem de texto no telefone celular. Foto: M. Leaman/Reaktion Books.

anos, mais dez vezes. E passados mais cinquenta anos – já em 1950 – dez vezes mais, somando-se cem mil títulos. Dessa época até 2000, o crescimento quintuplicou, chegando a um total de meio milhão de títulos norte-americanos. Hoje, os jornais on-line multiplicam-se exponencialmente, tornando-se disponíveis a um público global a um simples clique no mouse. A multiplicação, diversificação, proliferação e aceleração do material escrito caracterizam a atual "pandemia de informações". E, como se trata de um fenômeno fundamentado na leitura, são as estratégias nela baseadas que compõem a reação atual.

Uma estratégia social particularmente bem-sucedida é a nova encarnação da livraria tradicional: a livraria moderna. As livrarias, com diversos andares, espaçosas, elegantes e até provocantes, como experiência humana, são hoje o ideal, em nosso planeta, do amplo acesso a informações impressas. (As bibliotecas públicas começaram a copiar essa nova estratégia.) Foi-se o tempo das prateleiras enormes ordenadas de acordo com o sobrenome dos autores. Nas ilhas bem organizadas de coleções de livros individuais, o leitor moderno encontra um ambiente harmonioso e bem-arranjado que exalta a compartimentalização, permitindo que ele tenha autonomia na escolha do livro de sua preferência. Apresentados em diversas cores nesses "nichos comunitários" de fácil acesso, encontramos diversos escritores antigos, assim como livros da moda com apelo individual e direcionados a especialistas em computação, fãs de esportes, aficionados por culinária, cinéfilos, loucos por música, apaixonados por viagens, maníacos por "faça você mesmo", feministas, *gays*, lésbicas, religiosos, discípulos da New Age e muito mais – sobretudo crianças. Todos nessa Nova Alexandria compartilham o mesmo mandamento básico: o prazer pela palavra escrita. Isso explica por que tantas pessoas enxergam, nesse momento, a livraria como um lugar não só de refúgio e conforto, mas também de descoberta e crescimento pessoal.

Para muitos, representa o que a igreja local era no passado.

Com muita rapidez, o computador pessoal torna-se uma extensão da mesma ideia, no âmbito individual. Todos que utilizam um PC podem acessar o mundo de casa ou da escola, quase sempre fazendo algum tipo de uso da leitura e da escrita. Essa novidade permite a existência de uma comunidade universal de leitores com interesses e opiniões semelhantes. Quem sabe vivemos afogados numa maré de informações, mas, desde que nos sintamos "conectados" como cidadãos da rede, já não parece mais que estamos navegando sozinhos. O mundo inteiro é nossa livraria.

Todavia, como sempre, a leitura individual requer seleção, análise e compreensão. E aqui repousa o desafio mais angustiante da civilização moderna. "Precisamos aprender a administrar essa abundância de informações", havia-nos alertado o historiador francês Henri-Jean Martin, "e essa dádiva da liberdade – ou seja, precisamos estar mais bem preparados e instruídos acerca do fato de que o propósito da sociedade é o indivíduo".[1]

É uma advertência oportuna. Não é por acaso que o documentarista de TV, ao abordar um especialista no assunto, posiciona-o diante de uma atraente prateleira de livros. Assim como as encadernações enganadoras de Herr Klosterman na Rússia do século XVIII, a imagem do leitor disfarça um mal-estar mais arraigado: o leitor maduro é apresentado como um novo privilegiado, alguém destacado da maior parte da sociedade. Embora o conhecimento de um milênio esteja a um clique de distância, poucos, ao que tudo indica, aproveitam esse maravilhoso con-

---

1 MARTIN, H.-J. *The History and Power of Writing*. Trad. Lydia G. Cochrane. Chicago e Londres, 1994.

forto com diligência: uma vez terminado o dia de trabalho, a maioria dos leitores ainda se vira com jornais ou revistas, assiste a um pouco de TV à noite e talvez leia um livro por 10 ou 15 minutos para pegar no sono com mais facilidade. Ao contrário do século anterior, hoje nomes como Shakespeare, Goethe, Victor Hugo e Cervantes (esqueçam de Homero e Virgílio) sempre remetem a tarefas dadas na escola ou na universidade e, com raras exceções, suas obras recebem a merecida atenção após a graduação. Os sistemas educacionais ainda se esforçam para sustentar os pilares literários da civilização e de fato estimulam, em alguns, um anseio constante por mais. Mas, em um contraste gritante com as tendências do século XIX, esse desejo parece contagiar um segmento cada vez menor da sociedade.

Não sabemos ao certo como a leitura cultural – tão diferente da leitura utilitária de correspondências, sinais, rótulos, instruções, propagandas etc. – se desenvolverá no futuro, sobretudo quando a própria "cultura" parece ter-se tornado uma mercadoria nas mãos das corporações. Como vimos, a globalização teve como objetivo manter um número menor de títulos produzidos em menos países: o fenômeno mais recente dos "*supersellers*" em idioma inglês. A atual dinâmica da sociedade aponta para o final da diversidade étnica e linguística e para o início da monocultura global, não só na leitura, mas também na maioria dos aspectos da vida cotidiana. Apesar disso, temos sinais de um avanço importantíssimo a acontecer em breve: a alfabetização universal. Quando o ex-presidente Jimmy Carter, há pouco tempo, lamentou que "quase um bilhão de pessoas são analfabetas",[2] o outro lado da questão, o lado promissor, foi ignorado – mais de cinco bilhões já são alfabetizados. Útil à humanidade há cerca de 5.700 anos, a escrita nunca teve um público tão numeroso.

E será ainda maior no futuro.

Contudo, em virtude da nova tecnologia, notadamente o PC e a *internet*, o público-leitor que vem por aí será diferente em muitos aspectos. E aqueles entre nós que foram influenciados pela arte e pelos costumes da Grécia e de Roma, as quais fortaleceram mais de dois mil anos de civilização ocidental, confrontam-se com essa nova era dos computadores e de sua incômoda aliada, a globalização, muitas vezes com o mesmo temor que o filósofo e estadista romano Boécio (c. 480-c. 524 d.C.) deve ter sentido ao escutar os cânticos ostrogodos na corte de Teodorico, em Ravena. Com a noção de que a leitura antiga está mudando para sempre, observamos com ansiedade a nova leitura substituí-la. "Leia para lembrar", incitam os colegas, agarrando-se ao estimado legado. Mas o romancista francês Gustave Flaubert (1821-1880) enxergou à frente:

"Leia para viver".[3]

---

2 CARTER, J. Challenges for Humanity: A Beginning. *National Geographic*, p.2-3, fev. 2002.
3 FLAUBERT, G. Lettre à Mlle de Chantepie (Juin 1857). In: *Oeuvres complètes*. Paris, 1910-33. 22v.

Transformações

Muitas transformações caracterizaram a história da leitura, como vimos nos capítulos anteriores. Talvez a mais relacionada ao texto em si – aquela que influenciou as editoras em todo o mundo – foi a introdução do "leitor-chefe" chamado *editor*. Responsável por revisar os textos – finalizados do autor – antes da publicação, o editor verifica a consistência, regras de estilo e, em geral, torna a obra "profissional". O autor, é claro, pode contestar, corrigir e fazer complementações nas primeiras versões em prova e depois fazer a última verificação nas provas finais. A existência da figura do "leitor-chefe" supervisionando a obra do autor surgiu já na Antiguidade e foi restabelecida com os primeiros impressores no século XV, mas sua atividade só se tornou sistematizada no início do século XVII.

Durante os estágios de planejamento da nova e autorizada tradução da Bíblia, por exemplo, o mais importante estudioso de hebraico da Inglaterra, Hugh Broughton, aconselhou o rei James I a "ter várias pessoas traduzindo a mesma parte, e quando chegassem a um consenso e a bom estilo na língua inglesa, os outros deveriam estabelecer a convenção segundo a qual não se deveria usar palavras distintas quando a palavra no original fosse a mesma".[4] Esse procedimento de padronização de textos, aproximando-se de um "ideal" intuitivo de linguagem, estilo e uso, tornou-se cada vez mais comum nos séculos XVII e XVIII. Depois disso, os autores passaram a seguir tal procedimento até mesmo antes de enviar o trabalho, seguindo o modelo de obras publicadas anteriormente. Essa sinergia criou padrões homogêneos em toda parte usados como exemplo nas publicações atuais... sem contar as próprias "línguas nacionais" que, de modo artificial, foram destiladas na impressão de diversos dialetos falados.

Além disso, o mesmo processo está moldando hoje o futuro da leitura, à medida que um novo "padrão virtual" começa a existir, o qual não é definido em nenhum local específico, mas é seguido de modo intuitivo em todos os lugares. A transformação é inevitável e intrínseca ao sistema. Qualquer leitor deve ter, ao menos, consciência dessa imposição e de sua tremenda influência na sociedade como um todo.

Do mesmo modo, estão ocorrendo transformações na prática pessoal de leitura em todo contexto literário. O mercantilismo domina, nesse momento, a leitura externa: letreiros, cartazes, frases escritas no céu e assim por diante. A leitura para fins profissionais (trabalho no escritório, escrita profissional etc.) foi revolucionada por completo pelo computador pessoal. A leitura informativa (pesquisa, instruções, treinamento, autodidatismo, entre outros) agora acontece, com frequência, nas telas e equipamentos eletrônicos, bem como nas folhas impressas pelo computador. A

---

4 Citado em OPFELL, O. S. *The King James Bible Translators*. Jefferson, NC, 1982.

leitura como entretenimento (ficção e não ficção) está induzindo o leitor cultural ao reino até então inimaginável do ciberespaço (ver a seguir). A leitura religiosa e ritualística (a Bíblia, o Qur'ān, a Torá, os Vedas e outras escrituras sagradas) está ganhando espaço como nunca. Até mesmo a leitura casual – o anúncio em uma vitrine, cartazes, panfletos, anúncios nas laterais de ônibus – toma conta dos espaços à medida que as sociedades de toda parte exploram comercialmente a palavra escrita.

Por certo, serão mais bem-sucedidas apenas as sociedades que incentivarem e apoiarem uma genuína "cultura de leitura", em especial, o respeito e o amor pelos livros.[5] No passado, essas sociedades foram as do Extremo Oriente (chineses, coreanos e japoneses), os indianos e os judeus (além dos muçulmanos na Idade Média), seguidas pelos europeus e, mais tarde, pelos norte-americanos. Alguns povos – a maioria dos africanos, boa parte das Américas do Sul e Central, os habitantes das ilhas do Pacífico, os aborígenes e os esquimós, entre outros – ainda precisam desenvolver essa cultura, segundo a qual o aprendizado por meio da leitura se torna uma necessidade pessoal tão indispensável quanto respirar. Sim, porque a alfabetização é sobretudo "um fator *capacitador* que possibilita a organização em grande escala, o acúmulo, o armazenamento e a recuperação criteriosos de conhecimento, o uso sistemático da lógica, a atividade científica e a elaboração das artes".[6] Aqueles que não compreendem essa necessidade ignoram as forças contidas no ato de ler... e, desse modo, são incapazes de assegurar seu lugar na competição.

Mesmo as sociedades da palavra escrita podem, por vezes, acabar desperdiçando essas forças. Os pais de crianças do ensino fundamental no Condado de Hawkins, no Tennesse, processaram o Sistema Público de Ensino, em 1980, alegando que a instituição havia profanado crenças religiosas incluindo no currículo títulos "ofensivos" como *O mágico de Oz, Cachinhos Dourados e os três ursos* e *Cinderela.*[7] Embora possamos dar de ombros com a costumeira zombaria, essa questão toca uma antiga ferida. Sempre existiram leitores religiosos defendendo que apenas a leitura religiosa deveria ser feita, leitores factuais impondo que apenas obras de não ficção deveriam ser lidas e até aqueles que não leem defendendo que nada seja lido. Cada um, à sua maneira, tenta restringir a leitura, com isso atrapalhando o desenvolvimento da sociedade. Mais que uma agressão à liberdade individual, trata-se de um crime contra a civilização. O fato de a maioria dos países desenvolvidos ter reconhecido o princípio da leitura livre como uma verdade

---

5 PATTISON, R. On Literacy: *The Politics of the World from Homer to the Age of Rock.* Oxford, 1982.
6 GOUGH, K. Implications of Literacy in Traditional China and India. In: GOODY, J. (Ed.). *Literacy in Traditional Societies.* Cambridge, 1968. p.70-84.
7 FATTORE, J. D. *What Johnny Shouldn't Read: Textbook Censorship in America.* New Haven e Londres, 1992.

HISTÓRIA DA LEITURA

irrefutável revela-se, até o momento, como mais um dos recentes "triunfos silenciosos" da história.

A opção pela leitura cultural implica responsabilidades de peso. Até entre os escritores ela pode impor ideias predeterminadas contradizendo o julgamento comum. O escritor tcheco Franz Kafka (1883-1924), por exemplo, certa vez escreveu a um amigo em uma cáustica resposta:

> De modo geral, acho que devemos ler apenas os livros que nos cortam e nos ferroam. Se o livro que estivermos lendo não nos desperta como um golpe na cabeça, para que perder tempo lendo-o, afinal de contas? Para que nos faça feliz, como você escreveu? Meu Deus, poderíamos ser tão felizes assim se nem tivéssemos livros; livros que nos alegram, nós mesmos também poderíamos escrever num estalar de dedos. Precisamos, na verdade, de livros que nos toquem como um doloroso infortúnio, como a morte de alguém que amamos mais do que a nós mesmos, que nos façam sentir como se tivéssemos sido expulsos do convívio para as florestas, distantes de qualquer presença humana, como um suicídio. Um livro tem de ser o machado que rompe o oceano congelado que habita dentro de nós.[8]

Nem todos concordam com Kafka, é claro, e assim a leitura cultural continua a abarcar – como por bem deveria – a panóplia da experiência humana. À medida que a leitura continua a se desenvolver nas sociedades que exaltam, de fato, a palavra escrita, incluindo cada vez mais subgêneros, tecnologias e ideias inovadoras, ela reflete a transformação genuína da própria humanidade.

Como transformação inesperada na leitura cultural poderíamos citar o ressurgimento repentino da literatura religiosa. Os textos religiosos eram a principal fonte de leitura da maioria das pessoas no Ocidente até o final do século XIX quando, em virtude da introdução do ensino geral, a literatura secular começou a predominar. Nesse momento, a leitura religiosa demonstra reação em virtude de fatores como a reintensificação da religiosidade, índices mais altos de alfabetização no Terceiro Mundo, a disponibilidade de Escrituras impressas a preços acessíveis, entre outros. Contudo, a tendência nem sempre é bem-vinda. O Ocidente, por exemplo, há pouco tempo testemunhou uma enorme quantidade de textos fundamentalistas de autoria de "criacionistas" desafiando não só a teoria da evolução, em geral defendida por cientistas e teólogos na década de 1860, mas também a ciência e o Iluminismo. Relembrando o lamentável ocorrido com o pobre moleiro Menocchio de Friuli, esse fenômeno, de modo semelhante, resulta de um desejo por um ensino apropriado e pelo discernimento maduro. Há mais de 2.400 anos, Sócrates advertia para o perigo da palavra escrita sendo lida por pessoas desprepa-

---

8 Citado em PAWEL, E. *The Nightmare of Reason: A Life of Franz Kafka*. Nova York, 1984.

radas e sem condições de compreender o que liam. Esses escritos fundamentalistas, conquistando dezenas de milhões de leitores, representam hoje uma ameaça implícita à civilização, uma vez que enfraquecem nossos processos de aquisição de conhecimento aprimorados com tanto sacrifício.

Em especial, os eruditos alemães do século XIX e do início do século XX instituíram a gênesis histórica do Novo Testamento cristão, demonstrando que a "Palavra de Deus" era, na verdade, composta por uma coletânea de diversos autores de várias décadas diferentes, a qual mais tarde foi submetida a edição. Agora, no início do século XXI, os eruditos judeus estão fazendo o mesmo com o Antigo Testamento, que é a Bíblia judaica. Além disso, os eruditos islâmicos estão aplicando um método comparativo moderno em relação ao Qur'ān.

Essa última tarefa é carregada de temor. Os muçulmanos fundamentalistas punirão todos que desafiarem a origem "divina e perfeita" do Qur'ān ou ofenderem sua sacralidade. O romance *Os versos satânicos* (1988), do escritor inglês Salman Rushdie, resultou, no Irã, em um *fatwa* (decreto religioso) de morte contra o autor. O romancista egípcio Naguib Mahfouz foi esfaqueado porque um de seus livros foi considerado "não religioso". Quando o erudito palestino Suliman Bashear tentou argumentar que, como religião, o islamismo havia-se desenvolvido ao longo do tempo e não imediatamente a partir das palavras do Profeta, seus alunos na Universidade de Nablus o empurraram da janela do segundo andar do prédio.

Todavia, alguns corajosos eruditos islâmicos ousam, atualmente, expor a hipótese de que, assim como a Bíblia, o Qur'ān também é produto de versões concorrentes anteriores e foi deturpado e mal traduzido durante séculos. O cerne da religião islâmica, que inclui a vida e os ensinamentos do profeta Maomé, segundo ressaltam esses estudiosos, está em textos que datam de 130 a 300 anos após a sua existência. De fato, o Qur'ān parece ser uma "coletânea de vozes ou textos compilados ao longo de inúmeros, talvez centenas, de anos".[9] Alguns trechos do Qur'ān parecem até derivados de textos cristãos anteriores escritos em aramaico, como alguns alegam. Atualmente, uma pesquisa sobre "Maomé na história" e uma análise do islamismo por meio de instrumentos e técnicas de crítica bíblica têm início com a prudência que o assunto demanda. Talvez o maior impedimento à emancipação intelectual e à conexão internacional dos países islâmicos decorra do fato de que a maioria da leitura nesses países ainda esteja ligada ao Qur'ān. Embora seja uma fonte de conforto espiritual e consolidação da sociedade, o Qur'ān tornou-se um obstáculo ao desenvolvimento desses povos. O que no momento está sendo chamado de "crise da modernidade" – a confrontação dos desafios de um mundo cada vez mais secularizado e ocidentalizado – talvez seja uma indica-

---

9 STILLE, A. Revisionist Historians Argue Koran Has Been Mistranslated. *San Francisco Chronicle*, 2 mar. 2002, A15.

ção de uma das principais transformações sociais que este novo século levará às populações islâmicas.

Outra transformação na leitura que já está em andamento é o aumento no número de traduções. Sempre houve traduções. Uma boa parte da literatura inaugural de Roma era composta por traduções de originais em grego. A maior parcela do sucesso do primeiro impressor inglês William Caxton deve ser atribuída às suas próprias traduções de obras em latim e francês. Os romancistas russos do século XIX conquistaram públicos muito maiores graças às traduções para idiomas estrangeiros. A tradução é uma mutação ímpar da palavra escrita. É possível transmitir o sentido geral de um texto, mas jamais sua originalidade ou essência étnica. Isso porque cada obra, no original, contém a voz própria do autor e, com ela, sua cultura e os traços da época em que viveu. Na leitura de uma obra estrangeira no idioma original sentimos a presença de uma emoção inimitável. É uma sensação maravilhosa de realização, sem dúvida, mas também um sentimento de transposição, uma impressão de penetrar uma consciência diferente. Na tradução, esse sentimento é perdido: a cultura estrangeira e as características da época são diluídas. Contudo, incontáveis traduções de romances de amor e de aventuras norte-americanos e ingleses recém-publicados invadem livrarias e lojas em aeroportos no mundo inteiro. E essa tendência deve aumentar até que, quando os idiomas nacionais forem subjugados e desaparecerem, os originais em inglês sejam os únicos remanescentes.

Há ainda outras transformações ocorrendo. Uma enorme quantidade de livros que no passado eram temidos e proibidos hoje são os prediletos. Assim como as leitoras femininas no Japão, no período Heian, vivendo à margem da sociedade, os leitores modernos também marginalizados agora usufruem a liberdade de ler aquilo que reflete seu lugar, sua experiência e sua vulnerabilidade ímpares. O leitor homossexual de hoje, por exemplo, realiza um tipo especial de leitura que, segundo o escritor americano Edmund White, origina-se da percepção individual de sua diferença: "as narrativas orais contadas e recontadas nas conversas na cama, em bares ou no divã do psicanalista".[10] Esse tipo de literatura "confessional" revela os homossexuais não só acertando as contas com passado e com o presente, mas também "moldando o futuro, formando uma identidade e, ao mesmo tempo, revelando-a", afirma White. Todos os leitores marginalizados – mulheres, homossexuais, negros, exilados e muitos outros – leem exatamente por esse motivo e desse modo. A leitura permite às pessoas compartilhar a diferença; lembra que elas não estão sozinhas. A demanda desse tipo de leitura hoje é gigantesca.

Assim como na década de 1830, atualmente periódicos (jornais, semanários, revistas) e textos impressos administrativos/corporativos são mais lidos que os

---

10 WHITE, E. Foreword. In: *The Faber Book of Gay Short Stories*. Londres, 1991, citado em MANGUEL, A. *A History of Reading*.

livros. E não só no Ocidente. O Japão, por exemplo, um dos principais países no setor de publicações do mundo, fica atrás apenas da Rússia em quantidade de circulação de jornais, com mais de 71 milhões de cópias diárias destinadas a uma população de 126 milhões em 1994; em média, cada família japonesa lê dois jornais por dia. Mas, em todo o mundo, os livros equiparam-se em termos de frequência de leitura, já que agora até uma pessoa de pouquíssimos recursos pode, regra geral, ler e comprar seu próprio livro.

Os editores, guiados pela economia, avaliam a proposta de um livro de acordo com seu potencial de circulação: a falta de financiamento autoral ou institucional requer que os lotes de impressão revertam lucros garantidos. Como a lucratividade por título é estimada para um período de apenas um ou dois anos, hoje o próprio livro passou para a lista de efemérides. Além disso, uma vez que o livro, como fonte principal de informações gerais, foi obrigado a dividir espaço com o rádio, a televisão e, agora, o computador pessoal, é necessário que ele se atenha em outros ingredientes para que consiga assegurar sua função na sociedade: a evasão proporcionada por romances de amor e de aventuras; o apoio aos recursos educacionais, referências e estudos; ou a inspiração dos clássicos. Em especial, nas duas últimas décadas, houve uma porcentagem significativa das listas de livros do mundo ocidental contendo especialidades extremamente lucrativas divididas entre literatura infantil e literatura feminina, esportes, viagens, culinária, computação, religião e New Age, fazendo surgir departamentos inteiros nas livrarias dedicados a cada uma delas.

Como consequência desse repentino crescimento recente das publicações infantis, na maior parte norte-americanas e inglesas, muitas crianças chilenas crescem sabendo mais sobre o Velho Oeste dos Estados Unidos que sobre o próprio deserto de Atacama; as crianças indianas identificam-se mais com Harry Potter que com os Vedas; e Mickey Mouse é agora mais conhecido das crianças chinesas que o ex-presidente Mao. A leitura é uma poderosa ferramenta internacional. Mas também pode impor valores e alienar, obscurecendo ou até suprimindo identidades nacionais. A leitura é para a mente o que o alimento é para o corpo. A pessoa é aquilo que ela lê.

O cientista social Jonathan Rose identificou algumas crenças comuns acerca da leitura.[11] Estas, reformuladas como axiomas positivos, são válidas em quase toda parte do mundo no início do século XXI:

> – A circulação de um texto cultural tem pouca relação com sua influência social efetiva.

---

11 ROSE, J. Rereading the English Common Reader: A Preface to a History of Audiences. *Journal of the History of Ideas*, LIII, p.47-70, 1992.

HISTÓRIA DA LEITURA

– A leitura "cultural" ainda tem maior poder de atração que a leitura "popular" e reflete melhor as atitudes das massas.

– A leitura "cultural" em geral desafia, não apoia, o sistema político e social.

– Os leitores comuns, e não a elite, são os que determinam os critérios dos "grandes livros".

A leitura é igualitária e íntegra, mais do que poderíamos em geral imaginar, requerendo alguma espécie de natureza superior do homem e da mulher como seres sociais. Buscamos qualidade, não tolices. A maioria dos leitores prefere ler aquilo que consideram o melhor, para diversão, informação ou algum estudo especializado. A leitura cultural, portanto, é uma medida eficaz da atual definição de qualidade estabelecida pela sociedade.

Os conflitos do passado permanecem. A oralidade, por exemplo, ainda desafia a alfabetização em diversas partes do globo. Não há uma oposição binária entre as culturas oral e letrada. O oral, na verdade, alimenta o letrado, como vimos, até que o letrado esgote por completo o oral. É uma questão de fases, não de opostos, e esse processo deve continuar a ser reproduzido em todo o mundo até que o planeta universalmente letrado decrete a morte da oralidade. Isso não deve demorar a acontecer. Diversas tribos neolíticas da Nova Guiné só agora estão descobrindo a maravilha da escrita, por exemplo, mas, em poucos anos, seus filhos serão cidadãos da rede no mundo eletrônico da tecnologia da informação.

A habilidade da escrita sempre foi, e continuará a ser, delimitada pela linguagem. Mas a aptidão para a leitura, sendo baseada na visão – ou, no caso dos deficientes visuais, baseada no tato – não precisa se manter tão restrita. Diversas iniciativas nos últimos anos indicaram o possível futuro da leitura nesse sentido. Uma inovação fascinante, em particular, incentivada pelo rápido crescimento no número de viagens internacionais na década de 1970, foi a introdução de pictogramas universais de leitura óbvia (ônibus, táxi, feminino, masculino) para indicar serviços básicos em aeroportos, portos, estações de trem, hotéis e outros locais no mundo inteiro. O enorme sucesso dessa "leitura" pictográfica em um período de tempo tão curto inspirou pesquisadores modernos a ampliar a ideia a fim de incluir blocos maiores de pensamento na pictografia não linguística, resultando em uma forma de "linguagem visual" que pode ser interpretada como uma linguagem autônoma.[12]

A linguagem visual (LV) poderia ser compreendida como um híbrido moderno de escrita baseada no discurso, assim como de pictografia baseada no visual, a qual forma uma dimensão totalmente nova da leitura. O processo de apresentação textual visual pode ser um meio mais eficiente de transmitir ideias complexas que as práticas adotadas hoje, segundo os criadores da LV, à medida

---

12 HORN, R. *Visual Language*. Bainbridge Island, WA, 1998.

que nos permite enfrentar melhor a imensidão de dados escritos com os quais cada pessoa tem de lidar todos os dias. A LV atingiria isso reduzindo bastante o período de assimilação de materiais complexos.[13]

O objetivo da LV é transmitir ideias complexas de maneira simples e, assim, facilitar o processo perceptivo, eliminando a sobrecarga de informações, pelo menos é isso que se espera. A LV transcenderia a mera justaposição de texto escrito e imagens para alcançar, por meio de sua exclusiva sintaxe semântica e pictográfica, uma liberdade de expressão inédita na linguagem falada e escrita. As imagens e seu posicionamento padronizado em texto sequencial, ao contrário do texto escrito, substituirá a escrita convencional abordando caminhos cerebrais que, ao mesmo tempo, processam informações verbais e não verbais. Desse modo, utilizando ambos os canais simultaneamente, acredita-se que o leitor da LV experimentará uma compreensão melhor e mais rápida e, por meio de um controle de informações mais aprimorado, baseado nas habilidades visuais e conceituais, lembrará mais sobre aquilo que leu.

A LV já é parte de nosso cotidiano. Os aparelhos de televisão possuem controles remotos cujos padrões de botões formam uma sintaxe especial. Os fornos microondas utilizam frases de círculos, símbolos ovais, quadrados e retângulos, em "parágrafos" enxutos, a fim de facilitar a seleção adequada de comandos. Nos carros, estamos cercados por LV: velocímetro, hodômetro, medidor de combustível, painel de rádio, indicador de bateria e assim por diante; o Sistema de Posicionamento Global agora é capaz de nos informar onde estamos por meio de imagens fáceis de entender, e o computador de bordo sugere rotas e destinos utilizando sequências pictóricas de simplicidade semelhante. Dependendo do tamanho, formato, cor, posição e orientação da direção da leitura, as sentenças icônicas do computador apresentam inúmeras informações decodificadas num piscar de olhos. Nós "lemos" a LV com frequência, embora a maioria das pessoas ignore sua existência e sua enorme relevância.

A maioria da LV surge em textos tradicionais – letras, números, pontuação e sinais conhecidos (como !, ?, + e > –) a serem "lidos" como linguagem visual, não como texto falado. Essa combinação de ambos os sistemas permite ao leitor compreender uma enorme quantidade de dados quase de modo instantâneo, o que é hoje a principal tarefa da LV. Atualmente, pesquisadores estão investigando a extensão dessa novidade para incluir comunicações mais extensas de maior complexidade, como instruções de montagem, diretrizes de procedimentos e até inferências conceituais. A LV ainda é deficiente quanto a detalhes e precisão. E, como jamais será capaz de transmitir o pensamento humano em toda a sua amplitude, a LV não representa ameaça à escrita tradicional. Contudo, já é um complemento poderoso,

---

13 FISCHER, S. R. *A History of Writing*. Londres, 2001.

HISTÓRIA DA LEITURA

oferecendo uma nova dimensão à capacidade de leitura, cujo potencial, em tese, é ilimitado.

Ao que tudo indica, há um aspecto da leitura que nunca será transformado pela inovação. Desde que a leitura intensiva se tornou extensiva no final do século XVII, a leitura cultural permaneceu eclética por natureza. Com uma variedade tão grande de livros, jornais, revistas (e agora websites) disponíveis, com exceção das exigências dos educadores, o leitor nem sempre consegue priorizar um gênero. Sem dúvida, a escolha deve ser feita com sensatez. Mas "um homem deve ler apenas o que sua inclinação indicar", segundo o sábio conselho do Dr. Johnson. Todos nós devemos assimilar o maior número possível de tipos de leituras diferentes e por toda a vida. Sim, porque restringir a leitura é restringir a própria vida. "Entre a minha pilha de livros de cabeceira", exemplificou recentemente a célebre professora de fisiologia da Oxford Frances Ashcroft, "encontram-se romances, poesia, ciência popular e *best-seller*s vendidos em aeroportos".[14]

Essa mistura não poderia ser mais conhecida – ou essencial.

Tecnologia

A leitura do futuro está sendo moldada também por novos equipamentos.[15] As publicações não se limitam mais à impressão. A publicação em microfilme e microficha permite um amplo armazenamento de materiais escritos (em geral, bibliotecas, arquivos ou séries) a serem documentados, preservados e vendidos, realizada a custos baixíssimos. O disco laser, o DVD e o CD-ROM agora tornam o processo ainda mais barato e acessível com mais rapidez. Grandes obras de referência em breve surgirão apenas em disquetes que rodam em computadores, os quais podem ser atualizados sem dificuldade alguma: bibliografias, catálogos de bibliotecas, listas telefônicas e muito mais. Muitas dessas obras existirão apenas em cibertexto na internet, acessíveis a qualquer momento de qualquer ponto do mundo. Vivemos em um mundo submerso e infuso na palavra escrita.

A tela do computador tornou-se o domínio ocupado por bilhões de pessoas todos os dias no mundo inteiro, número que na década de 1970 não passava de alguns milhares. Talvez não demore muito para que o mundo recorra ao PC com mais frequência que aos livros, pois, em diversos contextos, a linguagem on-line começa a substituir a linguagem falada. Muitas pessoas – funcionários de escritórios, jornalistas, editores, escritores, estudantes e outros – já leem a palavra falada com mais frequência que a escutam. *O Homo legens*, a espécie leitora, permitiu até

---

14 *New Scientist*, p.51, 15 dez. 2001.
15 ONG, W. J. *Orality and Literacy: The Technologizing of the World*. Londres, 1982.

que a nova tecnologia "transcendesse": o código binário digital permite que máquinas leiam dados de outras máquinas, sem mediação humana.

A leitura, uma criança que atingiu a maioridade, não necessita mais de seus criadores.

Para que nós humanos possamos ler esse texto baseado em máquinas, porém, precisamos transformar o código binário em códigos tradicionais (alfabético, silábico, logográfico), os quais, por sua vez, preenchem as telas dos monitores ou imprimem "cópias em papel". Há uma avalanche de inovações relevantes. Telas conectadas a computadores (e agora à internet) presas a lentes, por exemplo, permitem que cirurgiões, técnicos, atletas, comentaristas, soldados, policiais, políticos, agentes secretos e outros leiam uma infinidade de informações, e sem serem percebidos.

A nova tecnologia produziu outras fascinantes variações da leitura moderna. A Biblioteca Britânica, por exemplo, introduziu um leitor digital especial para permitir que os frequentadores acessem livros e manuscritos raros do acervo por meio eletrônico: cada página virtual, exibida com perfeita nitidez nessa tela especial, pode ser "virada" com um dedo, ampliada ou até ter os dados nela contidos pesquisados com um simples toque. Infelizmente, só uma pequena porcentagem dos livros e manuscritos raros da Biblioteca Britânica será disponibilizada assim: um grupo de duzentos funcionários precisaria de quatrocentos anos para digitalizar tudo. Hoje, a Biblioteca do Congresso dos Estados Unidos é o maior repositório físico de literatura, algo como uma Biblioteca de Alexandria dos nossos tempos. Mas o conceito de biblioteca física é enfraquecido diante da magnitude da *internet*, a qual torna possível visitas eletrônicas virtuais a todas as bibliotecas do mundo. Embora apenas um pequeno número de livros esteja disponível on-line por enquanto, especialistas preveem que esse volume aumentará exponencialmente quando novas técnicas de escaneamento facilitarem a inserção de dados. Pode acontecer também de a biblioteca virtual substituir a biblioteca física. O livro físico iria se tornar um anacronismo, pois a "leitura" em si passaria a significar apenas a rolagem virtual das páginas.

Em virtude da tecnologia recente, a leitura também está aparecendo em contextos nos quais a palavra escrita era escassa. As salas de bate-papo do computador baseadas na leitura estão substituindo a conversação simples: os grupos e reuniões sociais passaram à tela do computador, no qual apenas o ato da leitura em si permanecesse como fator humano. As mensagens de texto dos celulares parecem ainda mais invasivas. A "msg txt" (ou "mensagem de texto") é exibida na minúscula tela do telefone e é muito mais barata que a comunicação por voz. Essa troca de mensagens de textos é popular sobretudo entre a juventude em todo o mundo. Os adolescentes no Japão e na maior parte da Europa mais rica, de alta densidade populacional, utilizam o serviço até cinquenta vezes por dia – alguns até mais.

HISTÓRIA DA LEITURA

Poderíamos prever que a troca de mensagens de texto também substituirá a conversa por meio da leitura entre os cidadãos do futuro. Assim como nas salas de bate-papo no computador, a leitura assumiu um papel intermediário entre o texto silencioso e o diálogo falado. Atualmente, os usuários de celular em todo o mundo enviam 15 bilhões de mensagens SMS (serviço de mensagem curta) por mês. Os responsáveis pela nova onda de celulares, porém, agora adotaram o padrão EMS (serviço de mensagens avançadas), o qual permite que mensagens muito mais longas sejam enviadas e recebidas. Isso, em breve, eliminará a necessidade da taquigrafia, à medida que aumentará a conveniência e o uso da troca de mensagens de texto, fazendo surgir uma geração totalmente nova de "leitores de telefones".

Correios eletrônicos, salas de bate-papo e mensagens de texto nos celulares reforçam a constatação da comunicação pela leitura sobrepujando a comunicação oral. Os adolescentes que acessam o "texto" virtual em todas as suas variações logo serão adultos com habilidades e tecnologias muito mais sofisticadas. São eles que determinarão o futuro próximo da leitura, o qual, ao que tudo indica, exigirá uma quantidade muito maior de leitura que em qualquer outro período.

Uma boa parte dessa leitura futurista, sem dúvida, ocorrerá em "e-papel" (papel virtual), o qual deverá substituir o papel em virtude de sua leveza, resistência, legibilidade e textura.[16] De aparência semelhante à do papel que todos nós conhecemos, ele, na verdade, é uma tela de computador revigorada. Folhas de filme plástico flexível são alinhadas com microcápsulas transparentes contendo uma mistura de esferas brancas minúsculas e tinta preta: uma aplicação de voltagem faz que a esfera ou a tinta apareçam, exibindo ou omitindo o texto. O papel virtual poderia, em tese, revolucionar a acessibilidade e o potencial da impressão. Seria possível fazer o *download* de bibliotecas inteiras como se fossem um "jornal" para, em seguida, dobrá-lo, e carregá-lo como desejar. Os leitores do papel virtual agora têm também a possibilidade de visualizar uma gama completa de cores, com vívidas imagens exibidas na sua tela.

Como o papel virtual pode ser fabricado a custos muito baixos, diversas folhas podem ser agrupadas em um "e-book": o livro em suporte eletrônico. No início da década de 1990, as bibliotecas virtuais passaram a oferecer textos de domínio público pela primeira vez, sem nenhum custo. Muitos leitores, porém, acharam desconfortável a leitura de enormes quantidades de texto direto na tela do PC; até laptops menores davam essa sensação de incômodo, como se fosse algo incompatível com a percepção mais comum sobre a leitura informal. Isso motivou o desenvolvimento e a produção de leitores especializados, portáteis e eletrônicos, com o tamanho aproximado de um romance, mas exibindo memórias e telas monocromáticas: o livro em suporte eletrônico.

---

16 LILLINGTON, K. The Writing's on the Screen. *New Scientist*, p.37-9, 27 out. 2001.

O futuro do e-book parece ilimitado. Operado por uma série de chips de processadores e funcionando à bateria, o novo e-book permitirá que o leitor faça o download improvável do jornal local, da *Odisseia*, de Homero, ou da *Enciclopédia Britânica*. Com a aparência igual à do livro comum, ele será atualizado instantaneamente com *downloads* da *internet*. As redes telemáticas manteriam o leitor a todo momento conectado com o mundo externo: para receber uma mensagem, um aviso, uma atualização ou qualquer comunicação priorizada ou programada pelo leitor. O texto de chegada apareceria na página em qualquer formato de preferência: sobreposição da página, caixa de texto ou ícone. Imagens holográficas a laser permitiriam, enfim, a exibição de ilustrações tridimensionais, com cor, som e movimento. Somadas ao hipertexto – software e hardware de computador que permitem aos usuários criar, armazenar e visualizar textos, bem como navegar entre itens relacionados com facilidade e de forma não sequencial –, elas levariam a que o e-book se tornasse uma completa experiência humana.

Qualquer e-book oferecerá como ilustrações e índice nada menos que o mundo inteiro do conhecimento já explorado e vivenciado. Assim como a tabuleta de argila e o papiro foram substituídos pelo pergaminho, o qual facilitou a posse particular de códices encadernados, e assim como o pergaminho, por sua vez, foi substituído pelo papel, o responsável por lotar de livros as bibliotecas e residências do mundo, é quase certo que o papel virtual e seu descendente, o e-book, antecipem outra revolução milenar na leitura.

As grandes editoras estão assim antecipando o futuro promissor dessas versões eletrônicas de jornais, revistas e livros. Porém, as atuais limitações dos e-books – o custo dos equipamentos, pouca durabilidade das baterias, telas muito pequenas e, em geral, impraticáveis, formatos de arquivos não padrão e questões relacionadas a direitos autorais – impedem seu crescimento total nesse momento. Muitos analistas acreditam que a principal aposta na leitura virtual virá das universidades, com os e-books abrangendo sobretudo livros usados nos cursos e materiais de referência (dicionários e bancos de dados). No que se refere à facilidade de pesquisa e atualização apresentada pelos e-book, estes são mais amigáveis que os livros padrão. Atualmente, algumas universidades norte-americanas oferecem cursos que exigem que os alunos utilizem os leitores de e-books para livros de referência para as aulas; analistas de mercado preveem que um quarto de todos os textos universitários será eletrônico em apenas alguns anos. O setor de publicações virtuais, o qual já se estabeleceu, está desenvolvendo um novo hardware para substituir as leitoras inflexíveis e de placa, as quais, até agora, foram inferiores na concorrência com o papel tradicional.

Uma vez que a preponderância passe para a leitura na tela, o que sem dúvida acontecerá, o mundo da leitura, notadamente a cultural, mais uma vez terá sua essência modificada. O leitor passivo terá a possibilidade, caso escolha, de se tornar o leitor ativo, à medida que ingressar na narrativa ficcional para coplanejar enredo e final. Os "lexias" ou blocos de textos, que podem ser visualizados na tela do computador formados por hipertextos, serão compostos por um ou mais *links* direcionando o leitor a outras partes da narrativa. Alguns desses permitirão a continuação, com os *links* permitindo que o leitor volte ou avance pelas histórias lidas de modo diferente a cada novo acesso.

Diante dessas circunstâncias, à medida que a palavra escrita se torna real, interativa, ilimitada, a própria definição de literatura terá de mudar. Essa "narrativa virtual" tornará, em essência, o conceito de autoria, assim como o de tema e propósito, sem sentido, já que cada leitor, nesse caso, transforma-se em autor. Isto é, uma obra literária em formato eletrônico deixará de ser uma singularidade monolítica, tornando-se um texto em estado latente, isto é, estrutura e imagens que esperam ser modificadas pelo leitor interativo. O conceito transcende a literatura: trata-se de aventura, drama e criação ao mesmo tempo. O meio é suprimido na dinâmica das potencialidades: "Perdemos a consciência do meio e não enxergamos nem a impressão, nem o filme, mas apenas o poder da própria narrativa".[17] Isso parece até transcender aquilo que entendemos pela palavra "leitura", sendo uma extensão nova e desconhecida.

O e-book está apenas dando os primeiros passos e ainda é cedo para saber qual será seu formato definitivo. O modo pelo qual a humanidade lerá no futuro por certo será bastante diferente do que conhecemos hoje. Mas o fato é que os livros convencionais irão durar por séculos. Serão sempre itens de colecionadores, e suas encadernações, obras de arte, sua uniformidade física, um "selo" atemporal de qualidade e tradição. Assim como as tabuletas de argila dos sumérios, os livros como objetos continuarão a fazer da escrita algo tangível e presente de um modo que o texto virtual jamais conseguirá. Embora o ato da leitura, física ou eletrônica, deva permanecer, em essência, igual – os olhos humanos processando a palavra escrita –, o e-book irá, em última análise, oferecer mais possibilidades de experiência humana: holografia, movimento, produção de hipertextos, interação e outras coisas ainda impensadas. Diante disso, com o passar dos séculos, o livro convencional será mais e mais um anacronismo, tornando o e-book não só um hábito, mas um arquétipo.

A leitura na tela em si, com toda a sua versatilidade, trará o conceito definitivo da palavra "ler".

Aprendendo e processando

O psicólogo James Hillman acredita que as pessoas que, na infância, leram histórias ou escutaram alguém lê-las estão "mais preparadas e possuem um prog-

---

17 MURRAY, J. H. *Hamlet on the Holodeck: The Future of Narrative in Cyberspace.* Nova York, 1997.

nóstico melhor que aqueles que jamais conheceram nenhuma história ... Fazendo parte da vida desde cedo, a leitura representa uma perspectiva na vida".[18] Ele considera que essas leituras precoces tornam-se "algo internalizado e vivenciado, um meio pelo qual a alma se encontra". A sociedade atual avalia o desenvolvimento de uma criança notadamente pela habilidade de leitura. A leitura, portanto, constitui-se não só o principal foco da pesquisa educacional, mas também o próprio alicerce do currículo escolar.

Nos dois últimos séculos, houve centenas de métodos bem-sucedidos adotados para ensinar a ler. No entanto, ainda não se sabe ao certo se os resultados desejados são alcançados graças a método ou personalidade. Entre os diversos métodos praticados hoje, há uma diversidade de oposições: a abordagem universal contradiz a individual; a decodificação de grafemas individuais se opõe à visualização de palavras inteiras; a abordagem da sala de aula em oposição à de fora da sala de aula, que enfatiza o envolvimento dos pais. (Nesta, por exemplo, a capacidade de leitura da criança é aprimorada pela iniciativa dos pais de ler em voz alta para ela e debater sobre o que está sendo lido.)

A ciência de ensinar a ler só agora está começando a esmiuçar respostas significativas acerca da natureza do processo de aprendizagem. Uma coisa é certa: não existe uma idade mais indicada para aprender a ler, nem um critério exato para avaliar a "capacidade de leitura" da criança.[19] As crianças precisam, de fato, compreender alguns conceitos básicos antes de começar. Por exemplo, precisam saber o que significam e o que são as letras e conseguir pronunciá-las; reconhecer diferentes sequências de sons; correlacionar palavras curtas no discurso. Diversos fatores psicológicos determinam o preparo para a compreensão: desenvolvimento conceitual, atenção, memória, inteligência e orientação da esquerda para a direita (até mesmo no caso de escritos verticais, os quais empregam grupos de sinais sequenciais e colunas de textos). Além disso, o momento de uma criança aprender a ler deve incluir o domínio de diversas habilidades linguísticas, como diferenciação de sons, uma fluência básica e a capacidade de usar a metalinguagem e seguir instruções. Contudo, a criança pode aprender a ler já no primeiro ano. A habilidade depende de vários fatores, sendo talvez o mais importante de todos a presença de pais conscientes, sensíveis e dedicados.

A prática pedagógica moderna enfatiza a motivação da leitura.[20] Os textos maçantes e pouco atraentes do passado foram quase em toda parte substituídos por leituras que as próprias crianças buscariam. Jogos como cartas de palavras,

---

18 HILLMAN, J. A Note on Story. In: BUTLER, F., ROTERT, R. (Eds.). *Reflections on Literature for Children*. Hamden, CT, 1984. p.7-10.

19 AYERS, D., DOWNING, J., SCHAEFER, B. *Linguistic Awareness in Reading Readiness* (LARR) Test. Windsor, 1983.

20 STUBBS, M. *Language and Literacy: The Sociolinguistics of Reading and Writing*. Londres, 1980.

cubos de letras, livros de adesivos e formadores de frases agora despertam o interesse e envolvem a criança em atividades como classificar, ordenar e combinar padrões a fim de produzir uma compreensão dos quatro elementos básicos da leitura: letras, palavras, frases e sentenças. As crianças não aprendem mais como ler mas, por meio de uma abordagem ativa, veem como desvendar por si mesmas o significado de uma palavra ou frase nova. Se a decodificação de letras individuais foi enfatizada sobretudo no passado, nos últimos tempos as crianças são incentivadas a se apoiar em uma combinação de mecanismos: observar a palavra ou frase inteira, verificar os prefixos, talvez usar ilustrações como referências.

Como consequência dessa nova abordagem, porém, a qual se tornou muito popular nas décadas de 1970 e 1980, houve uma drástica redução nos volumes de leitura em todo o mundo desenvolvido – exceto no Japão, onde a tradicional disciplina foi mantida. Os educadores então começaram a retornar, pelo menos como complemento, ao método "fonético", pelo qual a ênfase é dada na decodificação e conexão das letras a fim de pronunciar palavras inteiras por meio das letras que as compõem. E nos locais onde a fonética foi reaplicada, o volume de leitura sofreu melhorias significativas.

Desde o início do século XIX, os educadores optaram, em geral, pela ênfase em uma das duas abordagens pedagógicas principais: fonética ou da palavra inteira. Identificando as relações letra/som num alfabeto, a fonética as emprega para "decodificar" ou construir foneticamente uma palavra inteira: g /g/ + a /a/ + t /t/ + o /u/ formam a palavra "gato". Por sua vez, o método da palavra inteira centra-se no reconhecimento de palavras sem desmembrá-las: *gato* é simplesmente "gato", não uma combinação de quatro letras com sons diferentes. A fonética tem a vantagem da fundamentação, pois a maioria das palavras (mas não todas) pode ser decodificada dessa forma: é o princípio básico da escrita alfabética. Entretanto, muitas crianças enfrentam dificuldades com arcaísmos comuns como os das palavras inglesas *light*, *through* e *rough*, casos em que a fonética simplesmente não funciona. O método da palavra inteira permite ler essas unidades maiores; mas fracassa, contudo, em se tratando de palavras desconhecidas e apresenta indícios de atrasar a aquisição da leitura fluente. Talvez fosse mais "natural", afirmam diversos educadores, avançar para estratégias de palavra inteira uma vez que as bases da fonética tenham sido dominadas.

Os deficientes visuais aprendem a ler pelo método da palavra inteira. Conseguem isso "sentindo". A escritora e conferencista americana, deficiente visual e auditiva, Helen Keller (1880-1968), quando criança, primeiro aprendeu a soletrar e depois recebeu da professora tiras de papelão impressas com palavras inteiras em letras em alto-relevo:

> Aprendi muito rápido que cada palavra impressa significava um objeto, uma ação ou um adjetivo. Eu tinha um quadro onde podia organizar as palavras em

pequenas frases; mas antes de colocar as sentenças no quadro, eu as formava nos próprios objetos. Procurava as papeletas que representavam, por exemplo, "boneca", "está", "na", "cama" e colocava cada nome em seu devido objeto; depois colocava a boneca na cama com as palavras "está", "na", "cama" dispostas ao lado da boneca, formando assim uma frase com as palavras e, ao mesmo tempo, concretizando a ideia da frase com os próprios objetos.[21]

O aprendizado pelo método da palavra inteira é, sem dúvida, excelente para os cegos, já que o tato nas palavras inteiras relaciona-se, com facilidade, aos objetos que podem tocar: isso estabelece uma relação um-a-um imediata entre o grafema e aquilo a que ele se refere. Em 1996, o neuropsicólogo Alvaro Pascual-Leone demonstrou que as pessoas que nascem cegas empregam, na verdade, o córtex visual quando leem em Braille; com base nisso, deduziu-se que, em vez de permanecerem inativas, as partes do cérebro destinadas à visão começam a auxiliar também no tato.[22] Para os que enxergam, contudo, palavras inteiras numa página, lousa ou tela de computador são apenas grupos confusos de linhas abstratas sem referências óbvias.

O intermediário entre o método fonético e o da palavra inteira é o método silábico.[23] Em primeiro lugar, cartões silábicos possibilitam a identificação da sílaba inteira, em geral palavras monossilábicas como "boi", "ver", "mão", "dor". A seguir, agrupados sobre uma mesa, os cartões formam frases ou sentenças completas. A combinação entre os cartões, em especial, é muito útil – o "o" da palavra "mão" como prefixo de "dor" – criando palavras dissilábicas mais avançadas como "odor", demonstrando também a polivalência da vogal.

Os três níveis pedagógicos básicos – fonético (letra), silábico (palavra monossilábica) e palavra inteira – estão relacionados àquela respectiva ordem de escrita que desejamos abordar. Muitos educadores ainda acreditam que apenas um método basta. Mas o ato da leitura em si, uma vez dominado, envolve os três. Portanto, todos os métodos devem receber a mesma ênfase no processo de aprendizado, embora hoje se acredite que o primeiro contato com a leitura seja mais fácil se empregarmos uma abordagem do menor para o maior: ou seja, fonética > silábica > da palavra inteira > da frase > da sentença.

Entendemos também que não existe "a leitura". Vários tipos de estratégias de leitura ocorrem em diversos momentos e em circunstâncias distintas; muitos de nós talvez recorramos a diferentes estratégias durante a leitura de um texto curto. Existem as paradas do iniciante, na leitura fonética; a leitura lenta e ponderada do

---

21 KELLER, H. *The Story of My Life*. Nova York, 1903.
22 RAMACHANDRAN, V. S., BLAKESLEE, S. *Fantasmas no cérebro*. Londres, 1998.
23 ROZIN, P., GLEITMAN, L. R. *Syllabary: An Introductory Reading Curriculum*. Washington, DC, 1974.

leitor fluente em busca de significado; a leitura rápida feita por alguém com vocabulário pobre, mediano ou rico; a leitura em voz alta; a leitura dinâmica (passada
de olhos, hábil); a leitura crítica; a leitura como lazer; a leitura acadêmica; a leitura
de revisão; e muitas outras. Muitos de nós usamos todas essas, diversas vezes por
dia, dependendo do contexto. Além disso, há os tipos mistos: a leitura acadêmica
por prazer; a leitura em voz alta para revisão; a leitura crítica e dinâmica; e assim
por diante. As estratégias de leitura são alteradas e adaptadas de modo constante. Diante disso, a leitura, na verdade, engloba uma diversidade de processos e
atividades ao mesmo tempo. Cada situação, e nossa atitude pessoal em relação
a essa situação, determinará qual estratégia de leitura escolhemos, consciente ou
inconscientemente.

Na maioria das vezes, aprendemos a ler pelo método fonético, mas, em
seguida, o elemento "alfabético" da atividade é substituído (embora seja, em geral,
empregado depois, ao depararmos com palavras desconhecidas ou estrangeiras).
Soletramos em voz alta pelo modo silábico: "cer-ti-fi-ca-do". E lemos – após domi-
narmos essa dinâmica e internalizarmos as exceções – de modo logográfico. Ou
seja, os leitores experientes costumam captar palavras inteiras e até frases inteiras
instantaneamente como unidades conceituais ou "imagens de palavras".

O inglês é o idioma europeu que apresenta mais dificuldade na hora do
aprendizado da leitura. Enquanto as crianças, em geral, dominam o nível básico da
alfabetização em um ano, as crianças inglesas precisam de dois anos e meio. Em
geral, os leitores iniciantes de idiomas latinos (francês, italiano, espanhol, português,
entre outros) já mostram um progresso mais rápido que os de idiomas germânicos
(alemão, holandês, norueguês, sueco, dinamarquês, inglês, entre outros), pois,
nestes, existem blocos de consoantes que aparecem com frequência, os quais
forçam os principiantes a diminuir o ritmo para poder isolar sanduíches de sons
como o "s" em *angst*. Além disso, a maioria das ortografias europeias, incluindo-
-se a do alemão e do holandês, possui uma relação "fixa" entre som e letra. Mas
a ortografia do inglês depende bastante do contexto: as letras podem ser lidas de
várias maneiras ou, em muitos casos, nem são lidas (como em *isle* e *though*). É uma
das ironias da história o fato de o idioma mais importante do mundo no momento
ser também o que impõe mais dificuldades na alfabetização e na hora de aprender
a lê-lo. Essa dificuldade em si faz que os leitores de inglês sejam diagnosticados
como disléxicos mais que os leitores de qualquer outro idioma.

O processamento neuropsicológico da leitura também tem recebido cada
vez mais atenção de pesquisadores, levando a novas descobertas. Recorde-se que,
no ato de ver, o erudito árabe medieval Ibn al-Haytham fez uma distinção entre
"sensação pura" e "percepção", sendo a sensação pura inconsciente ou involuntária,
e a percepção um ato voluntário de reconhecimento – como ler a página de um
texto. Nessa explicação, pela primeira vez no mundo, apresentou-se um esclareci-
mento científico do processo de atividade consciente que distingue "ver" de "ler".

A veracidade da descoberta medieval de al-Haytham foi confirmada há pouco tempo pelo neuropsicólogo André Roch, que acompanhou como uma pessoa primeiro "vê" (reação física) e, em seguida, "reflete" (processa novos dados usando informações aprendidas) sobre o material escrito. O processamento cerebral da leitura parece envolver, segundo descoberta de Roch, a organização de dados de acordo com um sistema internalizado e adquirido compartilhado com outros em sua época e em sua localização geográfica (embora este último parâmetro torne-se cada vez mais secundário):

> É como se as informações transmitidas da página para os olhos percorresse o cérebro por meio de uma série de conglomerados de neurônios especializados, sendo que cada um desses conglomerados ocupa uma determinada seção do cérebro e desempenha uma função específica. Não sabemos ainda em que cada uma dessas funções se constitui, mas, em alguns casos de lesões cerebrais, um ou vários desses conglomerados são, digamos, desconectados da cadeia, e o paciente fica incapacitado quer de ler determinadas palavras ou algum tipo específico de linguagem, quer de leitura em voz alta, ou, ainda, o paciente substitui um grupo de palavras por outro. As possibilidades de desconexões são infinitas.[24]

Roch e seus companheiros acreditam que a mera exposição à linguagem oral talvez seja insuficiente para permitir o pleno desenvolvimento das funções da linguagem nos dois hemisférios cerebrais. Para tornar possível esse desenvolvimento, talvez seja necessário em primeiro lugar, segundo eles, aprender um sistema compartilhado de símbolos escritos.[25]

Isso significa que a humanidade talvez só consiga alcançar a habilidade linguística completa por meio da leitura.

A ideia é excepcional, considerando-se que a leitura foi elaborada pelo ser humano há apenas cerca de 5.700 anos. Se as aptidões e capacidades extraordinárias do ser humano permanecem, de fato, adormecidas até que uma inovação social as desperte, talvez isso ajude a explicar o constante progresso da humanidade. Essa "inteligência potencial", termo recém-definido por outro neuropsicólogo, Richard Gregory, certamente desafia a seleção natural, a qual apenas explica habilidades reais, já demonstradas. Na vanguarda da moderna pesquisa neuropsicológica, a teoria da inteligência potencial, da qual a leitura é apenas uma das manifestações mais óbvias, pressupõe um estado de hiperatividade cerebral que envolve várias

---

24 ROCH, A. Personal communication. Novembro de 1992, citado em MANGUEL. *A History of Reading.*

25 LECOURS, A. R. et al. Illiteracy and Brain Damage (3): A Contribution to the Study of Speech and Language Disorders in Illiterates with Unilateral Brain Damage (Initial Testing). *Neuropsychologia*, XXVI/4, p.575-89, 1988.

regiões do cérebro que criam anomalias sinergéticas, as quais com o tempo se transformam em funções rotineiras.[26]

No início do século XX, o principal linguista do mundo, o suíço Ferdinand de Saussure (1857-1913), estava convencido de que "linguagem e escrita são dois sistemas distintos de sinais; o segundo existe pelo único propósito de representar o primeiro. O objeto linguístico não são as formas escrita e falada das palavras; as formas faladas por si sós constituem o objeto".[27] Hoje sabemos que isso não procede, já que a relação efetiva entre linguagem e escrita é muito mais complexa. Ambas as esferas exigem compartimentos cerebrais diferentes e distintos, estabelecendo várias interações. Além do mais, ambas podem existir de modo autônomo. A leitura pode, na realidade, estar totalmente separada da linguagem, não apenas na leitura da nova "linguagem visual", mas também na leitura da linguagem escrita tradicional (ver a seguir).

O que é a leitura, então? Ainda não há uma resposta definitiva. Recentes pesquisas indicam que a solução pode estar próxima da definição da própria consciência.

De qualquer modo, o processo fisiológico de leitura, diferente do processo neuropsicológico em nível mais elevado, é bem compreendido. Já no século XIX, o oftalmologista francês Emile Javal demonstrou que, quando lemos, nossos olhos saltam três ou quatro vezes por segundo a uma velocidade de cerca de 200 graus por segundo. Como essa rapidez atrapalha a percepção, a verdadeira "leitura" apenas ocorre durante breves pausas entre os movimentos. No entanto, a sensação é de continuidade: nós barramos os saltos, pelo menos no nível da consciência, e registramos apenas a continuidade harmônica de pensamentos e emoções transmitidos pelo texto. Ainda não se sabe ao certo como e por que fazemos isso.

Para ser mais exato, durante o processo físico da leitura, os olhos se movem, na verdade, por uma linha de texto escrito em uma série de *movimentos rápidos* (rápidas contrações) e *fixações* (estabilizações momentâneas). Cerca de três a quatro fixações são feitas por segundo, embora isso varie de acordo com o conteúdo e as variações de idiomas. Durante a fixação, as células nervosas na retina, na parte posterior dos olhos, transformam luz em impulsos elétricos. O melhor detalhamento visual é obtido na fóvea (depressão) da parte central da retina, permitindo um ângulo visual de apenas cerca de 2 graus. É a fóvea que nos permite identificar letras, silabogramas, logogramas e outros grafemas. A moderna tecnologia de computação tornou possível medir a percepção durante a fixação: lendo uma fonte de tamanho médio a uma distância de 30 cm, uma pessoa, em geral, não identifica mais de duas ou três palavras curtas em uma fixação – ou seja, unidades de texto de cerca de dez letras ou menos que isso. Uma vez detectado, o padrão é então

---

26 RAMACHANDRAN & BLAKESLEE, *Phantoms in the Brain.*
27 SAUSSURE, F. de. *Cours de linguistique générale.* Paris, 1978.

transmitido por meio do nervo óptico para o cérebro. E o que ocorre depois disso constitui a vanguarda da moderna pesquisa neuropsicológica.

A compreensão textual é um processo cerebral muito complicado. "Para compreender um texto nós não o lemos apenas, no sentido literal da palavra", afirma o terapeuta educacional Merlin C. Wittrock, "nós formamos um significado para ele ... Os leitores criam imagens e transformações verbais para representar esse significado. O mais incrível é que eles produzem o significado à medida que leem, construindo relações entre seu conhecimento, memórias de vida e frases, parágrafos e trechos escritos".[28] Em outras palavras, não fazemos uma fotocópia mental quando lemos. Fazemos o processamento de informações de modo pessoal, visualizamos, sentimos emoções, fazemos inferências e referências cruzadas e realizamos muitas outras complexas atividades cerebrais, quase que ao mesmo tempo. A leitura ocorre independentemente dos grafemas individuais pretos na página branca ou na tela do computador, os quais são registrados apenas em um nível inferior e quase inconsciente de percepção e processamento. Alguns estudiosos acreditam que a leitura seja uma atividade tão complexa quanto pensar.[29]

Hoje, há muitas pessoas interessadas nesse campo de pesquisa, uma vez que novas descobertas poderiam ajudar as crianças a aprender a ler melhor e rapidamente, bem como poderiam solucionar alguns aspectos do analfabetismo funcional, um problema alarmante na maioria das nações desenvolvidas. Algumas das descobertas mais proveitosas acerca do processamento da leitura originaram-se de estudos com disléxicos e vítimas de lesões cerebrais. O estudo com disléxicos foi bastante elucidativo.

A dislexia – transtorno de desenvolvimento que pode causar dificuldade de aprendizado em uma ou mais áreas da leitura, da escrita e da aritmética – não é uma doença. É outro tipo de experiência com a linguagem escrita e/ou com os números. Também denominada "cegueira verbal", a dislexia nada mais é que um modo de processar a leitura diferente daquele da maioria das pessoas. A inteligência e a criatividade artísticas parecem não sofrer efeitos negativos em virtude da dislexia. Pelo contrário, muitos gênios da história tinham dislexia: Leonardo da Vinci, Hans Christian Andersen, W. B. Yeats, Thomas Edison, Albert Einstein... e, nos últimos tempos, os atores Anthony Hopkins e Tom Cruise. Das crianças do mundo, 10% sofrem de algum tipo de dislexia. O distúrbio parece ser causado por um gene específico no cromossomo 18, o qual desencadeia uma predisposição ao desenvolvimento do transtorno.[30] Ainda não se conhece uma "cura" para a dislexia.

---

28 WITTROCK, M. C. Reading Comprehension. In: PIROZZOLO, S. J., WITTROCK, M. C. (Eds.). *Neuropsychological and Cognitive Processes in Reading*. Nova York, 1981.

29 LABERGE, D., SAMUELS, S. J. Toward a Theory of Automatic Information Processing in Reading. *Cognitive Psychology*, VI, p.293-323, 1974.

30 *New Scientist*, p.22, 12 jan. 2002.

Existem muitos tipos diferentes de dislexia, incluindo-se a dislexia fonológica, a profunda, a de superfície e a desenvolvimental.[31] A dislexia também pode se desenvolver com o tempo: pessoas perfeitamente alfabetizadas podem passar a enfrentar alguma dificuldade de leitura em virtude de uma lesão cerebral.

Os textos de vocabulário permitem que os médicos classifiquem o tipo de síndrome. As pessoas com dislexia fonológica conseguem ler palavras conhecidas, mas têm dificuldades com palavras novas ou que para elas não fazem sentido. O nome indica que a leitura alfabética permite uma rota direta impressão–significado que ignora o processamento letra–som, pois os que sofrem desse distúrbio não conseguem converter letras em sons, mas ainda assim compreendem um texto alfabético. (A leitura, em geral, relaciona, de fato, as letras aos sons para a maioria das pessoas; mas não necessariamente, em especial na leitura fluente. Os leitores de palavras inteiras quase sempre aproximam-se dessa aptidão superior recorrendo à leitura fonética apenas para identificar palavras estrangeiras ou menos conhecidas.) Aqueles com dislexia profunda enfrentam o mesmo problema, mas cometem também erros semânticos (p. ex., lendo "jantar" como "comida"), trocas visuais (lendo "salsa" como "salsicha"), erros derivativos (lendo "nascimento" como "nascido"), erros abstratos (lendo a palavra funcional "para" como "e"), ao passo que pseudopalavras confundem ou são identificadas erroneamente ("máquina" lida como "páquina"). Os que possuem dislexia de superfície fazem a leitura deficiente pelo método da palavra inteira e assim têm dificuldade com palavras de soletração irregular (como a palavra inglesa "yacht") e com homófonos ("caça"/"cassa") cuja ambiguidade sonora não pode ser compreendida por meio da soletração.

A dislexia relativa ao desenvolvimento é o nome mais conhecido da deficiência sofrida por crianças que, apesar de gozarem de saúde perfeita e inteligência normal, não conseguem ler, escrever e soletrar de forma adequada em virtude de algum tipo de anomalia neuropsicológica, ainda não catalogada. Além da incapacidade de lidar com a linguagem escrita em todas as suas formas, essas crianças também enfrentam dificuldades com símbolos numéricos e tarefas de memorização de curto prazo como, por exemplo, seguir instruções. O efeito da dislexia relativa ao desenvolvimento nessas crianças pode ser desolador, provocando afastamento, agressividade e até suicídio.

Outros tipos de dislexia estão relacionados a confusões visuais que misturam palavras de aparência semelhante ("viagem" é entendida como "miragem") ou junção de palavras ("perto" + "umbigo" transforma-se em "perigo"), e uma dislexia mais geral que requer a "soletração" antes da identificação da palavra ("g-a-t-o é a soletração de *gato*"). Há ainda as dislexias mistas, combinando algumas dessas

---

31 ELLIS, A. W. *Reading, Writing and Dyslexia: A Cognitive Analysis*. Hillsdale, NJ, 1984.

citadas. Além disso, em muitos casos, características específicas de alguma sociedade interferem. Os disléxicos japoneses, por exemplo, comprovam que os símbolos fonográficos e logográficos são processados separadamente – ou seja, os problemas para ler os escritos japoneses *kana* de duas sílabas não são necessariamente acompanhados por problemas para ler os caracteres *kanji* japoneses emprestados da China. A conclusão é a de que existem tarefas neurológicas específicas relacionadas à leitura no nosso cérebro, o qual talvez não tenha sido "desenvolvido" para acomodar a escrita elaborada mais recentemente, mas que atenda à demanda com qualidade magnífica, ainda que imperfeita algumas vezes.

Especialistas descobriram que as crianças que falam inglês não só não conseguem, com frequência, soletrar as palavras que sabem ler, mas também, muitas vezes, conseguem soletrar de modo correto palavras que não sabem ler. Essas deficiências ocorrem comumente.[32] As palavras inglesas lidas de modo correto, mas soletradas de maneira errada, são, por exemplo, *egg, light, train* e *school*; ou seja, palavras cuja soletração não é previsível com base na pronúncia. As palavras soletradas de modo correto, mas lidas de maneira errada, incluem, entre outras, *leg, bun, mat, pat* – palavras regulares, do ponto de vista fonográfico, que são curtas demais para conter dicas de pronúncia visíveis. A única forma de gerenciar essa dificuldade é aplicar ambas as estratégias – a logográfica e a fonética: por exemplo, para ler "*light*" como palavra inteira, é preciso aprender a soletrar no método da "palavra inteira" também; e para soletrar "*bun*" foneticamente, é necessário, do mesmo modo, praticar a leitura fonética.

Há ainda a hiperlexia. É o termo usado para designar a capacidade de ler muito além do nível esperado para a idade de alguém, podendo se revelar também em outras habilidades.[33] As crianças com hiperlexia, apesar de QI baixo e retardo no desenvolvimento motor, são capazes de ler, com pouca ajuda, com três anos de idade e, aos cinco, são tão fluentes quanto uma criança de dez anos. No entanto, empregam de modo correto um vocabulário muito além de sua verdadeira compreensão e acham difícil associar o que leem com objetos ou figuras. Além disso, apresentam diversos sintomas ligados a desenvolvimento e comportamento parecidos com os do autismo. No entanto, ao contrário de muitos disléxicos, podem com facilidade pronunciar palavras que desconhecem. A hiperlexia também é um fenômeno neuropsicológico cuja causa pode estar no nível genético.

A ortografia "arcaica", que já não reflete mais o idioma falado de um povo, é, muitas vezes, considerada o principal obstáculo para o aumento da alfabetiza-

---

32 BRYANT, P. E., BRADLEY, L. Why Children Sometimes Write Words Which They Do Not Read. In: FRITH, Uta (Ed.). *Cognitive Processes in Spelling*. Londres, 1980. p.355-70.

33 HUTTENLOCHER, P. R., HUTTENLOCHER, J. A Study of Children with Hyperlexia. *Neurology*, XXIII, p.1107-16, 1973.

ção, alertando-nos para a necessidade de reformas ortográficas nacionais. Com exceção de casos extremos, como sistemas de indianos e tibetanos, porém, essas preocupações são com frequência mal-empregadas. Os que defendem uma reforma na ortografia do inglês, por exemplo, a fim de "melhorar" a aproximação ao idioma, podem acatar a opinião de fonólogos – linguistas que acreditam que os idiomas são analisados segundo dois níveis de organização, conhecidos como *estrutura profunda* e *estrutura superficial* – que afirmam que "a ortografia [inglesa] convencional é ... um sistema quase-ideal de representação léxica das palavras inglesas".[34]

Talvez um dos maiores obstáculos, pelo menos entre os identificados até agora, a uma reforma ortográfica bem-sucedida seja a incapacidade de lidar com a dicotomia básica entre leitura e escrita, as quais são julgadas como um processo único e igual.[35] Na verdade, leitura e escrita são atividades cerebrais processadas separadamente. Escrever é soletrar, e muitos que soletram muito bem são ruins na leitura, ao passo que muitos que leem muito bem são ruins na hora de soletrar. Isso se explica pelo fato de que esses processos envolvem estratégias diferentes de apreensão de dados no cérebro humano. Escrever é uma atividade linguística ativa que requer componentes visuais e fonéticos, recorrendo de modo direto às bases fonológicas. Ler é uma atividade visual passiva, a qual relaciona a arte gráfica diretamente ao significado, na maioria dos casos (com exceção dos principiantes), ignorando o som por completo. Nenhuma reforma ortográfica jamais conseguiria adaptar duas habilidades neurais tão distintas.

Ao que tudo indica, a soletração desenvolveu-se sozinha de modo bastante "vagaroso", ao longo de muitos séculos, preservando relações de raiz entre as palavras que, de outra maneira, se escrevêssemos apenas o que escutamos, mal seriam reconhecidas visualmente. Nas palavras inglesas *sign* e *signature*, por exemplo, a manutenção do g arcaico na primeira, contradizendo a pronúncia real, permite a rápida identificação visual do significado, sem recorrer ao oral. Isso porque, quando nos tornamos fluentes, lemos o significado e não a linguagem; o pensamento, não o som. As letras "desnecessárias" da linguagem escrita são quase sempre necessárias. Os defensores de reformas ortográficas tendem a ignorar essa característica fundamental da leitura: ela se baseia no visual e não no sonoro. Uma reforma ortográfica poderia, na verdade, ser um tiro pela culatra, se introduzisse recursos incompatíveis com os padrões visuais internalizados (independentemente da pronúncia efetiva) que se desenvolveram ao longo dos séculos. Isso criaria uma ambiguidade maior, ou seja, o oposto da função social da escrita: transmitir o mesmo significado ao maior número de pessoas possível.

---

34 CHOMSKY, N., HALLE, M. *The Sound Pattern of English*. Nova York, 1968.
35 FISCHER. *A History of Writing*.

Não é novidade que muitas pessoas são capazes de ler em silêncio um idioma estrangeiro sem conseguir pronunciar sequer uma palavra deste; um exemplo típico disso são os japoneses que apreciam a leitura de Shakespeare mas não falam uma só palavra em inglês. Essa capacidade origina-se das conexões cerebrais empregadas na leitura, as quais diferem das usadas na linguagem falada. Uma coisa extraordinária nesse sentido ocorre com os sinestésicos, ou seja, pessoas que assimilam um sentido adicional ao que está sendo proposto. Os sinestésicos, por exemplo, são capazes de "enxergar" letras escritas em cores diferentes, e seu cérebro mantém um código neural individual para cada uma. Alguns podem ver o *a* cor-de-rosa, o *l* amarelo-claro, o *f* azul/verde e o *r* azul-acinzentado. Não obstante, os sinestésicos não compartilham do mesmo alfabeto colorido; cada pessoa possui sua própria paleta de cores. Há apenas uma letra em que a maioria concorda: 56% dos sinestésicos veem o *o* com a coloração branca-sombreada.

As letras em si não são coloridas. Elas acionam um *flash* de cor na captação pela mente: o estímulo de receptores vizinhos ou complementares. A tomografia por emissão de pósitrons e a ressonância magnética revelaram que os sons de palavras faladas estimulam um fluxo sanguíneo no cérebro dos sinestésicos submetidos a testes, o que indica aumento de atividade neural, sobretudo nas regiões do córtex visual associadas a tarefas como classificar imagens com base em cores. O resultado é que os sinestésicos, ao verem essas cores durante a leitura, estão na verdade "processando" informações que não receberam.

Quando perguntado se essa habilidade de enxergar cores durante a leitura é uma deficiência, um sinestésico respondeu: "Isso torna a vida mais rica ... aprimora minha capacidade de apreciar a literatura. Eu desfruto não só do sentido da palavra, mas de seu aspecto visual".

Talvez uma pessoa em cada trezentas apresente algum tipo de experiência sinestésica. Em geral, ocorre em famílias inteiras. Há ainda uma estatística mais impressionante: para cada homem, existem seis mulheres sinestésicas.

O sexto sentido

A escrita é uma aquisição humana tão recente que, ao contrário dos órgãos vocais usados para a fala, por exemplo, as estruturas dos olhos e das mãos parecem não estar a ela adaptadas de um ponto de vista biológico. Assimilamos e produzimos a escrita sem alteração em nossa espécie. Por conseguinte, quase todas as pesquisas nesse sentido centram-se no modo como os olhos e o cérebro funcionam quando processam a linguagem por meio da leitura e da escrita. Mas a leitura, muitas vezes, transcende a linguagem. A leitura é algo singular.

É difícil descrever em detalhes o que é essa singularidade. "Anatomistas e fisiologistas não conseguiram isolar um 'centro de leitura' dentro do cérebro. Di-

HISTÓRIA DA LEITURA

versas regiões do cérebro ficam ativas quando lemos, mas nenhuma é envolvida na leitura em detrimento de qualquer outra".[36] Se existe uma qualidade específica ao ato em si, esta seria uma valorização do sentido do que está escrito: "lemos em busca de um significado".[37] Portanto, qualquer teoria acerca da leitura deve explicar essa conexão fundamental entre grafologia e semântica. A leitura, é claro, envolve a visão, apesar de o tato (Braille) por vezes o substituir. É possível ainda, em tese, que haja uma forma de leitura realizada pelo paladar ou pelo olfato. A leitura pela audição, porém, já não é mais leitura, mas sim "escutar a leitura feita por outrem", embora há quem possa argumentar que a conceituação por meio do código Morse ou algo parecido também seja, teoricamente, possível. (A soletração também é uma forma de leitura baseada no som.)

A leitura silenciosa feita por um indivíduo instiga pouca ou nenhuma mediação de linguagem. Assim como demonstrou a Ressonância Magnética, o aspecto visual pode, na verdade, passar de imediato para o conceitual. O fato de pessoas com dislexia fonológica, por exemplo, não conseguirem transformar letras isoladas em sons, mas conseguirem ler palavras inteiras desde que façam parte do idioma, demonstra como os caminhos cerebrais podem passar direto do grafema para o significado, ignorando por completo o componente fonológico. O que ocorre é que o próprio formato da palavra ou frase – separado de sua articulação – representa o objeto, o conceito ou a ação, de modo independente da linguagem. O símbolo pode se tornar significado quase no mesmo momento dentro do cérebro. A leitura particular concentrada pode até produzir um efeito psicológico semelhante a um transe, pelo qual o leitor é totalmente removido do aqui e agora, até da própria página, motivando a resposta. A leitura é capaz de explorar, de uma só vez, uma dimensão superior de conhecimento e experiência.

Algum tipo de processamento em nível superior deve estar envolvido nesse caso. As letras são reconhecidas com mais facilidade em palavras reais que em palavras imaginárias. Os leitores fluentes, em geral, cometem erros de sintaxe ou semântica, mas não de fonologia. E é muito comum que todos os leitores deixem passar erros tipográficos. Esse fenômeno habitual comprova uma ordem superior de atividade cerebral que transcende a mera conexão de sinais individuais. Embora a escrita tivesse se iniciado como a expressão gráfica do discurso e assim tivesse permanecido durante o milênio, a prática da leitura sofreu modificações fundamentais, pelo menos desde a introdução da leitura silenciosa. Em outras palavras, a leitura se transformou em algo a mais.

Algo próximo da percepção humana.

---

36 SMITH, F. *Reading*. Cambridge, 1978.
37 CRYSTAL, D. *The Cambridge Encyclopedia of Language*. 2. ed. Cambridge, 1997.

É por meio da leitura que a escrita visualiza o discurso, motivando o surgimento de novos tipos de conexões no processo de raciocínio.[38] Dessa maneira, o novo meio ultrapassa seu objetivo inicial de meramente transmitir o discurso e chega a desempenhar uma função ímpar nas fases correlacionadas do processo cognitivo. Não há dúvidas de que grafemas individuais, os importantes componentes de um sistema de escrita, sejam relacionados de modo intrínseco aos fonemas (escrita alfabética), sílabas (escrita silábica) ou palavras inteiras (escrita logográfica). Todos os iniciantes começam a ler conectando esses grafemas a sons específicos. O som é, de fato, o andaime da obra que constrói a leitura. Contudo, se a pessoa estiver lidando com um sistema de escrita usado com frequência, o sentido do grafema, seja isolado seja em combinações usuais, começa a ser processado pelo cérebro separadamente do som. Por isso, os leitores fluentes de japonês veem o grafema da palavra inteira **KA** e imediatamente compreendem "chuva" antes que o som *ame* seja internalizado, se é que isso ocorre. Nós mesmos lemos a palavra "chuva" e fazemos a mesma coisa – não precisamos pronunciar a palavra primeiro.

Há muito tempo se sabe que "a estratégia fonética deve ser usada na leitura quando deparamos com uma palavra nova ... Porém, uma palavra conhecida com uma soletração inteiramente irregular deve ser lida pelo método logográfico [isto é, no estilo palavra inteira] até pelo autor".[39] A leitura pela palavra inteira na verdade domina a maior parte da leitura fluente. O leitor experiente de um texto alfabético não lê fazendo uma sequência de letras individuais, mas ordenando unidades conceituais muito maiores: palavras e frases inteiras. A leitura morfológica, que é a leitura de elementos do discurso como *ler* e *tura*, com um significado ou uma função gramatical que não podem ser subdivididos em mais elementos, é processada com mais rapidez que a leitura fonética, alcançando um nível de conceituação e compreensão mais elevado e amplo.[40] Pesquisas recentes sobre o modo como cada leitor adulto fluente lê revelaram uma porção de técnicas empregadas em nosso cérebro, cada uma estimulando várias regiões dele: andante, alegro, concentração, distração, passada de olhos, atenção, regressão, salto, desaceleração, aceleração e muitas outras. Algumas técnicas são acionadas por estímulo externo, como é o caso quando encontramos uma palavra nova. A maioria, porém, é selecionada internamente – por disposição, postura, propósito etc.

Em outras palavras, a leitura tem, de fato, muita semelhança com o próprio pensamento.[41]

---

38 MARTIN. *The History and Power of Writing.*
39 SAMPSON, G. *Writing Systems.* Londres, 1985.
40 HENDERSON, L. *Ortography and Word Recognition in Reading.* Londres e Nova York, 1982.
41 Entre outros diversos estudos elucidativos sobre esse tema fascinante: OLSON, D. R. *The World on Paper: The Conceptual and Cognitive Implications of Writing and Reading.* Cambridge, 1994; GOODY, J. *The Interface between the Written and the Oral.* Cambridge,

Portanto, o grande acúmulo de indícios sugere que, enquanto a escrita é uma habilidade, a leitura fluente é uma aptidão natural. Ou seja, enquanto a escrita é "uma habilidade adquirida por meio da prática", a leitura fluente é "uma das capacidades inerentes à mente e ao corpo" capaz de coisas que nenhuma habilidade jamais alcançaria. A impressão é a de que a elaborada habilidade da escrita libertou na humanidade, em especial graças à rápida leitura silenciosa, esse dom latente que é, na verdade, um conjunto de faculdades sinérgicas e em desenvolvimento. A leitura é parasitária em relação à visão (ou, no caso dos cegos, ao tato), mas associa a visão (tato) de imediato ao pensamento, de modo a transcender a mera percepção; não obstante, é muito difícil lermos exclusivamente no modo visual (tátil), usando em vez disso uma combinação alternada de métodos fonéticos e visuais (táteis), e de diversas formas. Nesse contexto, a leitura pode ser designada como "hipervisão" ("hipertato"), uma vez que é parasitária, mas também complementar à compreensão relativa.

Portanto, a leitura é nosso verdadeiro "sexto sentido".

Sem dúvida, grande parte do pensamento na vida adulta baseia-se na linguagem, especial na reflexão teórica abstrata, a qual é condicionada pelas limitações do idioma nativo. Sempre houve a crença no pensamento fundamentado na linguagem (a chamada hipótese "Sapir-Whorf"), que é hoje reconhecido como talvez apenas tão frequente quanto o pensamento não linguístico, porém. O pensamento não linguístico engloba a estrutura integrada, de modo lógico, de *propriocepção* (conscientização corporal e sensorial) associada a recordação e projeção de imagens, emoções e dados de percepção. Como a linguagem é um simbolismo vocal codificado usado para transmitir o pensamento aos outros, sua forma escrita é um simbolismo visual que ativa respostas de propriocepção: ou seja, quando lemos com fluência alguns tipos de textos, não enxergamos palavras e nem escutamos a linguagem, mas integramos as próprias imagens, emoções e dados de percepção transmitidos por esses símbolos agrupados. É essa habilidade que permite que uma obra de ficção, por exemplo, transporte o leitor além do aqui e agora, criando um estado próximo ao êxtase. A leitura é realmente um "sexto sentido", pois envolve uma percepção que a humanidade não possuía até a elaboração da escrita.

A leitura capacita a humanidade de modos, muitas vezes, inesperados. A memorização da leitura, um tipo de sistema de arquivos cerebral, ajuda muitas pessoas a, por exemplo, reter e organizar o conhecimento. Essa capacidade é estimulada por todos os sistemas educacionais de estilo ocidental. No passado, os indivíduos com aptidões auditivas – os que se lembravam bem daquilo que escu-

---

1987; KENNEDY, A. *The Psychology of Reading*. Londres, 1984; e SCRIBNER, S., COLE, M. *The Psychology of Literacy*. Cambridge, 1981.

tavam – eram os mais estimados da sociedade. Desde a introdução da escrita, porém, aqueles com facilidade visual cada vez mais saíram em vantagem em relação aos que aprendiam ouvindo. Hoje são as pessoas com habilidades visuais, por meio da leitura, que conseguem apreender e reproduzir uma quantidade muito maior de conhecimento. A memorização da leitura chegou a formar indivíduos com capacidades aparentemente "sobre-humanas" de recordar, pessoas capazes de armazenar bibliotecas inteiras de leitura memorizada. E, em geral, são esses indivíduos que oferecem as maiores contribuições à humanidade.

Como a memória visual é, ao que tudo indica, estimulada e aprimorada cada vez mais a um nível que ultrapassa o da memória sensorial, por meio do ato de ler, poderíamos nos perguntar se as habilidades dessa aptidão natural criada pelo homem se multiplicam de uma geração para a outra. Ou seja, a própria seleção natural, com o tempo, favoreceria os que praticam a memorização da leitura? O panorama é intrigante e nos conduz a inúmeros cenários imaginários do futuro potencial da leitura – e da própria humanidade.

O fim da leitura

O filósofo, romancista e dramaturgo francês Jean-Paul Sartre (1905-1980) recordou o seguinte: "Como Platão, passei do conhecimento a seu tema. Encontrei mais realidade na ideia que no objeto, pois chegou a mim primeiro e porque me foi oferecida como objeto. Nos livros deparei-me com o universo: assimilado, classificado, rotulado, refletido, apesar disso formidável".[42] Muitas pessoas experimentam esse mundo magnífico dessa forma: "de segunda mão", por intermédio da leitura. E elas são as mais ricas de todas em virtude disso.

De qualquer maneira, a leitura sempre se destacará à medida que a sociedade progride? Alguns acreditam que a leitura talvez não tenha futuro. Sistemas de comunicação por voz nos computadores fornecerão, em breve, todas as informações de que todos precisam, eles afirmam. A globalização homogeneizará a palavra escrita resultando na ausência de significação. E a civilização dará cada vez mais prioridade à TV, aos filmes e à música popular. Quem precisará ler?

A resposta é óbvia para cada um que se beneficie com as mudanças.

Sem dúvida, os sistemas de comunicação por voz serão complementos bem--vindos, mas jamais substituirão a palavra escrita, muito mais versátil. A globalização é, por certo, um fato da vida do século XXI, mas o processo é difundido graças ao alfabeto latino. A TV, os filmes e a música – na verdade, a própria modernidade – tornaram-se subprodutos da leitura do alfabeto latino.[43] Embora por motivos reli-

---

42 SARTRE, J.-P. *Les mots*. Paris, 1964, citado em MANGUEL, *A History of Reading*.
43 FISCHER. *A History of Writing*.

HISTÓRIA DA LEITURA 311

giosos (árabe, hebraico) ou socioeconômicos (japonês, russo) outros sistemas de escrita devam durar por séculos, o "monopólio do teclado" do alfabeto latino e suas evidentes vantagens adaptativas tornam improvável que ele seja ignorado ou substituído. Uma das vantagens do alfabeto latino é sua inigualável característica compacta.[44] Sua simplicidade absoluta possibilita uma flexibilidade e um vigor que assegurarão e incentivarão o crescimento contínuo.

Há mais de quinhentos anos, o advento da imprensa com tipos móveis privilegiou a escrita alfabética, o casamento perfeito de tecnologia e meio, e assim modificou o mundo. O PC moderno erigiu a sociedade eletrônica sobre o pedestal do alfabeto latino e agora prepara o futuro de todos. Atualmente, o alfabeto latino não é só o sistema de escrita mais importante da Terra, é o principal viabilizador, no idioma inglês, do acontecimento mais controverso e significativo do planeta: a globalização. Com a internet, o alfabeto latino já é a força vital da comunicação do mundo.

Em breve, será a incorporação da leitura.

E o que o alfabeto latino universal transmitirá no futuro ainda será a própria vida. A humanidade sempre foi formada por um caos de impressões incontáveis, contraditórias, em contínua mutação. Para compreender isso, sobreviver e prosperar, buscamos o significado, procuramos uma ordem – durante os últimos séculos, sobretudo por meio da leitura. Principal mas não exclusivamente, com o objetivo de aprender (a leitura de ficção também é, acima de tudo, uma experiência de aprendizagem), a leitura tornou-se nosso "hipersentido", pois contém e explora todas as percepções sensoriais. Como vimos, ela pode até substituí-las, criando e preservando por muito tempo mundos distantes da realidade cotidiana. A diferença da leitura em relação aos sentidos originais é que ela precisa ser ensinada e reconstituída de modo individual, e sua qualidade fundamental não depende da absorção sensorial imediata, na maioria dos casos, mas sim da prática realizada pelo leitor e da inteligência inata.

Não obstante, o homem não é o único a ler. Em ambientes controlados, bonobos, chimpanzés, orangotangos e gorilas agora leem os "lexogramas" ou teclados especiais com símbolos representando palavras referentes a ações a fim de gerar resposta ou manifestação que seus controladores humanos, por sua vez, consigam compreender. Mais extraordinário é o fato de os computadores modernos estarem lendo mensagens entre si, de modo totalmente independente da mediação humana, e isso ocorre dezenas de milhões de vezes por dia. (Uma observação recente colocada no final de um *e-mail* divulgando a venda de uma empresa de comércio eletrônico dizia: "Respostas a esta mensagem não serão lidas por pessoas".)[45] A principal mensagem é que a própria definição de "leitura" está pas-

---

44 MAN, J. *Alpha Beta: How Our Alphabet Changed the Western World.* Londres, 2000.
45 New Scientist, p.64, 19 jan. 2002.

sando por mudanças, sendo o seu futuro algo que servirá de material para a ficção científica.

A alfabetização aumenta em todos os lugares, assegurando a permanência da leitura. Europa, América do Norte, Extremo Oriental e a maior parte da Oceania já alegam ter registros de 100% de frequência nas escolas da população com até 14 anos. Embora o restante do mundo, em geral, registre 50% ou menos nesse item, a situação muda com rapidez graças a projetos estruturados de financiamento internacional desenvolvidos e implementados com a finalidade específica de incentivar a alfabetização no Terceiro Mundo. Esses projetos beneficiarão não só os que participarem agora, mas todos no planeta. Novos leitores abrirão novos mercados, gerarão empregos, aumentarão o poder aquisitivo global como um todo, possibilitando mais riqueza universal e, mais importante, conscientização. O mundo inteiro será um lugar mais rico... literalmente.

A leitura, uma aptidão natural cumulativa, desenvolve-se e progride de modo exponencial. Cada prática resulta em aperfeiçoamento, abrindo caminho para uma experiência cada vez mais vasta. Os que têm lido com amplidão e sabedoria, os que têm dominado a palavra escrita e, assim, sua linguagem e cultura, desfrutam em geral de mais respeito da sociedade. Isso jamais mudará.

Porque, na verdade, sempre houve apenas uma "finalidade" para a leitura: o conhecimento.

Analisando o futuro, nele a leitura continuará a ter seu espaço. A leitura funcional sempre prevalecerá: tarefas profissionais, computação, correspondências, sinais, rótulos, propagandas, entre outros. A leitura de ficção e de não ficção (leitura cultural) continuará a se desenvolver com a civilização, refletindo as aceleradas tendências de monocultura, corporativização e tecnologia como um todo existentes em nosso planeta. Sem dúvida, os mesmos gêneros de leitura permanecerão: romances, biografias, guias de viagens, história, e assim por diante, mas encontrarão novas ramificações e misturas de subgêneros. Ainda falta aparecer a aventura da culinária, o manual de celebridades de Marte, o guia de viagens holográficas ou a história virtual da degustação de vinhos. Mas sejamos pacientes. A inovação seguirá a tecnologia, embora sempre com a atenção voltada para a demanda, sendo a própria inovação (para fins monetários) mantida, como sempre, como o principal estímulo da indústria editorial.

Com a leitura de ficção, em especial, Sigmund Freud (1856-1939) afirmava que "nosso verdadeiro prazer obtido com obras imaginativas ocorre em virtude de uma liberação de tensões em nossa mente ... o que nos permite, com base nisso, apreciar nossos próprios devaneios sem autocensura ou vergonha".[46] Não obstante,

---

46 FREUD, S. Writers and Day-Dreaming. In: *Art and Literature*, v.14. Pelican Freud Library. Trad. James Strachey. Londres, 1985.

HISTÓRIA DA LEITURA

muitos especialistas hoje refutariam essa tese. Talvez ofuscado pelos opressivos complexos de culpa de sua própria infância judia "K. und K." (o "supremo e nobre" Império Austro-Húngaro do século XIX), Freud não conseguiu identificar muito bem o que a leitura ficcional é de fato. Em nossa análise atual, esse tipo excepcional de leitura, na verdade, concentra as tensões, em vez de liberá-las. A leitura ficcional, na realidade, nada tem a ver com o devaneio, pois é o êxtase da imaginação conduzido de modo intencional e concentrado. É um ato de criação em si, já que o leitor aceita e permite que sua psique explore e construa o mundo hipersensorial na página em branco ou na tela virtual, reagindo à experiência e, ao mesmo tempo, moldando-a com criatividade.

Com efeito, assim como o próprio pensamento, a leitura pode ser qualquer coisa que desejarmos. Talvez as categorizações de nossas bibliotecas e livrarias sejam a melhor evidência de como tentamos, num ato de capricho, classificar o universo. A obra *Robinson Crusoé* (1719), de Daniel Defoe, por exemplo, na prateleira de títulos de aventura é a excitante história de um náufrago. Em Viagens, uma pitoresca descrição da vida em uma ilha tropical. Em Sociologia, um estudo pungente do contato com o primitivo no início do século XVIII. Em Ficção, uma aventura de evasão. Em Literatura Infantil, uma história de edificação moral sobre a vida em um ambiente primitivo. Em Teologia, uma apologia cristã em clima pagão. E em Clássicos, um sustentáculo da literatura ocidental. Descrevendo o mesmo livro, cada categoria ignora completamente a universalidade da obra. De acordo com a perspicaz observação do romancista-antologista argentino Alberto Manguel: "Qualquer que seja a classificação adotada, qualquer biblioteca tiraniza o ato da leitura, forçando o leitor – o leitor curioso, o leitor atento – a *resgatar* o livro da categoria à qual foi condenado".[47] Isso ocorre porque a classificação contradiz o próprio objetivo da leitura: direcionar a própria vida.

Embora o escritor tenha infinitas maneiras de criar um texto, em geral – mas nem sempre –, ele se restringe a uma linguagem, um estilo, um registro social, uma mensagem. O leitor de sua obra, no entanto, permanece ilimitado. O leitor pode escolher compreender, reagir ou interpretar a obra do autor da forma que preferir. Até mesmo sem perceber: o *Hamlet* que lemos aos vinte anos, por exemplo, é sem dúvida diferente do que lemos aos cinquenta. Na verdade, conforme observou a romancista inglesa Virginia Woolf (1882-1941): "Escrever nossas próprias impressões de *Hamlet* lendo-o ano após ano seria quase como escrever nossa autobiografia".[48] Um texto literário não é uma escritura sagrada. Dependendo do contexto é, ao mesmo tempo, um reflexo e um estímulo. Nenhum texto, nem mesmo o religioso mais fundamentalista, impõe ordens a um leitor. É o leitor quem escolhe

---

47 MANGUEL, *A History of Reading.*
48 WOOLF, V. Charlotte Brontë. In: MCNEILLIE, A. (Ed.). *The Essays of Virginia Woolf*, v.2:1912-1918. Londres, 1987.

como reagir, o que pensar. O fato de o autor jamais ter o controle é o que constitui a maravilha da leitura.

É o leitor quem faz o papel de Deus.

Na mitologia grega, Narciso era o belo jovem que se apaixona por seu reflexo em um lago e, em seguida, é consumido de desgosto, tornando-se enfim a flor que até hoje carrega o seu nome. Cada livro, peça ou poema que lemos é esse lago. Neles encontramos e admiramos nada mais que nós mesmos. À medida que mudamos, a imagem do lago muda também, então admiramos na releitura do texto a redescoberta de nós mesmos. Verdade seja dita, cada texto, independentemente da existência ímpar de cada um, contém um universo de potenciais lisonjas. Com o devido respeito a Sócrates, não existe uma leitura "correta" ou "oficial" de nada. Um texto escrito tem vida própria, de um século ao outro, de um milênio ao outro, descoberto e redescoberto em sua essência de modo diferente em cada sociedade transformada e em cada indivíduo modificado. Nenhum texto é definitivo, pois o leitor o reinventa a cada leitura.

A pessoa é aquilo que ela lê e aquilo que a pessoa lê é o que ela é.

A experiência é inspiradora. Quando a romancista Dame Rebecca West (1892- -1983) terminou de ler o *Rei Lear*, de Shakespeare, não pôde reprimir a pergunta: "O que é esta emoção? Qual é o poder dessas obras de arte supremas em minha vida, que me fazem tão feliz?".[49] Em alguns casos, cidades inteiras "alegram-se": a cidade de Jing, na província chinesa de Yunan, foi rebatizada com o nome de "Shangri-la", em 1991, após a descrição do cenário do *best-seller* de James Hilton, de 1933, *Horizonte perdido* – com o intuito de atrair o capital estrangeiro dos turistas. Em outros casos, gerações inteiras: os livros da série *Harry Potter* de J. K. Rowling recentemente despertaram uma paixão pela leitura entre jovens leais à obra que não se deixaram intimidar diante de volumes grossos como listas telefônicas.

Até a leitura imaginária pode ser inspiradora, pelo que vemos. Vivendo no cativeiro de 1987 a 1991, após ser sequestrado no Líbano, o arcebispo de Canterbury enviado especial ao Oriente Médio, Terry Waite, depois de algum tempo revelou ter conseguido manter a sanidade mental "relendo" seus livros favoritos repetidas vezes ... em sua mente.

Afastando a solidão e a falta de amor, a angústia silenciosa da vida cotidiana, a leitura nos ajuda e conforta. Alguns encontram uma realidade superior na ideia que ela transmite, como Jean-Paul Sartre. Outros adotam o livro por sua promessa de libertação ou salvação. Os momentos mais preciosos vividos na infância – "minha única e verdadeira consolação", conforme confessava o Copperfield de Dickens – muitas vezes devem ser atribuídos às leituras, relembradas com perfeição pelo resto da vida.

---

49 WEST, R. *Rebecca West: A Celebration*. Nova York, 1978.

HISTÓRIA DA LEITURA

"Palavras, palavras, palavras", dizia Hamlet, com imaturidade, ao mordomo Polônio. O gerenciamento focado da informação por si conduz a leitura à sua finalidade máxima: o conhecimento. Informações que não fornecem conhecimento são dispensáveis.

Nesse processo, o PC moderno promoverá a leitura tanto quanto o fez o surgimento da imprensa, há mais de quinhentos anos, pois a revolução eletrônica é sobretudo uma revolução da leitura. Foi também a leitura gerada por máquinas que o radiotelescópio de Arecibo, em Porto Rico, transmitiu em 1974 à constelação de Hércules; as informações enviadas sobre o componente químico da vida na Terra, a forma humana e o Sistema Solar chegarão lá em 24 mil anos. E é apenas a leitura que nos conecta à "mensagem" das incisões em ossos regularmente espaçadas produzidas pelo homem de Neandertal há 24 mil anos.

Os organismos mais primitivos da Terra desenvolveram mecanismos primitivos de intercâmbio capazes de transmitir informações sobre espécies, gêneros e propósitos. Hoje a humanidade está além da própria linguagem articulada, transcendendo o tempo e o espaço em virtude desse extraordinário hipersentido: a leitura.

Bibliografia selecionada

ACKROYD, P. *Dickens*. London, 1991.

ALBERTI, L. B. *I Libri della famiglia*, ed. R. Romano e A. Tenenti. (Turim, 1969)

ALTICK, R. D. *The English Common Reader*: A Social History of the Mass Reading Public, 1800-1900. Chicago / London, 1957

ANDERSON, G. *Ancient Fiction*: The Novel in the Greco-Roman World. London, 1984

ASHTON, J. *Chap-Books of the Eighteenth Century*. London, 1882

AGOSTINHO DE HIPONA. *Basic Writings of Saint Augustine*, ed Whitney J. Oates (London, 1948), *St Augustine's Confessions, tradução inglesa de* William Watts, 1631, 2 vols (Cambridge, MA e London, 1989)

AUSTEN, J. *Letters*, ed. R.W. Chapman. London, 1952

AYERS, D. et al. *Linguistic Awareness in Reading Readiness (LARR) Test*. Windsor, 1983

BACKHOUSE, J. *Books of Hours*. London, 1985

BACON, R. *Opus maius*, ed. J.H. Bridges. Oxford, 1897

BALAYÉ, S. *La Bibliothèque Nationale des origines à 1800*. Genebra, 1988

BALFOUR, G. *The Life of Robert Louis Stevenson*. London, 1901

BASHAM, A. L. *The Wonder that was India*. London / New York, 1954

BEC, Christian. *Les Livres des Florentins* (1413-1608). Firenze, 1984

BERVE, M. *Die Armenbibel*. Beuron, 1989

BESSON, A. *Medieval Classification and Cataloguing: Classification Practices and Cataloguing Methods in France from the 12th to 15th Centuries*. Biggleswade, 1980

BETTENSON, H. *Documents of the Christian Church*. Oxford, 1963

Bibliothèque Nationale, *Le livre dans la vie quotidienne* (Paris, 1975)

BLACK, J. *The English Press in the Eighteenth Century.* London, 1992

BOSWELL, J. *Life of Johnson*, Ed. R. W. Chapman, revisão de J. D. Fleeman. Oxford, 1980

BOWMAN, A. K. *Life and Letters on the Roman Frontier.* Vindolanda and its People London, 1994

BOWMAN, A.;e THOMAS, J. *The Vindolanda Writing-Tablets*, Tabulae Vindolandenses, II. London, 1994

BRANT, S. *Das Narrenschiff,* ed. Richard Alewyn. Tübingen, 1968

BRIGGS, A., (ed). *Essays in the History of Publishing in Celebration of the 250th Anniversary of the House of Longman*, 1724-1974. London, 1974

BROWNE, E. G. *A Literary History of Persia.* London, 1902-1924, 4 v.

BRUNS, G. L. *Hermeneutics Ancient and Modern.* New Haven, CT, e London, 1992

BUBER, M. *Tales of the Hasidim* (Trad. Olga Marx). New York, 1947

BURY, R. de, *Philobiblon* (Ed. e trad. Ernest C. Thomas). London, 1888

BUTLER, F., ROTERT, R. (Eds.) *Reflections on Literature for Children.* Hamden, CT, 1984

BUTLER, S. *The Notebooks of Samuel Butler*, ed. Henry Festing Jones. London, 1921

Byzantine Books and Bookmen, catálogo da exposição (Washington, DC, 1975)

Carcopino, J. *Daily Life in Ancient Rome*: The People and the City at the Height of the Empire, ed. Henry T. Rowell, trad. E. O. Lorimer. New Haven, CT, 1940

CARRUTHERS, M. J. *The Book of Memory.* Cambridge, 1990

CERTEAU, M. de et al. *Une politique de la langue*: La Révolution française et les patois: L'enquête de Grégoire. Paris, 1975

CHARTIER, R. *The Cultural Uses of Print in Early Modern France*, trad. Lydia G. Cochrane. Princeton, NJ, 1987

CHAUCER, G. *The Works of Geoffrey Chaucer*, ed. F.N. Robinson, 2ª edição. London / Oxford, 1974

CHIBBETT, D. G. *The History of Japanese Printing and Book Illustration.* Tóquio, 1977

CHOMSKY, N. e HALLE, M. *The Sound Pattern of English.* New York, 1968

Chrétien de Troyes. *Le chevalier au lion* (Yvain), ed. Mario Roques, *Les romans de Chrétien de Troyes*, vol. 4 (Paris, 1967)

CHRISTIE-MURRAY, D. *A History of Heresy.* Oxford / New York, 1976

CÍCERO. *De natura deorum*, ed. H. Rackham (Cambridge, MA e London, 1933)

————. *Tusculan Disputations*, ed. J. E. King (Cambridge, MA, e London, 1952)

————. *De Oratore*, Ed. E.W. Sutton e H. Rackham, vol 1 (Cambridge, MA e London, 1967)

CIPOLLA, C. M. *Literacy and Development in the West.* London, 1969

CLAIBORNE, R. *The Birth of Writing.* New York, 1974

CLANCHY, M. T. *From Memory to Writen Record*: England, 1066-1307. London / Cambridge, MA, 1979)

————. *Abelard*: A Medieval Life. Oxford, 1997

CLARK, J. W. *Libraries in the Medieval and Renaissance Periods.* Cambridge, 1894

COE, M. D. *Breaking the Maya Code.* London, 1992

_____. *The Maya Scribe and his World.* New York, 1973

CORNELIUS, J. D. *When I Can Read My Title Clear:* Literacy, Slavery, and Religion in the Antebellum South. Columbia, SC, 1991

CONGREVE, W. *The Complete Works,* ed. Montague Summers, 4 vols (Oxford, 1923)

COULMAS, F. *The Writing Systems of the World.* Oxford / New York, 1989

COURCELLE, P. P. *Late Latin Writers and their Greek Sources,* trad. Harry E. Wedeck. Cambridge, MA, 1969

CREEL, H. G. *Chinese Writing.* Washington, DC, 1943

CRUSE, A. *The Englishman and his Books in the Early Nineteenth Century.* London, 1930

CRYLTAL, D. *The Cambridge Encyclopedia of Language,* 2ª edição. Cambridge, 1997

DAGENS, C. *Saint Grégoire Le Grand:* Culture et experience chrétienne. Paris, 1977

DANIELS, P. T.; BRIGHT, W. (Eds) *The World's Writing Systems.* Oxford / New York, 1996

DAS, K. N. *History of Bengali Literature.* Rangoon, 1926

DEFRANCIS, J. *The Chinese Language:* Fact and Fantasy. Honolulu, 1984

DEL FATTORE, J. *What Johnny Shouldn't Read:* Textbook Censorship in America. New Haven, CT, e London, 1992

DESTREX, J. *La Pecia dans les manuscrits universitaires du XIIIe et XIVe siècle* Paris, 1935

DICKENS, C. *David Copperfield.* London, 1849-1850.

DRIRINGER, D. *The Hand-Produced Book.* London, 1953

EISENTEIN, E. L. *The Printing Revolution in Early Modern Europe.* Cambridge, 1983

ELLIS, A. W. *Reading, Writing and Dyslexia:* A Cognitive Analysis. Hillsdale, NJ, 1984

EMERSON, R. W. *Society and Solitude.* Cambridge, MA, 1870

ENGELSING, R. *Der Bürger als Leser:* Lesergeschichte in Deutschland, 1500-1800. Stuttgart, 1974

EVANS, I. *A Short History of English Literature.* 3ª edição. Harmondsworth, 1970

FAULKNER, R. O. *The Ancient Egyptian Pyramid Texts.* Oxford, 1969

FEATHER, J. (Ed.) *A Dictionary of Book History.* New York, 1986

FEBVRE, L. e MARTIN, H.-J. *L'Apparition du livre.* Paris, 1958

FINKELSTEIN, I.; SILBERMAN, N. A. *The Bible Unearthed:* Archaeology's New Vision of Ancient Israel and the Origin of Its Sacred Texts. New York, 2001

FISCHER, S. R. *A History of Writing.* London, 2001

_____. *A History of Language.* London, 1999

_____. *Glyphbreaker.* New York, 1997

_____. *Evidence for Hellenic Dialet in the Phaistos Disk* (Berne et al., 1988)

FLANNERY, K. V. MARCUS, J. (Eds.) *The Cloud People:* Divergent Evolution of the Zapotec and Mixtec Civilizations. New York, 1983

FLINT, K. *The Woman Reader,* 1837-1914. Oxford, 1993

FOX, R. L. *Pagans and Christians.* New York, 1986

FRAZER, R. W. *Literary History of India* 4ª ed.. London, 1920

FRITH, U. (ed.) *Cognitive Processes in Spelling.* London, 1980

GADD, C. J. *Teachers and Students in the Oldest Schools.* London, 1956

GAUR, A. *A History of Writing* (edição revisada). London, 1992

GEILER VON KAISENBERG, J. *Geilers von Kaisersberg augsgewählte Schriften*, ed. Philipp de Lorenzi, 5 vols. (Leipzig, 1881-3)

GERONTIUS. *Vita Melaniae Junioris* (edição e tradução Elizabeth A. Clark). New York / Toronto, 1984

GINZBURG, C. *The Cheese and the Worms*: The Cosmos of a Sixteenth-Century Miller (tradução John e Anne Tedeschi). Baltimore, 1980

GOLDFRIEDRICH, J. A., KAPP, F. (Eds.) *Geschichte des deutschen Buchhandels,*. Leipzig, 1886-1913, 4 v.

GOLDSCHMIDT, E. P. *Medieval Texts and their First Appearance in Print.* Oxford, 1943

GOODY, J. *The Interface between the Written and the Oral.* Cambridge, 1987

———— (Ed.) *Literacy in Traditional Societies.* Cambridge, 1968

GRABAR, A. *Christian Iconography*: A Study of its Origins. Princeton, NJ, 1968

GRAFTON, A. *Defenders of the Text*: The Traditions of Scholarship in an Age of Science, 1450-1800. Cambridge, MA, 1991

GRAYZEL, S. *The Church and the Jews in the XIIIth Century.* Philadelphia, 1933

GREEN, D. H. *Medieval Listening and Reading*: The Primary Reception of German Literature 800-1300. Cambridge, 1994

HÄGG, T. *The Novel in Antiquity.* Oxford, 1983

HANSON, L. *Government and the Press*: 1695-1763. London, 1936

HARKSEN, S. *Women in the Middle Ages.* New York, 1976

HARRIS, E. *Going to Bed.* London, 1981

HARRIS, R. *The Origin of Writing* London, 1986

HARRIS, W. V. *Ancient Literacy.* Cambridge, MA / London, 1989

HAVELOCK, E. A. *The Muse Learns to Write*: Reflections on Orality and Literacy from Antiquity to the Present. New Haven, CT, 1986

HEMPEL, R. *Japan zur Heian-Zeit: Kunst und Kultur.* Freiburg, 1983

HENDERSON, J. *The Growth and Influence of the English Bible.* Wellington, 1951

HENDERSON, L. *Orthography and Word Recognition in Reading* (London / New York, 1982

HOBSON, A. *Great Libraries.* London, 1970

HOMES Jr., U. T. *Daily Living in the Twelfth Century.* Madison, WI, 1952

HORN, R. *Visual Language.* Bainbridge Island, WA, 1998

IDEMA, W. L. *A Guide to Chinese Literature.* Ann Arbor, 1997

IRENAEUS, *Opera* (Ed. U. Mannucci), 2 vols. (Roma, 1907-8)

JAYNES, J. *The Origin of Consciousness in the Breakdown of the Bicameral Mind.* Princeton, NJ, 1976

JORDAN, W. K. *The Charities of Rural England*, 1480-1660: The Aspirations and the Achievements of the Rural Society. London, 1961

JOYCE, W. L., et al. (Eds.). *Printing and Society in Early America.* Worcester, MA, 1983

KAPR, A. *Johann Gutenberg*: The Man and his Invention (tradução Douglas Martin) London, 1996

KATO, S. *A History of Japanese Literature*. London, 1983

KEEN, M. *English Society in the Later Middle Ages*: 1348-1500. London, 1990

KELLER, Helen. *The History of my Life*. New York, 1903

KENNEDY, A. *The Psychology of Reading*. London, 1984

KENYON, F. G. *Books and Readers in Ancient Greece and Rome*, 2ª edição. Oxford, 1951, 4v.

KIM, K. *An Introduction to Classical Korean Literature*: From Hyangga to P'Ansori. New York, 1996

KOSAMBI, D. D. *Ancient India*. New York, 1966

LABARGE, M. W. *A Small Sound of the Trumpet*: Women in Medieval Life. London, 1986

LABARRE, A. *Le livre dans la vie amiénoise du seizième siècle. L'enseignement des inventaires après décès*: 1505-1576. Paris, 1971

LADURIE, E. le R. *Montaillou*: Village occitan de 1294 à 1324. Paris, 1978

LECLERCQ, J. *The Love of Learning and the Desire for God*: A Study of Monastic Culture (tradução Catharine Misrahi) 3ª ed.. New York, 1982

LEE, P. H. *Modern Korean Literature*. Honolulu, 1990

_____. *Korean Literature*: Topics and Themes. New York, 1968

Levy, André. *Chinese Literature, Ancient and Classical*. Bloomington, IN, 2000

LICHTENSTADTER, I. *Introduction to Classical Arabic Literature*. New York, 1974

LICHTHEIM, M. *Ancient Egyptian Literature*. Berkeley, 1973-1976

LINDBERG, D. C. *Theories of Vision from al-Kindi to Kepler*. Oxford, 1976

LOCKRIDGE, K. C. *Literacy in Colonial New England*: An Enquiry into the Social Context of Literacy in the Early Modern West. New York, 1974

LOGAN, R. K. *The Alphabet Effect: The Impact of the Phonetic Alphabet on the Development of Western Civilization*. New York, 1986

LOWRY, M. *The World of Aldus Manutius*. Oxford, 1979

LUSCOMBE, D. E. *The School of Peter Abelard*: The Influence of Abelard's Thought in the Early Scholastic Period. Cambridge, 1969

LUTHER, Martin. *An den christlichen Adel deutscher Nation und andere Schriften*, ed. Ernst Kähler Stuttgart, 1968

McCANN, D. R., *Early Korean Literature*. Berkeley / Los Angeles, 2000

McKENZIE, D. F., ROOS, J. C. *A Ledger of Charles Ackers, Printer of the London Magazine*. London, 1968

McKitterick, R. *The Uses of Literacy in Early Medieval Europe*. Cambridge, 1990

MAIR, V. H. *The Columbia History of Chinese Literature*. Berkeley / Los Angeles, 2002

MAN, J. *A Revolução de Gutenberg*. London, 2002

_____. *Alpha Beta*: How Our Alphabet Changed the Western World. London 2000

MANDROU, R. *De la culture populaire aux XVIIe et XVIIIe siècles: La Bibliothèque bleue de Troyes*, 2ª edição revisada. Paris, 1985

MANGUEL, Alberto. *A History of Reading*. London, 1996

MARCUS, J. *Mesoamerican Writing Systems*: Propaganda, Myth, and History in Four Ancient Civilizations. Princeton, 1992

Marie de France. *Marie France*: Lais, ed. Alfred Ewert. Oxford, 1969

————. *Fables*, ed. K. Warnke. Halle, 1898

MARROU, H.-I. *História da Educação na Antiguidade*. Paris, 1981, 2 v.

MARTIAL. *Epigrams*, tradução J.A. Pott e F.A. Wright. London,

————. 1924 *Works*, ed. W.C.A. Ker (Cambridge,MA, e London, 1919-20)

MARTIN, H.-J. *The History and Power of Writing*, tradução Lydia G. Cochrane. Chicago / London, 1994.

————. *Livre, pouvoirs et société à Paris au XVIIe siécle (1598-1701)*. Paris / Genebra, 1969, 2 v.

MATARASSO, P. (ed.) *The Cistercian World*: Monastic Writings of the Twelfth Century. London, 1993

MEISSNER, B. *Die babylonische-assyrische Literatur*. Leipzig, 1927

MINER, E. H. O., MORRELL, R. E. *The Princeton Companion to Classical Japanese Literature*. Princeton, NJ, 1992

MITCHELL, D.C. *The Process of Reading: A Cognitive Analysis of Fluent Reading and Learning to Read*. Chichester / New York, 1982

MOORE, R. I. *The Birth of Popular Heresy*. London, 1975

MORAN, W. L. (tradução e edição) *The Amarna Letters*. Baltimore, 1992

MORISON, S. *A Tally of Types*. Cambridge, 1973

MOPURGO, J. E. *Allen Lane, King Penguin*. London, 1979

MORRIS, I. *The World of the Shining Price*: Court Life in Ancient Japan. Oxford, 1964

MORWOOD, J. *The Oxford Grammar of Classical Greek*. Oxford, 2001

MURRAY, J. H. *Hamlet on the Holodeck: The Future of Narrative in Cyberspace*. New York, 1997

NEEDHAM, J. *Science and Civilization in China*. Cambridge, 1954

NIELSEN, C. *Artful Reading in Medieval and Renaissance Europe*, J. Paul Getty Museum, catálogo da exposição (Los Angeles, 2001)

OCHS, C. *Behind the Sex of God*: Toward a New Consciousness – Transcending Matriarchy and Patriarchy. Boston, 1977

OLMERT, M. *The Smithsonian Book of Books*. Washington, DC, 1992

OLSON, D. R. *The World on Paper*: The Conceptual and Cognitive Implications of Writing and Reading. Cambridge, 1994

OMAR, S. B. *Ibn al-Haytham's Optics*: A Study of the Origins of Experimental Science. Minneapolis / Chicago, 1977

ONG, W. J. *Orality and Literacy*: The Technologizing of the Word. London, 1982

OPFELL, O. S. *The King James Bible Translators*. Jefferson, NC, 1982

ORIGO, I. C. *The Merchant of Prato*: Francesco di Marco Datini. New York, 1957

ORR, H. *An Illustrated History of Early Antique Spectacles*. Kent, OH, 1985

PARKERS, M. B. *Pause and Effect: An Introduction to the History of Punctuation in the West*. Berkeley / Los Angeles, 1993

PARPOLA, A. *Deciphering the Indus Script*. Cambridge, 1994

HISTÓRIA DA LEITURA

PARSONS, H. A. *The Alexandrian Library*: Glory of the Hellenic World. New York, 1967

PARSONS, T. *Societies: Evolutionary and Comparative Perspectives* New York, 1966

PATTISON, R. *On Literacy*: The Politics of the Word from Homer to the Age of Rock. Oxford, 1982

PERDERSEN, J. *The Arabic Book*, tradução Geoffrey French. Princeton, NJ, 1984

PIROZZOLO, S. J., WITTROCK, M. C. (Eds.) *Neuropsychological and Cognitive Processes in Reading* New York, 1981

Platão, Diálogos, Ed. Edith Hamilton e Huntington Cairns. Princeton, NJ, 1961

_____. *A República*, tradução B. Jowett. New York, 1960

_____. *Fedro*, tradução com introdução e comentário de R. Hackforth. Cambridge, 1952

Plínio, o Velho, *Naturalis Historia*, ed. W.H.S. Jones. Cambridge, MA / London, 1968

Plínio, o Jovem, *Plinius der Jüngere, Briefe*, ed. Helmut Kasten. Berlim, 1982

Plutarco, *Moralia*, ed. Frank Cole Babbitt, v.4. Cambridge, MA / London, 1972

_____ *Vidas Paralelas*, ed. B. Perrin. Cambridge, MA / London, 1970

PRÖLSS, J., *Zur Geschichte der Gartenlaube*, 1853-1903. Berlim, 1903

PUTNAM, G. H. *The Censorship of the Church of Rome and its Influence upon the Production and Distribution of Literature*. New York / London, 1906-1907

Quintiliano. *Institutio Oratoria*, tradução H.E. Butler. Oxford, 1920-1922

RAMACHANDRAN, V. S., BLAKESLEE, S. *Phantoms in the Brain*. London, 1998.

RWSKI, E. S. *Education and Popular Literacy in Ch'ing China*. Ann Arbor, 1979

Reed, R. *Ancient Skins, Parchments, and Leathers*. London / New York, 1972

REINITZER, H. *Biblia deutsch. Luthers Bibelüberseitung und ihre Tradition*. Hamburg, 1983

RESNICK, D. P. (Ed.) *Literacy in Historical Perspective*. Washington, DC, 1983

RIBERETTE, P. *Les bibliothèques françaises pendant la Révolution*. Paris, 1970

RICHÉ, P. *Daily Life in the World of Charlemagne*, tradução Jo Anne McNamara. Philadelphia, 1978

RICHÉ, P. ALEXANDRE-BIDON, D. (eds.) *L'enfance au moyen age*. Paris, 1995

ROBERTS, J. A. G. *A History of China*. London, 1999

ROBINSON, A. *The Story of Writing*. London, 1995

ROCHE, D. *O Povo de Paris*: Ensaio Sobre a Cultura Popular no Século XVIII, tradução Marie Evans e Gwynne Lewis. Berkeley, 1987

ROMILLY, J. de *Histoire et raison chez Thucydide*, 2ª edição. Paris, 1967

ROZIN, P. GLEITMAN, L. R. *Syllabary*: An Introductory Reading Curriculum. Washington, DC, 1974

SAENGER, P. *Space Between Words*. Stanford, CA, 1997

SAMPSON, G. *Writing Systems*. London, 1985

SAPORI, A. *The Italian Merchant in the Middle Ages*, tradução Patricia Anne Kennen. New York, 1970

SCHMIDT, G. *Die Armenbibeln des XIV. Jahrhunderts*. Frankfurt, 1959

SCHOFIELD, W. H. *English Literature from the Norman Conquest to Chaucer*. London, 1906

SCHROEDER, O. *Die Tontafeln vom El-Amarna*, Vorderasiatische Schriftdenkmäler, 12. Leipzig, 1915

SCRIBNER, S. COLE, M. *The Psychology of Literacy*. Cambridge, 1981

SEI SHONAGON. *The Pillow Book of Sei Shonagon*, tradução Ivan Morris. Oxford / London, 1967

S NECA. Cartas *Morais*, Ed. R.M. Gummere. Cambridge, MA, e London, 1955

SIDÔNIO APOLINÁRIS. Poems and Letters, ed. W.B. Anderson. Cambridge, MA, e London, 1936

SIMPSON, W. K. (Ed.) *The Literature of Ancient Egypt*. New Haven, CT, 1973

SMITH, F. *Reading* Cambridge, 1978

STEIBERG, S. H. *Five Hundred Years of Printing*, 2ª edição. Harmondsworth, 1961

STUBBS, M. *Language and Literacy: The Sociolinguistics of Reading and Writing* London, 1980

SUETÔNIO. *Lives od Twelve Caesars* (ed. J.C. Rolte). Cambridge, MA, e London, 1948

THOMAS, A. G. *Great Books and Book Collectors*. London, 1975

THOMAS, R. *Literacy and Orality in Ancient Grece*. Cambridge, 1992

―――― *Oral Tradition and Written Record in Classical Athens*. Cambridge, 1989

THOMAS À KEMPIS. *The Imitation of Chris*. New York, 1954

THOMPSON, E. M. *Handbook of Greek and Latin Palaeography*. London, 1906

THOMPSON, J. W. *Ancient Libraries*. Hamden, CT, 1940

ULLMAN, B. L. *The Origin and Development of Humanistic Script*, 2ª edição. Roma, 1974

VAID, J. (Ed.) *Language Processing in Bilinguals*: Psycholinguistic and Neuropsychological Perspectives. Hillsdale, NJ, 1986

WALKER, C. B. F. *Cuneiform*, Reading the Past, III. London, 1987

WARD, A. *Book Production*: Fiction and the German Reading Public, 1740-1910. Oxford, 1970

WATSON, B. *Early Chinese Literature*. Berkeley e Los Angeles, 1972

WEILL, G. *Le journal*: Origines, évolution et rôle de la presse périodique. Paris, 1934

WELLS, J. *Rude Words*: A Discursive History of the London Library. London, 1991

WILSON, E. *Babylonian and Assyrian Literature*. Miami, 2002

WINGO, E. O. *Latin Punctuation in the Classical Age*, Janua Linguarum Series Practica, The Hague, 1972, v.133

WITKOWSKI, C. *Monographie des éditions populaires*: Les romans à quatre sous, les publications illustrées à 20 centimes. Paris, 1982

WOLEDGE, B. (Ed.) *The Penguin Book of French Verse*, I: To the Fifteenth Century. Harmondsworth, 1961

WOODARD, R. D., *Greek Writing from Knossos to Homer*: A Linguistic Interpretation of the Origin of the Greek Alphabet and the Continuity of Ancient Greek Literacy. Oxford, 1997

ZENKOVSKY, S. A. (Ed.) *Medieval Russia's Epics, Chronicles, and Tales*. New York, 1963

Índice remissivo

A

Abdul Kassem Ismael 143, 183
Abelard, Pedro 157, 164, 165
Abnaki, tribo 122
Abu Bakr 139
acádios 17, 18, 20, 21, 22, 23, 40
Ackers, Charles 235
acrofonia 27, 39
adab 142
Adam, Nicolas 246
Admonitio generalis 135-6
Adriano, imperador 74
Aelred de Rievaulx 150, 158
África do Norte 132, 140, 219
afro-americano *ver* leitores negros
Agostinho, santo 73, 79, 82-5, 87, 136, 146, 165, 171, 211
Akhenaton (Amenhotep IV) 33
Alasca, escrita do 267
al-Azhar 145
Alberti, Leon Battista 175
Alberto Magno 171
Alcorão *ver* Qur'àn
Alcuíno de York 147
alemães 63, 193, 217, 218, 222, 244, 246, 257, 258, 273, 286

Alemanha 103, 132, 147, 150, 156, 158, 175, 184, 187, 206-8, 209, 214, 220, 223, 226, 233, 234, 239, 248, 253, 257, 258, 261, 262, 263, 269, 271, 273
alemão 150, 175, 199, 207, 208, 210, 211, 217, 218, 219, 222, 233, 247, 248, 257, 258, 268, 272, 273, 299
Alexandre, o Grande 50, 51, 52, 53, 83
Alexandre de Villedieu 160, 184
Alexandria 42, 50, 53-5
Alexandria, origem de 82
alfabetização 35, 37, 39, 47, 58, 98, 99, 101, 102, 114, 117, 118, 119, 125, 126, 127, 131, 138, 155, 156, 184, 205, 206, 222, 233, 234, 235, 237, 249, 257, 271, 277, 282, 284, 285, 289, 299, 312
alfabeto 37, 39, 46, 52, 80, 82, 96, 104, 105, 127, 128, 131, 134, 145, 148, 159, 175, 191, 214, 216, 260, 268, 297, 306 *ver também* alfabeto latino
alfabeto latino 95, 102, 112, 123, 133, 134, 266, 267, 268, 310, 311
Alfonso, o Sábio, rei 165, 166
al-Ghazali, Abu Hamid Muhammad 140, 144
al-Hasan ibn al-Haytham (Alhazen) 144, 299
Alighieri, Dante 172-3, 211, 219

Ambrósio, santo 82, 84
América do Norte 126, 127, 228, 229, 233, 238, 239, 240, 249, 252, 254, 258, 259, 260, 273, 312 *ver também* Estados Unidos
América do Sul 122, 123, 268
Américas, as 8, 91, 106, 114-24, 284
Amiens 166, 211
análise de texto 145, 165-7, 184, 196, 219
Anatólia 36
Andaluzia 144
Andersen, Hans Christian 302
ânforas de Dípilon 46
Ankhesenpaaton 36-7
Anna da Rússia, Princesa 156
antifonários 79
Antigo Testamento 57, 58, 78, 81, 87, 89, 208, 209, 286
Antilo 71
Apócrifos 78
Apolináris, Sidônio 75, 85
Apolônio de Rodes 53, 54
aprendendo a ler 11, 13-4, 20, 21, 22, 28, 39, 45, 51-3, 56, 64, 67-8, 86, 94, 95, 96, 105, 117, 133, 141, 145, 148, 151, 159-64, 175--6, 213, 235, 237, 246, 252, 259, 260, 261, 268, 271, 284, 295-9, 302, 311
Aquílio, Marcos Régulo 66
Aquino, Tomás de 157, 161, 171
árabe, escrita 138, 139, 140, 141, 142, 143, 144, 145, 148, 162, 164, 217, 218
árabe corânico 140
árabes 55, 85, 132, 138-45, 148, 149, 164, 171, 218
aramaico 23, 37, 56, 58, 59, 60, 80, 124, 138, 286
Archer, Thomas 225
Ariosto, Ludovico 175, 211
aristocracia 19, 106, 109, 132, 174, 177, 213, 233, 246, 269
Aristófanes 83
Aristófanes de Bizâncio 44
Aristóteles 48, 49, 50, 52, 54, 85, 141, 143, 164, 165, 171, 184, 194
armazenagem de material de leitura 44, 63
armênios 268
arte rupestre 14
Ashcroft, Frances 291
Asoca, decretos do Rei 37
Assírios 18, 19, 23, 24, 25, 37, 56
Assur 19
Assurbanipal 23, 24, 25
astecas 115, 120, 121, 123
Atenas 36, 46, 47, 49, 51

Ateneu de Naucratis 53
Ático 66
ato físico da leitura 16, 44, 144, 168, 183
atuação em voz alta 152, 176-7, 205-3
auditórios 68
Augsburg 193, 207, 208
Augurino, Sêncio 70
Augusto, imperador 41, 45, 66
Ausônio, Décimo Magno 75, 79, 80
Austen, Jane 110, 251
Austrália 238
autismo 304
Avignon 183, 227
Ax-les-Thermes 176
aziliana, cultura 15

B

Babilônia 17, 18, 20, 23, 24, 25, 33, 34, 52, 56, 57, 58, 59
Bacon, Francis 227, 228, 229
Bacon, Roger 169, 171
Bagdá 99, 142, 143
Bajazet II, sultão 218
Bálcãs 265
Baltimore 259
bamum 267
Bashear, Suliman 286
Basho, Matsuo 112
Basileia 208
Bassiano 194
Bayeux, tapeçaria de 153
Bede, o venerável 135
beduíno 138, 142
Behistun 18
Bélgica 268, 271
Bembo, Pietro 211
Benedito de Aniane 154
Benedito de Núrsia, são 85-6
bengali 126-7
Berdichev 219
Berlim 247, 257, 273
Bernardo de Clairvaux 150
best-seller 66, 179, 211, 213, 220, 223, 257, 275, 276, 291, 314
Bíblia 52, 59, 60, 65, 75, 78, 79, 80-2, 85, 86, 87, 89, 131, 140, 146, 154, 155, 156, 162, 167, 178, 179, 180, 182, 183, 184, 190, 193, 203, 204, 207, 208, 209, 210, 211, 214, 220, 222, 228, 229, 234, 235, 253, 257, 260, 261, 263, 268, 276, 283, 284, 286
"Bíblia do rei James" 228
Biblia Sagrada 60, 89, 140, 181, 228
Bibliae pauperum 156, 180-2

HISTÓRIA DA LEITURA

Bíblias dos "pobres" 156, 180, 181
bibliófilo 50, 182, 199, 232, 240 *ver também*
   livros, amor pelos
biblioteca 19, 23, 24, 25, 34, 36, 39, 43, 47,
   50, 51, 53-5, 57, 72, 76, 77, 85, 96, 98,
   100, 109, 117, 120, 136, 137, 143, 144,
   145, 158, 167, 174-5, 182-4, 197, 199, 210-
   -11, 214, 215, 219, 224, 225, 228, 237-8,
   240, 241, 245-7, 253, 254, 255, 258, 264,
   271, 274, 276, 281, 291, 292, 293, 294,
   310, 313
Biblioteca de Alexandria 53-5, 76, 167, 183,
   292
Biblioteca Britânica 98, 292
Biblioteca do Congresso 292
Biblioteca do Museu Britânico 237
Bibliothèque bleue 224, 226, 246, 268
Biblos 36, 37
Bizâncio 44, 55, 74, 84, 132, 137, 144, 154, 159
Bloco Leste 274
Bocácio, Giovanni 211
Bodleian, Biblioteca 228
Boécio 162, 211, 282
Bolonha 165, 167, 194
Bonaparte, Napoleão 253
Boswell, James 240-3
Braille 298, 307 *ver também* cegos
brâmanes 124, 125, 126
Brant, Sebastian 198, 199
Brecht, Bertolt 273
breviário 178, 211
Broca, Paul 266
brochuras 62, 212, 224, 226, 255
Brockhaus, Friedrich Arnold 257
Broughton, Hugh 283
Bruxelas 175, 209
Budismo 38, 94, 98, 99, 103, 106, 107, 109,
   112, 113, 124, 125, 126
Bulgária 159
bullae 15
Bunyan, John 220, 238
burguesia 154, 175, 177, 178, 196, 197
Burke, Edmund 239
Buson 112
Butler, Samuel 251, 252

C

Cade, Jack 201, 202, 227
cadernos intelectuais 226, 236, 280
Cai Lun 97
Cairo 10, 143, 144, 145, 218
caixa-alta/caixa-baixa na escrita 148
caligrafia 13, 63, 100, 108, 109, 140, 147

Calígula, imperador 45
Calímaco de Cirene 54
Calvo 76
cama, leitura na 71, 178, 214, 245
Cambridge 184, 204, 209, 210, 222, 223, 228
Canaã 39, 46
Canterbury 177, 205, 214, 314
Carlos I, rei 205, 221, 228
Carlos II, rei 229
Carlos V, imperador 207
Carlos IX, rei (da França) 203
Carlos Magno 135, 136, 147, 154, 160
Carlyle, Jane e Thomas 265
Carta Magna 259
cartas *ver* correspondências
Cartas de Amarna 33, 34
cartazes 64, 66, 100, 223, 224, 225, 235, 263,
   283, 284
cartilhas 101, 175, 214, 224, 246, 268
Cassiodoro 86
catalogação 24, 54, 55, 113, 143, 183, 303
Catão 70, 83
Catarina, a Grande 248
Catulo 70, 71
Caxton, William 179, 197, 201, 276, 287
CD-rom 291
cegos 12, 298, 309
"cegueira verbal" 302
celtas 103, 106, 128, 133, 134, 151
censura 25, 44-6, 48, 49, 81, 144, 149, 157-9,
   194, 200, 201-6, 217, 236, 244-5, 251,
   272-5, 312
cérebro *ver* processamento neuropsicológico
Cervantes, Miguel de 220, 221, 274, 282
Chaucer, Geoffrey 175, 177, 178, 182, 197
cherokee, escrita 267
Chile 274, 288
China 8, 24, 37, 91, 92-103, 105, 106, 107,
   108, 109, 113, 114, 115, 124, 127, 143,
   192, 269, 284, 304
chineses 38, 40, 91, 92-103, 104, 105, 106,
   107, 108, 109, 112, 113, 114, 115, 116,
   125, 128, 192, 266, 284, 288, 314
Christine de Pisa 157
Cícero 44, 63, 66, 72, 74, 82, 83, 162, 200
cirílico, alfabeto 159, 216
Cirilo de Jerusalém, são 83
Cirilo, santo 159
clássicos 73, 80, 85, 86, 89, 94, 102, 132, 143,
   144, 152, 156, 157, 162, 164, 166, 184,
   194, 195, 196, 204, 206, 211, 217, 220,
   244, 253, 254, 256, 257, 258, 271, 272,
   288, 313

Cláudio, imperador 69
Clemence de Barking 157
clérigos 136, 151, 158, 159, 172, 174, 181,
    199, 209, 210, 213, 228
"cleromancia evangélica" 79
códice 7, 44, 45, 76, 77, 78, 79, 88, 89, 115,
    116, 117, 118, 120, 121, 123, 133, 158,
    161, 212, 294
código Morse 307
Cohen, Marcel 123
Colônia 202, 209
comércio de livros 43, 49, 51, 65, 66, 75, 77, 78,
    99, 112, 113, 132, 135, 158, 167, 181-3, 200,
    201, 202, 203, 212-4, 217, 219, 223-4, 236,
    237, 243-5, 252-8, 269-71, 275-7, 287-9
compreensão textual 302
computador 79, 127, 163, 270, 275, 281, 282,
    283, 288, 290-3, 294, 310, 311
concessão de licenças 174, 203, 236
Concílio de Niceia 81
concordia discordantium 165
Confúcio *ver* Kong Fuzi
Congreve, William 227, 228
Constantino I, imperador 81, 132
Constantinopla 132, 143, 164, 196, 218
contabilidade 15, 21, 23, 36, 37, 39, 57, 64,
    94, 115, 213
Contrarreforma 226
Copérnico 197
copistas 35, 132, 135, 136, 147, 148, 165, 166,
    167, 168, 173, 174, 176, 177, 189
copistas, manuscritos 135, 136, 173, 174, 189
copta 141
Coreia 8, 38, 91, 97, 99, 102-6, 113, 284
coros 79
correspondência 20, 22, 25, 26, 30, 33, 46, 61,
    63, 65, 67, 77, 88, 96, 135, 136, 151, 166,
    174, 175, 197, 282, 312
Coverdale, Miles 210
Cowper, William 251
cree, escrita 267
"criacionistas" 285
Crísipos 67
Cristãos 35, 38, 45, 56, 60, 75, 76, 77, 78, 80-
    -2, 84-8, 89, 97, 106, 112, 116, 132, 133,
    136, 137, 141, 142, 143, 154, 158, 160,
    164, 165, 167, 171, 174, 179, 180, 184,
    187, 197, 202, 204, 207, 208, 209, 217,
    218, 219, 229, 237, 239, 249, 263, 286, 313
Cristo 87, 116, 133, 155, 173, 179
Cuña, tribo 122
cuneiforme 12, 16, 17, 18, 20, 23, 24, 26, 27,
    33, 34, 37

currículo 20, 143, 160, 162, 165, 284, 296

D

Damasco 143, 145
Dario I 18, 37
Dax, Michel 266
Daye, Stephen 223
declamação 48, 52, 53, 68, 69, 89, 109, 121,
    125, 160, 235
Defoe, Daniel 238, 313
Demóstenes 44, 83
Dez Mandamentos, Os 58
diários 239, 240, 247, 254, 262
Dickens, Charles 252, 253, 255, 264, 265,
    314
Diderot, Denis 244, 245
dificuldade de enxergar *ver* hipermetropia
dificuldade de enxergar de perto *ver* hiper-
    metropia
Dinamarquês 208, 299
Diocleciano, imperador 45
Diôdoro Sículo 42, 88
direitos autorais 236, 294
Disco de Festo 36
discriminação e a leitura 228-9, 259-62
dislexia 302, 303, 307
Dolavira 35
Domiciano, imperador 67
Dominicanos 157, 158, 162, 169
Donato, Élio 160, 162, 184, 193
Dostoievski, Fyodor 217
Douglass, Frederick 260
Dua-Queti 29
Dürer, Albrecht 198

E

"e-book" 293-5
Ebla 22, 23
ecletismo 291
Edfu 34
Edison, Thomas 302
editor 66, 283
Eduardo III, rei 177, 182
Eduardo VI, rei 204
educação 21, 38, 52, 64, 66-8, 95, 97-9, 100,
    101, 112, 117, 132, 134, 135, 136, 137,
    141, 142, 145, 147, 153, 156, 159-64, 165,
    168, 169, 172, 175-6, 182, 184, 187, 197,
    198, 203, 210, 221-3, 228-9, 234-6, 245,
    246, 257, 271, 277, 282, 288, 291, 296-9,
    302, 309
Éfeso 65, 81
Egeu 24, 36, 43, 46, 50, 58, 93

Egito 16, 18, 24, 26-36, 37, 39, 43, 45, 46, 50, 51, 53-5, 76, 78, 94, 117, 123, 140, 173, 217, 218
Einstein, Albert 273, 302
Eliot, George 263, 264
Eliot, T. S. 2126, 272
Elizabeth I, rainha 204, 205, 209, 215
e-mail 270, 293
Emerson, Ralph Waldo 229, 231, 277
encadernações enganosas/enganadoras 248, 281
ensinando a ler *ver* aprendendo a ler
ensino 21, 51-3, 63, 67-8, 98, 99, 117, 118, 142, 156, 159-64, 174-6, 205, 221, 234-6, 246, 295-9
Epifânio, santo 82
epiolmecas 115, 116, 123
Erasmo de Roterdã 200, 208
errantes 151
escandinavos 134, 135, 170, 233
Escócia 63, 166, 205, 233, 234, 265
escolasticismo 164-7, 196
escribas 13, 15, 16, 17, 18, 19, 20, 21, 23, 25, 27, 28, 29, 30, 32, 36, 37, 38, 39, 40, 43, 44, 45, 46, 57, 59, 65, 66, 82, 94, 98, 103, 115, 116, 119, 120, 122, 125, 141, 144, 148, 153, 159, 192, 193, 266
escrita 8, 9, 14, 20, 48, 49, 50, 51, 63, 64, 65, 118, 146-8, 160, 191-2, 222, 223, 229, 235, 266, 301, 304, 307-9, 310
"escrita completa" 14, 15, 27, 93, 114, 115, 116, 121
escrita e as viagens, a 112, 143, 235, 239, 288, 289, 312
eslavos 217
eslavos, povos 159, 216, 227
esloveno 208
Espanha 66, 132, 140, 143, 144, 151, 166, 175, 202, 203, 206, 215, 218, 219, 220, 239, 265
espanhol 55, 66, 119, 120, 121, 123, 134, 146, 164, 170, 175, 202, 218, 221, 254, 257, 258, 266, 274, 299
Estados Unidos 114, 122, 233, 234, 238, 253, 257-62, 270, 271, 274, 276, 279, 288, 292
estoicos 80
Etruscos 45, 61, 267
Eumenes II 76
Eurípides 52, 83
Evans, Lord 275
Evelyn, John 240
Ezequiel 59

F

Fedro, diálogo 48
Feng Menglong 99
Fenícia 37, 46, 57, 58, 59
ficção 33, 47, 49, 57, 109, 127, 132, 170-1, 214-6, 250, 262, 263, 265, 274, 275, 284, 309, 311, 312, 313
fichas 15
fisiologia da leitura 143-5, 265, 266, 301, 306
fixações 301
Flaubert, Gustave 282
Florença 163, 169, 205, 211
França 15, 66, 114, 132, 147, 149, 151, 152, 156, 157, 160, 162, 164, 166, 175, 176, 183, 184, 193, 203-4, 209, 211, 215, 219, 220, 222, 223-4, 226, 227, 232, 233, 234, 237, 238, 239, 243, 246-7, 253, 254, 256-7, 261, 262, 265, 271
francês 55, 129, 134, 151, 156, 157, 166, 170, 175, 177, 203, 208, 216, 217, 218, 222, 224, 237, 238, 244, 245, 246, 247, 248, 253, 254, 256, 257, 258, 268, 287, 299
Franciscanos 158, 169
Francisco I, rei 193, 202
Frankfurt 158, 247
Franklin, Benjamin 204, 259
Frederico II, imperador 149
Freud, Sigmund 273, 312, 313
Froissart, Jean 175
Fujiwara no Michinaga 108
fundamentalismo 285-6, 313

G

Gaimar, Geoffrei 157
Galeno 50, 162
Gales 65, 103, 208, 265, 272
galês 208
Galo, Caio Cornelius 45
Garamond, Claude 194
"gazetas" 225, 226, 236
Geiler, Johann 199
Gemara 60
gêneros literários 23, 28, 32, 55, 57, 73, 100, 102, 104, 108, 109, 110, 112, 113, 126, 138, 141, 142, 143, 151, 153, 154, 156, 159, 174, 176, 213, 217, 218, 220, 233, 240, 263, 264, 268, 269, 277, 285, 291, 312, 315
Genlis, condessa de 251
Gerôncio 73
Gilgamesh 23
globalização 127, 282, 310, 311
Godos 75, 80, 133

Goebbels, Paul Joseph 273
Goethe, Johann Wolfgang von 247-8, 256, 258, 282
Gogol, Nikolai 217, 265
Gosse, Edmund William 250
Grã-Bretanha 132, 134, 135, 152, 228-9, 237, 238, 239-44, 249, 252, 254-6, 258, 259, 287, 288, 299 *ver também* Inglaterra
Graciano de Bolonha 162, 165, 167
Graciano, imperador 75
Graco, Tibério Semprônio 74
grafema 11, 12, 296, 298, 301, 302, 307, 308
Grécia 11, 19, 42, 51, 52, 64, 67, 72, 76, 88, 93, 94, 132, 142, 152, 218, 243, 265, 282
Greene, Graham 273
grego 11, 17, 29, 33, 36, 40, 41, 42, 43, 45, 46, 47, 48, 49, 50, 51, 52, 53, 54, 55, 56, 57, 59, 61, 62, 63, 64, 65, 66, 67, 68, 71, 72, 73, 75, 76, 77, 78, 79, 80, 81, 84, 85, 88, 89, 95, 97, 108, 127, 128, 129, 132, 133, 138, 139, 141, 142, 143, 144, 148, 149, 156, 159, 164, 171, 177, 182, 184, 190, 194, 196, 202, 204, 209, 210, 218, 227, 242, 267, 268, 276, 287, 314
Gregório, o Grande 136
Gregory, Richard 300
Griffo, Francesco 194
Grimmelshausen, Hans Jakob Christoffel von 220
Guerra Civil Americana 259, 260, 261
Guerra Civil, Inglaterra 222, 223, 228
Guerra Civil, Rússia 271
Guerra dos Trinta Anos 222, 223, 247
Guilherme de Saint-Thierry 150
Gutenberg, Johann Gensfleisch zum 103, 185, 187, 190, 191

H

habilidades cognitivas 12
hagiografia 142, 154, 164, 179, 211
Hamurábi 23, 25, 26
Hangul 104, 105
Harappa 36
Harris, Roy 11
Havard, Gustave 256
hebraico 40, 56, 57, 58, 59, 60, 78, 89, 95, 138, 141, 145, 209, 210, 218, 283, 311
Heian, período 92, 109-11, 287
Heian-Kyo 107
Heidelberg 184, 194
Hemingway, Ernest 273
Henrique I, rei 156
Henrique II, rei 157

Henrique VIII, rei 204, 209, 210, 211, 221
Herculano 65, 72
Heródoto 52
Hesíodo 47
"hipervisão" 309
"hipótese de Sapir-Whorf" 309
hierática, escrita 28
hieróglifos 27-9, 31, 34, 36
Higden, Ranulf 174
Hildegard de Bingen 156
Hillman, James 295
Hilton, James 314
Hinduísmo 38, 124, 125, 126
hiperlexia 304
hipermetropia 20, 30, 71, 168
Hipócrates 50, 162
historiografia 47, 98, 124, 142, 217
hititas 29, 34
Holanda 184, 205, 207, 208, 218, 225, 233, 234, 258, 299
holandês 200, 205, 208, 218, 225, 299
homem de Neandertal 14, 315
Homero 44, 45, 46, 52, 65, 74, 76, 77, 79, 87, 88, 89, 211, 256, 282, 294
homogeneização da literatura 276, 283, 310
Horácio 45, 66, 71, 162, 194, 211
Hrabanus Maurus 138
Hugh de São Vitor 159
Hugo de Fleury 157
Hugo de São Cher 169
Hugo, Victor 113, 189, 190, 253, 257, 282
"humanismo" 175, 176, 183, 184, 190, 194, 195, 196, 197, 199, 200, 201, 206, 209, 218
Hungria 156
hurrianos 26
Hus, Jan 203

I

Iaroslav, príncipe 156
Ibn Rushd (Averróes) 143
Ibn Sina (Avicena) 143, 171
iconografia 87, 114, 120, 121, 137, 155, 170
Igreja Católica *ver* Igreja Romana
Igreja de Roma *ver* Igreja Romana
Igreja Romana 85, 133, 134, 137, 138, 149, 151, 154, 155, 157, 158, 181, 182, 184, 189, 190, 202, 203, 207-11, 221, 273
iídiche 218
Ilha de Páscoa 266, 267
Ilhas Carolina, escritas das 267
iluminação 71, 168, 249, 254
Iluminismo 165, 190, 233, 239, 253, 277, 285
"ilustradas" 261

HISTÓRIA DA LEITURA   331

"imaginação auditiva" 12
Império Austro-Húngaro 271, 313
imprensa 190, 192, 196, 201, 203, 205, 213,
   217, 218, 224, 232, 236, 242, 255, 311, 315
impressão 44, 66, 78, 98, 99, 100, 101, 103,
   105, 107, 108, 112, 113, 179, 187, 189,
   190, 191-6, 197, 199, 200, 201, 202, 203,
   204, 205, 206, 207, 208, 216, 217, 218,
   227, 232, 256, 258, 259, 268, 269, 275,
   286, 287, 288, 291, 293, 295
imprimátur 203
Inanna 21, 23
incas 14, 123
Index Librorum Probibitorum 203, 273
Índia 8, 37, 91, 124-7, 142, 143, 240, 284, 288,
   305
Indonésia 124
informação
   acesso à 24, 27, 39, 47, 190, 196, 198, 229,
      241, 270, 310
   armazenagem 11, 15, 93
   intercâmbio 12, 31
   retenção 118, 228-9, 259-62
   sobrecarga 279, 290
   transmissão 12, 51, 55
Inglaterra 134, 152, 156, 157, 162, 175, 177,
   184, 196-8, 201, 204-6, 209-11, 214-5, 220,
   221-2, 228, 233, 234, 235, 238, 239, 240,
   244, 245, 247, 249, 250, 252, 254, 255,
   256, 259, 261, 262, 265, 271, 283
inglês 78, 102, 125, 127, 133, 147, 166, 170,
   174, 175, 179, 197, 204, 205, 208, 209,
   210, 217, 218, 222, 223, 225, 226, 227-9,
   234-6, 238, 239, 240, 241, 246, 248, 252,
   253, 254, 257, 258, 259, 268, 276, 282,
   283, 287, 288, 297, 299, 303, 304, 305,
   306, 311
Inquisição 176, 202, 203, 273
"inteligência potencial" 300
internet 7, 102, 127, 268, 270, 277, 282, 291,
   292, 294, 311
Irã 18, 286
Irineu 80
Irlanda 103, 134, 135, 148, 208, 209, 229, 233
Isaac da Síria, santo 146
Isaac de Stella 150
Isidoro de Sevilha 79, 146
Islã 35, 36, 38, 139-42, 143, 144, 145, 165,
   171, 192, 208, 217-8, 249, 268-9, 273,
   286-7
islandês 208
Israel 56, 57, 173, 218
Issa 112

Itália 61, 64, 66, 106, 132, 147, 156, 166, 167,
   169, 175, 184, 196, 206, 218, 223, 227,
   233, 239, 244, 265, 271 *ver também* Roma
italiano (a) 134, 147, 169, 171, 173, 176, 210,
   211, 216, 217, 218, 254, 257, 299
Ivan IV ("O Terrível"), czar 216

J

Jacobus de Voragine 179
jainismo 125
James I, rei 209, 228, 283
Japão 8, 38, 91, 92, 97, 98, 102, 104, 106-15,
   128, 257, 266, 284, 287, 288, 292, 297,
   304, 306, 308, 311
Javal, Emile 301
Jean de Joinville 175
Jean de Tournes 216
Jefferson, Thomas 245
Jensen, Nicolas 193
Jerônimo, santo 44, 82, 203
Jerusalém 57, 58, 59, 60, 83, 84
João de Trevisa 174
Johann de Speier 193
Johnson, Dr. Samuel 232, 240-3, 291
Johnson, Thomas 261
Jorge II, rei 237
Jorge III, rei 237
jornais 100, 125, 127, 224-6, 236, 252, 256,
   258, 259, 261-3, 266, 268, 269, 270, 271,
   280, 282, 287, 288, 291, 294
jornalismo 236, 253, 262, 291
Josias, rei 56, 57, 58
Judá 57, 59, 73, 173
Judeia 45, 57, 59, 60
judeus 38, 56-61, 63, 73, 81, 89, 93, 118, 138,
   141, 145-6, 164, 218-20, 284, 286
Julian de Norwich 157
Júlio César 72, 76, 83, 134, 212, 215
Juvenal 162

K

Kafka, Franz 285
Kant, Immanuel 220, 239
Keere, Pieter van den 225
Keller, Helen 297
Kiev 156, 159, 217
Kong Fuzi 94, 95, 99, 102, 106, 107, 109, 112,
   113
Kyoto 92, 97, 112

L

La Salle, Jean-Baptiste de 245
Labé, Louise 215-6

Lamb, Charles 250
latim 17, 40, 61, 62, 66, 72, 73, 75, 78, 84, 85, 88, 91, 95, 102, 103, 104, 112, 128, 133, 134, 137, 138, 140, 147, 148, 149, 151, 152, 153, 154, 156, 157, 158, 160, 161, 163, 164, 166, 171, 173, 174, 179, 181, 184, 190, 193, 196, 197, 199, 202, 203, 204, 210, 211, 216, 217, 218, 219, 220, 226, 228, 235, 243, 287
Leão X, papa 202
legendas de filmes 270
Leibniz, Gottfried Wilhelm von 220, 226
Leipzig 2208, 257, 258
"leitor moderno" 171, 281
leitor como ouvinte, o 150
leitores homossexuais 287
leitores negros 229, 260-2, 268, 287
leitura
  e animais 311
  como aptidão humana 306-11
  círculo 67
  e consciência 301, 309
  definição de 9-12, 295, 299-300, 301, 311
  e democracia 55
  e escrita, diferença entre 8, 9, 304, 308
  e linguagem 300, 301, 306, 307, 309 *ver também* linguagem visual
  como meditação 150
  memória 309-11
  mobília 176, 239
  e as mulheres 17, 47, 56, 67, 68, 73, 84, 85, 99, 100-2, 108-12, 125, 126, 154, 155, 156--8, 161-3, 177-9, 201, 213, 214-7, 264, 275, 306
  óculos 168-70
  e a participação dos pais 296
  como pensamento 301, 308, 309, 313
  e realeza 153, 156, 174, 177, 178, 201-3, 212, 213, 231-3, 237, 238
  e seleção natural 235, 300, 310
  e os sentidos 306-8, 309, 311
  como "sexto sentido" 306-11
  e significado 305, 307, 308, 311
  e a visão 300-2, 309
leitura nos centros monásticos 85-6, 131, 132, 133, 147, 160, 161-3, 173, 183, 201, 214
"leitura comestível", metáfora da 227
leitura cultural 56, 282, 285, 289, 291, 312
leitura no dormitório 177, 178, 182, 214, 245
leitura fonética 160, 175, 176, 298, 303, 304, 308
leitura de imagens 86-8, 136-8, 153-4, 155, 179-82

leitura independente 131, 147, 148, 167, 168, 170-2, 176, 177, 183-5, 196, 197, 249, 250, 274, 275, 284, 285
leitura intercalada 172
leitura litúrgica 45, 56-9, 75, 154, 202, 218, 263
leitura em monumentos 7, 18, 25, 29, 30, 31, 32, 35, 37, 40, 42, 46, 57, 63, 64, 74, 91, 114, 115, 116, 119, 123, 228
leitura religiosa 24, 30-2, 38, 55-9, 74, 85-7, 139, 145, 153, 154, 158, 159, 179, 183-5, 204, 208, 210, 211, 215, 216, 217-9, 223, 235, 239, 247, 257, 268, 284, 285
leitura silábica 36, 128, 259, 298, 299, 308
leitura silenciosa 79, 82-5, 89, 146-51, 184, 307, 309
leitura virtual 292-6
lendas arturianas 152
lendo no toalete 177
Lenin, Vladimir Ilyich 271
lentes 20, 30, 169-70, 292
Leonardo da Vinci 273, 302
Lermontov, Mikhail 265
Lesage, Alain-René 245, 256
Lessing, Gotthold Ephraim 181
Li Si 96
Lichfield 240
linguagem visual 289-91, 301
Lísias 48
literatura "confessional" 287
literatura de cunho sexual 272-4
literatura "indecente" 273
literatura e as viagens, a 71, 112, 143, 154, 195, 220, 235, 238, 239, 254, 265-6, 274, 281, 288, 289, 312, 313
Lívio 45, 72, 162, 211
livrarias 66, 196, 241, 274, 276, 280, 281, 287, 288, 303, 308, 316, 313
"livro de bolso" 77, 195, 224, 246, 254, 256, 258, 272
Livro dos Mortos 32
livros
  amor pelos 46, 182, 243, 283-5
  armazenagem 177, 214, 246
  desvalorização 274
  mascates 206, 226-7, 237-8, 253, 268
  como mercadorias 254, 255, 269
  como moeda 276
  números 135, 136, 143, 173-5, 182, 183, 189, 192, 193, 194, 202, 203, 205, 206, 210, 211, 212, 213, 214, 224, 238, 239, 243, 253, 254, 256, 257, 258, 259
  posse 205, 206, 210, 211, 212, 214, 215, 254, 288

preço 65, 131, 132, 154-6, 158, 161, 177, 189, 194, 195, 211, 212, 223, 224, 248, 249, 252-4, 255, 256, 257, 258, 269
produção 105, 160, 161, 189, 191, 192, 195, 197, 201, 217, 238, 243-5, 252-8, 269-71, 276, 277, 282, 287-9
tamanho 77-9, 154, 192, 193, 211-3, 237, 238
Livros de Horas 79, 153-6, 162, 178-80, 206, 211, 226, 234
livros infantis 127, 176, 257, 263, 276, 288, 313
"livros de mascates" 236-8
Lloyd, Edward 255
local de leitura 71, 72, 168, 176-8, 214, 245
Lombardo, Pedro 162, 165, 167, 175
Londres 197, 205, 219, 221, 225, 226, 228, 235, 236, 238, 240, 249, 255, 261, 262, 266, 272, 276
Longos 55
lotes de impressão 66, 107, 113, 193, 208, 275, 288
Lü Buwei 94
Lucano 162
Luciano 65
Lufft, Hans 208
Luís IX, rei (St Louis) 157
Luís XIV, rei 232
Luís XV, rei 232
Lutero, Martinho 197, 203, 207-9, 225
luvianos 36
Luxor, Templo de 29
Lyon 66,80,215,216

M

Macedônia 50, 51, 53, 72, 159
magia 28, 32, 74, 204, 227
Mahfouz, Naguib 286
maias 98, 115, 116, 117, 119, 120, 121, 122, 123
Mainz 187, 190, 191, 202, 218
"maldição do livro" 211
Manguel, Alberto 111, 313
Mann, Thomas 273
Manuscritos do Mar Morto 42
Manuzio, Aldo 194-5, 212, 272
Maomé, profeta 139, 141, 286
Maquiavel, Nicolau 200
marcadores de livros 213
Marcial 66, 69, 70, 71, 76, 162
Marduk 23
Maria da França 157, 160, 162
Maria Tudor, rainha 204
Marrocos 218

Martin, Henri-Jean 190, 281
Martineau, Harriet 249
Marx, Karl 273
"mascates" 237 ver também mascates em livros
material, físico 16, 18, 23, 24, 27, 28, 30, 35, 36, 44, 45-7, 61, 62, 64, 65, 75, 76, 92-4, 96, 97, 119, 120, 122, 123, 124, 125, 133, 134, 139, 217, 218, 257, 258, 290, 291, 292-6
Maximiliano I, imperador 175
McCullough, Colleen 276
McKitterick, Rosamond 138
Melânia 73
Melânia, a Jovem 73
memorização 39, 139, 141, 161, 205, 237, 303, 309, 310
Menandro 50
Mencken, H. L. 273
mende 267
menestréis 151, 152
Meng Zi 94
Menocchio de Friuli 210, 211, 285
mensagens de texto 292, 293
Merlin, Jacques-Simon 246
mesa de leitura 177
Mesoamérica 91, 114-22, 123
Mesopotâmia 15-27, 28, 29, 30, 32, 34, 35, 40, 42, 45, 46, 94, 115, 123, 140, 167
Metodistas 238
"método escolástico" 160, 164-7, 196, 201
México 115, 116
Meyer, Joseph 257
Michná 60
microficha 291
microfilme 291
Midrash 60
Miller, Henry 273
Milton, John 238
minoicos, gregos 36
"minúscula carolíngia" 148
missais 79, 202
misteca 114, 115, 117, 120, 121, 123
miste-zoqueano 114,122
Mitchell, Margaret 276
Mitridates 72
mnemônica 14, 82, 122, 161
Moche, cultura 122
Mohenjo-Daro 36
Moisés 58, 60, 87, 145, 173
Molière 223
Montaillou 176
More, Hannah 239

Morris, Ivan 108
Moscou 216, 217, 219
movimentos rápidos dos olhos 301
muçulmano *ver* Islã
Murasaki Shikibu, senhora 110, 111

N

nabateu 138
Nablus 286
Nara 107
Nau dos Insensatos, A 156, 198, 199
Náucratis 43, 53
Nero, imperador 71, 80
Nigéria 7, 268
Nilo de Ancira, são 87
Nínive 24
Nippur 23
Nisaba 19
n'ko 267
Noniano 69
Nördlingen 158
norte-americano *ver* Estados Unidos
Notre Dame 157, 164, 189, 196
Nova Guiné 289
Nova York 252, 259, 262
Nova Zelândia 238
Novare, Filipe de 162
Novo Testamento 65, 78, 80, 81, 87, 89, 180,
    204, 207, 208, 209, 210, 228, 239, 261, 286
Nuiñe, cultura 120
Nuremberg 198

O

óculos 168-70
Odoacer 133
ogamos 128, 133, 134
Ojin, imperador 106
olmeca 114, 116,120
oracular, leitura 72-4, 79, 92-4
oralidade 41, 47, 48, 49, 94, 131, 132, 153,
    185, 190, 198, 202, 231, 237, 289
oratória 44, 46, 48, 49, 53, 54, 62, 67, 68, 72
"orelhas" 211, 212, 250
ortografia 259, 260, 299, 304, 305
osmanian, escrita 267
Oudot, Nicolas 224
Ovídio 45, 71, 162, 194, 211
Oxford 165, 184, 194, 209, 210, 222, 228, 241,
    243, 291

P

Padres da Igreja 80, 106, 136, 137, 160, 164,
    165, 183, 184, 211, 213

Pádua 184
Paine, Thomas 239
Palavra de Deus 56, 57, 81, 133, 141, 142,
    155, 181, 182, 207, 286
"palavra inteira", leitura da 21, 27, 95, 128,
    191, 246, 297, 298, 303, 304, 308
palavras de feitiçaria 23, 24, 31
Palenque 117, 118
Palestina 60, 286
páli 38, 126
Pânini 126
papel 7, 78, 93, 97, 98, 102, 115, 116, 120,
    121, 123, 142, 152, 176, 177, 187, 189,
    191, 192, 193, 201, 206, 212, 216, 220,
    224, 227, 246, 258, 268, 269, 292, 293,
    294,
papel virtual 292-4
Papias 167
papiro 7, 9, 10, 13, 16, 23, 27, 28, 30, 31, 32,
    34, 35, 36, 37, 41-89, 97, 129, 133, 139,
    167, 183, 212, 229
paracan, cultura 114, 122
Paris 143, 157, 158, 163, 165, 171, 174, 194,
    195, 196, 203, 223, 224, 225, 226, 243,
    244, 245, 246, 249, 261, 268
Pascual-Leone, Alvaro 298
Pedro, o Venerável 164
Penguin, livros da 272
Pentateuco 57, 58, 59
Pepys, Samuel 240
per cola et commata 44, 146
pergaminho 45, 65, 74, 76, 77, 78, 79, 88, 89,
    128, 129-85, 187, 189, 192, 212, 218, 229,
    259, 279, 294
Pérgamo 76
periódicos 127, 217, 224-6, 233, 236, 255, 256,
    261, 262, 269, 270, 272, 277, 279, 287
Pérsia 37, 73, 142, 143, 183
Peru 114, 122, 123
Petrarca 171, 172, 183, 201, 211, 241
Petrônio 71, 72, 162
Peucer, Caspar 176
Pictor, Pedro 152
Piso, Calpúrnio 68
Pisone, Lucius Calpúrnio 72
Pitágoras 45
Platão 48, 49, 50, 51, 80, 94, 194, 250, 310
Platô iraniano 15, 24, 35
Plínio, o Jovem 41, 66, 68, 69, 70, 272
Plínio, o Velho 76
Plutarco 52, 83, 211
Polinésios 14
Polonês 208, 217, 218, 268

HISTÓRIA DA LEITURA

Polônia 208, 217, 218, 219
Pompeia 64, 65, 70, 225
pontuação 14, 44, 62, 63, 146, 148, 161, 290
Pope, Alexander 234
"popular", leitura 213, 214, 224, 237, 238,
    255, 256
Portugal 218
português 57, 123, 268, 299
Precia 67
Presbiterianos 205
Prévost d'Exiles, Antoine François 245, 256
Prieria, Silvester 207
Prisciano 162
Prisco, Tarquínio 73
privada, leitura 8, 49, 197
processamento da leitura *ver* processo neu-
    ropsicológico
processo neuropsicológico 128, 298, 299-302,
    303, 304
profecias sibilinas 72-4
propaganda 19, 26, 31, 117, 118, 119, 121,
    180, 201, 205, 225, 236, 238, 256, 273
Propércio 66
propriocepção 309
prosa 53, 62, 68, 104, 106, 108, 113, 126, 138,
    141, 142, 170, 174, 235, 275
Protestantismo 197, 203, 204, 206-11, 228
protoelamitas 35
Proust, Marcel 273
Prússia 234, 265
Ptolomeu 83, 143, 162
Ptolomeu I Sóter 53
Ptolomeu III Euergetes 54
pública, leitura 68, 69, 75, 79, 131, 153, 221,
    250-3, 272
publicação 44, 66, 99, 192, 197, 202, 203, 204,
    205, 207, 220, 223, 225, 233, 239, 243,
    251, 252-8, 259, 266, 269-71, 272, 274,
    276, 283, 291
publicações virtuais 294
púlpito 155, 199, 250
puritanos 204, 205, 214, 235
Pushkin, Aleksander 217, 265

Q

Qin Shi Huangdi, imperador 94, 95
quadrivium 162
queima de livros 45, 73, 81, 96, 120, 200-1,
    221, 247, 273
Quevedo, Francisco 220
Quintiliano 66
quipo 14
Qur'an 60, 139-42, 144, 164, 218, 268

R

Rainolds, John 209
Ramsés II 29
Ratdolt, Erhard 193
Reclam, Anton Philipp 258, 272
referência 79
Reforma 78, 205-11, 226
reforma ortográfica 305
religião 37-9, 45, 55-9, 73, 74, 84-7, 94, 126,
    138-42, 158-60, 205-11, 216-7, 218, 223,
    238, 254, 263, 285-7, 313 *ver também*
    leitura religiosa
Remarque, Erich Maria 276
Renascença 60, 104, 144, 165, 171, 189, 190,
    197, 211
"Renascença Carolíngia" 135, 147
retórica 33, 46, 52, 63, 73, 80, 82, 141, 142,
    148, 151, 161, 162, 163, 220, 235, 267
revistas 125, 127, 189, 255, 259, 261, 262, 263,
    266, 268, 269, 270, 277, 282, 287, 291, 294
Revolução Americana 248
Revolução Eletrônica 203, 275, 290-6, 315
Revolução Francesa 237, 239, 246, 248, 253
Revolução Industrial 203, 233, 257, 277
Ricardo de Bury 182, 183
Ricardo de Fournival 166
Richalm 150
Roch, André 300
rolo de papiro 9, 10, 30, 32, 42, 44, 52, 63,
    71, 77, 79, 133, 212
Roma 41, 42, 43, 45, 52, 60-89, 102, 131, 132,
    133, 134, 135, 136, 142, 152, 156, 178,
    189, 202, 207, 243, 251, 266, 272, 282, 287
romances 55, 100, 104, 110, 113, 125, 127,
    131, 142, 152, 153, 174, 176, 177, 197,
    206, 215, 220, 221, 223, 224, 235, 238,
    239, 240, 245, 247, 252, 253, 255, 263,
    264, 265, 274, 275, 276, 287, 288, 291, 312
rongorongo, escrita 267
Rose, Jonathan 288
Rossetti, Dante Gabriel 251
Rousseau, Jean-Jacques 244
Rowling, J. K. 276, 314
runas 78, 128, 133, 134
Rússia 143, 156, 159, 216, 248, 265, 271, 272,
    281, 288
russo 156, 217, 218, 248, 265, 268, 271, 287,
    311

S

Sacara 31
Sagradas Escrituras 38, 142, 158, 164, 215
Saikaku Ibara 113

Saint-Ouen, Madame de 256
salas de bate-papo, computador 270, 292, 293
Salinger, J.D. 276
salões literários 67, 215, 251
saltério 154, 157, 162, 178, 179
Salústio 162
Salvino degli Armati 169
sânscrito 38, 40, 125, 126
Sargão I 21, 22
Sartre, Jean-Paul 310, 314
Saussure, Ferdinand de 301
Scipio Africano, Públio Cornélio 67
Scott, Sir Walter 251, 255
scripta manet, verba volat 69
Scudéry, Madeleine de 220, 223
Sefer Yezirah 60
Sei ShOnagon 110, 111, 112
Sejong, rei 104, 105
Sêneca 71, 72, 162, 199
separação entre palavras 44, 84, 148, 149, 165, 166, 174
Sequoia 267
serviço postal 175
Shakespeare, William 201, 202, 212, 215, 226, 227, 235, 256, 258, 279, 282, 306, 315
Shurupak 16
Sículo, Diôdoros 42, 88
Sidônio 75, 85
silabário 18, 122
símbolos indexados 14
Sinai 39, 58, 60, 145
sinais 14
sinais gráficos 14, 267
Sinclair, Upton 273
sinestesia 12, 306
Sínodo de Arras 153
Sippar 17, 21
Síria 22, 27, 142, 143, 146, 217
sistema notarial 75
Sisto IV, papa 193, 202
Smith, Adam 241
Smith, Sydney 250
Sócrates 48-50, 82, 94, 124, 139, 167, 209, 229, 242, 285, 314
Sófocles 194
soletração 161, 303, 304, 305, 307, 308
Sorbonne 163, 174, 203
sortes Vergilianae 74, 228
Southey Robert 251
Soyinka, Wole 268
"Spina" 169
Stalin, Joseph 271
Steele, Richard 233

Stevenson, Robert Loius 265
Strasbourg 170, 198, 199, 208
Suécia 156, 235, 265, 299
Suetônio 41, 68
Suíça 199, 207, 244, 301
sumérios 15, 16, 17, 24, 27,231, 266, 295
Sunzi 94
"superseller" 276, 282
Susa 35
Suyuti 217
Swift, Jonathan 238

T

Tabari 142
Tábuas da Lei 57, 58, 145
tabuletas
    de argila 16, 17, 18, 23, 24, 25, 28, 34, 76, 79, 231, 294, 295
de cera 41, 43, 61, 77, 82, 139
Tácito 72
Tajiquistão 24
Talmude 60, 157, 219
Taoísmo 94
Tauchnitz, Christian Bernhard 258
tchecos 208, 217, 285
Tchekhov, Anton 217
tecnologia 291-6
tecnologia de reconhecimento de voz 270, 310
telefones celulares *ver* mensagens de texto
Tell Mardikh 22
Templo de Ísis 32
Tennesse 258, 284
Tennyson, Alfred Lord 251
Teofrasto 51
teorias sobre a leitura 12
Teotihuacán, cultura 120
Terceiro Reich 273
Teresa de Ávila 215
tessalônica 80, 218
textos nas pirâmides 31
textos poéticos 32, 33, 68, 71, 83, 89, 103, 104, 107, 111-3, 126, 145, 151, 159, 235, 252, 291
Thackeray, William 261
Thomas, Dylan 272
Thomas à Kempis 184, 185
Tibete 305
Tikal 117
tipo móvel 98, 103, 187, 192
tipografia 101, 232, 307
tipos de leitura 13, 252, 281, 284, 287, 295-9
Tolkien, J.R.R. 276

HISTÓRIA DA LEITURA 337

Tolstoi, Leon 217
Tommaso de Modena 169
Tóquio 112
Torá 57, 58, 59, 60, 140, 145, 218, 284
torre Landry, cavaleiro de 162
traduções 59, 112, 132, 141, 142, 144, 148, 152, 179, 190, 202, 204, 208, 209, 228, 254, 287
Treviso 169
trivium 162
trovadores 151, 152
Troyes 224
Tucídides 47, 194
Turcos 141, 196, 208, 217, 243, 268
Turgenev, Ivan 217, 265
Turquestão 97
Tutmés III 29
Twain, Mark 253
Tyndale, William 209-10

U

Ucrânia 216
Ugarit 36
Ur 17, 19, 20
d'Urfé, Honoré 220
Uruk 22, 23
'Uthman ibn 'Affan 139
utilitária, leitura 282
Uzbequistão 24

V

vai 267
Vale do Indo 24, 35, 36, 124
Valencianos 163, 206
Valentiniano I, imperador 75
Valerius Maximus 211
Valladolid 206
varetas para contar 14
Vedas 38, 124, 125, 126, 284, 288
vendedores de livros 66, 71, 100, 101, 113, 145, 195, 196, 197, 201, 202, 203, 204, 219, 226, 227, 236, 240, 252, 254, 256, 257, 259
veneração da leitura 24, 55-9, 132-3, 140, 184, 231-3
Veneza 157,169,193-5,194, 196, 210, 225, 226, 227

vernacular, leitura 152, 153, 170, 172, 173, 174, 175, 193, 197, 201, 208, 217, 218, 219, 220
Verne, Júlio 257
Vespasiano 59, 195
vida dos santos *ver* hagiografia
visão, deficiência *ver* hipermetropia
Villon, François 180
Vindolanda 64, 97, 119
Virgílio 45, 52, 64, 65, 70, 74, 79, 82, 85, 87, 88, 89, 162, 171, 176, 194, 195, 211, 228, 243, 282
Voltaire 244, 273
Vulgata 78, 203 *ver também Biblia Sacra*

W

W. H. Smith & Son 266
Weimar 247
Wells, H. G. 273
Wendelin de Speier 193
Wesley, John 238
West, Rebecca 314
Westminster 222, 228, 243
White, Edmund 287
Whitman, Walt 263, 265, 273
Wilde, Oscar 266
Wittenberg 208, 225
Wittrock, Merlin C. 302
Woolf, Virginia 313
Worms 205, 210
Wu Di, imperador 97, 102
Wu Ding, rei 93
Wulfila, bispo 80

X

Xenofonte 43, 50

Y

Yeats, W. B. 302
Yitzhak, rabino Levi 219
Yitzhak (Rashi), rabino Sholomo 149

Z

zapoteca 114, 115, 1117, 120, 123
Zefat 218
Zola, Émile 257, 273

SOBRE O LIVRO

Formato: 16 x 23 cm
Mancha: 27,5 x 49 paicas
Tipologia: Gatineau 10/13
Papel: Offset 75 g/m² (miolo)
Cartão Supremo 250 g/m² (capa)
1ª edição: 2006

EQUIPE DE REALIZAÇÃO
Edição de Texto
Mauricio Baptista (Copidesque)
Regina Machado (Preparação de texto)
Cláudia Rodrigues do Espírito Santo (Revisão)
Oitava Rima Prod. Editorial (Atualização Ortográfica)
Editoração Eletrônica
Oitava Rima Prod. Editorial (Diagramação)